损害赔偿疑难问题研究

Research on Difficult Issues of Damages

张 红 著

图书在版编目（CIP）数据

损害赔偿疑难问题研究/张红著. —北京：北京大学出版社，2023.12
国家社科基金后期资助项目
ISBN 978-7-301-34138-4

Ⅰ.①损… Ⅱ.①张… Ⅲ.①赔偿—研究—中国 Ⅳ.①D923.14

中国国家版本馆 CIP 数据核字（2023）第 110572 号

书　　　名	损害赔偿疑难问题研究 SUNHAI PEICHANG YINAN WENTI YANJIU
著作责任者	张　红　著
责任编辑	吴佩桢　邓丽华
标准书号	ISBN 978-7-301-34138-4
出版发行	北京大学出版社
地　　　址	北京市海淀区成府路 205 号　100871
网　　　址	http://www.pup.cn
新浪微博	@北京大学出版社　@北大出版社法律图书
电子邮箱	编辑部 law@pup.cn　总编室 zpup@pup.cn
电　　　话	邮购部 010-62752015　发行部 010-62750672 编辑部 010-62752027
印　刷　者	北京圣夫亚美印刷有限公司
经　销　者	新华书店
	730 毫米×1020 毫米　16 开本　17.75 印张　336 千字 2023 年 12 月第 1 版　2023 年 12 月第 1 次印刷
定　　　价	58.00 元

未经许可，不得以任何方式复制或抄袭本书之部分或全部内容。
版权所有，侵权必究
举报电话：010-62752024　电子邮箱：fd@pup.cn
图书如有印装质量问题，请与出版部联系，电话：010-62756370

国家社科基金后期资助项目
出版说明

　　后期资助项目是国家社科基金设立的一类重要项目,旨在鼓励广大社科研究者潜心治学,支持基础研究多出优秀成果。它是经过严格评审,从接近完成的科研成果中遴选立项的。为扩大后期资助项目的影响,更好地推动学术发展,促进成果转化,全国哲学社会科学工作办公室按照"统一设计、统一标识、统一版式、形成系列"的总体要求,组织出版国家社科基金后期资助项目成果。

全国哲学社会科学工作办公室

缩　略　语

《宪法》	《中华人民共和国宪法》
《民法通则》	《中华人民共和国民法通则》
《民法总则》	《中华人民共和国民法总则》
《民法典》	《中华人民共和国民法典》
《合同法》	《中华人民共和国合同法》
《物权法》	《中华人民共和国物权法》
《侵权责任法》	《中华人民共和国侵权责任法》
《消法》	《中华人民共和国消费者权益保护法》
《保险法》	《中华人民共和国保险法》
《证券法》	《中华人民共和国证券法》
《产品质量法》	《中华人民共和国产品质量法》
《公司法》	《中华人民共和国公司法》
《民通意见》	《最高人民法院关于贯彻执行〈中华人民共和国民法通则〉若干问题的意见(试行)》
《食品安全法》	《中华人民共和国食品安全法》
《旅游法》	《中华人民共和国旅游法》
《商标法》	《中华人民共和国商标法》
《刑法》	《中华人民共和国刑法》
《民事诉讼法》	《中华人民共和国民事诉讼法》
《律师法》	《中华人民共和国律师法》
《劳动法》	《中华人民共和国劳动法》
《道路交通安全法》	《中华人民共和国道路交通安全法》
法发[1993]15号	《最高人民法院关于审理名誉权案件若干问题的解答》
法释[1998]26号	《最高人民法院关于审理名誉权案件若干问题的解释》
法释[1999]19号	《最高人民法院关于适用〈中华人民共和国合同法〉若干问题的解释(一)》

法释［2001］3 号	《最高人民法院关于审理触电人身损害赔偿案件若干问题的解释》
法释［2001］7 号	《最高人民法院关于确定民事侵权精神损害赔偿责任若干问题的解释》
法释［2001］24 号	《最高人民法院关于审理涉及计算机网络域名民事纠纷案件适用法律若干问题的解释》
法释［2003］2 号	《最高人民法院关于审理证券市场因虚假陈述引发的民事赔偿案件的若干规定》
法释［2003］7 号	《最高人民法院关于审理商品房买卖合同纠纷案件适用法律若干问题的解释》
法释［2003］20 号	《最高人民法院关于审理人身损害赔偿案件适用法律若干问题的解释》
法释［2008］15 号	《最高人民法院关于废止 2007 年底以前发布的有关司法解释(第七批)的决定》
法释［2009］5 号	《最高人民法院关于适用〈中华人民共和国合同法〉若干问题的解释(二)》
法释［2009］11 号	《最高人民法院关于审理城镇房屋租赁合同纠纷案件具体应用法律若干问题的解释》
法释［2010］13 号	《最高人民法院关于审理旅游纠纷案件适用法律若干问题的规定》
法释［2012］8 号	《最高人民法院关于审理买卖合同纠纷案件适用法律问题的解释》
法释［2012］13 号	《最高人民法院关于废止 1979 年底以前发布的部分司法解释和司法解释性质文件(第八批)的决定》
法释［2012］19 号	《最高人民法院关于审理道路交通事故损害赔偿案件适用法律若干问题的解释》
法释［2013］28 号	《最高人民法院关于审理食品药品纠纷案件适用法律若干问题的规定》
法释［2015］5 号	《最高人民法院关于适用〈中华人民共和国民事诉讼法〉的解释》
法释［2015］12 号	《最高人民法院关于审理环境侵权责任纠纷案件适用法律若干问题的解释》
法释［2017］20 号	《最高人民法院关于审理医疗损害责任纠纷案件适用法律若干问题的解释》
法释［2018］6 号	《最高人民法院、最高人民检察院关于检察公益诉讼案件适用法律若干问题的解释》

法释[2020]17号	《最高人民法院关于修改〈最高人民法院关于在民事审判工作中适用《中华人民共和国工会法》若干问题的解释〉等二十七件民事类司法解释的决定》
法释[2022]2号	《最高人民法院关于审理证券市场虚假陈述侵权民事赔偿案件的若干规定》
法释[2022]14号	《最高人民法院关于审理人身损害赔偿案件适用法律若干问题的解释》(2022年修正)
法[2016]221号	《最高人民法院关于印发〈人民法院民事裁判文书制作规范〉〈民事诉讼文书样式〉的通知》
法发[2009]40号	《最高人民法院印发〈关于当前形势下审理民商事合同纠纷案件若干问题的指导意见〉的通知》
法发[2010]23号	《最高人民法院关于适用〈中华人民共和国侵权责任法〉若干问题的通知》
法发[2012]2号	《最高人民法院、最高人民检察院关于地方人民法院、人民检察院不得制定司法解释性质文件的通知》
法发[2014]14号	《最高人民法院关于人民法院赔偿委员会审理国家赔偿案件适用精神损害赔偿若干问题的意见》

目 录

导 论 1

第一章　民法典中统一损害概念之证成 5
第一节　本章问题 5
第二节　财产侵害与人身侵害之损害的统一 6
第三节　违约责任与侵权责任之损害的统一 13
第四节　填补性损害赔偿与惩罚性损害赔偿之基本功能
　　　　的统一 21
第五节　本章总结 27

第二章　交易性贬值损失之赔偿 29
第一节　本章问题 29
第二节　交易性贬值损失的类型 31
第三节　交易性贬值损失之可预见性 38
第四节　交易性贬值损失之计算 42
第五节　以新换旧与损益相抵 47
第六节　本章总结 51

第三章　民法中恢复原状的再体系化 52
第一节　本章问题 52
第二节　对恢复原状主义的再认识 54
第三节　合同责任中的恢复原状 60
第四节　侵权责任中的恢复原状 67
第五节　向恢复原状主义回归 76
第六节　本章总结 78

第四章　违反强制性规定之侵权责任构成 80
第一节　本章问题 80
第二节　适格强制性规定之识别 81
第三节　强制性规定违反与侵权责任过错认定 88

第四节　强制性规定违反与侵权责任因果关系 ·············· 97
　　第五节　本章总结 ······································ 103

第五章　买卖标的瑕疵致扩大损害之赔偿 ·················· 105
　　第一节　本章问题 ······································ 105
　　第二节　最长两年期限后发现隐蔽瑕疵之情形 ·············· 106
　　第三节　各种商品自损救济方案之整理与评析 ·············· 110
　　第四节　最长两年期限的突破与制造商责任 ················ 118
　　第五节　本章总结 ······································ 125

第六章　纯粹经济损失赔偿的可能与限度 ···················· 128
　　第一节　本章问题 ······································ 128
　　第二节　纯粹经济损失赔偿：合同责任和侵权责任 ·········· 128
　　第三节　纯粹经济损失赔偿的法政策考量因素 ·············· 131
　　第四节　纯粹经济损失赔偿的控制 ························ 136
　　第五节　本章总结 ······································ 141

第七章　滥用诉讼致纯粹经济损失之赔偿 ···················· 143
　　第一节　本章问题 ······································ 143
　　第二节　滥用诉讼之主观判定 ···························· 146
　　第三节　滥用诉讼之损害厘定 ···························· 152
　　第四节　侵权之诉的提起与诉讼制度的配置 ················ 155
　　第五节　本章总结 ······································ 160

第八章　律师过失履职致损之赔偿 ·························· 162
　　第一节　本章问题 ······································ 162
　　第二节　律师过失履职致损的案件类型与请求权基础 ········ 164
　　第三节　律师过失履职导致纯粹经济损失 ·················· 168
　　第四节　律师过失履职之赔偿责任 ························ 170
　　第五节　本章总结 ······································ 175

第九章　我国惩罚性赔偿制度的体系 ························ 176
　　第一节　本章问题 ······································ 176
　　第二节　文献概览 ······································ 177
　　第三节　惩罚性赔偿制度的立法演进 ······················ 181
　　第四节　构建惩罚性赔偿制度体系的原则 ·················· 185

第五节　惩罚性赔偿作为独立的民事责任 ………………… 189
第六节　惩罚性赔偿制度体系的二元结构 ………………… 191
第七节　本章总结 …………………………………………… 198

第十章　合同责任之惩罚性赔偿 …………………………… 200
第一节　本章问题 …………………………………………… 200
第二节　《消法》第 55 条第 1 款再检讨 …………………… 202
第三节　食品购销合同 ……………………………………… 206
第四节　保险合同 …………………………………………… 210
第五节　旅游合同 …………………………………………… 213
第六节　本章总结 …………………………………………… 219

第十一章　侵权责任之惩罚性赔偿 ………………………… 221
第一节　本章问题 …………………………………………… 221
第二节　民法典侵权责任编惩罚性赔偿制度一般条款
　　　　的设置 …………………………………………… 221
第三节　商品及服务侵权之惩罚性赔偿的一般规定：
　　　　《消法》第 55 条第 2 款 ………………………… 223
第四节　产品责任之惩罚性赔偿：《食品安全法》第 148 条 …… 227
第五节　医疗产品致损之惩罚性赔偿：法释[2017]20 号
　　　　（2020 修正）第 23 条 …………………………… 230
第六节　旅游服务侵权之惩罚性赔偿：《旅游法》第 70 条 …… 235
第七节　本章总结 …………………………………………… 238

第十二章　恶意侵犯商标权之惩罚性赔偿 ………………… 240
第一节　本章问题 …………………………………………… 240
第二节　商标侵权惩罚性赔偿之构成要件 ………………… 242
第三节　商标侵权惩罚性赔偿金之赔偿基数 ……………… 247
第四节　惩罚性赔偿与法定赔偿之关系 …………………… 254
第五节　本章总结 …………………………………………… 256

主要参考文献 ………………………………………………… 258

导 论

损害赔偿是一国法律体系中的基础性制度。身处不断变化的风险社会，损害无可避免。通过损害赔偿恢复权益、预防损害甚至制裁不法，方能夯实民事权益保护基础，切实划定群己权益与行为界限。故构建体系化的损害赔偿制度是国家履行保护人民之宪法义务最主要的方式之一。

民法、刑法、行政法、国际法等主要部门法中都有损害赔偿的规定，但尤以民事损害赔偿之规定最为丰富。历观诸立法体例，在大陆法系的民法典中，如《德国民法典》《日本民法典》等，有关损害赔偿的规则采"总则（规定于债法总则）+分则（规定于合同、侵权等章节）"的结构，内容上大致分属"发生原因"与"法律效果"两方面。总则规定损害赔偿的一般性内容、方式等，分则对各种损害赔偿责任之成立及特殊内容、方式等兼有规定。英美法系与此不同，盖因其无债法之概念，损害赔偿规则分散在各法律之中，如合同法、侵权法、财产法等，没有建构更高更抽象层次的一般规则。

观诸我国的损害赔偿法，由于近四十年来民法采"成熟一个制定一个"的策略，以《民法通则》《合同法》《物权法》《侵权责任法》等为主干的单行民法体例没有发展出债法总则。随着《民法典》的出台，这一松散的状态虽有所改善，但损害赔偿法仍无总则可循。《民法典》第118条明确了债权之内涵及外延，第468条明确了合同之债以外的债权债务关系得适用合同编通则之规定，这使得我国法有了实质意义上的债法总则。但是，就损害赔偿制度而言，合同编以特殊规定为主，可充作一般性规定的，主要是第584条对于损害赔偿范围之划定和第591条、第592条关于当事人减损、过失相抵之规定。有关损害赔偿之原则、方式和范围等内容的一般性规定完全或部分欠缺，尚难堪损害赔偿总则之重任。因此，《德国民法典》发展出来的一整套损害赔偿应用规则也难以直接适用于我国法上的损害赔偿。这是《民法典》解释适用和中国民法学体系建构中的一个重大而独特的问题。目前，国内民法学说对损害赔偿制度的体系性研究极为匮乏，亦缺乏有关损害赔偿之系统性、整合性的专门研究，如德国 Lange/Schiemann(Schadensersatz) 等人所著的以"损害赔偿"命名的专著。以上两方面原因使得在我国民法规范体系基础上建立系统且融贯的损害赔偿解释适用规则尤为必要，也甚为艰难。

在我国民法体系中，合同和侵权责任上分别发展出各自的损害赔偿规则，形成了各自的体系。《合同法》形成了以缔约过失之损害赔偿、合同撤销之损害赔偿、合同无效之损害赔偿、合同解除之损害赔偿、违约责任之损害赔偿等为内容的损害赔偿规范群。《侵权责任法》则分出过错责任和无过错责任两大类型的损害赔偿，以过错责任之损害赔偿为原则，无过错责任之损害赔偿为补充，形成了"过错侵权责任+法律规定的无过错侵权责任"之损害赔偿的规范结构。《民法典》侵权责任编吸收了司法解释规定的，侵害具有人身意义的特定物之精神损害赔偿，增加了侵害知识产权之惩罚性赔偿。这些变动应归功于我国民法学说在微观上对个别损害赔偿规则的研究。与之相比，损害赔偿的中观规则尚待完善。《民法典》侵权责任编虽在章节上单设"损害赔偿"，但其内容上未臻全面，尤其是在财产侵害损害赔偿方面规定得较粗放。其他诸如惩罚性赔偿之体系、纯粹经济损失之损害赔偿、违反强制性规定之损害赔偿等赔偿规则均未见于立法。此外，部分微观问题亦存在较大争议，如买卖标的瑕疵导致自身发生进一步损害、交易性贬值损失、滥用诉讼权利以及律师过失履职之损害赔偿等。对这些问题的解答在现实中有广泛的需要，在司法实践中取得了巨大的进展。我国损害赔偿法律体系的建构不能忽略这些问题，应做详细研究。

综上，欲建构我国民法上的损害赔偿法体系，除系统梳理正统损害赔偿法的核心领域外，还需要攻克当今损害赔偿法所面对的个别疑难问题。囿于学养和时间所限，本项目研究无力也无意于系统构建中国民法体系中的损害赔偿制度，只能按"责任法"+"赔偿法"的大致框架，就宏观、中观、微观三个维度的具体问题个别作答，以期在解决"疑难案件"上有所突破。采纳项目评审专家的意见，本项目最终成果以"损害赔偿疑难问题研究"命名，以期为将来的研究预留空间。总的来看，本项目研究呈现的最终研究成果可以分为四个部分。

第一部分主要讨论损害赔偿法的一般性问题。这一部分主要研究损害概念与恢复原状两个宏观层面的问题。损害概念是损害赔偿法制度构建的基础，承载着损害赔偿的原则、目的、方式、内容和范围等基本原理。故本书首先从损害内涵、损害归责、损害赔偿目的原理出发，正确理解、处理人身损害、违约中的精神损害、惩罚性赔偿中的损害。另外，本书特别阐释了交易性贬值损失之赔偿规则，以缓和损害客观性与完全赔偿原则间的紧张关系。其次，本书从完整利益与价值利益在损害赔偿中的意义出发，对我国民事责任作恢复原状主义的解读，并将民法典外的恢复原状类型化为优先适用之恢复原状、兜底性质之恢复原状、狭义之恢复原状。

损害赔偿构成要件亦为曾世雄教授《损害赔偿法原理》之重要内容，本书在第二部分循此先例，将近年来引起较多关注的两个损害赔偿责任成立问题纳入。首先，本书讨论了私法内外之强制性规定对于损害赔偿之意义，完善损害赔偿之法源体系。私法自治与公法强制协力共同塑造法治社会。民法为调和自治与强制协力设定机制。强制性规定于合同法之意义已为《民法典》第153条所关注,相关研究也汗牛充栋;但其对侵权责任构成之意义,学界研究有待继续深入。侵权法中引入适当的公法强制性规范可扩充民法法源,填补民法漏洞。当公法制裁难以保证法律的遵守和执行之时,需以私法制裁保证其法律制度之实效。至于上述研究中已然有所涉及的损害归责、损害赔偿限制、损害计算等问题的专题研究,留待后续开展。其次,买卖合同标的存在瑕疵,导致自身发生进一步损害究竟是合同法上之损害还是侵权法上之损害,是所有权损害还是纯粹经济损失,引起学界诸多争论。本书从合同法与侵权法的协调出发,以制造商与销售商社会能力、分工与角色的差异为据,阐述买卖标的瑕疵致扩大损害,回归合同法之损害赔偿的可能。

第三部分是纯粹经济损失的赔偿。这一部分既有损害赔偿法的中观问题也有微观问题。纯粹经济损失是民法判例与学说上处于"边界"地带的经典概念,凡涉于此,必存争议。本部分围绕纯粹经济损失讨论四个问题。首先是纯粹经济损失赔偿的可能与限度,这是纯粹经济损失赔偿的总论,属损害赔偿法中的中观问题。然后,分别讨论与纯粹经济损失相关的几种具体损害赔偿,分别是滥用诉讼权利之损害赔偿和律师过失履职致损之损害赔偿。除此之外,其他典型的纯粹经济损失问题还有过失不当陈述、妨碍商业经营、公共交通拥堵延误、垄断和不正当竞争等致损,这些问题留待将来继续深入。

第四部分是惩罚性赔偿。这一部分同样既讨论中观问题也讨论微观问题。惩罚性赔偿是近年来立法、判例、学说和社会热议的话题,支持和反对的声音不相上下。本书在第一部分论述了填补性损害赔偿和惩罚性赔偿的功能统一,但损害赔偿在构成要件等问题上仍不失相对独立性。本部分首先论述了惩罚性赔偿是有别于合同责任和侵权责任等的一类独立的民事责任,有其独特的责任成立要件和责任承担要件,故应先构建我国法律体系中的惩罚性赔偿制度之总论。然后,分别述以合同责任之惩罚性赔偿、侵权责任之惩罚性赔偿。将我国法律体系中惩罚性赔偿制度区分为基于合同而产生的惩罚性赔偿和基于侵权而产生的惩罚性赔偿两大类型,并分别加以体系化的规则建构,以统一裁判标准,为未来立法提供参考,此为本项目首倡。最后,将相对独立的恶意侵犯商标权(知识产权)之惩罚性赔偿单独论之,力求类型之完备。另一较特殊的环境责任之惩罚性赔偿,则留待补充。

自课题立项以来,以上大多数章节的研究成果分别在《中国社会科学》《中国法学》《中外法学》《法学家》《法学评论》《法商研究》《武汉大学学报(哲学社会科学版)》等杂志发表过。由于结项时间已到,还有若干内容来不及发表,没有达到最理想的要求。本项目研究时间长达六年,一方面是由于作者懈怠,另一方面也是为了使成果经得起检验而力求每章都能独立成文发表所致。诚如上文对各个部分的介绍中所述,在作者所建构的损害赔偿法体系中，还有许多基础性和前沿性的问题需要研究，这也是本项目继续完善所要解决的问题。但法学研究并无终极，留待所有相关问题均清楚、明白再行出版，无疑是奢求，唯平衡时效性与学术进展才是现实选择。在这场从具体、前沿问题出发的研究旅程已然行至一个节点时，本书将既有研究整理出版。当然，对于上述研究成果笔者亦是惶恐至极，敬请学林批评指正。未来，笔者将继续致力于损害赔偿的基础性研究，期待完成从具体问题研究到基础理论体系化阐释之规划。总之，损害赔偿法是一个基础却又辐射广远的领域，是建构有中国特色的民法制度体系和理论体系的重要组成部分，值得学术界同仁为之付出更多的精力。

第一章 民法典中统一损害概念之证成

第一节 本章问题

在大陆法系的民法典中,有关损害赔偿的规则多规定在债法总则,包括因合同、侵权、不当得利、无因管理、单方允诺、缔约过失等引起的损害赔偿。损害赔偿规则因而形成"总则(债法总则)+分则(合同、侵权等)"的法律结构。英美法系则与此不同,其损害赔偿的规则规定在各法律之中,如合同法、侵权法、财产法等,未建构更高更抽象层次的损害赔偿之一般规则。我国《民法典》不设置债法总则,也无一部形式上的"损害赔偿法",但实质上的"损害赔偿法"是客观存在的,且范围涉及私法、公法和国际法。损害赔偿是救济私权的主要工具。"在某种意义上,所谓民事,实乃损害赔偿问题。"[1]通过学说建立实质意义上的损害赔偿法体系,是民法学的重大课题。"法概念具有目的性","仿佛是'编成密码'似地包含了评价"及法律原则,是贯穿法律内、外部体系的桥梁。[2] 损害为损害赔偿之核心概念,高度抽象。欲以我国《民法典》有关损害赔偿的制度为基础,构建损害赔偿的一般理论,实现损害赔偿规范的"形散神聚",进而圆融民法内外的损害赔偿制度,构建相对统一的损害之概念是基础中的基础。

有关损害赔偿的不同规范使用之"损害",意义有着诸多不同,择其要者:首先,差额说未影响财产损害的界定,却使得人身侵害之种种赔偿方案被视为损害;其次,合同与侵权受相同民法价值支配,违约责任之损害为何排除精神损害?再次,惩罚性赔偿属民事赔偿,但流行观点认为惩罚性赔偿无须考虑损害,损害在惩罚性赔偿中没有启动赔偿和间接确定赔偿金的功能。上述领域各有其特点,但损害作为最基础的概念如此"五花八门"难谓合理,甚至会消解统一的损害赔偿法之基础,使得从共同的理念、原则出发阐释赔偿法的争议问题受阻。

德国学者 Mommsen 在 1855 年提出的"差额说",将损害界定为受害人有无损害事故时总财产之差额,统一损害概念,影响世界。但该说未覆盖精神损害,对财产损害的判断也常得出荒谬结论。学者先后提出"客观说""规范

---

[1] 王泽鉴:《损害赔偿》,北京大学出版社2017年版,第14页。
[2] 〔德〕卡尔·拉伦茨:《法学方法论》,陈爱娥译,商务印书馆2003年版,第46页。

说""事实状态说"等试图替代差额说。① 我国对损害之研究受德国影响颇深,主要包括:引介、评析德日损害概念学说②;在德日理论基础上修正甚至取代差额说的探索③;通过具体、特殊的损失研究局部修正差额说判断结果④。但寻找为所有损害之可赔偿性提供简单判断标准的完美定义并不现实。损害虽可界定,但"这个界定若要适用于所有的情形,就必然是宽泛的,甚至是没有意义的"⑤。现代债法总则应由寻求共同规范转向体系整合。⑥ 有关损害之研究虽汗牛充栋,但鲜有关注损害体系功能、借其统一整合损害赔偿法者。

中国法治已进入民法典时代,中国民法典极具中国特色。习近平在主持中共中央政治局第二十次集体学习"切实实施民法典"时强调,要坚持以中国特色社会主义法治理论为指导,立足我国国情和实际,加强对民事法律制度的理论研究,尽快构建体现我国社会主义性质,具有鲜明中国特色、实践特色、时代特色的民法理论体系和话语体系,为有效实施民法典、发展我国民事法律制度提供理论支撑。笔者希望跳脱出传统的损害研究视角并打破流行观点的限制,以核心概念"损害"为抓手,探求损害赔偿重大争议问题的合理解决方案与损害赔偿法的体系化,最大限度地实现体系性、科学性与合理性的统一,既适应中国国情,也为世界贡献中国方案。

第二节　财产侵害与人身侵害之损害的统一

以差额说之损害来确定人身侵害之损害,系将损害计算方法与损害本质混淆,使得人身侵害之损害主要为间接财产损害,存在偏差。应坚持损害的科学内涵,区分"损害"与"损害计算",维护损害内涵在财产侵害与人身侵害中的一致性,避免人身侵害之损害受歧视。

---

① Fischer, Hans Albrecht, Der Schaden nach dem BGB für das deutsche Recht, Jena: Fischer, 1903; Selb, Walter, Schadensbegriff und Regressmethoden, Heidelberg: Winter, 1963; Knobbe-Keuk, Brigitte, Vermögensschaden und Interesse, Bonn: Röhrscheid, 1972; Schiemann, Gottfried, Argumente und Prinzipien bei der Fortbildung des Schadensrechts, München: C. H. Beck, 1981.
② 如宁金成、田土城:《民法上之损害研究》,载《中国法学》2002年第4期;李新天、许玉祥:《侵权行为法上的损害概念研究》,载《时代法学》2005年第1期;姚辉、邱鹏:《侵权行为法上损害概念的梳理与抉择》,载《私法研究》(第7卷),法律出版社2009年版,第16页。
③ 如汪志刚:《论民法上的损害概念的形成视角》,载《法学杂志》2008年第5期;李昊:《损害概念的变迁及类型建构——以民法典侵权责任编的编纂为视角》,载《法学》2019年第2期。
④ 如徐建刚:《论汽车贬值损失的损害赔偿》,载《清华法学》2017年第4期;刘乃贵:《使用损失的界定及其侵权损害赔偿》,载《法学》2019年第4期。
⑤ 〔德〕U. 马格努斯:《侵权法的统一——损害与损害赔偿》,谢鸿飞译,法律出版社2009年版,第276—277页。
⑥ 参见陆青:《债法总则的功能演变:从共同规范到体系整合》,载《当代法学》2014年第4期。

一、财产侵害与人身侵害之损害内涵的差异

"一项没有出现在损害清单中的无形财产,会被潜在的加害者所遗忘。"①非财产损害亟待正名。差额说为保护非财产权,一是将精神损害赔偿解释为具有填补、抚慰、惩罚多重目的,精神损害无法以金钱估价的特点便不影响其可赔偿性;二是对非财产损害的财产化,将人格权中跟财产价值关联的内容转化为间接财产损害或商品化得出财产差额。这使得非财产权获得了赔偿法的保护,是一种进步。

但损害的本质是当事人遭受的不利益本身。② 差额说以"个别项目的累计方式"得出"总的损害"并以金钱表示之,属损害计算。瓦格纳教授指出,《德国民法典》第 249 条最多只是借鉴差额说。"比较两种状态……这一假说的确不可缺少……但是损害似乎并不就是这两个财产数量之差,而应当是法律承认保护的物和利益的所有损失。"③《民法典》第 1184 条规定:"侵害他人财产的,财产损失按照损失发生时的市场价格或者其他合理方式计算。"法释[2003]2 号第 31 条规定,投资差额损失,以买入证券平均价格与实际卖出证券平均价格之差,乘以投资人所持证券数量计算。这些规定采差额说逻辑,将损害认定与损害计算融为一体,但计算时点、计算标准或方式显然不涉及损害有无,属损害计算。故差额说并非否认损害认定与损害计算在法理与逻辑上系不同内容与阶段,只是其以"财产"差额表示两种利益状态比较结果,在财产领域④不会改变财产损害的内涵和本质,无须特别强调。而《民法典》第 1182 条规定例外情况下"根据实际情况"酌定赔偿数额,《国家赔偿法》第 13 条、第 23 条区分赔偿项目与赔偿数额,更是直接体现了损害与计算的区分。但在人身侵害领域,人身权系非财产权,为适应差额说却以间接财产损失赔偿人身损害,精神损害赔偿的定位也偏离填补原则。

二、财产侵害与人身侵害之损害内涵的统一

(一)统一财产侵害与人身侵害之损害内涵的必要性

首先,差额说是借损害计算确定财产领域之损害与赔偿额的方法,不改变财产损害的本质。适用于人身侵害领域,人格权所遭受之不利本身未被评

---

① 〔德〕格哈德·瓦格纳:《损害赔偿法的未来——商业化、惩罚性赔偿、集体性损害》,王程芳译,熊丙万、李翀校,中国法制出版社 2012 年版,第 9 页。
② 参见陈聪富:《人身侵害之损害概念》,载《台大法学论丛》2006 年第 1 期。学界多称之为"自然的损害",将"法律上的损害"界定为经判断可得赔偿的损害,但个案中某损害是否能够获赔非损害概念可单独决定。
③ 〔德〕格哈德·瓦格纳:《损害赔偿法的未来——商业化、惩罚性赔偿、集体性损害》,王程芳译,熊丙万、李翀校,中国法制出版社 2012 年版,第 16 页。
④ 侵害财产权引起非财产损害为例外,暂不讨论。

价为损害。这实际造成了财产侵害和人身侵害之损害内涵与性质的不同,不利于损害内涵及衍生的损害与损害计算区分原则的贯彻,造成体系不一致。

其次,保证人身侵害领域损害赔偿的合理性需统一损害之内涵。为获得可赔偿性,精神损害赔偿在不符合惩罚性赔偿的特别要求时,便加入了惩罚功能。医疗费、残疾赔偿金、死亡赔偿金被视为间接财产损害之赔偿①,人格权损害本身未纳入考量。这混淆了赔偿金计算与损害的本质,可能引起权益保护不足或过度。

最后,统一损害内涵可正确认识损害的内涵和差额说的意义。"撇开琐利不计规则,损失额对于具有法律相关性的损失是否存在这一问题并无意义。"②差额说是损害概念在财产领域的去规范化方法,方便损害确定与计算,具有工具意义。

(二) 人身侵害之损害再审视

损害与损害计算不同。人身侵害之损害的确定不应受金钱评价困难影响,其赔偿可根据损害性质与轻重,参酌损害赔偿目标,确定赔偿标准或裁量方法以计算赔偿额,并借社会一般观念甚至是赔偿参照表等予以限制。

1. 人身侵害之精神损害

精神损害赔偿具有填补、抚慰、惩罚多元目的之解说并不妥当:惩罚性赔偿为例外制度,一般要求主观故意、客观情节严重,且主要存在于产品责任、知识产权侵权等特殊领域。精神损害赔偿并无上述要件,加入惩罚性目标既不合理,也会造成普遍性的惩罚;会加剧精神损害赔偿的不确定性,易引起法官恣意。笔者认为,精神损害赔偿应属填补性:

首先,损害的确定是"质性评价"③,精神损害难以金钱评价不影响其可赔偿性。精神损害是无形、主观的,难以确证。但民法不缺乏主观事实的规定,可借主观问题客观标准化的法律技术来解决,根据一般理性人标准判断是否会产生精神损害及其程度。

其次,精神损害进行填补性赔偿是可能的。财产损害也常无法确定赔偿额,《欧洲合同法典(总则编)》第 168 条第 1 项规定:"已经证明存在损害或者对损害的存在没有争议,但就损害的具体内容利用专家的帮助也无法确定或者要加以确定异常困难的,可以按照公平原则对损害进行估算。"④我国《民法典》第 1182 条规定在受害人损失、侵权人获利均无法确定时,由法院根

---

① 参见"尹瑞军诉颜礼奎健康权、身体权纠纷案",载《最高人民法院公报》2019 年第 3 期。
② 〔德〕克里斯蒂安·冯·巴尔、〔英〕埃里克·克莱夫:《欧洲私法的原则、定义与示范规则:欧洲示范民法典草案》(第 5、6、7 卷),王文胜等译,法律出版社 2014 年版,第 227 页。
③ 参见汪志刚:《论民法上的损害概念的形成视角》,载《法学杂志》2008 年第 5 期。
④ 《欧洲合同法典(总则编)》,王文胜译,载《私法研究》(第 15 卷),法律出版社 2014 年版,第 225 页。

据实际情况确定赔偿额。《商标法》第63条、《专利法》第71条、《著作权法》第54条、《反不正当竞争法》第17条均规定损害及替代标准无法确定时可"根据侵权行为情节"等确定"法定补偿金"。酌定赔偿金未影响这类财产损害的可赔偿性及填补性。精神损害依其性质须法官酌定①,亦不应因此附加惩罚功能。事实上,精神损害赔偿意在消解痛苦、平复损害。精神损害虽不能与特定金钱等价,但金钱是一般等价物,可购买其他美好事物淡化、抵消受害人的痛苦。故,精神损害赔偿金可对非同质利益进行"间接异样填补"。②抚慰乃是此特征之描述。

法释[2001]7号(2020修正)第10条列举的因素多与精神损害程度相关,例如情节、后果、过错等。法释[2020]17号则将"侵权目的"添加为侵权情节中应当考察的因素。"精神损害的程度与公民的人身自由权、生命健康权损害的程度往往成正比例关系。"③故法发[2014]14号规定:精神损害抚慰金原则上不超过依《国家赔偿法》第33条、第34条确定的人身自由赔偿金、生命健康赔偿金的35%。精神损害程度受对方主观恶意程度影响,对主观恶性大的加害人应提高赔偿额,类似于英国的"加重损害赔偿",系特殊的填补性赔偿。④ 其他因素在填补性赔偿思维下亦可圆融解释:侵权人获利情况类似于《民法典》第1182条,是确定赔偿金的变通方案,只是此处仅为确定赔偿金的辅助因素之一;同等金钱在不同区域的购买力和给受害人带来的愉悦不同,自然要考虑当地平均生活水平;侵权人承担责任的经济能力可理解为加害人非因故意或重大过失造成加害时的生计酌减特别规则,未来应升格为损害赔偿一般性规则。

2. 人身侵害之"财产损害"

《民法典》第1179条对人身遭受侵害时的各项"财产损失"之赔偿项目集中进行了规定。但部分赔偿项目的理解值得商榷:

其一,残疾赔偿金与死亡赔偿金。目前,残疾赔偿金是对劳动能力丧失的赔偿,死亡赔偿金则是对近亲属财产损失的赔偿。⑤ 但是,以残疾赔偿金为例,《民法典》第1003条、第1004条确认身体健康、完整是健康权、人身权的内容。2017年施行的《人体损伤致残程度分级》指出,损伤是"各种因素造成的人体组织器官结构破坏和/或功能障碍",残疾则是"人体组织器官结构破坏或者功能障碍,以及个体在现代临床医疗条件下难以恢复的生活、工作、

---

① 参见毋爱斌:《损害额认定制度研究》,载《清华法学》2012年第2期。
② 参见曾世雄:《损害赔偿法原理》,中国政法大学出版社2001年版,第311页。
③ 江勇:《冤案的精神损害抚慰金应适当增加》,载《人民司法》2014年第12期。
④ 参见王泽鉴:《损害赔偿》,北京大学出版社2017年版,第361页。
⑤ 参见全国人大常委会法制工作委员会民法室:《〈中华人民共和国侵权责任法〉条文说明、立法理由及相关规定》,北京大学出版社2010年版,第60—61页;"赵荣辉、吉林省四平监狱殴打、虐待致伤、致死赔偿决定书",最高人民法院(2019)最高法委赔监97号决定书。

社会活动能力不同程度的降低或者丧失"。人身损伤和残疾可能表现为人身完整与功能的受损,这恰是法律保护的人身权、健康权内容的减损。张新宝教授指出人身损害赔偿"既包括了对财产损失的赔偿,也包括了'纯粹的'死亡赔偿与残疾赔偿","残疾赔偿金……应对残疾这一单纯的损害后果进行的金钱赔偿"。① 日本西原教授提出"伤亡损害说",认为人身损害赔偿首先应救济人的生命或身体,伤亡才是损害。② 意大利法中有"生物学上的损害",将身体或健康伤害本身作为损害。③ 法国承认"生理损失(dommage physiologique)",允许对身体损害、容貌损失等赔偿。西班牙新近的《道路交通责任法》规定"在尊重或者恢复健康权的意义上来理解人身损害赔偿",承认人身损害的自主性。④ 故以伤亡为损害符合损害内涵,理论和实践上也有先例。

不过,以伤亡为损害首先会面临死者的法律主体资格问题。这是"概念法学逻辑推演的问题,并非现实困境"。医学表明,伤害与死亡时点不同。西班牙学界认为主张损害赔偿的权利具有财产属性,可转移至受害人遗产,区分受害人是否瞬时死亡的实践并不合理。法国最高法院1976年判例不再以死者生前启动索赔作为继承前提。⑤ 其次,以伤亡为损害会面临赔偿金计算的难题。伤亡会影响受害人及其家庭的收入,故"收入是给予人身损害赔偿的参数",但"人身损害赔偿金最后成了'受害人因他/她工作能力降低所带来的经济损失'"。⑥ "劳动能力丧失说""收入丧失说"等,便以伤残导致的财产损失后果为损害。人的劳动能力不同,应采个别化的计算方法。意大利、法国、西班牙等承认伤亡损害的国家采取另一种方案,根据人的平等性,给予基本相同的赔偿。⑦ 我国法上,法释[2003]20号是人身损害赔偿的主要依据,其规定伤残/死亡赔偿金的计算并未以受害人劳动能力及收入损失为依据,而是区分城镇和农村居民,分别以城镇居民人均可支配收入和农村居民人均纯收入为基准计算。这与《工伤保险条例》第35条、第36条、第37条规定的一次性伤残补助金、伤残津贴与职工工资的联结不同。我国从2013年起统一发布城乡居民可支配收入。居民可支配收入包含工资性收入、经营

---

① 参见张新宝:《侵权责任法》(第4版),中国人民大学出版社2016年版,第94、104—107页。
② 参见陈聪富:《人身侵害之损害概念》,载《台大法学论丛》2006年第1期。
③ 参见[德]克雷斯蒂安·冯·巴尔:《欧洲比较侵权行为法》(下卷),焦美华译,张新宝校,法律出版社2004年版,第25—28页。
④ 参见[英]W.V.霍顿·罗杰斯:《比较法视野下的非金钱损失赔偿》,许翠霞译,中国法制出版社2012年版,第122—124、258—261页。
⑤ 参见叶名怡:《论死亡赔偿范围——以〈中华人民共和国侵权责任法〉第16、17、22条为分析重点》,载《法商研究》2010年第5期。
⑥ 参见[英]W.V.霍顿·罗杰斯:《比较法视野下的非金钱损失赔偿》,许翠霞译,中国法制出版社2012年版,第185页。
⑦ 同上书,第123、195—197、259页。

净收入、转移净收入和财产净收入四项。① 除工资性收入外,其他三项特别是转移净收入和财产净收入与劳动能力并无直接联系。死亡赔偿金的基础若是死者的可能收入,便覆盖了法发〔2010〕23 号第 4 条及《产品质量法》第 44 条规定的被扶养人生活费,引起重复赔偿。2019 年《中共中央、国务院关于建立健全城乡融合发展体制机制和政策体系的意见》提出"改革人身损害赔偿制度,统一城乡居民赔偿标准"。最高人民法院(以下简称"最高院")发布了《关于授权开展人身损害赔偿标准城乡统一试点的通知》,要求各高院开展试点。理论上,统一城乡居民赔偿标准有如下方案:一是居民平均可支配收入、城镇居民可支配收入、农村居民可支配收入等统一标准;二是统一适用个别化的赔偿方法。但实际上,各省高院多选择以城镇居民可支配收入作为统一标准。②

上述方案各有优劣,个别化的赔偿法契合社会现实,更准确、科学,符合矫正正义。但以一时一地之状况推测受害人劳动能力及收入损失难以精确,无法很好地实现其优势。以此逻辑,无劳动能力或收入的受害人不存在损害。这使得加害人的赔偿主要取决于受害人是富人或乞丐,而非其制造的风险。③ 统一标准则有平均主义之嫌,还会"奖懒罚勤",对高收入者补偿不足。故不存在绝对优越的赔偿方法。只是依照劳动能力丧失说或收入丧失说应采个别化的赔偿方法。如以伤亡为损害,其难以用金钱估计,赔偿需借酌定或拟制,反而提供了选择不同赔偿方案的空间,可根据社会与法律发展调整。损害赔偿意在使受害人恢复至如同未受损害之状态,身体疼痛、精神痛苦已由抚慰金补偿,残疾、死亡之赔偿应主要保障受害人及其家人的生活水平。"人的经济价值"可拟制为伤亡损害。④ 这一经济价值既可以是劳动能力丧失、收入损失,也可是其他符合赔偿目的之方案。"尹瑞军诉颜礼奎健康权、身体权纠纷案"将残疾赔偿金定为物质损失赔偿,但指出"因侵权行为造成受害人残疾的,必然会对受害人今后的生活和工作造成影响,造成受害人的生活成本增加或者劳动能力下降"。⑤ 实践中,不少法官将保障受害人生活

---

① 参见国家统计局官网 2019 年 12 月 2 日,网址:http://www.stats.gov.cn/tjsj/zbjs/201912/t20191202_1713055.html。
② 北大法律信息网对 15 个高院的相关文件作了梳理,载微信公众号"北大法律信息网",2020 年 1 月 20 日,网址:https://mp.weixin.qq.com/s/s-Ys0HOsOLyTSdchpNrTjQ?scene=25#wechat_redirect。
③ 〔英〕P. S. 阿蒂亚:《"中彩"的损害赔偿》,李利敏、李昊译,北京大学出版社 2012 年版,第 115—116 页。
④ 参见〔德〕克雷斯蒂安·冯·巴尔:《欧洲比较侵权行为法》(下卷),焦美华译,张新宝校,法律出版社 2004 年版,第 28 页;〔英〕W. V. 霍顿·罗杰斯:《比较法视野下的非金钱损失赔偿》,许翠霞译,中国法制出版社 2012 年版,第 123 页。
⑤ 参见"尹瑞军诉颜礼奎健康权、身体权纠纷案",载《最高人民法院公报》2019 年第 3 期。

水平作为残疾赔偿金目的。① 可考虑以维持受害人或近亲属一定的物质生活水平之费用为赔偿标准,也与现行的可支配收入标准一致。② 随着全国统一市场的建立、人口流动性的增加、网络消费的繁荣、城乡一体化的发展,城乡生活成本趋于一致。各高院采统一的可支配收入标准有一定的现实基础,以伤亡为损害则为此提供了理论空间。法释[2022]14号第12条、第15条最终采用了受诉法院所在地上一年度城镇居民人均可支配收入作为残疾赔偿金、死亡赔偿金计算标准,不再区分城镇居民和农村居民。

其二,医疗费。人身伤亡造成其本身损害,支付医疗费意在消除损害,恢复人身之健康与完整,应属恢复原状之费用。基于人之崇高价值,不得因治疗花费过巨而拒绝恢复原状。③ 当医治无法完全恢复原状时,依《民法典》第179条合并适用其他责任形式。一方面,将医疗费理解为财产损害使得恢复原状费用在财产侵害与人身侵害中作不同理解,所赔偿的损害也不一致;另一方面,如受害人经济困难,无力先行支付医药费,依理不存在损失。④ 将支付医疗费定义为恢复原状费用,受害人似可先请求侵权人支付相关费用,并决定是否实际恢复原状,以赋予受害人权衡治疗风险与损害的选择自由。需说明,此之医疗费用包括《民法典》第1179条规定的医疗费、护理费、营养费、交通费、住院伙食补助费等"为治疗和康复支出的合理费用"⑤。

三、统一财产侵害和人身侵害之损害内涵的体系效应

从权益损失角度界定损害的本质,区分损害与损害计算有如下影响:其一,将损害的本质与法律保护的利益联系而不是"冷冰冰的"、去价值的财产差额,传达了损害赔偿的核心理念——权利救济。其二,将损害与损害计算区分原则在损害赔偿中予以贯彻,避免损害的金钱评价困难成为否定救济的理由,更好地保护权益,也指示了损害额酌定一般条款的必要性。可借鉴《欧洲合同法典(总则编)》第168条第1项予以规定。其三,精神损害赔偿

---

① 参见"赵某因在学校组织的体育锻炼中摔伤诉仪征市陈集镇第二中心小学人身损害赔偿纠纷案",江苏省扬州市中级人民法院(2012)扬少民终字第0004号民事判决书;"依不拉音·阿不地力木与热合曼·肉孜、中国人民财产保险股份有限公司库车支公司责任保险合同纠纷",新疆维吾尔自治区阿克苏地区中级人民法院(2017)新29民终1608号民事判决书;"陈瑞模诉肖长样等机动车交通事故责任纠纷案",福建省永安市人民法院(2016)闽0481民初1758号民事判决书;"龚汝岗、金玉平提供劳务者受害责任纠纷",四川省攀枝花市中级人民法院(2020)川04民终158号民事判决书。需注意,这不同于以受害人生活费减少额为损害。
② 参见张新宝:《侵权死亡赔偿研究》,载《法学研究》2008年第4期。
③ 参见王泽鉴:《损害赔偿》,北京大学出版社2017年版,第126页。
④ 参见李承亮:《恢复原状费用赔偿的性质》,载《武汉大学学报(哲学社会科学版)》2019年第4期。
⑤ 参见王胜明:《中华人民共和国侵权责任法释义》,法律出版社2010年版,第84—85页。

为填补性赔偿,惩罚性赔偿金基数之损害不包括精神损害的观点①丧失了基础。以人身伤亡为损害,为残疾/死亡赔偿金计算标准根据社会与法律发展而调整提供理论空间,便于统一城乡人身损害赔偿标准。其四,《国家赔偿法》第 34 条规定的残疾、死亡赔偿金基准为"国家上年度职工年平均工资",标准较私法规定偏低,未来宜保持一致。

第三节 违约责任与侵权责任之损害的统一

损害概念适用于整个债法,但本章主要讨论违约责任与侵权责任之损害。无因管理、不当得利多属第一性债务,涉及第二性债务的,如不真正无因管理,依情形可定为侵权或不当得利。合同撤销、合同无效后损失赔偿属于缔约过失责任②,缔约过失责任究竟属独立责任类型还是侵权责任类型不无争议。因此,侵权责任与违约责任系损害赔偿体系中最重要和典型的部分。

一、违约责任与侵权责任之损害外延的差异

传统理论认为,合同法保护财产权,赔偿履行利益;侵权法保护固有权,包括财产权、人身权。③ 因此,侵权责任之损害不包括纯粹经济损失,违约责任之损害不包括精神损害。但间接损失和"纯粹"经济损失并非在种类和原则上不同,而是根据各自赖以发生的情形及可获赔与否的技术性限制来区分的,这"很大程度上是技术性的,甚或是人为的"④。排除纯粹经济损失,不同财产集合间的因果关系会被技术性地排除掉,过度疏离现实。故各国侵权法限制救济纯粹经济损失,以避免行为人责任过重、引起诉讼泛滥,并遏制行为自由⑤,只是限制方法不同。⑥《民法典》第 120 条、第 1165 条对民事权益的一体保护为纯粹经济损失赔偿的请求权基础提供了解释空间。

违约不赔偿精神损害不断受到质疑⑦,但仍是主流观点。王利明教授认

---

① 参见王泽鉴:《损害赔偿》,北京大学出版社 2017 年版,第 399 页。
② 参见韩世远:《合同法总论》(第 4 版),法律出版社 2018 年版,第 322 页。
③ 参见王利明:《侵权责任法与合同法的界分——以侵权责任法的扩张为视野》,载《中国法学》2011 年第 3 期。
④ 参见[意]毛罗·布萨尼、[美]弗农·瓦伦丁·帕尔默:《欧洲法中的纯粹经济损失》,张小义、钟洪明译,林嘉审校,法律出版社 2005 年版,第 6—7 页。
⑤ 参见张红:《纯粹经济损失赔偿的可能与限度》,载《武汉科技大学学报(社会科学版)》2019 年第 2 期。
⑥ 参见王泽鉴:《侵权行为》,北京大学出版社 2016 年版,第 364—365 页。
⑦ 参见李永军:《非财产损害的契约性救济及其正当性——违约责任与侵权责任的二元制体系下的边际案例救济》,载《比较法研究》2003 年第 6 期;崔建远:《论违约的精神损害赔偿》,载《河南省政法管理干部学院学报》2008 年第 1 期;尹志强:《论违约精神损害赔偿的正当性及适用范围》,载《中国政法大学学报》2014 年第 6 期;杨显滨:《违约精神损害赔偿制度的中国式建构》,载《当代法学》2017 年第 1 期。

为:"在违约责任中,对精神损害提供补救有可能会破坏交易的基本法则。"即使特殊合同确有必要承认精神损害赔偿的,也应在有名合同中作特殊规定。① 许中缘教授则指出,即使合同中蕴含人格利益,违约人也只需赔偿合同之"中"的人格利益,精神损害是附带损失,在合同之"外"。② 司法实践中,最高院 2004 年颁布的公报案例"郑雪峰、陈国青诉江苏省人民医院医疗服务合同纠纷案"③,2013 年审理的"深圳市三诺电子有限公司诉深圳市兴耀达电子有限公司买卖合同纠纷案"④,以及 2006 年《最高人民法院关于就客运合同纠纷案件中,对无过错承运人如何适用法律有关问题的请示的答复》等,一以贯之地否定违约精神损害赔偿。从整体看,笔者从北大法宝网检索得到一个由 137 个案例组成的样本⑤,真正支持违约精神损害赔偿的仅有 15 个案例,占比 10.9%。

在此背景下,《民法典》第 996 条规定:"因当事人一方的违约行为,损害对方人格权并造成严重精神损害,受损害方选择请求其承担违约责任的,不影响受损害方请求精神损害赔偿。"但其能否作为违约精神损害赔偿的依据不无疑问:其一,违约精神损害赔偿最接近达成共识的是特殊服务合同。该条若解释为肯定违约精神损害赔偿,则立法便是不规定共识而规定分歧,不合常识。其二,柳经纬教授分析后指出:"违约精神损害赔偿不能等同于违约造成精神损害的赔偿。"人格权遭受损害常同时构成侵权责任。我国一般肯定当事人请求违约责任后另以侵权事由请求精神损害赔偿。⑥ 该条可能是对我国既有司法解释的传承——主张违约责任不妨碍其另行主张侵权之精神损害赔偿。⑦ 故,《民法典》第 996 条立法意图不够明确,学者也有不同看法,特别是不在《民法典》第 996 条规定范围内的具有人身意义的特定物,如因违约引起精神损害能否赔偿,尚缺乏明确依据,故阐明违约精神损害赔偿的理论依据及适用范围仍是有意义的工作。

---

① 参见王利明:《民法分则合同编立法研究》,载《中国法学》2017 年第 2 期。
② 参见许中缘、崔雪炜:《论合同中的人格利益损害赔偿》,载《法律科学》2018 年第 3 期。
③ 参见《最高人民法院公报》2004 年第 8 期。
④ 参见最高人民法院(2013)民抗字第 15 号民事判决书。
⑤ 为兼顾审级和相关性,笔者检索了两组案例,一组检索条件为:案由为合同纠纷,"本院认为"含精神损害,限定高级人民法院。另一组检索条件为:案由为合同纠纷,"案件焦点""本院认为"含精神损害。分别得到 175 份和 185 份裁判。剔除重复、无关案例,得到 137 个案例。
⑥ 如"刘万明与夏邑县刘店集乡新刘楼村民委员会等农村土地承包合同纠纷再审案",河南省高级人民法院(2013)豫法立二民申字第 00921 号民事裁定书;"向绍禄与周兴碧郎天华委托合同纠纷",重庆市万州区人民法院(2017)渝 0101 民初 7898 号民事判决书。这种理解并不违反一事不再理原则。根据最高院的理解,请求给付的内容相同才可能构成重复起诉。参见"孙学山诉中国水利水电第十三工程局有限公司建设工程施工合同纠纷案",最高人民法院(2017)最高法民申 63 号民事裁定书。
⑦ 参见柳经纬:《违约精神损害赔偿立法问题探讨——以〈民法典各分编(草案)〉第七百七十九条为对象》,载《暨南学报(哲学社会科学版)》2019 年第 7 期。

二、违约责任与侵权责任之损害外延的统一

(一) 承认违约精神损害赔偿的必要性

"债法的救济规则应该取决于受保护利益和受制裁行为","侵权、合同这些范畴只不过是一种便利的、能将那些在受保护利益和制裁行为以及制裁措施方面具有共同特征的诉因集中在一起的阐释性工具",它们不应该被赋予任何处置性的意义。① 合同作为一种合作框架,完全可能被填充精神利益。

事实上,绝对地将精神损害赔偿从违约责任中排除可能已经在现实中造成了不正义。例如某些客运合同纠纷中受害人提供的交通事故认定书认定了违约方存在过错,有的医疗合同中受害人通过鉴定证明了违约方的过错。即使按照侵权法也符合赔偿条件,法院仅基于违约责任的选择便拒绝了精神损害赔偿。② 这些受害人既没有享受违约责任证明责任更轻的好处,权利救济也打了折扣。所得到的只是合同不赔偿精神损害这一教条。至于另案提起侵权之诉,我们很难期待多数普通民众知道这层"玄机",况且这本来就不利于节省司法资源。

另外,肯定违约精神损害赔偿还有助于法律的体系化。违约责任与侵权责任之损害的统一使得规定统一的损害顺理成章,可为整个损害赔偿法提供统一的支撑。

(二) 违约精神损害赔偿的正当性

1. 合同可能嵌入精神利益并导致精神损害

传统观点认为合同是财货交换的工具,以财产上给付利益的实现为核心。即使是婚庆服务、旅游合同,交易相对人也只是提供满足精神利益的"物品"而非精神利益本身。但合同只是以私人协商一致为条件的"交易框架",其内容和目的既可是财产性的也可是非财产性的。③《民法典》第811条规定承运人应将旅客"安全"运输到约定地点,第942条规定物业服务人负有"采取合理措施保护业主的人身、财产安全"义务,均涉及人身权。安保、美容医疗合同等类似。人身权受损常引起精神损害。某客运合同纠纷中法

---

① 参见〔澳〕彼得·凯恩:《侵权法解剖》,汪志刚译,北京大学出版社2010年版,第225页。
② 例如"王春和、王德强、王雪琴与被申请人天津市胸科医院医疗服务合同纠纷",天津市高级人民法院(2015)津高民申字第0259号民事裁定书;"张洪岩与五常市人民医院医疗服务合同纠纷",黑龙江省五常市人民法院(2015)五民初字第3173号民事判决书;"田鑫宇与荆州先行运输集团有限公司公路旅客运输合同纠纷",湖北省荆州市中级人民法院(2014)鄂荆州中民三终字00211号民事判决书。
③ 参见〔德〕格哈德·瓦格纳:《损害赔偿法的未来——商业化、惩罚性赔偿、集体性损害》,王程芳译,熊丙万、李翀校,中国法制出版社2012年版,第84页。

官指出:"公路旅客运输合同的履行关系到乘客的人身安全,因承运人的原因造成乘客人身伤亡的,也必将给乘客本人或家属造成一定的精神损害。"①婚庆服务合同、旅游合同等虽以服务或财物的提供为标的,但这些合同的目的为精神上的满足系双方默认的共识。抛却这些精神目的,合同便丧失存在意义。故依约需提供之财物或者服务只是合同追求之精神满足的物质载体,是合同的部分而非全部内容。

需注意,此之精神损害包括严重的身体疼痛、不便和精神痛苦,以及合同旨在提供享乐、安宁却不能实现所带来的痛苦。② 合同纠纷久拖不决或经济利益受损导致的低层次之不快、不适,为社会交往所不可避免,侵权法亦不承认。③

2. 违约精神损害赔偿符合可预见性

《民法典》第584条规定违约损害赔偿需满足可预见性。违约精神损害赔偿的争论集中于此。反对者认为"在基于合同发生的交易关系中,所有类型的价值都通过价金因素被转化成经济价值体现出来"④。合同双方只考虑合同锁定的财货交易或以金钱度量的服务。肯定者则认为合同内容或目的可涉及精神利益,精神损害也愈来愈频繁地出现,预见精神损害理所当然。更有观点认为可预见性与"法律是否规定了并进而广为宣传违约场合的精神损害赔偿"⑤有关。双方都着眼于可预见性,甚至预见性都采一般理性人标准,但一般理性人预见与否的基础为何,并不清楚。

德国和我国台湾地区在侵权与合同中均以因果关系归责,我国大陆在合同中以可预见性限制责任。基于人类正义观念的相似性,二者的判断结果不会过分不同。意大利法区分合同责任与非合同责任,仅前者适用可预见性限制责任,但近年来实践中这种区分已经模糊。⑥ 另有研究指出,德国相当因果关系采"有经验观察者"的标准,可预见性则采"有理性的普通人"标准,前者的预见范围可能略大,但这种区别可能仅存于纸面,实际上"结果极其相

---

① "吉林省吉友旅游汽车有限公司、滕德胜公路旅客运输合同纠纷",四川省高级人民法院(2018)川民申3779号民事裁定书。
② 参见〔德〕克里斯蒂安·冯·巴尔、〔英〕埃里克·克莱夫:《欧洲私法的原则、定义与示范规则:欧洲示范民法典草案》(第1、2、3卷),高圣平等译,法律出版社2014年版,第798页。
③ 参见"贺风雷与常州市福源恒商贸有限公司房屋租赁合同纠纷",江苏省高级人民法院(2016)苏民申1034号民事裁定书。
④ 王利明:《侵权责任法与合同法的界分——以侵权责任法的扩张为视野》,载《中国法学》2011年第3期。
⑤ 崔建远:《精神损害赔偿绝非侵权法所独有》,载《法学杂志》2012年第8期。
⑥ 参见〔德〕U.马格努斯:《侵权法的统一——损害与损害赔偿》,谢鸿飞译,法律出版社2009年版,第180页。

似"。① 在我国,因果关系相当性与可预见性相同,均采一般理性人标准②,判断结果应是一致的。事实上,因果关系相当性论述中常出现"预见",如因果关系判断"均采客观判断基准,以行为时所存在的一切事实及行为后一般人可能预见的事实为基础"③。故二者只是描述角度不同,判断基础应是相同的。而"所谓相当因果关系,系以行为人之行为所造成的客观存在事实为基础,并就此客观存在事实,依吾人智识经验判断,通常均有发生同样损害结果之可能者"。④ 申言之,"如果一个事实一般地,并不只是在十分特定的、十分不可能的、并且依事物的通常进行应不予考虑的情况下适合于促成一定结果,则为相当"。⑤ 由此,因果关系相当性是以盖然性判断为基础的。可预见性以一般理性人的经验和能力为准⑥,判断基础亦应是损害发生的盖然性。

据此判断,其一,以精神享受、安宁为目的之合同。精神性目的是此类合同的前提与目的,为双方所默认。在婚庆服务合同中,结婚典礼的录像是"具有重大情感价值和一定人格象征意义的特定纪念物品"⑦,债务人未依约提供录像,造成债权人终身遗憾、精神损害系"人之常情",满足"通常可能性"。依此类推,那些包含着共同认可之精神性目的的合同,会将合同中的给付转化为精神利益的载体。加之合同中权利义务的确定性及精神目的对相对人的公开性,债权人对给付之权利类似于人格权。出现违约则可能导致合同的精神目的无法实现,产生精神损害。其二,涉及人身权的合同中,生命权、健康权、身体权等人格权"攸关个人的生存、人格尊严及人格自由"⑧,含有精神利益自不待言,受损时自然会产生生理、心理痛苦,属可预见之"通常结果"。

3. 违约精神损害赔偿不会破坏交易公平

有学者认为,合同中蕴含精神利益时,人格利益在合同之内,对其赔偿符合合同机制;精神损害在"合同之外",对其赔偿会破坏对价原则。⑨ 但价格是用来确定债务人的给付义务的,是给付本身的价值。需赔偿的损害并不限

---

① 参见〔德〕克里斯蒂安·冯·巴尔、〔英〕埃里克·克莱夫:《欧洲私法的原则、定义与示范规则:欧洲示范民法典草案》(第1、2、3卷),高圣平等译,法律出版社2014年版,第805、807页。
② 参见王利明:《侵权责任法研究》(上卷),中国人民大学出版社2010年版,第360、362页。
③ 王泽鉴:《损害赔偿》,北京大学出版社2017年版,第92页。
④ 参见我国台湾地区法院1993年台上字第2161号判决。
⑤ 〔德〕迪特尔·梅迪库斯:《德国债法总论》,杜景林、卢谌译,法律出版社2004年版,第442页。
⑥ 参见崔建远:《合同法》(第6版),法律出版社2016年版,第265页。
⑦ "上诉人邵阳县金囍文化传媒有限公司因与被上诉人吕明、曾晓华庆典服务合同纠纷",湖南省邵阳市中级人民法院(2019)湘05民终263号民事判决书。
⑧ 王泽鉴:《人格权法——法释义学、比较法、案例研究》,北京大学出版社2013年版,第99页。
⑨ 参见许中缘、崔雪炜:《论合同中的人格利益损害赔偿》,载《法律科学》2018年第3期。

于此。《民法典》第584条允许赔偿"合同履行后可以获得的利益"。债务人不履行给付义务或履行有瑕疵导致对方无法营业的,有时需要赔偿对方的营业损失①,这已超出了合同价格所对应的内容。在人身损害中,丧葬费、误工费等也都是对间接财产损害的赔偿。对价并非确定责任范围的决定性因素。

4. 精神损害赔偿不存在所谓归责原则

有法官指出:"精神损害赔偿适用过错责任原则,与合同违约之诉的归责原则不同。"②但归责原则属责任法而非损害法问题。例如,《民法典》第1165条、第1166条规定侵权责任归责原则,位于该编第一章,人身或财产损害之赔偿项目则规定于"损害赔偿"一章。我们从未讨论某一类型损害是过错还是无过错责任。另外,过错只是衡量精神损害程度的诸多因素之一。侵权法之危险责任并未妨碍赔偿精神损害,值得参考。

5. 违约精神损害赔偿的请求权基础

不少法官认为《合同法》第107条(《民法典》第577条)规定的违约责任没有精神损害赔偿,违约精神损害赔偿缺乏依据。③ 为此,有法官将精神损害作为《合同法》第112条(《民法典》第583条)中的"其他损失"④,或以《合同法》第302条(《民法典》第823条)为客运合同中精神损害赔偿提供依据⑤,甚至按照"公序良俗"原则判决⑥。但《民法典》第583条的其他损失是继续履行或采取补救措施仍无法弥补的损失,非指财产损失之外的其他损失。《民法典》第823条仅为客运合同之特别规定,不涉及其他合同。公序良俗虽已为《民法典》第8条确认,但法律原则只能在弥补法律漏洞的例外情况下适用,不宜作为一般性依据。

笔者认为,首先,《民法典》第179条并未单独规定精神损害赔偿,赔偿损失包括精神损害赔偿。故《民法典》第577条之损失应包括精神损害。《民法典》第186条表明合同保护人身权益,人身损害赔偿可分为精神损害抚

---

① 参见"无锡鼎一重工制造有限公司与江苏欧克机械有限公司、沈阳机床股份有限公司买卖合同纠纷",最高人民法院(2017)最高法民申681号民事裁定书;"南宁广发重工集团有限公司、南宁发电设备总厂等与南宁广发重工集团有限公司、南宁发电设备总厂买卖合同纠纷",最高人民法院(2015)民提字第143号民事判决书。
② "谢志梅等诉吴晓明等运输合同纠纷",江苏省无锡市惠山区人民法院(2017)苏0206民初4033号民事判决书。
③ 例如"赵国君诉中国移动通信集团吉林有限公司电信服务合同纠纷",吉林省高级人民法院(2016)吉民申2242号民事裁定书;"贵阳市南明区建中学校与贵阳宏益房地产开发有限公司房屋拆迁安置补偿合同纠纷",贵州省高级人民法院(2016)黔民初258号民事判决书。
④ 参见"吉林省吉友旅游汽车有限公司、滕德胜公路旅客运输合同纠纷",四川省高级人民法院(2018)川民申3779号民事裁定书。
⑤ 参见"蓝雪梅诉崇左市新鹏出租车有限公司等出租汽车运输合同纠纷",崇左市江州区人民法院(2010)江民初字第136号民事判决书。
⑥ 参见"马钱多诉何秀荣等服务合同纠纷案",新疆维吾尔自治区高级人民法院(2018)新民申115号民事裁定书。

慰金和物质损害赔偿金两类。保护人身利益自然要赔偿精神损害。其次,基于违约精神损害赔偿的合理性,《民法典》第996条应解释为受害人选择违约责任不影响其请求对方承担"违约责任之精神损害赔偿"。最后,如果前述请求权基础不能获得学界与实务界的广泛认可,违约精神损害赔偿还可准用《民法典》侵权责任编第二章的有关规定。《侵权责任法》"责任构成与责任方式"一章在《民法典》中被分为"一般规定"和"损害赔偿"两章。"损害赔偿"一章是从损害法的角度对损害赔偿的项目、请求权主体、计算方式等作规定。在符合合同责任的责任要件时,人身损害的赔偿内容不应因责任原因有所不同。内容类似的法释[2022]14号便在第1条第2款、第3款规定该解释可用于侵权之外的"其他致害原因"。我国台湾地区"民法"第227条之一即规定违约精神损害赔偿准用侵权责任中损害赔偿相关规范。① 故违约精神损害赔偿至少可准用侵权责任编第二章、法释[2022]14号、法释[2001]7号(2020修正)中的相关规定。②

(三) 违约精神损害赔偿的范围

违约精神损害赔偿是正当的,在实然法上也是可行的。需进一步讨论的是违约精神损害赔偿的范围。

首先,违约精神损害赔偿常存在于以人身权、人格物的实现、维护、增益为标的之合同及根据合同类型或社会常识可得出以精神安宁、享受为目的之合同。不过,合同标的负载精神利益或合同目的主要是精神利益需为双方明示或默认:其一,根据《民法典》第1183条,"具有人格象征意义的特定纪念物品"或"具有人身意义的特定物"的关键在于人格象征意义。任何普通物均可因为情感利益的注入"人格化"③。如已故亲人赠送的一支钢笔,此与骨灰、冷冻胚胎等不同,其负载人格利益的事实不具有公开性,除非合同明确约定,否则修理、保管合同之相对人往往无法知晓。其中蕴含的人格利益也就无法成为双方默认的合同目的。此时,精神损害不具备可预见性,不能获赔。其二,以实现精神享受、安宁为目的的合同,须根据常识和相关事实可判断出这一精神目的。以旅游合同为例,"度假的享受至少间接地成为合同给付的客体"④。那些运输、住宿合同必须构成旅游合同的一部分,否则普通的住宿合同中,宾馆无法知晓其有关旅游的精神享受目的,通常不得请求假期享受

---

① 参见王泽鉴:《损害赔偿》,北京大学出版社2017年版,第238页。
② 参见"赵公淦等与汉中市汽车运输总公司旅客运输合同纠纷",陕西省高级人民法院(2007)陕民再字第8号民事判决书。
③ 冷传莉:《论人格物的界定与动态发展》,载《法学论坛》2010年第2期。
④ [德]迪尔克·罗歇尔德斯:《德国债法总论》(第7版),沈小军、张金海译,沈小军校,中国人民大学出版社2014年版,第358页。

丧失的损害赔偿。①

其次，违反保护义务和加害给付涉及的各种合同，可能存在人身伤亡，引起精神损害。但这两种情形的精神损害赔偿并不属于违约责任。《民法典》第 500 条、第 501 条、第 509 条、第 558 条规定的先合同义务、附随义务及后合同义务，均以诚实信用原则为基础，法条中的"等"字也表明上述义务不限于通知、保密等，一般认为包括保护义务，以保护在"特别结合关系"中的当事人双方。② 这些保护义务虽与合同接触相关，但"本质上是附加的行为义务，已经脱离了给付的范畴"③。其不在合同目的范围内，并没有因为合同关系而"增强"，只是由于磋商或合同存在而"具体化"了。本质上仍是侵权法上的社会安全义务。④ 违反保护义务责任与侵权责任在归责原则上均采过错原则⑤也反映了这一点。因此，违反保护义务虽可能引起债权人精神损害，但这些义务不是"因合同产生"的，本质上仍属侵权责任的范畴。不过，考虑到这些纠纷与合同密切相关，不妨在明确其定性的同时，允许在合同纠纷中一并处理。另外，加害给付下，人身权、财产权系合同履行利益外的一般利益，既不是合同给付标的，也不是合同目的。这类权利通常不是"合同所分配的"风险，债务人也不是"因合同而承担"保护对方固有利益的义务。其同样属侵权法上的法定保护义务根据合同接触而具体化。受害人请求对方承担违约责任赔偿可得利益与要求对方承担侵权责任赔偿固有利益损害及精神损害并不互相排斥，属于责任聚合。⑥

合同本身没有承担精神损害风险时无须赔偿精神损害。违约精神损害赔偿常出现在某几类合同中，但并不代表违约精神损害赔偿属于例外。正如精神损害也并非在所有的侵权纠纷中都要赔偿一样。

三、统一违约责任与侵权责任之损害外延的体系意义

承认违约精神损害赔偿后，违约责任与侵权责任之损害的外延便获得统一。在规范上，规定统一的概括性损害有了基础。鉴于过去理论界与司法界的传统观念，最好明示违约精神损害赔偿的可赔性，避免争议。具体可对《民法典》第 584 条进行改造，参考《欧洲合同法原则》第 9.501 规定，债务人不履行合同或履行合同不符合约定的，应赔偿给对方造成的损失，不可预见

---

① Münchener Kommentar zur BGB/Tonner, 5. Aufl., München: C. H. Beck, 2009, § 651f, Rn. 45.
② 参见王洪亮：《债法总论》，北京大学出版社 2016 年版，第 23—27 页；韩世远：《合同法总论》（第 4 版），法律出版社 2018 年版，第 183、347、643 页。
③ 王洪亮：《债法总论》，北京大学出版社 2016 年版，第 23—24 页。
④ 参见韩世远：《合同法总论》（第 4 版），法律出版社 2018 年版，第 347 页。
⑤ 同上书，第 171、349、643 页。
⑥ 参见崔建远：《民法总则应如何设计民事责任制度》，载《法学杂志》2016 年第 11 期。

损失的除外。损害包括(1)非财产损害;(2)债权人依约定或通常事理可以获得的利益。考虑到《民法典》刚刚问世,通过解释方法确认《民法典》第584条之损失包括精神损害,第996条为"违约责任之精神损害赔偿"依据最为妥适。为避免学者对上述法条目的之争议,准用侵权责任编第二章也是一种合理选择。从内在体系上看,一种不利能否成为可赔偿之损害,实际上是其是否受法律保护的问题。肯定违约精神损害赔偿贯彻了无救济则无权利的理念。合同会对损害赔偿要件的满足产生影响,但并未排除对精神利益的保护。

第四节 填补性损害赔偿与惩罚性损害赔偿之基本功能的统一

我国惩罚性赔偿的要件、赔偿基准的混乱使得惩罚性赔偿被解释为与填补性损害赔偿无关的制度。惩罚性损害赔偿是民事赔偿的重要分支。根据其制度定位与目的,惩罚性赔偿应回归传统理论,坚持客观损害与损害基数原则,以损害为前提和赔偿基准。

一、填补性与惩罚性损害赔偿之损害功能的差异

在损害赔偿中,无损害则无赔偿,损害决定赔偿。因此,损害在赔偿法中具有启动赔偿和确定赔偿额的功能。惩罚性赔偿是赔偿额超过实际损害数额的赔偿[1],不适用填平原则。但传统理论认为,惩罚性赔偿依附于填补性赔偿:一是仍坚持无损害则无赔偿;二是惩罚性赔偿需与损害保持合理的关联性,一般是损害的一定倍数。[2] 笔者称之为客观损害原则与损害基数原则。[3] 损害在惩罚性赔偿中的功能与一般性损害赔偿基本一致,只是赔偿额需借助法定比例才能确定。

我国在1993年的《消法》中引入惩罚性赔偿时,惩罚性赔偿需受害人受有损失,并以价款作为确定惩罚性赔偿金的基准。一般认为惩罚性赔偿适用于侵权责任,但以价款作为赔偿金计算基准与传统观念相左。即使认为我国将惩罚性赔偿责任拓展至违约责任,价款也非履行利益与瑕疵履行间的差额。2021年修正的《食品安全法》第148条第2款规定生产或者销售明知是不符合食品安全标准的食品,"消费者除要求赔偿损失外,还可以向生产者

---

[1] 参见王利明:《惩罚性赔偿研究》,载《中国社会科学》2000年第4期。
[2] 同上;全国人大常委会法制工作委员会民法室:《〈中华人民共和国侵权责任法〉条文说明、立法理由及相关规定》,北京大学出版社2010年版,第198页;王泽鉴:《损害赔偿》,北京大学出版社2017年版,第379页。
[3] 参见张红:《我国惩罚性赔偿制度的体系》,载《北大法律评论》第19卷第1辑。

或者经营者要求支付价款十倍或者损失三倍的赔偿金"。2010年实施的《侵权责任法》第47条(《民法典》第1207条)则要求"造成他人死亡或者健康严重损害"。损害在惩罚性赔偿中的功能及惩罚性赔偿与填补性赔偿的关系都亟待明确。若惩罚性赔偿以固有利益损失为前提,无异于要求消费者以身犯险。因此,法释[2013]28号颁布时,发言人孙军工明确表示"惩罚性赔偿不以消费者人身权益遭受损害为前提"。此后,学界提出惩罚性赔偿无须依附于填补性损害赔偿,不考虑损害,并被广泛接受。① 23号指导案例"孙银山诉南京欧尚超市有限公司江宁店买卖合同纠纷案"判决指出:"消费者可以同时主张赔偿损失和支付价款十倍的赔偿金,也可以只主张支付价款十倍的赔偿金。"②公报案例"邓美华诉上海永达鑫悦汽车销售服务有限公司买卖合同纠纷案"的判决指出:"该法条(《消法》第55条1款)未对消费者受到损失的大小进行区分。"③这些案例进一步强化了惩罚性损害赔偿与损害分离的认识。

而且,我国惩罚性赔偿立法缺乏体系思考,具有应对突出社会问题的政策属性,未能遵循较为一致的理论和制度设计。惩罚性赔偿独立于填补性赔偿的观点,为解释赔偿要件、标准不一的《食品安全法》第148条、《旅游法》第70条等提供了方便。

至此,惩罚性赔偿被视为独立制度,割裂了惩罚性赔偿与损害的关联,也导致损害启动赔偿和确定赔偿金的功能在惩罚性赔偿领域被否定,不适用客观损害和损害基数原则。

二、填补性与惩罚性损害赔偿之损害基本功能的统一

(一)统一填补性与惩罚性损害赔偿之损害基本功能的必要性

惩罚性赔偿的特殊性决定了损害在该领域的功能具有独特性。但完全否定损害在惩罚性赔偿中的意义,虽有助于适应凌乱立法的说理工作,却有诸多不妥:

1. 惩罚性赔偿为民事赔偿体系之构成

从体系上讲,惩罚性赔偿虽属例外,但仍是民事赔偿之内容。若惩罚性赔偿与填补性赔偿分离,惩罚性赔偿便彻底沦为单纯的惩罚、制裁。民法不能以惩罚、制裁为唯一或主要功能并非先验的真理,但法律的现实分工确实

---

① 参见高圣平:《食品安全惩罚性赔偿制度的立法宗旨与规则设计》,载《法学家》2013年第6期;税兵:《惩罚性赔偿的规范构造——以最高人民法院第23号指导性案例为中心》,载《法学》2015年第4期;韩世远:《消费者合同三题:知假买假、惩罚性赔偿与合同终了》,载《法律适用》2015年第10期。
② 《最高人民法院公报》2014年第8期。
③ 《最高人民法院公报》2018年第11期。

存在。惩罚、制裁功能已由行政法、刑法负担。前者如法律中常见的"没收违法所得",后者如生产、销售不符合安全标准的食品罪中的"罚金或没收财产"。若惩罚性赔偿仅是为了惩罚,便只能在行政法、刑法惩罚、制裁功能失灵领域适用,否则便构成重复惩罚。① 但惩罚性赔偿的适用范围显然不限于此。在民法内部,否认损害的意义,也会使得惩罚性赔偿无法融入损害赔偿法。

2. 惩罚性赔偿的任务是解决"执法缺口"(enforcement gap)

从制度定位看,惩罚性赔偿意在解决"执法缺口",以预防为主要目标,惩罚和激励是实现填补与预防的手段和客观效果。首先,对加害人惩罚应使其"得不偿失",但惩罚性赔偿是超过受害人实际损害的赔偿,无法保障惩罚。其次,损害赔偿通过将加害人造成的损失转移给加害人,以弥补被破坏的秩序和权益。这种方法使得违法行为不再"划算",理性人通常不愿违反法律,损害他人权益。因此,责任法不仅是重新分配过去发生的损害事件的成本,其功能是面向未来的,填补和预防是一体之两面。损害赔偿以填补为主要目的,将预防降为次要目的,是因为通常"完全补偿所有的损失,不考虑过错程度,可以促使人们投入适当的注意",保持最恰当的防御水平。② 无论侵权或违约,加害人都十分明确,受害人也有激励去维护自己的利益,"查获率"接近于100%。③

但有些领域,如欺诈消费者、知识产权侵权等,受害人由于所涉标的额较小、举证困难、时间等因素而维权成本高,缺乏维权动力;加害人由于侵权便利、难以被发现或可从违法行为中获利等因素在理性状态反而有违法冲动。最终导致这些领域被追诉概率较一般领域低,存在"执法缺口"④,有反复实施违法行为的风险。因此应加大赔偿力度,一面激励受害人,一面惩罚、遏制加害人。惩罚性赔偿弥补"执法缺口"应实现如同所有受害人都追诉的状态。因此,惩罚性赔偿金应为受害人之损害乘以一定的系数。该系数理论上应是被追诉加害行为数与加害行为总数之比的倒数。但现实中多倍赔偿使受害人获利,产生客观激励结果;提高加害人违法成本,削弱违法动力,追诉概率会提高,需根据法律实施效果评估不断调整或授权法官在法定范围内裁量。多倍赔偿无法保障加害人获利剥夺的问题,可由受害人举报或法官依法

---

① 参见赵鹏:《惩罚性赔偿的行政法反思》,载《法学研究》2019年第1期。
② 〔德〕格哈德·瓦格纳:《损害赔偿法的未来——商业化、惩罚性赔偿、集体性损害》,王程芳译,熊丙万、李翀校,中国法制出版社2012年版,第9、27—31页。
③ 〔美〕理查德·A. 波斯纳:《法律的经济分析》(下册),蒋兆康译,中国大百科全书出版社1997年版,第783页。
④ A. Mitchell Polinsky & Steven Shavell, "Punitive Damages: An Economic Analysis", 111 *Harv. L. Rev.* 874-875(1998).

向相关行政机关出具司法建议,由行政机关没收违法所得实现。① 如此,受害人的补偿、执法缺口及加害人暴利均可获妥当处置。为弥补执法缺口,增强预防,应以损害为赔偿前提和基准,发挥启动赔偿和(间接)确定赔偿金的功能。

另外,阐明惩罚性赔偿与损害之关系,也可为惩罚性赔偿发展提供指导,避免赔偿基准的混乱。

(二) 统一填补性与惩罚性赔偿之损害功能的制度设计

在惩罚性赔偿最发达的美国,著名案例 BMW of North America. Inc. v. Gore,提出了确定惩罚性赔偿金的三项原则:(1) 被告的可受谴责程度;(2) 补偿性与惩罚性赔偿金间应具有合理的比例;(3) 考虑被告不法行为所受的民刑事处罚。② 这与我国惩罚性赔偿传统理论是契合的,惩罚性赔偿应依附于补偿性赔偿,坚持客观损害和损害基数原则,以强化预防,协调法律分工。那种赔偿损失后另行依照其他基准确定惩罚性赔偿金的观点,与解决执法缺口的制度目的不符,无法体现后果严重性与惩罚性赔偿的正相关关系,过分随意。我国惩罚性赔偿立法较复杂。总体而言,侵权责任之惩罚性赔偿较契合上述理论要求,违约责任之惩罚性赔偿则相对混乱,应借法律解释与个别修法以科学化、体系化。

1. 侵权责任之惩罚性赔偿

《民法典》在第 1185 条、第 1207 条、第 1232 条分别规定知识产权侵权、产品责任、环境侵权之惩罚性赔偿。但仅规定了主客观要件,惩罚性赔偿金的计算未作规定,需援引其他规范。在消费领域,《消法》第 55 条第 2 款为一般规定。《食品安全法》第 148 条第 2 款、法释[2017]20 号(2020 修正)第 23 条、《旅游法》第 70 条为特别规定,根据本领域安全价值之序列及违法遏制情况对惩罚性赔偿与损害间比例作调整。医疗产品安全与食品安全类似,事关人的健康与基本安全,宜借鉴《食品安全法》第 148 条所定之标准。《旅游法》第 70 条规定的惩罚性赔偿要求造成旅游者人身损害、滞留等严重后果,计算基准却是旅游费用,未来应以损失为基准,保持体系一致。修法前可适用一般规定,即《消法》第 55 条第 2 款。另外,旅客滞留等可能没有实际损失及损失难以证明的情形,可适用《消法》第 55 条第 1 款。③

知识产权侵权领域,《商标法》第 63 条、保护商业秘密的《反不正当竞争

---

① 如《消法》第 56 条规定之没收违法所得、罚款。
② See 116 S. Ct. 1996; Bruce J. Mckee, "The Implications of BMW v. Gore for Future Punitive Damages Llitigation: Observation from a Participant",48 *Ala. L. Rev.* 175(1996).
③ 参见张红:《侵权责任之惩罚性赔偿》,载《武汉大学学报(哲学社会科学版)》2020 年第 1 期。

法》第 17 条、《专利法》第 71 条、《著作权法》第 54 条,均恪守客观损害和损害基数原则。以《商标法》第 63 条为例,其规定依次以实际损失、侵权人获利、权利许可费用倍数及法定补偿金为赔偿标准。有学者质疑:权利许可费用倍数本身含有惩罚性,非填补性损害赔偿之损害,不能作为惩罚性赔偿金之基准①;真正的法定补偿金应独立于损害赔偿体系,本身含有预防目的。②若认为惩罚性赔偿金允许以这两者为基准,须说明其是否为拟制之损害,此涉及客观损害与损害计算原则之贯彻。

  首先,商标许可费用倍数与侵权人获利性质相同,是实际损失替代方案的继续。我国台湾地区"专利法"第 97 条第 1 项第 3 款的修法理由对其高于正常许可费作了解释:以授权费用为损害会使得侵权行为人不再愿意先取得授权;侵害人无须负担正常授权之额外成本,如缔约成本、查账义务,权利人因诉讼却需花费诸多费用。③其次,法定补偿金虽单列于第 3 款,但其适用以损失、获利、许可费用均无法确定为前提,为酌定损失。《最高人民法院关于当前经济形势下知识产权审判服务大局若干问题的意见》(法发[2009]23 号)中指出:"对于难以证明侵权受损或侵权获利的具体数额,但有证据证明前述数额明显超过法定赔偿最高限额的,应当综合全案的证据情况,在法定最高限额以上合理确定赔偿额。"《商标法》《反不正当竞争法》等规定确定法定补偿金需"根据侵权行为的情节",故法定补偿金本质上是酌定损害,仍属损害赔偿体系。持质疑态度的学者也承认我国现行法中法定补偿金为酌定损害。④ 但这并非其所言之"异化",而是在本土化过程中合理的改造、调整。因为,将法定补偿金作为损害赔偿的替代路径,直接完全免除权利人对损失的举证⑤,虽有助于减少诉讼成本,却易引发机会主义。因此,权利许可费用倍数和法定补偿金均为损害之拟制,可作为惩罚性赔偿金之基数。⑥

  2. 合同责任之惩罚性赔偿

  1999 年《合同法》第 113 条在规定损害赔偿范围时,将《消法》规定的惩罚性赔偿纳入。随着惩罚性赔偿被附加于合同责任,2013 年《消法》作了相应调整,区分合同欺诈和造成消费者或者其他受害人死亡或者健康严重损害,分别以价款和所受损失作为惩罚性赔偿金计算基准。合同责任之惩罚性赔偿与侵权责任之惩罚性赔偿并存体系初见雏形。因此,有学者主张多倍价

---

① 参见范晓波:《以许可使用费确定专利侵权损害赔偿额探析》,载《知识产权》2016 年第 8 期。
② 参见王迁、谈天、朱翔:《知识产权侵权损害赔偿:问题与反思》,载《知识产权》2016 年第 5 期;和育东:《知识产权侵权法定赔偿制度的异化与回归》,载《清华法学》2020 年第 2 期。
③ 参见王泽鉴:《损害赔偿》,北京大学出版社 2017 年版,第 382 页。
④ 参见和育东:《知识产权侵权法定赔偿制度的异化与回归》,载《清华法学》2020 年第 2 期。
⑤ 参见王迁、谈天、朱翔:《知识产权侵权损害赔偿:问题与反思》,载《知识产权》2016 年第 5 期。
⑥ 参见张红:《恶意侵犯商标权之惩罚性赔偿》,载《法商研究》2019 年第 4 期。

款为合同领域的惩罚性赔偿,将价款解释为合同利益,为合同责任之损害。①但价款作为损害的逻辑未进一步说明。这也是不少学者转而提出惩罚性赔偿独立于填补性赔偿的原因。因此,以价款为基准的合同责任之惩罚性赔偿体系仍需阐释:

第一,作为推定损失的价款。《消法》引入惩罚性赔偿时,可能并未对惩罚性赔偿是否应拓展至合同领域及为何要以价款为基准作过多讨论。但学者之任务在于挖掘其背后可能的理据,以保持法律规范的合理性和体系性。以《消法》第55条第1款为例,笔者认为以价款为计算基准是法律逻辑与现实考量的共同作用:

首先,价款为违约责任之损害或主要部分在法律上是可能的。价款损失的法理类似于德国替代给付损害赔偿中的"大的损害赔偿"。按照《德国民法典》第281条第5项规定,债权人返还债务人的给付后,可请求替代全部给付的损害赔偿。② 赔偿额的计算有交换说和差额说两种模式供债权人选择。交换说下,债权人的对待给付仍存在,损害包括债务人给付的价值及结果损害,通常高于差额说下的损害。③ 考虑到惩罚性赔偿预防作用与赔偿金额的关系,惩罚性赔偿应以交换说之损害为基准,且抵销是在损失确定后才进行的。又因生活消费通常没有利润损失等结果损害,故通常需赔付的便是无瑕疵标的物的价值,即价格。④ 但在德国,替代给付损害赔偿限于排除债务人给付义务、债务拒绝履行或依利益衡量无须履行等情形。我国《民法典》第577条之规定,存在实际履行优先、金钱赔偿优先与根据个案确定三种解读。⑤《民法典》第580条规定非违约方"可以请求履行",非违约方似有选择权利。纵理解为履行优先,如有严重违反义务行为,重创双方信赖关系,亦不能要求债权人接受履行。⑥ 最高院在"贵州新贵兴汽车销售服务有限责任公司、杨代宝买卖合同纠纷"中指出,认定《消法》第55条第1款之欺诈需考察"是否影响到消费者缔约的根本目的"⑦。因此,惩罚性赔偿以存在较严重的欺诈为前提,消费者可直接请求损害赔偿。在法律上,举重明轻,一般产品责

---

① 参见杨立新:《最高人民法院〈关于审理食品药品纠纷案件适用法律若干问题的规定〉释评》,载《法律适用》2014年第3期。
② 参见台湾大学法律学院、台大法学基金会:《德国民法典》,北京大学出版社2016年版,第251页。
③ 参见〔德〕迪尔克·罗歇尔德斯:《德国债法总论》(第7版),沈小军、张金海译,沈小军校,中国人民大学出版社2014年版,第239页。
④ 参见〔德〕莱茵哈德·齐默曼:《德国新债法:历史与比较的视角》,韩光明译,法律出版社2012年版,第162—163页。
⑤ 参见王利明:《合同法研究》(第1卷修订版),中国人民大学出版社2011年版,第557页;李永军:《合同法》,法律出版社2005年版,第540页。
⑥ 参见〔德〕迪尔克·罗歇尔德斯:《德国债法总论》(第7版),沈小军、张金海译,沈小军校,中国人民大学出版社2014年版,第224页。
⑦ 参见最高人民法院(2018)最高法民终12号民事判决书。

任欺诈之严重性判断可参酌《食品安全法》第 148 条第 2 款。

更重要的是,将价款统一推定为损失符合现实需要。若以违约责任、缔约过失责任之实际损失作为惩罚性赔偿金的基准,数额可能更加微小,且受害人还需搜集、提出证据并进行质证,无论从维权成本还是从小额诉讼快速解决的角度都非合适选择,不利于预防目的实现。法律直接推定价款为损失可减轻受害人举证负担、简化纠纷解决、激励消费者维权①;这不仅反映出交易额越高对交易诚信、安全的期待越高的消费心理需求,也可避免个别情况下过大的间接损害引起惩罚过重。《食品安全法》第 148 条为特别规定。食品安全关涉人们的健康,为增强预防、阻吓作用,赔偿上限调高为价款 10 倍。

第二,构建"实际损失+拟制损失"的赔偿基准体系。以价款作为推定损失在理论和现实上虽有相当的合理性,但也有不足:一是限制消费者诉请缔约过失责任的自由;二是在受害人能够举证损害超过价款的情况下,影响了惩罚性赔偿功能发挥和目标实现,也造成填补性赔偿与惩罚性赔偿中损害的偏离。考虑到价款作为推定损失主要是为了减轻受害人负担、快速解决纠纷,未来应增加实际损失基准。法释[2010]13 号(2020 修正)第 15 条便规定,旅游经营者提供服务时有欺诈行为的,消费者可请求不超过两倍损失的赔偿。如此,既符合现实需求,又与侵权责任之惩罚性赔偿的计算尽力保持一致,维护惩罚性赔偿的体系性。

三、统一填补性与惩罚性损害赔偿之损害基本功能的体系效应

惩罚性损害赔偿依附于填补性赔偿,传递无损害则无赔偿以及损害与赔偿的正相关两大理念。惩罚性损害赔偿虽是填补性损害赔偿之例外,但又与其保持相当的统一,两者各有侧重,共同服务于损害赔偿法的填补和预防两大目标,系民事损害赔偿的两大分支。

制度上,《民法典》侵权编 1185 条、第 1207 条、第 1232 条分别在知识产权、产品责任以及新增的环境保护领域规定惩罚性赔偿。这些领域均有较严重的"执法缺口",需以惩罚性赔偿实现预防,应当肯定。侵权责任之惩罚性赔偿以实际损失为惩罚性赔偿金之基准,合同责任之惩罚性赔偿以实际损失或推定损失之价款为基准,设置恰当的比例范围。未来规定环境侵权之惩罚性赔偿的具体规范应坚持客观损害与损害基数原则。

第五节 本 章 总 结

我国民法虽以师法德国为主,但近四十年来的民法发展采成熟一个发展

---

① 参见刘大洪、段宏磊:《消费者保护领域惩罚性赔偿的制度嬗变与未来改进》,载《法律科学》2016 年第 4 期。

一个的模式,以《民法通则》《合同法》《物权法》《侵权责任法》等为主干的单行民法发展模式没有发展出债法总则这样一部法律,以这些单行民法为基础编纂而成的《民法典》也就没有债法总则这一编。这使得经由《德国民法典》发展出来的一整套损害赔偿应用规则将难以直接适应对中国《民法典》的解释适用。这是中国《民法典》解释适用和中国民法学体系建构中的一个重大而独特的问题。由于四十年来的中国民法发展没有债法总则,作为民法体系甚至整个法律体系中的基础性制度的损害赔偿制度,丧失了栖身之处。这导致民法学说对损害赔偿制度的体系性研究颇为不够,系统性的有关损害赔偿的整合性专门研究比较缺乏,至今没有出现如德国 Lange/Schiemann (Schadensersatz)等人所著的"损害赔偿"的著作。缺乏作为单行民法的债法总则和学说上尚未见损害赔偿法之专著,使得在我国民法规范体系基础上建立系统的损害赔偿解释适用规则尤为必要,也甚为艰难。

  从"损害"这一核心概念出发,克服损害内涵、外延、功能在损害赔偿不同领域中不合理的矛盾与分裂,才能统一损害概念,促进损害赔偿法之统一。损害概念蕴含或延伸的损害与损害计算区分原则、损害填补与预防理念、无损害则无赔偿、损害(间接)决定赔偿、权利救济等理念在损害赔偿法中真正地获得基础和指导地位,成为理解、发展损害赔偿法的指南。未来,我们应依托《民法典》,着手厘清可预见性与因果关系相当性理论乃至规范目的说之内涵、关系,确定损益相抵、过失相抵等损害赔偿规则适用范围,损害概念、损害归责、损害赔偿范围限制共同构成确定可赔偿之损害的规则体系。尔后再对赔偿方法、损害计算等损害赔偿共同问题进行研究。随着《民法典》的实施,不久的将来,合理、科学、统一的中国损害赔偿法体系在中国民法学人的共同努力下必将实现,中国民法也将在世界民法之林独树一帜。

第二章 交易性贬值损失之赔偿

第一节 本章问题

物被毁损后,即使加以修复,仍然会留下瑕疵,例如汽车钣金无法完全恢复原状,重新喷漆颜色无法达到原厂油漆的程度等,这种贬值为物之技术性贬值。被毁损的物,即使完全修复,亦可能因心理因素致交易价值减少,此种贬值即为交易性贬值。① 交易可以优化资源分配,更好地发挥物之价值,促进经济繁荣。法律需要保护物之交易价值。但对于交易性贬值损失,法律层面没有规定;法释[2012]19号无针对机动车事故中可赔偿性损失的规定,法释[2020]17号亦未添加。② 不过,在最高人民法院2016年发布的《关于"关于交通事故车辆贬值损失赔偿问题的建议"的答复》(下文简称《答复》)中,一方面以四点理由明确"我们对该项损失的赔偿持谨慎态度,倾向于原则上不予支持",另一方面又规定"在少数特殊、极端情形下,也可以考虑予以适当赔偿,但必须慎重考量,严格把握"。但何谓"少数特殊、极端情形"?对于法律效果部分的"适当赔偿"一词应如何把握?这些问题需要澄清。

法律规范供给不足导致裁判各异。从笔者搜集的案例来看③,贬值损失主要集中于房屋与机动车交易价值减损案件④,车辆贬值损失主要出现于侵权纠纷之中⑤,房屋贬值损失主要出现于合同纠纷之

---

① 杨佳元:《侵权行为损害赔偿责任》,元照出版有限公司2009年版,第175页。
② 本章研究对象为交易性贬值损失之赔偿,以下所称贬值损失如无特殊说明皆为交易性贬值损失。
③ 笔者在中国裁判文书网、北大法宝等司法案例数据库中,以"贬值损失""减值损失"为关键词对2009—2019年的案例进行搜索,共检索到3000余案例,选取典型案例300个作为本章研究素材。
④ 统计表

财产类型	房屋	机动车	船舶和其他动产
数量	90	186	24
比例	30%	62%	8%

⑤ 机动车

机动车贬值损失案件案由	侵权纠纷	合同纠纷
数量	149	37
比例	80.1%	19.9%

中①。纵观裁判,贬值损失赔偿的支持率逐年增高②,但理由各异,需要规整。认为贬值损失系主观损害③、间接损害④、并非现实存在⑤等观点似有对贬值损失的损害类型认识不清之嫌。将贬值损失的可赔性与修理行为、转卖行为⑥绑定,或是以鉴定结论瑕疵⑦、损益相抵⑧、合同未约定⑨、受损车辆并非"全新状态"⑩等原因对贬值损失赔偿不予支持的观点,实质上是以法律之外的赔偿要件否认贬值损失的可赔性。在赔偿数额确定方面,鲜见法官对数额之确认作明确说明,多为酌定数额,且无酌定的依据⑪。

---

① 房屋受损

房屋贬值损失案件案由	侵权纠纷	合同纠纷	相邻关系、消除危险等其他纠纷
数量	9	70	11
比例	10%	77.8%	12.2%

② 从近5年数据来看,贬值损失的支持率如下表所示:

年份	2015	2016	2017	2018	2019
支持案例数	2	4	8	17	29
比例	14.3%	22.2%	30.8%	40.5%	55.8%

③ 参见广东省东莞市中级人民法院(2017)粤19民终字第2737号民事判决书;广东省番禺区市(区)人民法院(2011)番法民一初字第991号民事判决书。

④ 参见北京市第二中级人民法院(2014)二中民终字第12029号民事判决书;北京市第三中级人民法院(2015)三中民终字第03238号民事判决书;北京市第二中级人民法院(2014)二中民终字第03669号民事判决书;湖南省娄底市中级人民法院(2016)湘13民终字第360号民事判决书。

⑤ 参见河南省高级人民法院(2016)豫民再字第677号民事判决书;安徽省合肥市中级人民法院(2014)合民一终字第2308号民事判决书;广东省广州市中级人民法院(2016)粤01民终5257号民事判决书。

⑥ 参见浙江省杭州市西湖区人民法院(2009)杭西民初字第1863号民事判决书;浙江省杭州市西湖区人民法院(2009)杭西民初字第1872号民事判决书;浙江省杭州市西湖区人民法院(2009)杭西民初字第1873号民事判决书;新疆维吾尔自治区高级人民法院生产建设兵团分院(2013)阿民初字第379号民事判决书。

⑦ 参见安徽省青阳县人民法院(2017)皖17民初1371号民事判决书;江苏省徐州市中级人民法院(2017)苏03民终6375号民事判决书;北京市密云县人民法院(2008)密民初字第5193号民事判决书;北京市第一中级人民法院(2018)京01民终808号民事判决书;江苏省扬州市中级人民法院(2017)苏10民终3199号民事判决书;北京市第二中级人民法院(2018)京02民终第12183号民事判决书。

⑧ 参见北京市第二中级人民法院(2009)二中民终字第4191号民事判决书;江苏省镇江市中级人民法院(2020)苏11民终2716号。

⑨ 参见北京市第一中级人民法院(2004)一中民终字第10582号民事判决书;湖北省荆门市中级人民法院(2020)鄂08民终字第360号民事判决书;湖北省荆门市中级人民法院(2020)鄂08民终字第385号民事判决书。

⑩ 参见北京市第二中级人民法院(2014)二中民终字第8775号民事判决书;浙江省绍兴市中级人民法院(2013)浙绍民终字第1485号民事判决书;浙江省嘉兴市中级人民法院(2015)浙嘉民终字第456号民事判决书;北京市第三中级人民法院(2014)三中民终字第12438号民事判决书。

⑪ 参见上海市高级人民法院(2016)沪民申471号民事裁定书;陕西省西安市雁塔区人民法院(2008)雁民初字第4197号民事判决书。

理论界虽倾向于肯认贬值损失之可赔性,但仍存在一些问题有待厘清;特别是在贬值损失赔偿数额确定上存在争议,有观点认为对于贬值损失之赔偿须从我国立法中"恢复原状"的含义上予以明晰①,也有观点认为贬值损失数额无法确定、贬值损失应当遵循比较法上的比例承担、贬值损失的数额应当按照市场法或酌定法。② 其他财物贬值损失的问题研究较少,仅有若干有关"凶宅"的讨论。③ 贬值损失之赔偿需要解决可赔偿性问题、损失计算问题和因以新换旧所引发的损益相抵问题。综合考察现有的研究成果,对这三大问题的研究皆有待加强:第一,虽然学者对于贬值损失的可赔性逐渐达成共识,但在机动车交通事故、"凶宅"以及滥用不动产物权给相邻不动产权利人造成损害等问题中,对贬值损失的赔偿要件存有不同观点,须予以厘清;第二,关于贬值损失的计算,针对不同情形须适用不同的计算方式以及准据时点,《民法典》第1184条对于计算时点以及计算方式的规定较为笼统,导致学者对此各有理解,不利于贬值损失的赔偿标准之统一;第三,对于贬值损失赔偿中的损益相抵问题,未见相关研究;贬值损失与修复行为相伴相生,其中引发的以新换旧以及损益相抵关系到贬值损失的数额之确定,若对这一问题避而不谈,损害赔偿之结果便不公允。希冀本章的探讨能对解决交易性贬值损失之赔偿问题有所裨益,助力判例学说统一。

第二节　交易性贬值损失的类型

一、交通事故导致的车辆贬值损失

在车辆贬值损失案例中,法官驳回贬值损失的理由往往并非因其不满足侵权行为的一般构成要件,而是法官增设的各种额外的赔偿条件;亦有部分学者对贬值损失之赔偿要件提出了额外要件。考虑到我国法律并未作出规定,以及车辆贬值损失这一问题的特殊性,再加之《答复》也是从法律之外寻

---

① 李超:《物之毁损的恢复原状与金钱赔偿——多种侵权责任方式下的解释论》,载《法律适用》2012年第2期;曾耀林、张媛媛:《肇事人赔偿车辆贬值损失的条件》,载《人民司法》2008年第8期;李政辉:《论机动车之价值贬损》,载《政法学刊》2007年第4期;张平华:《车辆贬值损失赔偿的法律基础》,载《法学论坛》2019年第5期。

② 《对〈车辆减值损失能否得到赔偿〉一文的讨论意见》(上),载《人民法院报》2006年4月26日;谭林丛:《市场法在二手车评估中的应用研究》,河北大学2015年硕士学位论文,第10页。

③ 吴从周:《凶宅、物之瑕疵与侵权行为》,载《月旦裁判时报》2011年第6期;李永:《论"凶宅"贬值损害赔偿纠纷处理的法律适用》,载《法律适用》2019年第10期;邱琦:《凶宅与纯粹经济上损失》,载《月旦裁判时报》2011年第1期;符向军:《凶宅"贬值费"诉讼中的情与法》,载《民主与法制时报》2016年3月22日,第2版;吴瑾瑜:《由所有权角度看受雇人于出租屋内自杀衍生之雇佣人侵权暨承租人契约责任争议》,载《月旦裁判时报》2015年第4期;石记伟:《凶宅损害的法律认定》,载《天府新论》2019年第6期。

找的理由。本部分主要讨论车辆贬值损失赔偿中法律之外的三个常见争议：车辆贬值损失之赔偿是否需要发育完善的市场？是否与修理行为绑定？是否以转卖为前提？

（一）不以存在发育完善的交易市场为前提

贬值损失是市场交易价值降低的部分，而市场交易价值的高低是由评估方法得出的，每一种评估方法都有其具体适用的条件，如果条件不具备，那么估值是否公允就不无疑义。贬值损失应当如何评估？有观点指出，如果采取市场法，则需要具备以下条件："活跃的、公平的市场；有三个（至少一个）近期的（半年至一年）、可比的（性能、功能、内部结构、交易条件、新旧程度等方面）、成交或已标价尚未成交的参照物。"①因此，《答复》中才有这样的担忧："我国目前鉴定市场尚不规范，鉴定机构在逐利目的驱动下，对贬值损失的确定具有较大的任意性。由于贬值损失数额确定的不科学，导致可能出现案件实质上的不公正，加重侵权人的负担。"学界亦有观点认为："贬值损失的发生，源于交易市场对事故车市场价值的消极评价，因此须以存在相关交易市场为前提。有轨电车、消防车、救护车等特种车辆发生损毁情形，由于通常不存在相关二手车交易市场，即难以认定存在贬值损失。"②

这种理解有待商榷。贬值损失是因交易第三方对事故车存在厌恶心理导致的市场交易价值降低。但这种客观事实与是否存在相关交易市场没有必然关联。是否存在相关交易市场，这种交易价值的降低都是客观存在的。不能因为缺乏市场法要求的客观条件就抹杀贬值损失的客观存在。市场法固然存在诸多优点，但对于贬值损失，除了市场法之外，还存在其他的评估方法，如重置成本法、收益现值法、清算价格法等。③在不具备市场法的评估条件时，还可以通过其他资产评估方法计算贬值损失的数额。实践中评估机构对于机动车贬值损失的计算早已不限于市场法。在笔者搜集到的车辆贬值损失评估报告中，部分报告采用了"重置成本法"计算贬值损失：车辆贬值价格＝[车辆重置价格×车辆成新率×（1－车辆恢复率）×0.5]＋（车辆重置价格×车辆成新率×车辆贬值调整系数）×0.5，其中车辆贬值调整系数依据"纵梁及大梁""A柱、B柱、C柱、底大边""覆盖件""车身"等部位的情况确定。在这套公式中，仅需知晓车辆的重置价格即可计算出车辆的贬值损失，无须发育完善的交易市场。

---

① 杨永森：《资产评估》，中国人民大学出版社2016年版，第44页；类似观点比如宋清、金桂荣：《资产评估学》，人民邮电出版社2016年版，第37页。
② 徐建刚：《论汽车贬值损失的损害赔偿》，载《清华法学》2017年第4期。
③ 参见王钰斌：《现行市价法在二手车评估中的应用》，载《武汉商业服务学院学报》2014年第2期。

(二) 不应与修理行为绑定

有判决认为,车辆一经修理并投入正常使用以后,贬值损失便无法确定:"振华公司的车辆损失经鉴定为 76660 元,赵晗诗已全额支付该维修费,车辆维修复原后被振华公司接收、使用。这足以证明车辆维修完毕,振华公司已认可该结果,赵晗诗履行了车辆损害赔偿责任。该车辆是否会因该事故遭受贬值也无法确定。因此,振华公司要求获得车辆贬值损失赔偿,本院不予支持。"①按照这种理解,受损车辆在评估前不能修理,否则无法确定其贬值损失。对此也有法院持完全相反的观点:"原告在本案中主张被损车辆的贬值损失 15 万余元,但被损车辆直至本案开庭之日仍未修理,经过修复后是否存在技术性能下降以及交易贬值处于不确定状态,而其向法庭提交的机动车鉴定评估报告二份,乃是车辆未修理状态下所作的评估结论,不能作为车辆贬值损失的有效证据。"②如此看来,在评估贬值损失时,受损车辆应否修理至关重要。

有法官将贬值损失数额之确定与修理费的高低强制联系。有裁判观点指出:"本案的交通事故发生在李晓购车后不足一月,且与购买价格相比,车辆维修费用较高,车辆受损较重。该次事故足以使车辆严重贬值,给车辆所有人造成了重大的损失。"③对此,有观点认为"修理费高低,可作为认定损害是否重大的考量依据。从比较法的经验来看,若修理费不超过汽车重置价格的 10%,一般可视为轻微损害,不存在贬值损失(但新车除外)"④。另有学者提出,可参考德国 Ruhkopf/Sahm 模型确认贬值损失是否可赔,若修理费低于重置费的 10%,或购买时间大于 4 年,贬值损失数额过小,不应赔偿。⑤ 但事实果真如此吗?倘若车辆已经修复完毕,修理费除以汽车重置价格的结果究竟是什么?"10%""4 年"这些数字因何而来?意义何在?

修理费用高是否意味着受损严重从而使得第三人对车辆的厌恶程度高?修理费与汽车重置价格的比值为"实体性贬值率"⑥,计算的结果实质上是实体性贬值损失,该损失类似于技术性贬值损失,但其中部分损失并非事故造成,而是因正常使用或者随着时间的流逝而产生的折旧损失。修理费与重置价格固然有一定联系,但车辆的修理费不单单指部件的更换费用,还包括其

---

① 吉林省高级人民法院(2014)吉民申字第 951 号民事判决书。
② 参见陕西省白河县人民法院(2016)陕 0929 民初 125 号民事判决书。
③ 参见北京市高级人民法院(2014)高民申字第 01758 号民事判决书。
④ 徐建刚:《论汽车贬值损失的损害赔偿》,载《清华法学》2017 年第 4 期。
⑤ 参见李海昕:《风险社会视野下民法的逻辑与经验——"车辆贬值损失赔偿"难题的求解》,载万鄂湘主编:《全国法院第 23 届学术讨论会获奖论文集》(下),人民法院出版社 2011 年版,第 360 页。
⑥ 刘玉平:《资产评估理论与管理》,中国财政经济出版社 2015 年版,第 90 页;张晓慧、赵仓:《资产评估学教程》,首都经济贸易大学出版社 2016 年版,第 34 页。

他费用。以工时费为例,它按照修理时间的长短量定。修理费较高并不必然意味着汽车受损严重,因为修理时间的长短不仅仅与受损的严重程度相关,也与修理人员的业务能力、专业素质、经验丰富程度紧密相关。德国法院在考虑是否支持贬值损失时,会将修理费与"重置价格"相除之商纳入考察范围,而不考察修理费与"事故发生前之市价"。倘若财物经修理后达标,不存在隐患和风险,直接以"已经花费的修复费用"与"重置费用"相除的结果是否低于10%、购买时间是否超过4年作为排除贬值损失的理由不符合损害赔偿法理。[①] 而事实上,该模型在德国受到了激烈批判,且不同地区存在各种不同的计算模型,但没有一种存在绝对的权威性。德国法院虽仍以上述公式作为确定贬值损失的参考依据,但也经常结合实际情况修正相关参数,进行个案衡量。[②]

笔者认为,无论受损车辆是否经过修理,贬值损失之可赔性不应否认。法官均应衡酌具体情事,判断贬值损失的具体数额,不应陷于"10%""4年"等数字的桎梏。贬值损失可通过不同的方式进行评估:若财物未经过修理,贬值损失评估的依据应当以维修清单为主;若财物经过实际修理,那么就在前述的基础之上扣除重要部件以新换旧可能产生的溢价,以免责任人重复赔偿。同时,虽然修理费用的高低可以间接表明财物受损的程度,但不应该是判断贬值损失赔偿与否的必要条件,因为贬值损失是修复后的市场价额之降低,并非不修复直接评估的减值损失。第三人会因财物是否修理以及修理的情况作出不同的报价。

(三) 不应以转卖为前提

一些判决将贬值损失之赔偿与转卖行为相绑定,并认为受害人不出售受损财物时,无权请求贬值损失。[③] 反对观点则认为强迫受害人出售财物并不合理,受害人应有选择保有或出售的权利。[④] 因为赔偿贬值损失的目的并不在于弥补受害人的转售损失。德国法院指出,市场价值降低是在所有的此类案件中应考虑的因素,即使原告打算继续使用。[⑤] 财物遭受事故后,只要市场价额减少,受害人即可请求责任人赔偿其遭受之市场价额损失。赔偿贬值损失无须受损财物实际上被转售,贬值损失的数额完全可以预先通过评估予

---

① 参见〔德〕U. 马格努斯:《侵权法的统一——损害与损害赔偿》,谢鸿飞译,法律出版社 2009 年版,第 157 页。
② 张平华:《车辆贬值损失赔偿的法律基础》,载《法学论坛》2019 年第 5 期。
③ 参见河南省高级人民法院(2016)豫民再 677 号民事判决书;安徽省合肥市中级人民法院 (2014)合民一终字第 02308 号民事判决书;广东省广州市中级人民法院(2016)粤 01 民终 5257 号民事判决书。
④ 王泽鉴:《损害赔偿》,北京大学出版社 2017 年版,第 182 页。
⑤ 田韶华:《侵权责任法上的物之损害赔偿问题》,载《法学》2013 年第 2 期。

以主张,如果实际出售的价格偏低,那么受害人在无过失的情况下,可以继续对责任人予以求偿,以填平损害。反之,如果实际出售的价格偏高,若非基于受害人具有特别议价能力,则责任人有权要求返还多得的价款,以免受害人不当得利。

二、"凶宅"导致的房屋贬值损失

有观点认为"凶宅"问题属于封建迷信,不应考虑。① 但社会规范中的习惯就包括民间习惯、风俗等,其本质上是一种非成文化的规范类型,"凶宅"就是这样的一种社会习俗。② 人们对于"凶宅"的认知可能不太符合科学,但当社会大众出于"趋吉避凶"的理念对"凶宅"产生负面评价时,不可避免地会影响"凶宅"的市场价值。"凶宅"主人不仅会对房屋的居住安宁产生合理的怀疑,心理上亦会产生巨大的压力,其生活安宁利益会受到侵害。"凶宅"造成的房屋贬值损失是一个客观的问题,表现为对物权的侵害,房屋所有人的使用受到影响,处分权能亦随着房屋交易价值的降低受到侵害。

对于侵权造成"凶宅"贬值损失的赔偿条件,有观点认为除应具备发生凶杀或自杀致死之人死于屋内,尚需综合考虑案情大小、身故之人与主人的关系等因素。③ 有学者在类型化研究后指出,"凶宅"造成的贬值损失应否赔偿,应当综合考量以下几点:其一,非正常死亡事件的发生需要与涉案房屋之间有紧密联系;其二,发生意外死亡事件的房屋应被认定为"凶宅";其三,发生自然死亡的房屋不宜被认定为"凶宅"。④ 另有观点认为,"凶宅"是指房屋的专有部分曾发生自杀、他杀或意外致死等非正常死亡之事件。非正常死亡应是事实死亡且必须发生在专有部分,或者从专有部分坠落、跳楼等。⑤

笔者认为,为房屋贬值损失增加如此多的赔偿条件并无必要,这些条件本身已蕴含于侵权责任的构成要件之中,非正常死亡事件往往伴随着过错⑥甚至是故意⑦的情形,并无必要单独指出。非正常死亡事件亦有可能是意外事件,则此时并无侵权行为人,亦无贬值损失的赔偿请求权产生。房屋内发生的自然死亡亦属同理。强调非正常死亡发生于房屋专有部分之内抑或是从专有部分坠落、跳楼等条件,实质上是侵权行为与损害后果之间的因果关系问题,仍需斟酌个案情事予以认定,而不能仅仅依据这几个标准来判断。

---

① 陈耀东、张瑾:《"凶宅"的法律限定及其交易纠纷的法律适用》,载《河北法学》2007年第10期。
② 石记伟:《凶宅损害的法律认定》,载《天府新论》2019年第6期。
③ 邱琦:《凶宅与纯粹经济上损失》,载《月旦裁判时报》2011年第1期。
④ 李永:《论"凶宅"贬值损害赔偿纠纷处理的法律适用》,载《法律适用》2019年第10期。
⑤ 王泽鉴:《损害赔偿》,北京大学出版社2017年版,第115页。
⑥ 参见北京市第一中级人民法院(2017)京01民终861号民事判决书;辽宁省沈阳市中级人民法院(2015)沈中民二终字第2716号民事判决书。
⑦ 参见安徽省高级人民法院(2019)皖民申3299号民事判决书。

例如在某案例中,身故之人虽非死于房屋专有部分之内,亦不属于非正常死亡,但由于其家属搬运尸体的行为,使得受害人房屋成为"凶宅"。考虑身故之人与主人之关系实无必要,"凶宅"的贬值损失系客观存在,并不会因身故之人与主人关系远近而出现或消失。而案情社会影响之大小的确可以影响贬值损失之数额,对于社会影响巨大的案件,相应的房屋贬值损失会更多,但这并不影响房屋贬值损失的可赔性。①

三、滥用基于相邻关系的权利导致的房屋贬值损失

随着人口日益集聚,因相邻者权利滥用而引发的纠纷日渐增多。② 相邻权利人滥用权利导致相邻房屋贬值损失主要情形为房屋因采光权、通风权受干扰,或是臭气、噪声、烟等不可量物侵入③,或是因邻人装修中的过错造成房屋开裂。《民法典》有关相邻关系的规定见于物权编第七章,其中第293条至第296条(《物权法》第89条至第92条)系对相邻权利人的限制条款,违反者即构成权利滥用。但某些案例对规定的适用过于武断,例如有法官认为相邻权利人否构成权利滥用取决于建筑是否符合国家质量标准:"符合国家建设标准的,即使对相邻建筑的日照、采光和通风造成一定程度的妨碍,也被视为未超出容忍限度,相邻建筑物的所有人或利用人负有容忍义务。"④但建筑符合国家质量标准是否就不能构成权利滥用?在北京一系列因某饭店建造引发的相邻关系纠纷中,法官认为相邻关系人之间互负"容忍义务":"《物权法》第84条(《民法典》第288条)规定,不动产的相邻权利人应当按照有利生产、方便生活、团结互助、公平合理的原则,正确处理相邻关系。"但又认为"基于相邻关系的公平合理原则,被告应当给予原告一定补偿"⑤。在这些案例中,法官之疑虑主要体现在行为人基于相邻关系的权利行使是否构成违法行为,这直接决定侵权责任是否构成。

学界有观点认为,相邻关系人应当互相容忍,即使发生轻微的损害,相邻权利人之行为也不具备违法性。⑥ 有学者在研究采光权侵害的案例后指出,妨害采光权就是对物权的侵害,应当将采光妨害的救济归于侵权法之中。⑦

---

① 参见山东省济南市中级人民法院(2019)鲁01民终2381号民事判决书。
② 张红:《侵害生活安宁利益之侵权责任》,载《财经法学》2018年第6期。
③ 参见《德国民法典》,陈卫佐译注,法律出版社2015年版,第340页;梁慧星、陈华彬:《物权法》,法律出版社2007年版,第199页。
④ 参见上海市第二中级人民法院(2009)沪二中民二(民)终字第198号民事判决书。
⑤ 参见北京市第三中级人民法院(2020)京03民终4553号、4783号、5732号、5733号、5735号民事判决书。
⑥ 参见韩光明:《不动产相邻关系规则分析》,中国政法大学2006年博士学位论文,第38页。
⑦ 王荣珍:《规划许可建筑采光权纠纷的法律问题》,载《行政与法》2006年第10期。

有学者则认为"近邻妨害"行为不具备适法性。① 还有观点指出,侵权法应当顺应社会发展的需要,将滥用权利、妨害邻居等涉及社会生活的一些新的侵权形式予以规定。②

在相邻关系中,容忍义务使得相邻关系人要承受一定范围内的合理损害。但容忍义务是有限度的,相邻权利人应保证对他人的负外部性影响处于合理区间内。那么何种权利行使行为才算"合理的"?从比较法上来看,美国采用效用衡量规则判断基于相邻关系的权利行使是否在合理限度内,若权利之行使带来的效用大于其所造成的妨害,该行为才能被认为是"合理的"。③ 德国判例学说均认为,行使权利是否在合理限度之内须考察其行为是否具备场所利用上的惯行性④,其判断采一般理性人标准,其中土地先利用方形成的土地场所惯行性上的利用排除了其他土地场所惯行性上的利用,故后利用方的权利行使行为造成先利用方受损害的,应当赔偿被侵扰邻人基于此的土地使用价值受限和价值贬损所造成的损失。⑤ 日本则是综合考虑所受侵扰利益的性质以及被侵害的程度、地域性、土地利用的先后关系等情事加以判断。⑥

容忍义务之限度本质上是利益衡量的问题,采用一般理性人标准判断有其合理性,但仍需衡酌具体案情。在贬值损失赔偿的问题上,应当区分不同情形,采取不同的判断方式。在后建造的房屋导致先建造的房屋采光权、通风权受侵害以及不可量物入侵未达到"异常性"以及"过度性"的情形下,可效仿美国的效用衡量规则,由法官综合考量权利行使之效益与损害,以判断权利是否在合理限度内行使,此时不宜过分缩小"容忍义务"之限度,否则将不利于社会成员的生存与发展。在邻人的装修导致相邻关系人房屋地基下陷、房屋功用部分丧失以及不可量物入侵达到"异常性"和"过度性"的情形下,应当认为权利行使超出了"容忍义务"范围。否则基于相邻关系的权利将从"互惠互利"之初衷转变为侵权行为的保护伞,权利蜕变为特权。此时相邻权利人的权利行使应当认定超出《民法典》第 293 条至第 296 条之限制,属于第 132 条规定的"滥用民事权利",其行为具备违法性要件,是侵权行为,行为人应当赔偿其给相邻关系人房屋造成的贬值损失。

---

① 陈华彬:《法国近邻妨害问题研究——兼论中国的近邻妨害制度及其完善》,载梁慧星主编:《民商法论丛》第 5 卷,法律出版社 1996 年版,第 355—356 页。
② 王利明:《我国民法典重大疑难问题之研究》,法律出版社 2006 年版,第 585 页。
③ 〔美〕约翰·G.斯普兰克林:《美国财产法精解》,钟书峰译,北京大学出版社 2009 年版,第 469 页。
④ 所谓场所的利用惯行性是指一定地域范围内多数土地所有者所采取的普遍的利用方法。
⑤ 陈华彬:《法国近邻妨害问题研究——兼论中国的近邻妨害制度及其完善》,载梁慧星主编:《民商法论丛》第 5 卷,法律出版社 1996 年版,第 312 页。
⑥ 同上书,第 278 页。

第三节　交易性贬值损失之可预见性

除前述类型化情形之外,交易性贬值损失在侵权领域下的可赔偿性并无争议。但在违约造成的交易性贬值损失赔偿的场合,仍有可预见性问题需要讨论。我国损害赔偿的可预见规则规定于《民法典》第 584 条。一般认为,《民法典》第 584 条沿袭《合同法》第 113 条的规定,将因违约造成的损害分为履行利益之损害以及可得利益之损害,并以可预见规则予以限制。贬值损失在合同纠纷中,主要表现为加害给付问题,例如交付不合格的房屋使得房屋发生贬值损失①,或是因保管②、出租③、服务④、运输⑤合同中的违约行为使得货物发生贬值损失,此为多重权益受损的情形。随之而来的问题就是,贬值损失是否为"可预见"的损害? 首先要明确的便是贬值损失属于哪一类损害,目前相关研究对此的争议主要集中在三方面:一是贬值损失是否为主观损失? 二是贬值损失是否属于纯粹经济损失? 三是贬值损失是否属于间接损失? 其次要明确的是,贬值损失是否在可预见规则的射程范围之内?

一、贬值损失之性质再检讨

（一）贬值损失属于客观损害

学理⑥与实务中⑦均有观点认为"贬值损失"属主观损失。交易价值的降低虽然包含市场上交易者的"主观"认定,但它实为在大众心理中"主观"

---

① 参见广东省广州市中级人民法院(2020)粤 01 民终字第 2483 号民事判决书;河南省郑州市中级人民法院(2020)豫 01 民终字第 2178 号民事判决书;山东省威海市中级人民法院(2019)鲁 10 民终字第 3286 号民事判决书。
② 参见浙江省高级人民法院(2006)浙民三终字第 142 号民事判决书;广东省广州市中级人民法院(2020)粤 01 民终 5441 号民事判决书;山东省高级人民法院(2019)鲁民终 2585 号民事判决书;辽宁省高级人民法院(2019)辽民终 1624 号民事判决书;河北省唐山市中级人民法院(2019)冀 02 民终 6328 号民事判决书。
③ 参见天津市第一中级人民法院(2016)津 01 民终字第 2822 号民事判决书;北京市第三中级人民法院(2018)京 03 民终字第 1000 号民事判决书;辽宁省沈阳市中级人民法院(2015)沈中民二终字第 2716 号民事判决书。
④ 参见"陈书豪与南京武宁房地产开发有限公司、南京青和物业管理有限公司财产损害赔偿纠纷案",载《最高人民法院公报》2013 年第 5 期。
⑤ 参见最高人民法院(2013)民提字第 6 号民事判决书;宁波海事法院(2009)甬海法商初字第 216 号民事判决书;广州海事法院(2005)广海法初字第 369 号民事判决书;广州海事法院(1999)广海法深字第 92 号民事判决书。
⑥ 参见石红伟:《交通事故中车辆贬值损失的可赔偿性辨析》,载《湖南广播电视大学学报》2019 年第 2 期;刘乾:《论车辆贬值损失之赔偿问题》,载《产业与科技论坛》2013 年第 2 期。
⑦ 参见广西壮族自治区南宁市青秀区人民法院(2011)青民一初字第 467 号民事判决书;广西壮族自治区南宁市中级人民法院(2014)南市民一终字第 938 号民事判决书;广西壮族自治区南宁市青秀区人民法院(2014)青民一初字第 186 号民事判决书;北京市通州区人民法院(2014)通民初字第 15830 号民事判决书。

承认且达成共识的客观社会现实,是主观心理对客观交易价值的现实损害。以机动车交易性贬值损失为例,交易者关注交通工具的安全性,不可避免地会对事故车予以消极评价,进而导致车辆价值的贬损。虽然其中叠加了"主观性评价"因素,但以客观因素为基础并最终投射在经济价值上,并非孤立的主观存在,故并不影响损失构成的客观属性。①

(二) 贬值损失并非纯粹经济损失

有观点认为贬值损失为纯粹经济损失:"车辆贬值损失实质为民法理论上所称的纯粹经济损失,并非侵权所造成的直接损害。目前我国没有统一的国家标准对车辆损坏到何种程度才算贬值以及贬值数额的确定方法进行规定。"②这种理解不仅大量发生在一审法院之中③,甚至有高级人民法院专门发文作此规定④。这种理解上的偏差亟待纠正。若将贬值损失理解为纯粹经济损失,可能导致贬值损失不能获得赔偿。正如张新宝教授所指出的:"在承认纯粹经济损失的法域里,其遵守的是纯粹经济损失一般不赔偿的原则。纯粹经济损失概念存在的主要意义就在于将其名下之各类型的损害置于赔偿范围之外,具有其技术工具的意义。"⑤

贬值损失依赖于具体财产受损的情形,是财物直接表现的一种交易价值减损,属于经济损失,但不属于纯粹经济损失。如果财产上的损失是因为侵犯人身或有体物而引发,则此财产上的损失就属于附随性经济损失,即皆附随于有体物遭受实际侵害。⑥ 附随经济损失同权利被侵害的事实之间存在因果关系,可以将其与被侵害的事实结合起来,在对被侵害的权利进行赔偿的时候,可以附带地赔偿附随经济损失;而纯粹经济损失却不可以同权利被侵害的结果联系起来,因此在对被侵害的权利进行赔偿的时候,不能将纯粹经济损失囊括在其中。⑦ 贬值损失是一种附随经济损失。附随经济损失指

---

① 刘经靖:《车辆贬值损失之损害赔偿》,载《当代法学》2019 年第 6 期。
② 参见山东省青岛市中级人民法院(2016)鲁 02 民终 4794 号民事判决书;相同观点极多。江苏省苏州市中级人民法院(2015)苏中民终字第 02992 号民事判决书;山东省莱芜市中级人民法院(2015)莱中民一终字第 125 号民事判决书。
③ 参见山东省沂南县人民法院(2012)沂南民初字第 34 号民事判决书;江苏省常州市新北区人民法院(2016)苏 0411 民初 5739 号民事判决书;山东省平邑县人民法院(2014)平民初字第 2969 号民事判决书。
④ 山东省高级人民法院《关于人身、财产侵权损害赔偿案件民事审判意见》第 13 条规定,"贬值损失……其实质为民法理论上所称的纯粹经济损失"。
⑤ 张新宝、张小义:《论纯粹经济损失的几个基本问题》,载《法学杂志》2007 年第 4 期。
⑥ 杨雪飞:《略论我国侵权责任法下纯粹经济损失的救济与控制》,载《云南大学学报(法学版)》2012 年第 5 期。
⑦ 丁梦迪:《论纯粹经济损失与附随经济损失——以台湾地区法院相关裁判为例》,载《昆明学院学报》2017 年第 4 期。

因为人身权益遭受损害或所有权遭受损害而发生①,于有体物上产生的一种实际损害。虽然纯粹经济损失与附随经济损失均强调以同一主体的财产集合为研究范畴②,但是附随经济损失系因侵犯受害人的有体物而发生,即侵犯的是标的物本身,而非一种抽象的经济利益或经济关系。将贬值损失视为纯粹经济损失的观点,问题在于对"经济上损失"的内涵把握不准,将"纯粹经济损失"与"经济上的损失"等同。

(三) 贬值损失属于直接损失

贬值损失属于直接损失还是间接损失,争议颇多。保险合同中"间接损失不赔"的约定几乎已经成为行业惯例,明确贬值损失是否为间接损失对具体责任人的确定有着重要意义。有学者认为直接损害与间接损害的区分在实务上的收效甚微。③ 这种区分的真正意义在于,它指明了结果损害只有在符合法律的内容及目的的情况下才能获赔。④ 还有学者指出,实际上无论采用哪种标准来划分直接损害与间接损害,都无法确定贬值损失是否应该赔偿。⑤ 但实践中有法官以"贬值损失为间接损失"为由不予支持⑥,亦有诸多法院判决认为车辆贬值损失属于间接损失,但仍支持其赔偿⑦。从比较法的角度来看,德国和我国类似,在立法上并未区分直接损失和间接损失。但二者之区分对于责任范围之限定有重要影响。贬值损失属于直接损失还是间接损失对赔偿数额确定十分重要。

对直接损失和间接损失之区分理论界有两种观点:一是着眼于损害的发生,损害事故直接引发的损害为直接损害,由于其他媒介因素介入所引发的损害则为间接损害;二是着眼于损害的标的,损害事故直接损及之标的为直接损害,其他损害为间接损害。第一种观点实为借助因果关系之观念来区分直接损失和间接损失,第二种观点无异于"以损害是否于约略相近之时间呈现于赔偿权利人之特定财物上"而区分。⑧ 在如今理论界,直接损害与间接

---

① 邱琦:《纯粹经济上损失之研究》,台湾大学 2001 年博士学位论文,第 6 页。
② 杨雪飞:《纯粹经济损失之赔偿与控制》,中国政法大学 2008 年博士学位论文,第 15 页。
③ 曾世雄:《损害赔偿法原理》,中国政法大学出版社 2001 年版,第 138 页。
④ 黄立:《民法债编总论》,元照出版有限公司 2000 年版,第 375 页。
⑤ 徐建刚:《论汽车贬值损失的损害赔偿》,载《清华法学》2017 年第 4 期。
⑥ 参见上海铁路运输法院(2008)沪铁民初字第 228 号民事判决书;吉林省长春市中级人民法院(2020)吉 01 民终 2632 号民事判决书;广西壮族自治区防城港市中级人民法院(2020)桂 06 民终 269 号民事判决书。
⑦ 参见北京市第二中级人民法院(2014)二中民终字第 12029 号民事判决书;北京市第三中级人民法院(2015)三中民终字第 03238 号民事判决书;北京市第二中级人民法院(2014)二中民终字第 03669 号民事判决书;北京市第二中级人民法院(2016)京 02 民终字第 10817 号民事判决书;湖南省娄底地区(市)中级人民法院(2016)湘 13 民终 360 号民事判决书。
⑧ 曾世雄:《损害赔偿法原理》,中国政法大学出版社 2001 年版,第 137 页。

损害的区分应采哪一种标准未臻明确。① 以车辆贬值损失为例,其直接产生、体现于受损之机动车上;贬值损失的产生也并无其他媒介因素介入。无论采上述何种标准进行区分,贬值损失均属直接损失。在司法实践中亦有诸多法院转变观点,认定贬值损失属于直接损失而予以支持。②

二、贬值损失符合可预见规则

在违约导致的房屋、车辆、运输的货物的贬值损失中,法官往往肯认其可赔性。③ 究其原因,是最高人民法院两则公报案例对违约行为导致的贬值损失均表示了支持。④ 下级法院以此为准则,支持贬值损失赔偿。但公报案例未对支持贬值损失赔偿的原因作出详细说明。另有法官将可预见的范围限定于合同的约定。在一系列因交付不合格房屋导致房屋贬值损失的案例中,法院均判决"合同未约定违反该项合同义务的违约责任,故对于该项诉请法院不予支持"。除此之外并未进一步论述。⑤

从比较法上来看,德国未规定可预见规则,违约损害赔偿的限定主要依靠因果关系这一工具。在确立了可预见规则的英美法系国家以及法国等国家,因果关系仅为损害赔偿责任的构成要件,不具确定损害赔偿范围的功能。⑥ 有观点将"可预见的损害"分为三方面:一是通常意义上的可预见,在这个意义上,几乎任何损害均可预见;二是不仅要预见到损害,还要求这些损害不是特别微小或者可能性非常小的;三是不仅要预见到损害,还要求这些损害的发生概率是非常之高的。⑦ 有学者指出,"可预见的"的判断,可以一般理性人标准为原则,同时以诚实信用原则为基础,兼顾订立合同当事人的具体情况,进行适当的修正,构建一种"一般理性人+特殊身份"的判断标准。⑧ 这种"一般理性人+特殊身份"标准有相当的合理性。可预见的范围毫无疑问会受到很多因素的影响,如合同条款、双方生意的性质、他们对各自生

---

① 参见王泽鉴:《损害赔偿》,北京大学出版社2017年版,第67页。
② 参见浙江省绍兴市中级人民法院(2007)绍中民一终字第375号民事判决书;江苏省徐州市中级人民法院(2010)徐民终字第586号民事判决书;浙江省绍兴市中级人民法院(2007)绍中民一终字第375号民事判决书;陕西省咸阳市中级人民法院(2020)陕04民终688号民事判决书。
③ 在笔者搜集到的117份合同纠纷导致的贬值损失案例中,支持贬值损失之赔偿的有85个,支持率高达72.6%。
④ 参见"哈池曼海运公司与上海申福化工有限公司、日本德宝海运株式会社海上货物运输合同货损纠纷案",载《最高人民法院公报》2016年第2期;"陈书豪与南京武宁房地产开发有限公司、南京青和物业管理有限公司财产损害赔偿纠纷案",载《最高人民法院公报》2013年第5期。
⑤ 参见湖北省荆门市中级人民法院(2020)鄂08民终353号民事判决书。
⑥ 毛瑞兆:《论合同法中的可预见规则》,载《中国法学》2003年第4期。
⑦ See Melvin Aron Eisenberg, "The Principle of Hadley v. Baxendale", *California Law Review*, 1992, 80:567.
⑧ 袁小梁:《可预见规则在违约损害赔偿中的适用》,载《人民司法》2019年第35期。

意的熟悉程度、获得保险负担的可能和习惯的分配,等等。① 对于不存在行业惯例的领域采一般理性人标准,正如有法官所言:"当车辆贬值损失越来越趋向于形成社会共识时,其越容易获得赔偿。"② 而在存在行业惯例的领域,不同的交易者对于自身行业之认识往往高于一般理性人,行业惯例能够对"可预见"的范围作出更为准确的判断,这对于贬值损失的确定更加有利。例如在有关海上货物运输合同纠纷中,向来有将运输中货物贬值损失归于"货损"的习惯,因此在司法实践中因承运人责任导致的货物贬值损失,法官均表示了支持。③ 在其他领域,随着我国各保险公司制定的关于折旧率的格式条款④以及理论界针对贬值损失的计算法则的逐渐成型⑤,贬值损失之数额的确定变得更加便捷,这亦会对贬值损失的可赔性起到证明效果。将贬值损失归于《民法典》第584条(《合同法》第113条)中"因违约造成的损失"符合可预见规则。

第四节 交易性贬值损失之计算

有的法院以鉴定机构没有提供有效的损失计算依据为由驳回贬值损失。⑥ 这就产生了以下问题:鉴定机构究竟应提供什么样的依据才算是"有效的依据"?贬值损失之数额应当如何计算才是正确的计算方式?我国关于损害的计算时点以及计算方法之规定见于《民法典》第1184条,此处的"损失发生时"究竟是财物受损之时,抑或是财物经修复之后仍有损失之时?"其他合理方式"包括哪些?

一、计算方法

有观点指出,此处的"其他合理方式"是指评估法、重置成本法、主观标准和客观标准结合法以及酌定法等方法。⑦ 在贬值损失之计算问题上,不同

---

① See Hugh Collins, *The Law of Contract*, 4th ed., London: Lexis Nexis, 2003, 412.
② 参见北京市昌平区人民法院(2016)京0114民初4668号民事判决书。
③ 参见"哈池曼海运公司与上海申福化工有限公司、日本德宝海运株式会社海上货物运输合同货损纠纷案",《最高人民法院公报》2016年第2期;广州海事法院(2005)广海法初字第103号、第369号民事判决书;广东省高级人民法院(2019)粤民终字第268号民事判决书;宁波海事法院(2009)甬海法商初字第216号民事判决书;广州海事法院(1999)广海法深字第92号民事判决书。
④ 如今的车辆保险合同中,保险公司一般会对车辆规定一定比例按月计算的折旧率,对于不同折旧率的车辆之损失,有不同的计算标准;而在贬值损失的计算中,对车辆折旧率的考量是必经流程。
⑤ 张平华:《车辆贬值损失赔偿的法律基础》,载《法学论坛》2019年第5期;刘经靖:《车辆贬值损失之损害赔偿》,载《当代法学》2019年第6期。
⑥ 参见江西省高级人民法院(2016)赣民申489号民事裁定书。
⑦ 田韶华:《侵权责任法上的物之损害赔偿问题》,载《法学》2013年第2期。

计算方法能否适用,试分述之。

(一) 评估法

评估法系由专业的鉴定机构进行价值评估的方法,其本身与酌定法是一个对应、并行的方法,对于评估之结果,法官应当予以审查。有的鉴定机构评估的并非"维修后车辆的价值"与"同类未曾维修车辆的市价"之差,而是"未维修时的市场价值"与"事故发生前车辆市价"之差。① 这样作出的评估结果并非贬值损失,对于此种评估结果法官不予采信是合理的。值得注意的是,有法官因评估金额较高而驳回贬值损失赔偿之请求。法官认为,评估的金额越低数据便越真实可信;倘若评估的金额与其他鉴定意见的数额相比较高则属于"虚高",便理应不予采信。②

鉴定意见的取舍属于法律问题和专业问题的交叉领域,其核心是取值是否客观公允。可从以下三个方面考虑:一是看是否存在市场不活跃、以往的成交价格存在胁迫、欺诈以及当事人出于避税等目的私下成交导致评估人员取值不合理等情形,这种情况下评估的数据一般不具可靠性,得出的贬值损失评估意见就不应为法官所采信。二是查看寻找的参照车辆与待评估的二手车是否有充分的可比较指标。③ 如果评估人员所选择的车辆与待估车辆的差异较大,样本数量过少,那么可以认为取值不公允。三是看参照物询价渠道是否可信。虽然选择的样本与待估车辆相同或者近似,但若真实的成交价格无法确切地收集,那么法官也可以认为程序不合法。换言之,在收集样本的成交价格等相关数据时,对于调查问卷法等不可靠的方法,其结论的效力也不宜直接肯定。对此有法官详述理由:"按有损害才有赔偿,乃损害赔偿之基本法则;而所谓损害系指实害而言,实害之有无,客观上不能以问卷调查作为判定之基准,尤不能以问卷调查之平均值判定之。惟受问卷调查者通常存事不关己之应付心态随性回答,所称折价若干成,常出于恣意,没有客观依据。由此愈加可证鉴定报告不足采。"④在现代社会,每个人的精力和时间往往都有限,无偿要求他人奉献而不支付任何对价的调查方法往往收效甚微。此外,即使评估人员在调查中支付了对价,法官也应细致地查看询问的具体问题以及回答的具体情况,同时评估人员应该接受当庭质证,具体详细地表述何时、何地、向谁搜集了相关的样本信息;如果不能排除评估人员伪造信息的可能,法官对于该评估意见应不予采信。

---

① 参见广东省东莞市中级人民法院(2015)东中法民一终字第2085号民事判决书。
② 参见福建省高级人民法院(2017)闽民申147号民事裁定书。
③ 王钰斌:《现行市价法在二手车评估中的应用》,载《武汉商业服务学院学报》2014年第2期。
④ 参见我国台湾地区高等法院2004重上更(二)字第30号民事判决书。

(二) 酌定法

酌定法系由法官根据已有证据衡酌客观情况确定数额的方式。当被害人无法证明损害的确定数额时,由于损害的存在已获确认,损害赔偿基础已经具备,仅仅因为权利人不能证明损害的具体程度而驳回其赔偿请求就与权利保护原则相违背。在这种情况下,法律可以赋予法官裁量权,由其根据案件的实际情况,酌情确定损害赔偿额,此即酌定赔偿法。有观点认为,酌定法应当适用于损害确定发生但无法证明损失金额,且鉴定机构也无法鉴定的情形。① 按照此种理解,酌定法似乎仅能在当事人无法证明损害赔偿额时得以适用;这种理解值得商榷。从我国台湾地区的司法实践来看,在"难以举证"时,法官应衡酌一切客观情况以心证定数额。我国台湾地区在一份判决书中详细地说明了酌定法的适用条件、适用原因和限制,谓:"再按'民事诉讼法'第222条第2项之规定,系以在损害已经被证明,而损害额有不能证明或证明显有重大困难之情形,为避免被害人因诉讼上举证困难而使其实体法上损害赔偿权利难以实现所设之规范,俾兼顾当事人实体权利与程序利益之保护,其性质上为证明度之降低,而非纯属法官之裁量权,法院仍应斟酌当事人所为之陈述及提出之证据,综合全辩论意旨,依照经验法则及相当性原则就损害额为适当之酌定。"② 基于此,似可认为"不能证明或证明显有重大困难"其实指的并非仅仅是损失已经不具备评估条件的情形,还应包括具备评估条件但数额不公允等情况,尤其是针对随意性极大的贬值损失之评估。此外,若被害人直接将事故车转让,此时无法评定转让价格是否合理。由于当事人已证明受有实际损害,只是在数额上存有分歧,法院也不能直接驳回诉讼请求,此时可以由法院全面审酌一切情状,依心证酌定折损市价之数额。在司法实践中,已有诸多法官出于对鉴定结果的疑虑,主动采用法院酌定法确认贬值损失之数额。③

(三) 重置成本法

重置成本法被广泛用于二手车交易市场,该方法主要用来确认二手车的交易价格。其计算方式是以购买待交易车辆同款新车的全部成本扣除被评估车辆存在的多方面的贬值——主要包括实体性贬值、经济性贬值以及功能

---

① 田韶华:《侵权责任法上的物之损害赔偿问题》,载《法学》2013年第2期。
② 参见我国台湾地区"最高法院"2014年度台上字第845号民事判决书。
③ 参见河南省郑州市中级人民法院(2014)郑民一终字第2135号民事判决书;浙江省嘉兴市中级人民法院(2015)浙嘉民终字第456号民事判决书;山西省临汾市中级人民法院(2014)临民终字第107号民事判决书;广西壮族自治区百色地区(市)中级人民法院(2014)百中民一终字第787号民事判决书;北京市第三中级人民法院(2018)京03民终4454号民事判决书。

性贬值三种——从而得到二手车的预估交易价格。其中实体性贬值包括车龄、行驶里程、基础成新率等造成的车辆贬值，功能性贬值包括车辆功能上的损坏、折旧等造成的车辆贬值，经济性贬值则表示车辆交易价值上的降低。①笔者讨论的交易性贬值损失应属于经济性贬值的范围。重置成本法在贬值损失的数额确认上有着便捷高效的优势，它通过一系列行之有效的评价项目与对应的权重系数结合计算车辆的贬值，能够根据车辆状况的不同迅速确认车辆的交易性贬值损失，其适用范围广泛，估值也相对准确。②在实践中亦有诸多车辆贬值损失评估报告采用了这一方法，但该方法仅限于诸如车辆、船舶等具备相对成熟的行业基础的财物贬值损失之评估。

（四）主观标准与客观标准结合法

有学者提出了主观标准和客观标准结合法来计算贬值损失。③学理上损害计算可分为具体计算法和抽象计算法。④以准据时点为"损失发生时"的贬值损失为例，具体计算法应当是"修复后车辆的实际卖出价格"与"事故发生前车辆的市场价额"之差，而抽象计算法应当是"修复后车辆的评估价格"与"事故发生前车辆的市场价额"之差。两种方法只能择一而不可并用。

二、计 算 时 点

（一）计算时点的意义

法律规范中准据时点的功能，在于锚定某个时间点作为法律评价之依据。对于计算时点之选择，实际上决定了对受害人的救济，究竟是回复到原有状态还是应有状态的问题。回复到原有状态，也即"重建赔偿权利人受侵害权利法益之原貌，如同损害事故未曾发生然者"。此种恢复原状之结果，即将损害事故发生之后的权益变动状况排除在外不作考虑。此种理解之弊端，正如曾世雄先生所言："就损害事故未曾发生然者，离开这一时点，则仍有损害事故已经发生之感觉。"《德国民法典》第249条规定的是"恢复假如没有发生引起赔偿义务的情况所会存在的状态"。应有状态应当理解为事故终结时的状态，此情形下恢复原状的结果，"损害事故发生后权益变动状况一并考虑在内，从而损害事故终结时，有如损害事故未曾发生者然"⑤。

---

① 李宏伟：《基于重置成本法的纯电动汽车残值评估》，载《汽车与配件》2019年第3期。
② 罗福才：《船舶资产评估研究》，大连海事大学2011年博士学位论文，第51页。
③ 徐建刚：《论汽车贬值损失的损害赔偿》，载《清华法学》2017年第4期。
④ 曾世雄：《损害赔偿法原理》，中国政法大学出版社2001年版，第168页。
⑤ 参见曾世雄：《损害赔偿法原理》，中国政法大学出版社2001年版，第147—149页。

(二) 计算时点的选择

若以应有状态之恢复作为损害赔偿的目的,似乎损失计算的时点离损害赔偿结束的时间越近越好。即以判决生效之时甚至是损害赔偿义务人实际给付之时作为损害赔偿的计算时点为最佳。同时考虑到程序的正当性,在法庭言辞辩论终结之后的事实不应作为实体法进行评价的事实依据。因此,以法庭言辞辩论终结为损失的计算时点似乎是最优选择。从比较法上来看,许多国家损失的计算时点之选择也印证了这一观点。德国法以事实审言辞辩论终结之日为计算时点①,法国法亦有同样的规定②。有学者在研究了各国损失计算时点之后指出,各法域有关损失的计算时点的原则性规定系通过实践所得出的权利人及其权益状态的"通常状态关系",而采用统一、不加区分的损害计算时点往往无法满足完全赔偿原则的要求,因此应当在原则性规则的前提之下,衡酌个案情事作出相应的调整。③

《民法典》第1184条规定了损害赔偿的计算。但对于该条之理解有不同观点。有认为计算时点应当选择"侵权行为发生时"④,亦有观点认为是"裁判时"或是"法庭言辞辩论终结之前"⑤。有学者认为,计算时点之选择应当衡酌财产状态,根据财产是升值还是贬值⑥,或是被害人处分财产的可能性⑦选择计算时点。另有学者指出,应当参酌"口头辩论结束时"的市场价格,因为这是"距离判决最为接近的时点"。⑧ 虽然对于计算时点各有不同理解,但学界普遍认为,我国损害赔偿的计算时点不应局限于某一固定时点,以"损失发生时"作为唯一准据时点会带来种种弊端。有学者认为可将《民法典》第1184条中的"其他合理方式"解释为包括"损失发生时"之外的其他准据时点。⑨ 此种见解值得赞同。

贬值损失之赔偿的计算时点问题,应视受害人是否将受损财物转卖以及法官对于计算方法的权衡而作出不同的选择,不应局限于某一固定的计算时点。若当事人实际出卖了修复后的财物,则其所受贬值损失已通过交易行为

---

① 参见曾世雄:《损害赔偿法原理》,中国政法大学出版社2001年版,第25页。
② 〔德〕U.马格努斯:《侵权法的统一——损害与损害赔偿》,谢鸿飞译,法律出版社2009年版,第116页。
③ 参见姚一纯:《论财产侵害的损失计算准据时点——兼评〈侵权责任法〉第19条及〈民法典〉第1184条》(下篇),载微信公众号"观得法律",2020年8月21日上传。
④ 参见王胜明主编:《〈中华人民共和国侵权责任法〉释义》,法律出版社2010年版,第97页。
⑤ 参见杨立新:《侵权责任法:条文背后的故事与难题》(第2版),法律出版社2018年版,第81页。
⑥ 参见王利明:《侵权责任法研究》(上卷),中国人民大学出版社2010年版,第680页。
⑦ 参见徐银波:《论计算财产损失的基准时间——对〈侵权责任法〉第19条的反思》,载《北方法学》2015年第1期。
⑧ 参见周友军:《侵权法学》,中国人民大学出版社2011年版,第77页。
⑨ 参见田韶华:《侵权责任法上的物之损害赔偿问题》,载《法学》2013年第2期。

予以固定,因此宜以其交易的时间作为计算时点。若受害人未实际出卖财物,考虑到贬值损失数额之确定系专业性较强的问题,此时应当视计算方法的不同选择不同的计算时点。若以评估法为计算方法,且法官对于评估结果并无异议,则应当以贬值损失评估报告中确定的评估基准日作为计算时点。若法官对于评估结果存有疑虑,或是法官径行以酌定法确定贬值损失,此时则应当将财物的市价波动纳入考虑,尽量选取距离判决最为接近的时点,宜以口头辩论结束时作为计算时点。

第五节 以新换旧与损益相抵

损益相抵之实质,系完全赔偿原则与禁止得利原则之冲突。有学者在比较多国的损益相抵规则后指出,对于损益相抵之理论基础,德国采利益说,着眼于被害人利益之实际减损;英国和法国以禁止得利作为损益相抵之基础,被害人于损害赔偿之后的利益状态不得较事故发生前更为优越;我国对于损益相抵之理论基础虽无具体阐述,但以禁止得利作为损益相抵之基础更为符合公平原则。① 《民法典》虽无损益相抵规则的具体规定,但法发[2009]40号第10条中指出:"人民法院在计算和认定可得利益损失时,应当综合运用可预见规则、减损规则、损益相抵规则以及过失相抵规则等,从非违约方主张的可得利益赔偿总额中扣除违约方不可预见的损失、非违约方不当扩大的损失、非违约方因违约获得的利益、非违约方亦有过失所造成的损失以及必要的交易成本。"如今损益相抵规则作为债法的一般规则,已为许多学说②与判例③所承认。贬值损失系财物受损经修理后仍然留有的损失,而修理行为往往导致财物部分以新换旧的情形,为的是确保受害人得到完全的赔偿,且不会因为损害赔偿而额外得利,此时问题便在于,在以新换旧问题上,损益相抵规则能否适用?若能适用,应当如何适用?

一、损益相抵规则能否适用

以新换旧通常发生于机动车受损案件中,偶见于房屋及其他财物受损情

---

① 参见杨立新:《论损益相抵》,载《中国法学》1994年第3期。
② 参见徐银波:《侵权损害赔偿论》,西南政法大学2013年博士学位论文,第167—168页;赵刚:《损益相抵论》,载《清华法学》2009年第6期;钟淑健:《损益相抵规则的适用范围及其援用》,载《法学论坛》2010年第3期;娄正前:《损益相抵规则研究》,南京大学2018年博士学位论文,第9—10页;杨立新:《论损益相抵》,载《中国法学》1994年第3期。
③ 参见贵州省黔东南苗族侗族自治州中级人民法院(2020)黔26民终1632号民事判决书;江西省景德镇市中级人民法院(2020)赣02民终255号民事判决书;北京市第三中级人民法院(2020)京03民终3657号民事判决书;湖南省长沙市中级人民法院(2020)湘01民终1755号民事判决书;广西壮族自治区百色市(地区)中级人民法院(2020)桂10民终161号民事判决书;云南省临沧市(地区)中级人民法院(2020)云09民终202号民事判决书。

形。当机动车受损后,修理时往往会以新零件取代受损旧零件以恢复其性能,此时受害人会因为零件的更新获得新零件与旧零件残值之差的利益,此即以新换旧问题。以新换旧是否适用损益相抵规则,不无争议。有观点认为,在损害事实发生后的赔偿过程中产生的利益应作适当扣减,抵扣的范围应当限定为权利人愿意接受的部分,对于受害人不愿意接受的部分应当认定为强迫得利。① 亦有观点认为,以新换旧之受害人取得的利益并非基于损害事由,而是基于赔偿方法而产生,不属于损益相抵问题。② 也有观点认为应当借鉴英美法系的公平扣除原则,将受害人的获利状况纳入考虑范围,综合实际情况,可以当地经济水平、最低工资标准等为参照,划定一个较为合理的标准,对侵权受害人获利较小的情况不予扣减。③ 有学者从客观和主观两方面入手,认为客观方面的判断主要细分为物品的整体损坏和部分损坏两种情况,主观方面应考虑侵权行为、赔偿行为等对受害人原定计划的影响,从而判断受害人在"以新换旧"中是否存在获利的情况,从而决定是否扣减。④ 在以新换旧问题上,损益相抵规则能否适用,应主要考量两个问题:受害人所获利益是否属于可以扣减的利益? 对于受害人来说,以新换旧造成的零件更换是否构成强迫得利?

从比较法上来看,受害人因损害事由获得的利益何种情形下始得扣减,主要存在"损益同源说""相当因果关系说"以及"法规意旨说"三种学说。⑤"损益同源说"要求利益与损害基于同一损害事实发生。"相当因果关系说"则要求损害事实为利益的产生提供了可能性,且此种可能性符合社会的一般见解即可。"法规目的说"从损益相抵之结果入手,认为若损益相抵之结果符合法规目的,即可适用,反之即使损益之间具备相当因果关系,亦不可相抵。在如今德国法上,相当因果关系虽然并非绝对性的标准,但其作为损益相抵的构成要件,已为诸多判例与学说所公认。在满足以下两点时,应当认为损益之间有相当因果关系:"(1) 基于同一赔偿原因所生直接结果之损益,成为不可分离或合一关系者;(2) 基于同一赔偿原因所生间接结果,彼此之间或与直接结果为不可分离或合一关系者,均为有相当因果关系。"⑥在损益满足相当因果关系时,除非扣减对受害人而言是不合理的,否则因以新换旧而给受害人增加的价值属于可以扣减的利益。

英国、美国等奉行公平扣除原则,不允许侵权行为人将某一利益强加给

---

① 钟淑健:《损益相抵规则的适用范围及其援用》,载《法学论坛》2010 年第 3 期。
② 康雷闪:《侵权损害赔偿中"以新换旧"问题研究——从"能否扣减"之争论到"有否获利"之考量》,载《湖北警官学院学报》2013 年第 3 期。
③ 张继承、肖家恒:《"以新换旧"的物之损害赔偿规则研究》,载《探求》2019 年第 1 期。
④ 参见徐建刚:《论汽车贬值损失的损害赔偿》,载《清华法学》2017 年第 4 期。
⑤ 娄正前:《损益相抵规则研究》,南京大学 2018 年博士学位论文,第 86—92 页。
⑥ 参见杨立新:《论损益相抵》,载《中国法学》1994 年第 3 期。

受害人,不能强迫原告为他不需要增加的财产买单。在此种理念之下,以新换旧造成的零件更换对于受害人而言属于强迫得利,因此以新换旧产生的财产价值之增加不应当从赔偿金中扣除,仅在少数特殊情形下才能予以扣除。法国法也认为,在市场上没有可供替代的财产时,以新换旧产生的财产价值增加就不应予以扣除。德国、荷兰等奉行绝对扣除原则,认为以新换旧给受害人带来的利益属于不当得利,应当从损害赔偿金额中扣除。①

笔者认为,以相当因果关系作为判断损益是否可以相抵的原则性标准可谓合理,而对于以新换旧问题中损益相抵规则之适用,仍要在斟酌受害人个人情事的基础上考虑受害人是否因以新换旧而确实受有利益。② 以车辆受损案件为例,车辆之贬值损失系事故造成的直接损害,于后续修复中零件上的以新换旧可能导致受害人获益,且贬值损失以及修理中的以新换旧几乎出现于每一个车辆受损案件之中,因此二者属于"基于同一赔偿原因所生间接结果彼此之间或与直接结果为不可分离或合一关系者"的情形,应当肯认其相当因果关系。但此时损益相抵规则能否适用,仍应对车辆受损情况、受损部件等因素综合考量后确定。车辆零件的以新换旧会带来原值与全新零件价值之差的利益差额,在一般情况下,应当适用损益相抵规则对受害人所得损害赔偿金进行扣减。但值得注意的是,车辆交易市场上有"原厂器件"与"非原厂器件"之分,在某些情形之下,虽然车辆零件得以更新,但整车的交易价值反而下降,贬值损失反而更大,此时的以新换旧难谓受害人受有利益。以典型的车辆贬值损失评估报告为例,对于"车辆覆盖件"一项,贬值损失评估报告中会指明"与原车对比更换了覆盖件"会导致贬值系数增加0.1,此时对于覆盖件而言,以新换旧导致其更新后留有残值而似乎使得受害人获得利益,但从整体上来看,车辆贬值损失却增加了。而考察车辆贬值损失中的其他评估项目可知,在诸如"发动机""纵梁以及大梁""车身喷漆"部分受损的情形下,部分更换亦会造成同样的问题;在这些情形下,应当认定受害人之获益为强迫得利,不得因以新换旧而对损害赔偿金进行扣减。

二、损益相抵规则如何适用

对于损益相抵规则应当何时适用,有观点认为:"扣除数额应依新物的购置费用(或者修理费用)及毁损之物可能使用期间的使用价值……被害人所增加的利益得延后到其增加价值实现之时,再行计算,此应就个案加以认定。"③但值得注意的是,"可能使用期间的使用价值"在实践中往往殊难具体

---

① 参见康雷闪:《侵权损害赔偿中"以新换旧"问题研究——从"能否扣减"之争论到"有否获利"之考量》,载《湖北警官学院学报》2013年第3期。
② 王泽鉴:《损害赔偿》,北京大学出版社2017年版,第175页。
③ 同上书,第179页。

确定,即使受害人将其物出售,责任人往往也并不知情。受"一事不再理"制度的限制,对于同样的事由法院并不接受重新立案,当事人不能单独就溢价重新起诉。因此,对于受害人财产因"以新换旧"产生的溢价扣除问题,应当在诉讼中以合适的方法加以妥善的解决。

对于损益相抵规则在诉讼中如何适用的问题,有观点认为,既然损益相抵规则为损害赔偿法的重要规则,即使当事人未主张适用,法官仍应当主动援用,如此计算的损害赔偿之数额才是最为公允的。相反观点则认为在当事人未主张适用的情形下,法官不可依职权主动援用该规则,否则不仅缺乏损害赔偿义务人主张的依据,还会对受害人的权利造成进一步的侵害。① 从司法实践来看,法官通常直接按照修理费发票、损失清单上记载的"零件费与工时费"全额支持,未见主动扣除溢价。② 法官往往理所当然地认为对于此类费用应当全额支持。③ 有学者认同此种做法,并认为无论从尊重当事人意思的角度还是法官保持中立的角度,法官都不应主动援用损益相抵规则;相应地,在当事人未主张损益相抵规则的适用时,法官应当阐明损益相抵规则并依当事人的选择而决定是否援用。④ 此观点值得商榷。若法官在当事人未选择适用损益相抵规则时行使阐明权予以说明,损害赔偿义务人往往均会出于自身利益之考量进行援用,其结果同法官依职权适用并无区别。禁止得利原则作为损害赔偿法的基本原则,若存在适用损益相抵规则的情形而法官不予适用,会造成损害赔偿之结果的不公。此外,法发[2009]40 号第 10 条规定,人民法院对于各种损害赔偿规则"应当"适用而非"可以"适用,因此,法院应当出于损害赔偿结果之公平性考量,主动适用损益相抵规则。

对于以新换旧产生的溢价与贬值损失产生的减值,我国台湾地区是由法官在案件中主动计算。⑤ 某些案件反映出我国台湾地区在计算恢复原状费用时,法官主动"依职权"而非"依申请"适用损益相抵规则,将溢价予以扣除

---

① 柴永旺:《论机动车零件毁损的赔偿与折旧——以资源本位为主导的教义学获致》,华东政法大学 2016 年硕士学位论文,第 55 页。
② "对原告所主张的维修及材料费用全额予以支持"。参见云南省耿马傣族佤族自治县人民法院(2015)耿民初字第 895 号民事判决书。笔者在北大法宝、聚法案例库中,反复查询相关案例,未见到法院主动将发票记载的修理费同时扣除以新换旧产生的溢价。
③ 参见湖北省巴东县人民法院(2017)鄂 2823 民初 769 号民事判决书。
④ 钟淑健:《损益相抵规则的适用范围及其援用》,载《法学论坛》2010 年第 3 期。
⑤ 零件部分费用共计四十万元,属固定资产车辆之一部分,自应依平均法逐年逐月计算其折旧后,再予扣除,其折旧方法如下:(1)使用五年后之残值为六万六千六百六十七元[400000 元÷(5+1)=66667 元,四舍五入]。(2)全部折旧额为三十三万三千三百三十三元(400000 元-66667 元=33333 元)。(3)每年折旧额为六万六千六百六十七元(333333 元÷5=66667 元,四舍五入)。(4)系争车辆之折旧额为六万六千六百六十七元(66667 元×1=66667 元)。(5)零件部分之恢复必要费用为三十三万三千三百三十三元(400000 元-66667 元=333333 元)。(6)系争车辆修复之必要费用为五十八万三千三百三十三元(333333 元+219048 元+30952 元=583333 元)。参见台湾地区高雄地方法院 2000 年度诉字第 2605 号民事判决书。

的做法。① 概言之，在我国台湾地区，"恢复原状费用"本身非指修复费用，而是指扣除折旧后的修理费用，具体的计算由法官完成，不能委托评估机构代为处理，且不应以损益相抵直接否认贬值损失之赔偿。笔者认为我国台湾地区的做法合理，在因以新换旧而生的溢价问题上，应由法官依职权扣减。在确定以新换旧的扣减数额时，法官应当斟酌个人情事，综合分析"以新换旧"中受害人的获利情况，对强迫得利等情事进行有限制的扣减，而非全部扣减。即便对损益相抵的规则有不同的理解，对于损益相抵应当扣减数额有疑虑，直接以损益相抵为由否认贬值损失之赔偿的做法实属错误。司法实践中确有法官并未将损益相抵作为否认贬值损失赔偿的理由，而是根据具体情况，依职权以"酌定法"计算了贬值损失数额②，值得肯定。

第六节 本章总结

交易可以优化资源分配，更好地发挥物之价值，法律对物之交易价值应予保护。房屋、机动车及其他财物受损可能产生交易性贬值损失，我国法律没有规定明确的赔偿规则，判例与学说存在不同见解。交易性贬值损失系交易价值之降低，属直接损失、附随经济损失，符合可预见规则。在违约责任与侵权责任中，交易性贬值损失如满足各自的构成要件即可赔偿，不应增设额外的赔偿条件。交易性贬值损失之计算，应正确理解适用《民法典》第1184条及法发[2009]40号第10条，选择合理的评估方法。计算时点之确定，应视受害人是否将受损财物转卖以及评估方法的选择而决定，不应局限于某一固定的计算时点。修理过程中的以新换旧导致受害人额外获利可能会引发损益相抵问题。损益相抵规则之适用，应肯认贬值损失与以新换旧之获益间具有相当因果关系，并综合考虑财物受损情况、受损部分等因素。

---

① 参见台湾地区高雄地方法院2000年度诉字第2605号民事判决书。换句话说，依职权扣除折旧后得出的费用才是"恢复原状费用"，此问题我国台湾地区"司法机构"也是有具体指引的，与祖国大陆以往理解的发票上记载的修复费用大相径庭。
② 参见江西省景德镇市中级人民法院(2020)赣02民终255号民事判决书；湖南省长沙市中级人民法院(2020)湘01民终1755号民事判决书；云南省临沧市(地区)中级人民法院(2020)云09民终202号民事判决书；北京市第三中级人民法院(2018)京03民终5368号民事判决书；辽宁省大连市中级人民法院(2017)辽02民终5815号民事判决书。

第三章 民法中恢复原状的再体系化

第一节 本章问题

在传统民法体系中，损害赔偿的方式分为恢复原状和金钱赔偿两大类，其中恢复原状是赔偿方式的首选，在恢复原状不能或者不合适的情形下，采金钱赔偿。我国并无以损害赔偿法命名的法律，《民法典》第七编第二章虽以"损害赔偿"为名，但主要规定的是各种具体损害中的金钱赔偿计算方式，没有损害赔偿构成要件的规定，不是传统民法典中栖身于债法总则中的"损害赔偿法"。《民法典》第179条将"恢复原状"采文义上的狭义解释，局限于物理上的恢复原状，其中的赔偿损失等同于金钱赔偿，此与传统民法中的恢复原状和赔偿损失的内涵不同。该条规定的返还财产、修理、重做、更换，消除影响、恢复名誉，赔礼道歉都应该是广义上恢复原状的方式。此种立法例发端于《民法通则》第154条，被《侵权责任法》第15条和《民法典》第179条所延续。这是一种在独具中国特色的七编制民法典结构下所创制的大民事责任体系，对恢复原状的特殊制度安排。对这种特殊的制度安排，在解释适用上，需要考虑如何用传统民法对恢复原状适用的规范与法理，来解决我国民法体系中所面临的各种有关恢复原状的问题。脱胎于传统民法，诞生于现代中国的七编制《民法典》，不可避免要在传统制度理论与现代法律发展之间寻求平衡。损害赔偿是一国法律体系之基础性制度，恢复原状是损害赔偿的第一原则。在传统民法体系和现代民法体系之间寻求平衡来妥当处理我国民法中所面临的恢复原状问题，是《民法典》实施中的一个重大的体系性议题。

笔者于中国裁判文书网、北大法宝等司法案例数据库中，以"恢复原状"为关键词，对2009—2019年的案例进行搜索，共获得1000余个案例，选取典型案例200余个，并将其分成合同责任中的恢复原状和侵权责任中的恢复原状两类。其中涉及恢复原状的案由多种多样，最典型的诸如人身损害赔偿纠纷、物权纠纷、人格权纠纷、环境侵权、合同纠纷、不当得利纠纷以及无因管理纠纷。对恢复原状的认识不同导致同案不同判，典型者如贬值损失之赔偿，实务上认识非常不一致，有相当一部分法官认为贬值损失不该赔偿。① 因为车辆经维修后已恢复原状。② 恢复原状和赔偿损失是两种独立承担民事责任的方式，恢复原状仅指将受到损害的财产通过修理等手段，回复到受损害之前的状态，并不包含赔偿贬值损失。③ 此类理解之根本原因在于我国立法上对恢复原状内涵采用物理上恢复原状说，导致恢复原状制度适用范围过窄；对完整利益与价值利益之区分不甚明晰，不能正确地认识损害概念。从比较法上来看，意大利法认为事故车辆之市场价值固然低于一般车辆，但车辆经过修理便不再对其使用价值产生影响④；这种观点得到了美国部分州法院的认同，比较法上曾经长期坚持车辆经修理后再赔偿贬值损失会使得受害人获得双重利益，如今随着经济社会的发展，"恢复原状应当包括价值上的恢复原状"这一观点逐步得到承认⑤，这也是贬值损失被广为接受的法理基础。⑥

学说上对我国立法中恢复原状之内涵的认识存在较大分歧。既有恢复原状主义的判断⑦，亦有金钱赔偿主义的观点⑧。支持者认为我国分立式责任形式立法模式具备多元性和可选择性⑨，反对者则认为我国的责任形式之规定与传统民法下的损害赔偿法并无实质上的不同⑩，如此立法模式给我国法律的适用带来了不必要的麻烦。⑪ 亦有部分学者将恢复原状分为作为赔偿标准的恢复原状以及作为赔偿方式的恢复原状进行研究，并探寻其在我国

---

① 在笔者搜集的案例中，相当一部分法官以各种理由否认贬值损失之可赔性，典型者如河南省高级人民法院(2016)豫民再677号民事判决书，江西省高级人民法院(2016)赣民申489号民事裁定书，黑龙江省高级人民法院(2017)黑民申1953号民事判决书，新疆生产建设兵团阿拉尔垦区人民法院(2013)阿民初字第379号民事判决书，浙江省杭州市西湖区人民法院(2009)杭西民初字第01863号民事判决书，天津市河西区人民法院(2018)津0103民初798号民事判决书，江苏省徐州市中级人民法院(2017)苏03民终6375号民事判决书，陕西省咸阳市中级人民法院(2018)陕04民终887号民事判决书。
② 河南省高级人民法院(2016)豫民再677号民事判决书。
③ 浙江省杭州市西湖区人民法院(2009)杭西民初字第01863号民事判决书。
④ 〔德〕U. 马格努斯：《侵权法的统一——损害与损害赔偿》，谢鸿飞译，法律出版社2009年版，第205页。
⑤ 王泽鉴：《物之损害赔偿制度的突破与发展》，载《民法学说与判例研究》，北京大学出版社2015年版，第582页。
⑥ 张平华：《车辆贬值损失赔偿的法律基础》，载《法学论坛》2019年第5期。
⑦ 朱岩：《什么是"恢复原状"？——兼评中国大陆侵权责任承担方式》，载《月旦民商法》2009年第4期。
⑧ 王利明：《论侵权行为法的独立成编》，载《现代法学》2003年第4期；梁慧星：《关于民法典分则草案的若干问题》，载《法治研究》2019年第4期；周友军：《我国侵权责任形式的反思》，载《法学杂志》2009年第3期。
⑨ 王利明：《侵权责任法的中国特色》，载《法学家》2010年第2期。
⑩ 李超：《物之毁损的恢复原状与金钱赔偿——多种侵权责任方式下的解释论》，载《法律适用》2012年第2期。
⑪ 周友军：《我国侵权责任形式的反思》，载《法学杂志》2009年第3期。

法律体系内的定位。① 综合来看,对于我国立法中恢复原状含义的认识主要有三种观点:一是认为恢复原状并非损害赔偿之方式,而是与赔偿损失并列的民事责任形式,其内涵仅限于物理上的修理。② 二是认为我国的恢复原状与大陆法系国家的恢复原状之内涵并无区别。③ 三是否定我国立法中恢复原状的独立性,认为无继续设置恢复原状的必要。④

问题的症结在于如何妥当解释我国民法中恢复原状的内涵,不能照搬传统民法,也不能盲目自信。这需要对恢复原状主义之本质特征有清晰的认识,对完整利益与价值利益要区分评判。如果我国民法中恢复原状的解释要向传统回归,必要性和可行性是否足够?我国立法中的哪些责任规定应当归入恢复原状的范畴?金钱赔偿存于何处?恢复原状与《民法典》第179条规定的其他责任形式之间关系为何?我国民法体系中的恢复原状不仅仅是《民法典》第179条的问题,还涉及《民法典》之外有关损害赔偿的法律规定。对于广受关注的环境侵权责任中的恢复原状问题,不能局限于具体规则,应从损害赔偿法整体上来建构法理。

第二节 对恢复原状主义的再认识

一、恢复原状优先于金钱赔偿

何为恢复原状主义?《德国民法典》第249条规定:"负损害赔偿义务的人,应恢复损害发生前的原状。因伤害人身或者损毁物件而应负赔偿损害时,债权人可依要求以金钱赔偿代替恢复原状。"恢复原状作为损害赔偿之目的得以确定。正如梅迪库斯所言:"除全部赔偿原则之外,第249条第一句还表达了损害法的另一原则,即恢复原状。"⑤他认为金钱赔偿维护的是被害人的价值或者金额利益,但在此种利益之前,尚有保持利益或整体利益应当

---

① 王枫:《民事救济中恢复原状之辨》,载《武汉大学学报(哲学社会科学版)》2012年第4期;王智嵬、赵继伦:《论作为损害赔偿原则与责任承担方式的恢复原状——以侵权法为中心》,载《山东师范大学学报(人文社会科学版)》2018年第1期;胡卫:《民法中恢复原状类型与规范意义》,载《行政与法》2015年第5期。

② 王利明:《侵权责任法研究》(上卷),中国人民大学出版社2010年版,第641页;金平主编:《民法通则教程》,重庆出版社1987年版,第443页;孙亚明主编:《民法通则要论》,法律出版社1991年版,第246页。

③ 朱岩:《什么是"恢复原状"?——兼评中国大陆侵权责任承担方式》,载《月旦民商法》2009年第4期。

④ 杨彪:《论恢复原状独立性之否定——兼及我国民事责任体系之重构》,载《法学论坛》2009年第5期;何梦荻:《我国民事责任体系重构论——"两分法"民事责任体系之反思》,山东大学2011年硕士学位论文,第40页。

⑤ 〔德〕迪特尔·梅迪库斯:《德国债法总论》,杜景林、卢谌译,法律出版社2004年版,第432页。

优先被保护，因此恢复原状具有优先性，而《德国民法典》第 249 条第 1 句维护的就是此种利益。① 根据该条规定，在损害发生之后，损害赔偿应当以恢复原状为目的，亦以恢复原状为优先适用的损害赔偿方式，将被害人的状态还原至损害仿佛未曾发生一样。金钱赔偿仅适用于"不能恢复原状""恢复原状不足以赔偿受害人所受的损害"以及"恢复原状的费用与损害不相当"的情形。

恢复原状主义亦为许多大陆法系国家或地区的损害赔偿法所采纳。《奥地利民法典》第 1323 条规定，损害赔偿应当首先采用恢复原状的方式。金钱赔偿的适用前提是恢复原状处于不可能或者不可操作的状态。② 法国法认为，倘若侵权法广泛地接受了所谓"恢复原状"的方式，这恰恰是因为它是使得受害人回到侵权行为没有发生的情况下最为有效的方式。③ 我国台湾地区"民法"第 213 条亦规定了恢复原状适用上的优先性，并赋予债权人选择权，赔偿权利人可以请求支付恢复原状必要费用来代替恢复原状的适用。

与恢复原状主义相反的是金钱赔偿主义。在采金钱赔偿主义的国家，损害赔偿由金钱赔偿统领，恢复原状则为特殊的、次要的损害赔偿方式。绝大部分损害，对受害人均由金钱赔偿予以救济。根据比利时法，侵权人要么通过实际履行，要么通过金钱赔偿来赔偿受害人的损害。受害人有权请求恢复原状，在侵权人恢复原状时，他也有义务接受。英国法上的损害赔偿往往是金钱赔偿，英国法认为恢复原状作为一种救济方式的实际意义有限，如果适用损害赔偿金可以充分救济损害的，就不必适用恢复原状这一损害赔偿方式。④ 在意大利的损害赔偿法中，金钱赔偿居于首要地位，通常的损害赔偿应当一次性以金钱赔偿受害人遭受的损害。恢复原状全部或者部分可能，且不会给债务人造成过重的负担时，受害人才得请求恢复原状。事实上在意大利的司法实践中，法官可以轻易以"恢复原状使得侵权人负担过重"为由排除恢复原状的适用。⑤《日本民法典》第 722 条规定了金钱赔偿原则，日本法认为在商业社会中，用金钱计算损害具有天然的便捷性，而恢复原状作为损害赔偿的方式是"不方便的"。⑥

---

① 〔德〕迪特尔·梅迪库斯：《德国债法总论》，杜景林、卢谌译，法律出版社 2004 年版，第 433 页。
② 〔奥〕赫尔穆特·考茨欧：《奥地利法中的损害赔偿》，载〔德〕U. 马格努斯编：《侵权法的统一——损害与损害赔偿》，谢鸿飞译，法律出版社 2009 年版，第 14 页。
③ 〔法〕苏珊·加兰·卡法尔：《法国法中的损害赔偿》，载〔德〕U. 马格努斯编：《侵权法的统一——损害与损害赔偿》，谢鸿飞译，法律出版社 2009 年版，第 115—116 页。
④ 〔英〕霍顿·罗杰斯：《英国法中的损害赔偿》，载〔德〕U. 马格努斯编：《侵权法的统一——损害与损害赔偿》，谢鸿飞译，法律出版社 2009 年版，第 81 页。
⑤ 〔意〕F. D. 布斯奈利，G. 科芒达：《意大利法中的损害赔偿》，载〔德〕U. 马格努斯编：《侵权法的统一——损害与损害赔偿》，谢鸿飞译，法律出版社 2009 年版，第 171 页。
⑥ 〔日〕吉村良一：《日本侵权行为法》，张挺译，中国人民大学出版社 2013 年版，第 82 页。

二、完整利益优先于价值利益

恢复原状之优先适用性实质上源于完整利益保护的优先性。有学者指出恢复原状具有双重含义，认为恢复原状既作为损害赔偿法的基本原则，亦作为损害赔偿的方式。① 但作为损害赔偿法原则的恢复原状，无论是在恢复原状主义立法下还是在金钱赔偿主义立法下均得到了承认。正如曾世雄先生所说，损害赔偿以何种理念作为最高指导原则，从比较法之观点观察可以发现：各国损害赔偿制度之设计并不相同，但却遵奉同一之最高指导原则，即损害赔偿之最高指导原则在于赔偿被害人所受之损害，俾于赔偿之结果，又如损害事故未曾发生者然。② 基于对恢复原状具有双重含义的认识，作为指导原则的恢复原状同时存在于恢复原状主义国家和金钱赔偿主义国家，二者的唯一区别可能在于恢复原状作为损害赔偿方式时较之于金钱赔偿是否具备优先性，似乎可认定恢复原状主义之本质是指恢复原状作为损害赔偿的方法时能够得以优先适用。这样的理解忽视了恢复原状主义另一大本质特征，即完整利益和价值利益在保护上的优先级问题。根据观察损害的角度和保障受害人的利益的不同，金钱赔偿关注的是受害人宏观的、抽象的利益；恢复原状关注的是受害人微观的、具体的利益。金钱赔偿和恢复原状何者优先，本质是对完整利益和价值利益哪个更看重的问题。

对价值利益的填补目的是对受害人的财产减少额的填补，对完整利益的填补目的是对受害人实际生活状态或者物件本身物理状态的回复。对于恢复原状主义之本质，要从完整利益与价值利益的辨析中把握。恢复原状主义更加关注受害人的完整利益，其出发点为对受害人的损失进行完全的填补，回复受害人的完整权益状态，如此最为符合作为损害赔偿指导原则的恢复原状之要求。在金钱赔偿主义立法中，由于缺乏对完整利益的关注，恢复原状仅在形式上作为损害赔偿的指导原则，并未得到完全的贯彻。试举一例，在我国陕西省绥德县发生的窑洞受损案中，侵权人修建的水道破裂，水漫至受害人窑洞致使窑洞受损成为危房，经鉴定，窑洞的总价值为20000元，而其修复的费用则高达56457元，受害人请求修复窑洞，而侵权人认为损害赔偿数额应当以窑洞的总价值为限。③ 对于这类案件，对完整利益或是价值利益的优先保护，是受害人的诉求能否得到支持的关键。在恢复原状主义国家，以恢复受害人完整利益为优先，该诉求可以得到支持，盖因恢复原状的损害赔偿方法具有"权利继续"的功能，使得被害人就其权益之损害获得较为完整

---

① 王智嵬、赵继伦：《论作为损害赔偿原则与责任承担方式的恢复原状——以侵权法为中心》，载《山东师范大学学报（人文社会科学版）》2018年第1期。
② 曾世雄：《损害赔偿法原理》，中国政法大学出版社2001年版，第15页。
③ 陕西省绥德县人民法院（2008）绥民初字第380号民事判决书，陕西省榆林市中级人民法院（2009）榆中法终字第151号民事判决书。

的保护①,而价值利益之赔偿并不能完成对受害人实际生活状态之恢复;而在金钱赔偿主义国家,结果反之。由是观之,兹事体大。

在恢复原状主义立法之下,损害赔偿方式的确定需要将完整利益以及价值利益纳入考量范围。因此在损害赔偿方式的确定上,应当从"欲弥补者究为完整利益还是价值利益"以及"此种救济能否达成受害人完整权益状态恢复原状"两个维度加以判断。由于完整利益之内涵大于价值利益,因此许多损害同时表现为完整利益以及价值利益之侵害,此时的损害赔偿方式之确定,重点在于第二个维度,即受害人的完整权益状态能否恢复原状,若能,则适用恢复原状;若不能,则适用金钱赔偿。在恢复原状主义下,对受害人完整利益之保护具备优先性,因此在恢复原状之适用成本高于金钱赔偿之时,亦应当适用恢复原状,以实现受害人完整权益状态之回复。同时,损害赔偿方式之确定与损害概念息息相关,损害在损害赔偿中承担着启动赔偿和确定赔偿额度两大功能,在某些确认赔偿数额的特殊情形中,例如"适当补偿"以及"惩罚性赔偿"等,损害仍然发挥着启动赔偿的功能,只是其确定赔偿额度的功能在弱化,不再直接决定赔偿额,需要和法律规定的系数共同确定赔偿金,而对于损害的救济方式之确定以及针对损害的赔偿数额是两个不同的问题,因此"适当弥补"以及"惩罚性赔偿"仍应归于恢复原状或金钱赔偿的范畴,而损害赔偿方式的确定仍需在前文所述两个维度加以判断。

有观点认为精神损害赔偿应当归于金钱赔偿,且为适用上具有特殊条件的金钱赔偿。② 此种观点未建立在区分完整利益与价值利益的基础上,可能未注意到"恢复原状不能时才得适用金钱赔偿"这一原则。以《德国民法典》第 249 条规定为例:"因伤害人身或者损毁物件而应赔偿损害时,债权人可以要求以金钱赔偿代替回复原状。"该条文并未排除人身损害适用恢复原状这一损害赔偿方式。对于这一条文仍应从完整利益与价值利益的区分上加以理解。当受害人身体受损且无法恢复时,难认其价值利益受到损失,因为人的身体并不等于财产,失去身体一部分本身并不会导致其财产总额的减少,真正导致其财产减少的是后续工作能力的下降导致其收入的减少,对其减少的收入进行的填补应当归于金钱赔偿的范畴。还需考虑的是,失去身体的一部分,受害人的完整利益受损,失去身体的一部分本身即为损害——若不将此视为一种损害,那么对于受害人因失去身体的一部分的赔偿与单纯剥夺受害人劳动机会的赔偿便毫无区别,此时受害人失去了一部分身体这一事实便在无形中被忽略了——那么应当适用的损害赔偿方式只能为恢复原状,但因此时恢复原状处于事实不能的状态,因此以金钱赔偿填补。对于精神损害赔

---

① 王泽鉴:《损害赔偿》,北京大学出版社 2017 年版,第 115 页。
② 李承亮:《恢复原状费用赔偿的性质》,载《武汉大学学报(哲学社会科学版)》2019 年第 4 期。

偿,人的精神受损不会减损财产,支付损害赔偿金本质上是对精神痛苦的安抚,其目的还是在于对完整利益的弥补,精神损害赔偿金仍属于恢复原状的范畴。人受损的精神往往能够通过后续的治疗得以恢复,此时所赔偿的金钱应当理解为以支付金钱的方式实施的恢复原状。近年来不少学者致力于违约精神损害赔偿制度的建立①,《民法典》第 996 条未排除违约精神损害赔偿。当违约精神损害与侵权精神损害赔偿制度完成融合统一,精神损害赔偿将不必再作为一个特殊的赔偿事项加以另行规定,则恢复原状之优先适用能够有效解决纯粹精神损害赔偿案件中对受害人的弥补问题。

三、完整利益之保护决定恢复原状之包容性

恢复原状主义具有包容性,具体而言表现为概括性与兜底性,能适用于多种损害类型,这源于其对完整利益之保护。相较于金钱赔偿旨在填补的价值利益,完整利益内涵更为丰富,得以涵盖更多情形。恢复原状在财产损害以及非财产损害场合均可适用。金钱赔偿仅能弥补受害人因损害事件所遭受的财产损失,对于非财产损失则无能为力。恢复原状的概括性表现为两方面,一是其可适用于非财产损害、微额损害等金钱赔偿难以适用的领域,虽然在金钱赔偿主义立法下,恢复原状同样具备此特征,但掣肘于适用上的劣后性,此功能并不能完全发挥;二是在多种损害赔偿方式并列的立法模式下,适用恢复原状可以避免多种损害赔偿方式在适用上的叠床架屋。

有学者认为,微额损害如邻里之间的轻微纠纷、擦肩而过时的碰撞、用灰尘污染他人物品使其徒增吹灰之举等,不应当纳入损害赔偿法的考量范围,盖因不利益过于微小时,赔偿权利人感受不深,损害赔偿有可能发生适得其反之效果。② 但值得注意的是,纵观各国立法,损害赔偿应当是有损害即有赔偿,且赔偿结果应当达到使损害未曾发生一样,微额损害亦当属此类。对于微额损害,适用损害赔偿似有不妥,因其不符合经济原则。但随着为权利而斗争的观念不断增强,"要的就是一个说法",许多微额损害进入了损害赔偿法。对于微额损害,适用金钱赔偿并不妥当,宜以恢复原状救济之,这亦是恢复原状包容性之体现。在一案例③中,受害人顾某等 16 户业主因无法忍受户外地铁运行的声音,提出损害赔偿请求,该案是明显的微额损害案例,若

---

① 李永军:《非财产性损害的契约性救济及其正当性——违约责任与侵权责任的二元制体系下的边际案例救济》,载《比较法研究》2003 年第 6 期;崔建远:《论违约的精神损害赔偿》,载《河南省政法管理干部学院学报》2008 年第 1 期;柳经纬:《违约精神损害赔偿立法问题探讨——以〈民法典各分编(草案)〉第七百七十九条为对象》,载《暨南学报(哲学社会科学版)》2019 年第 7 期;杨显滨:《违约精神损害赔偿制度的中国式建构》,载《当代法学》2017 年第 1 期。

② 曾世雄:《损害赔偿法原理》,中国政法大学出版社 2001 年版,第 53 页。

③ 参见北京市高级人民法院编:《损害赔偿新型疑难案例判解》,法律出版社 2007 年版,第 229—235 页。

以金钱赔偿救济,实为不妥,盖因 16 户业主并无价值利益上的损失,住户的居住安宁属于完整利益项下之意,因此一审法院判令"城开公司应当按照有关规定采取减轻和避免交通噪声的措施",此处应当采取的诸如建造隔音墙、将单层玻璃改为双层玻璃等一系列措施即为恢复原状的具体表现形式,以恢复住户之居住安宁。

在我国这种包含多种损害赔偿方式的立法模式下,倘若恢复原状具备相当的包容性,对于许多损害行为,仅需适用恢复原状这一种损害赔偿方式即可。例如在另一案例中,精神病医院因审查不严导致他人"被精神病"住院,法院判令精神病医院承担赔偿损失、赔礼道歉、消除影响、恢复名誉的侵权责任,并向受害人赔偿精神损害赔偿金。① 在恢复原状主义立法下,赔礼道歉、消除影响、恢复名誉以及精神损害赔偿,都属恢复原状的不同表现形式。将属于恢复原状范畴的责任形式以恢复原状代之,简洁明了。

四、我国立法应当向恢复原状主义回归

在我国的立法模式下,恢复原状作为责任承担形式,其独立性似乎越来越受到质疑,广义上的恢复原状之调整范围似乎被其他责任承担形式瓜分殆尽,其适用空间被大幅压缩。正如部分学者所言,当财物受到侵占,受害人可以要求返还原物以"恢复原状";当财物受到损毁,受害人可以要求修理、更换、重作以"恢复原状";当合同一方当事人利益受到侵害,受害人可以要求继续履行、赔偿损失或者支付违约金以"恢复原状";当人格权受到侵犯,受害人可以要求消除影响、恢复名誉或者赔礼道歉来"恢复原状";凡此种种,更仆难数。② 从这些例子来看,具有我国特色的分立式责任形式似乎足以对受害人进行周全的保护,任何一种损害都有其对应的责任形式得以适用,当受到侵害时,受害人能够自由选择各种责任形式以弥补自己的损失。在这样的传统制度理论下,有学者将恢复原状理解为在有体物遭受损害的情况下物理状态原状之恢复。③

传统制度理论忽视了恢复原状主义作为损害赔偿原则的兜底性保护功能。恢复原状的方式不能代替恢复原状本身。对于不断涌现的新型损害,发生诸如具有重要工具价值但财产价值不明显的网络账号被运营者误封等情形时,现有责任形式无法救济受害人,当事人可能陷于无救济方式可供援引之境地。究其原因,《民法典》中规定的恢复原状不具备兜底功能。当恢复原状之内涵被压缩,并将责任形式以列举式加以规定时,新型侵权行为、新型

---

① 参见北京市高级人民法院编:《损害赔偿新型疑难案例判解》,法律出版社 2007 年版,第 146—148 页。
② 王智嵬、赵继伦:《论作为损害赔偿原则与责任承担方式的恢复原状——以侵权法为中心》,载《山东师范大学学报(人文社会科学版)》2018 年第 1 期。
③ 张新宝:《侵权责任立法研究》,中国人民大学出版社 2009 年版,第 118 页。

损害的出现,受害人的损害无可适用的损害赔偿方式便是必然之事。

在恢复原状主义的立法模式下,恢复原状是指将受害人的权益恢复到损害仿佛未发生之境地,而对于恢复原状之手段并无硬性规定。基于此,每一种损害类型均可找到最适合的方式进行恢复原状。当恢复原状得以抽象化,便具备强大的包容性,无论新型损害表现为何,对其的填补必然落入对完整利益的保护之中,因此得以恢复原状囊括之,这即是恢复原状的兜底性之表现。从更宏观的角度来考虑,广义的恢复原状具备适用上的优势,其兜底性可以使法典具备成长性,不会因为时代的发展与进步而落后。

其实我国民事责任体系并非不能作恢复原状主义之解释,《民法典》将人格权独立成编,对人格权法律的适用将影响我国民法整体的解释。虽然人格财产利益在不断被强化,但实践中发生的侵害人格权案件主要是对精神利益的侵害,精神损害赔偿本质上是恢复原状,这暗合了恢复原状对完整利益保护之理念——相比于单纯的财产保护,民法更应当关注个人权益之完整状态之恢复。因此,宜对《民法典》第179条规定的责任形式以及其他条文有关损害赔偿之规定进行体系解释,使之呈现为由恢复原状与金钱赔偿所统领的损害赔偿方式之规定;对《民法典》之外的恢复原状进行广义解释,发挥恢复原状之概括性与兜底性功能,完成向传统民法上恢复原状主义之回归,实现我国民法体系中恢复原状的再体系化。

第三节 合同责任中的恢复原状

一、违约责任中的恢复原状

根据《民法典》第577条、第582条、第585条(《合同法》第107条、第111条、第114条)规定,违约责任形态包括继续履行,采取补救措施,赔偿损失,修理、重作、更换和支付违约金。由于采取补救措施这一责任形式过于宽泛,且未在《民法典》第179条有所体现,此处略去不谈,继续履行,修理、重作、更换,支付违约金以及赔偿损失,其内在逻辑为何?哪些属于恢复原状范畴?

继续履行位于违约责任之首,合同法优先保护履行利益。实务上有认为履行利益"系合同如期履行后当事人所获得的利益"[1]。《民法典》第584条(《合同法》第113条)将其界定为"合同履行后可以获得的利益"。在全面赔偿原则指导下的损害赔偿,其所应赔偿者,为所受损失和所失利益,而所失利益系"因损害事故之发生赔偿权利人应增加未增加之额数"[2]。无论是侵权

---

[1] 上海市第二中级人民法院(2002)沪二中民三(商)初字第30号民事判决书;上海市高级人民法院(2002)沪高民二(商)终字第69号判决书。
[2] 曾世雄:《损害赔偿法原理》,中国政法大学出版社2001年版,第157页。

行为的损害赔偿、契约上的信赖利益以及履行利益所生损害均包括所受损害及所失利益。① 当合同一方当事人因不完全履行等事由违约时,继续履行之目的是使得合同能够继续,使得双方当事人的权益恢复到违约事由出现之前的状态,使得合同当事人能够继续将合同进行下去以获得履行利益,这实际上就是以非财产的方式保护受害人的完整利益,因此继续履行应当属于恢复原状的范畴。《民法典》第 580 条(《合同法》第 110 条)规定,非违约方可以请求继续履行,除非继续履行的请求法律上或事实上不能、请求继续履行费用过高或者债权人在合理期限内未请求继续履行。此时受害人可根据《民法典》第 583 条(《合同法》第 112 条)以及第 585 条第 1 款(《合同法》第 114 条第 1 款)之规定,请求合同相对方支付违约金或赔偿损失。

根据《民法典》第 583—585 条之规定,在合同双方当事人约定了违约金条款的情形下,一方违约后,另一方可以请求对方支付违约金,若守约方在收到违约金后仍有损失,可以要求违约方赔偿损失,此时的赔偿损失有兜底的作用;若双方当事人未约定违约金条款,守约方可径行要求违约方赔偿损失。我国立法中的赔偿损失即为传统民法上的金钱赔偿,而支付违约金这一形式为赔偿损失在合同领域的具体形态。对比恢复原状主义立法中恢复原状与金钱赔偿的适用规则可以看出,二者具有极大的相似度。因此,继续履行与支付违约金这两种民事责任形式,实际上就是恢复原状以及金钱赔偿在合同领域的具体形态。之所以将这两种责任形式独立规定,一方面是彰显《民法典》合同编对履行利益保护上的优先性,另一方面是对违约金这一合同领域的重要内容予以凸显,若仅用金钱赔偿加以概括,那么违约金的独立意义便会受到削弱。

值得注意的是,根据《民法典》第 582 条之规定,当违约责任未约定或无法确定时,受害人可以请求修理、重作、更换、退货、减少价款或报酬等违约责任。以承揽合同为例,当承揽人交付了不符合质量标准的工作成果时,定作人不能取得预期的合同利益,其可得利益受到损害,也即完整利益受到损害。修理、重作、更换的适用,系以非财产的方式对受害人完整利益之填补,乃恢复原状之表现形式。退货有可能意味着更换,亦有可能意味着解除合同。更换的后果不再赘述,对于解除合同的情形,根据《民法典》第 566 条(《合同法》第 97 条)之规定,合同解除后,未履行的停止履行,已履行的可以请求恢复原状或采取其他补救措施,并有权请求赔偿损失。退货应当理解为恢复原状的方式,其他补救措施应当理解为对于定作人已经支付的价款或报酬,其有权请求减少价款或报酬,也即承揽人通过向定作人支付一定的金钱或是减少自己应收的金钱以实现价款或报酬的减少,若因交付不合格的工作成果造

---

① 王泽鉴:《损害赔偿》,北京大学出版社 2017 年版,第 71 页。

成定作人的损害的,仍须赔偿损失。之所以选择此种方式,只因合同履行已经停止,此时修理、重作、更换已经无法继续进行,合同利益的恢复原状已属不能,只能通过金钱赔偿的方式弥补定作人的损害。因此,减少价款或报酬应当归于金钱赔偿的范畴。由此可见,在违约责任形式中,除赔偿损失以及支付违约金之外,其他责任形式均为恢复原状的具体表现形式。而在司法实践中,已有部分裁判案例如"成都新世界河畔物业服务有限公司诉张炯、董玲艳专有权行使案"①"广州市启胜物业管理有限公司恢复原状纠纷上诉案"②"广西平乐野牛有限责任公司、广西金九阳生物科技有限公司恢复原状纠纷上诉案"③等将违约责任以恢复原状这一责任形式予以概括,这即为前文所述恢复原状的概括性特征之展现。

对于退货、减少价款或报酬等仅在特定的合同形式中出现的责任形式,不必予以抽象化吸纳进《民法典》第 179 条之中,且实际上这些责任形式不过是恢复原状或者金钱赔偿的具体方式。在合同责任中,赔偿损失具备兜底作用。在其他责任形式适用后,若受害人仍受有损害,则以赔偿损失这一责任形式填补之。对于部分重要的责任形式,或是因其特殊意义而吸收进《民法典》第 179 条,如继续履行以及支付违约金;或是因其出现在多个领域中,而不得不将其吸收,如修理、重作、更换。

二、"合同失败"时的恢复原状

"失败的合同"并非立法上的用语,主要指合同因无效、被撤销、被解除等情形使合同当事人免除原定给付义务的情形。④ 在关于合同解除的效力问题上,对于《民法典》第 566 条第 2 款规定的因一方当事人违约而解除合同的情形,由于前文对违约之损害赔偿已有讨论,此处略去不谈。关于此条第 1 款中的恢复原状,其最直接的表现即为所得财产或所得利益之返还。对于此种返还之性质,有学者认为若标的物为特定物,则恢复原状为物权请求权;若为金钱或其他依性质无法返还的,则应当折价返还,此时为"其他补救措施"之内涵,属于不当得利制度的内容。⑤ 日本及我国台湾地区学者认为,合同解除后当事人负担的恢复原状的义务系不当得利产生的债。⑥ 从笔者

---

① 四川省成都市中级人民法院(2011)成民终字第 3005 号民事判决书。
② 四川省成都市中级人民法院(2020)川 01 民终 3468 号民事裁定书。
③ 广西壮族自治区桂林市中级人民法院(2020)桂 03 民终 242 号民事判决书。
④ Vgl. Wiegand, Zur Rückabwicklung gescheiterter Verträge, in: Tercier u. a. (Hrsg.), Gauchs Welt, Zürich u. a: Schulthess, 2004, S. 709ff; Zimmermann, Restitutio in integrum, in: Honsell u. a. (Hrsg.), Privatrecht und Methode, Basel u.a: Helbing & Lichtenhahn, 2004, S. 735ff.
⑤ 崔建远:《解除效果折衷说之评论》,载《法学研究》2012 年第 2 期。
⑥ 〔日〕我妻荣:《我妻荣民法讲义:债权各论》(上卷),徐慧译,中国法制出版社 2008 年版,第 179 页。

搜集的案例来看,法官在认定合同是否具备溯及力时,一般视合同的履行情况、合同性质、保护守约方利益等因素综合确定。① 有学者提出反对意见,认为解除有溯及力之缺陷暴露明显且积弊日益严重,在当代大陆法系国家合同解除向无溯及力加速转变的过程中,我国合同法自当抓住契机以解除无溯及力为基础实现合同解除效力制度的重构。② 笔者认同此观点,《民法典》第985—988 条不当得利之规定为一般条款之规定,其适用范围颇为广泛,若将符合其要件的返还财物均归于不当得利制度下进行调整,无疑是对损害赔偿法适用范围的压缩,此处可以成立不当得利返还与合同解除后恢复原状之竞合,而不能仅成立不当得利之债。当认同合同解除不具备溯及力时,应认可此处的恢复原状具备概括性与兜底性之特征,在出于对对方完整利益之填补的基础上,当恢复原状可能时,也即原物、收益等利益存在时,恢复原状应当表现为原物返还、收益返还以及为保管返还物和返还原物所支出的费用之返还;其他补救措施应当表现为原物或收益等利益部分存在时,债权人主张通过金钱折价返还以恢复其完整利益,此时其性质为支付金钱以代替恢复原状;而对于赔偿损失,应当理解为原物或收益等不存在时,由于恢复不能或存在重大困难,以金钱弥补另一方当事人的价值利益。

《民法典》第 157 条规定了合同无效、被撤销以及不生效之法律后果。相较于《合同法》分别将它们规定在第 58 条与第 42 条的做法,《民法典》将它们吸收于民事行为效力一节,仅在合同编第 500 条,针对具备特殊性的缔约过失行为种类进行特殊规定。究其原因,是为了发挥总则编提取公因式之功能,使得《民法典》更具体系化,缔约过失的情形由于不具备通用性,特殊规定于合同编 500 条。《民法典》第 157 条针对合同无效、被撤销以及缔约过失规定了相同的法律后果。对于该条之理解应当参照前文所述合同解除的法律后果,行为人取得的财产应当返还原物或者利益,此时的返还原物应当归于恢复原状之范畴。对于"不能返还或者没必要返还",应当理解为恢复原状不能或具有重大困难,此时应当以金钱赔偿予以救济。《民法典》第

---

① 最高人民法院(2010)民一终字第 45 号民事判决书;北京市第一中级人民法院(2008)一中民终字第 15830 号民事判决书;北京市第一中级人民法院(2011)一中民终字第 3221 号民事判决书;北京市第一中级人民法院(2006)一中民终字第 11997 号民事判决书;福建省厦门市中级人民法院(2012)厦民终字第 3202 号民事判决书;广西壮族自治区高级人民法院(2005)桂民四终字第 27 号民事判决书;江苏省镇江市中级人民法院(2020)苏 11 民终 1121号民事判决书;安徽省宣城市中级人民法院(2020)皖 18 民终 434 号民事判决书;江苏省常州市中级人民法院(2020)苏 04 民终 1041 号民事判决书;辽宁省大连市中级人民法院(2020)辽 02 民终 3563 号民事判决书;河北省邯郸市中级人民法院(2020)冀 04 民终 976 号民事判决书;江苏省苏州市中级人民法院(2020)苏 05 民终 1331 号民事判决书;江苏省南京市中级人民法院(2020)苏 01 民终 134 号民事判决书;山东省高级人民法院(2020)鲁民终 904 号民事判决书;浙江省杭州市中级人民法院(2020)浙 01 民申 102 号民事判决书。

② 李开国、李凡:《合同解除有溯及力可以休矣——基于我国民法的实证分析》,载《河北法学》2016 年第 5 期。

157 条第二句应当理解为与有过失之规定,而非前一句的补充,在此种理解基础之上,此处的"赔偿对方由此所受到的损失"才不致构成前句"折价补偿"的重复。

三、无因管理中的恢复原状

《民法典》将无因管理和不当得利规定为准合同,故笔者将涉及二者的恢复原状问题置于合同责任中的恢复原状项下讨论。《民法典》第 979 条规定了无因管理的损害赔偿责任。在无因管理的损害赔偿责任中,哪些属于恢复原状的范畴? 在笔者搜集到的 28 个案例中,"卢升元与卢升贤无因管理纠纷上诉案"①等 13 个案例②为管理人诉请受益人支付因管理事务所支出的必要费用,另外如"唐平诉中山市明城电业有限公司无因管理纠纷案"③等 15 个案例④为管理人请求受益人赔偿管理人因管理事务所受损害。根据第 979 条之规定,对于管理人所支出的必要费用,以及管理人因管理事务所受损害,受益人仅需"适当补偿"即可。我国台湾地区"民法"第 176 条包含了费用偿还请求权、债务清偿请求权及损害赔偿请求权。⑤《德国民法典》第 683 条虽然未提及损害赔偿之问题,但德国通说有"典型之风险伴随损害"这一概念,此种损害为随着事务管理之危险伴随而生之损害等不利益,原则上

---

① 广西壮族自治区崇左市中级人民法院(2014)崇民终字第 3 号民事判决书。
② 另有北京市第二中级人民法院(2014)二中民终字第 11457 号民事判决书;海南省海口市中级人民法院(2014)海中法民一终字第 1167 号民事判决书;河南省焦作市中级人民法院(2013)焦民二终字第 52 号民事判决书;广州海事法院(2010)广海法初字第 69 号民事判决书;江西省赣州市(地区)中级人民法院(2008)赣民三终字第 453 号民事判决书;广东省东莞市中级人民法院(2013)东中法民一终字第 1131 号民事判决书;广东省东莞市中级人民法院(2013)东中法民一终字第 1132 号民事判决书;宁夏回族自治区固原市原州区人民法院(2017)宁 0402 民初 6490 号民事判决书;吉林省蛟河市人民法院(2016)吉 0281 民初 493 号民事判决书;湖南省长沙市开福区人民法院(2016)湘 0105 民初 425 号民事判决书;江苏省徐州市鼓楼区人民法院(2016)苏 0302 民初 299 号民事判决书;河南省平顶山市湛河区人民法院(2014)湛民一初字第 567 号民事判决书。
③ 广东省中山市中级人民法院(2003)中中法民一终字第 948 号民事判决书。
④ 另有江苏省镇江市中级人民法院(2011)镇民终字第 128 号民事判决书;湖北省咸宁市中级人民法院(2015)鄂咸宁中民终字第 468 号民事判决书;广东省广州市中级人民法院(2015)穗中法民一终字第 3377 号民事判决书;湖北省咸宁市中级人民法院(2014)鄂咸宁中民二终字第 221 号民事判决书;湖北省十堰市中级人民法院(2014)鄂十堰中民四终字第 00617 号民事判决书;北京市第三中级人民法院(2014)三中民终字第 11926 号民事判决书;山东省菏泽市(地区)中级人民法院(2014)菏民一终字第 281 号民事判决书;云南省迪庆藏族自治州中级人民法院(2014)迪民终字第 09 号民事判决书;广东省东莞市第二人民法院(2013)东二法民一初字第 138 号民事判决书;广东省东莞市中级人民法院(2012)东中法民一终字第 1270 号民事判决书;浙江省宁波市中级人民法院(2010)浙甬民一终字第 419 号民事判决书;广东省佛山市中级人民法院(2007)佛中法民一终字第 189 号民事判决书;广西壮族自治区来宾市中级人民法院(2013)来民二终字第 22 号民事判决书;浙江省杭州市中级人民法院(2011)浙杭民终字第 2562 号民事判决书。
⑤ 吴从周:《见义勇为与无因管理——从德国法及台湾地区法规定评河南法院判决》,载《华东政法大学学报》2014 年第 4 期。

也应该予以填补。对于《民法典》第 979 条,其内容可分为费用偿还请求权与损害赔偿请求权。对于损害赔偿请求权,法律仅规定受益人"适当补偿",且在前述管理人请求受益人赔偿管理人因管理事务所受损害的案例中,法官均判令受益人适当填补而非完全赔偿。这是否合理?

有学者认为《民法典》第 121 条规定的"必要费用"包含损害赔偿费用①,但这会造成很多问题。《民法典》第 121 条之规定实际上是非紧急状态下的无因管理行为,而第 183 条规定的是紧急状态下的救助行为。若依据前述理解,某人为救助他人而遭受损失时,被救助者同时构成了第 121 条意义上的无因管理本人和第 183 条第 2 句意义上的受益人,依前者需负全部损害赔偿义务,依后者却仅需承担适当补偿义务。这将导致救助者获补偿范围的差异,其选择无因管理制度反而能获得更好的救济。② 如此理解下的第 183 条,其初衷是鼓励见义勇为的行为,结果反而形同虚设。有学者认为,必要费用之范围,应以"依情事而必要"为限,即管理人的"自愿财产牺牲",包括准备措施、辅助措施、差旅费、事后的开销等,不包括报酬和损害赔偿。③ 对于因管理行为产生的损害赔偿问题,有学者指出,见义勇为者遭受的物之损害,可以向被救助者主张无因管理的损害赔偿。当救助行为不能被评价为见义勇为时,以公平为限,救助者可以就自己遭受的损害"例外地"要求受益人提供适当的补偿。但无论是何种情形,管理人的损害赔偿请求权均不适用完全赔偿原则。④ 亦有学者指出,管理人能够向受益人主张的损害填补并非侵权所导致的赔偿责任,而是基于分担损害后果所引起的补偿。⑤ 笔者认为,针对无因管理中的损害赔偿方式之确定,仍应在前文所述两个维度下加以判断,《民法典》第 121 条中的"必要费用"应当包含损害赔偿费用,此处的"必要费用之偿还",包括全部赔偿与部分赔偿两种情形,《民法典》第 183 条以及第 979 条规定的"适当补偿"则为赔偿数额之具体确定。在不构成紧急救助的情况下,"适当补偿"应当解释为受益人对管理人进行不超过其实际损害的赔偿;而对于紧急救助下的无因管理,由于情况紧急,管理人来不及进行细致思考,其行为出发点是为了保护受益人的权益,倘若无法向受益人主张损害赔偿,则与人们一般的公平理念相悖⑥,此时成立一般情形下的损害赔偿,应当对"适当补偿"进行扩大解释,足额补偿亦可为适当补偿的一部分,

---

① 杨立新主编:《中华人民共和国民法总则要义与案例解读》,中国法制出版社 2017 年版,第 448 页;李宇:《民法总则要义:规范释论与判例集注》,法律出版社 2017 年版,第 376 页。
② 关涛:《救助他人行为的私法构造》,载《法学》2017 年第 9 期。
③ 吴训祥:《论无因管理本人的偿还义务——兼论〈民法总则〉第 183 条第 2 句的适用问题》,载《法学家》2019 年第 2 期。
④ 参见缪宇:《论被救助者对见义勇为者所受损害的赔偿义务》,载《法学家》2016 年第 2 期。
⑤ 蒋言:《无因管理价值基础的体系化与制度阐释》,载《法律科学》2020 年第 6 期。
⑥ Christian Wollschläger, Die Geschäftsführung ohne Auftrag, Berlin: Duncker & Humblot, 1976, S. 26.

受益人应当对管理人全部赔偿。

四、不当得利中的恢复原状

《民法典》第 986 条、第 987 条为不当得利制度的一般条款。根据这两条,可以将不当得利之返还根据得利人是否知情以及获得的利益是否存在,分为两个维度加以阐述:当得利人不知情时,若所得利益存在,得利人之获益,受害人得依不当得利制度要求其返还所受利益;若所得利益已不存在,或是所得利益部分存在,得利人不承担返还利益的义务。当得利人知情时,如其所获利益存在则受害人同样可要求得利人返还利益。从完整利益的角度来看,只要受害人的权益变动使其权益的完整状态受损,其应当认定受有损害,有损害就有损害赔偿。在得利人知情的情形下,受害人完整利益受到损害无须争辩,而其所负的返还现存利益之义务,仍可视为对受害人完整利益之弥补,因此宜将其归于恢复原状之范畴。事实上无论是原物返还、同类物返还、折价返还还是替代返还,均可归于恢复原状范畴。①

另一个值得注意的问题是,第 987 条中的"赔偿损失"应当如何理解?应当将其归于金钱赔偿还是恢复原状?此处的赔偿损失应当理解为所获利益不存在或所获利益部分存在的情形下对受害人的救济方式。恶意得利人返还得利后受害人仍有损失的,能否成立损害赔偿?德国、瑞士立法均认为受领人既为恶意,即足以构成侵权行为,无妨依侵权行为请求损害赔偿,故未设此制度。② 此种理解无疑是将不当得利制度作为辅助性制度看待。在此种理解下,不当得利请求权无法与其他请求权竞合,法国立法便采此例,其目的在于防止不当得利返还请求权适用范围的扩大,致使其他制度丧失其规范机能。③ 笔者认同不当得利请求权的独立性,从《民法典》相关规定来看,凡是没有法律依据的利益变动均可由不当得利制度调整,因此不论得利人的行为是否满足侵权行为的成立要件,其行为均可在不当得利制度之下单独评价。当恶意得利人获得利益而受害人受有损害时,若得利人返还利益后受害人仍然受有损害,此种损害源于无法律依据之权益变动——此种权益变动无疑造成了受害人完整利益之损害,故对于受害人应当以恢复原状的方式予以救济。而在多数情况下,此种损害同时表现为对完整利益以及价值利益之侵害,此时应当考虑恢复原状是否可能,虽然利益已完全或部分不存在,但只需将此利益的替代物如保险金、补偿金以及孳息返还,对仍有损失的部分以金钱赔偿,受害人的完整利益即得以恢复原状,此处的金钱赔偿应当认定为支

---

① 参见王枫:《民事救济中恢复原状之辨》,载《武汉大学学报(哲学社会科学版)》2012 年第 4 期。
② 胡长清:《中国民法债篇总论》,商务印书馆 1935 年版,第 116 页。
③ 崔建远:《不当得利规则的细化及其解释》,载《现代法学》2020 年第 3 期。

付恢复原状的费用以代恢复原状;而在部分仅成立完整利益之损害的情形,例如得利人获得的具有人格象征意义的特定纪念物品不存在时,仅能请求精神损害赔偿,而精神损害赔偿正如前文所述应当归于恢复原状之范畴;因此将不当得利之损害赔偿方式纳入恢复原状范畴,有利于充分发挥恢复原状的概括性功能。

第四节 侵权责任中的恢复原状

一、侵害财产权之恢复原状

（一）侵害物权之恢复原状

对于物权之侵害,《民法典》第179条、第462条(《物权法》第245条)、第1167条(《侵权责任法》第21条)提供了四种责任形式予以救济,即停止侵害、排除妨碍、消除危险和返还财产。这四种责任形式是否属于恢复原状的范畴？若答案为是,为何将其与恢复原状并列？从《民法典》物权编第三章之物权保护相关内容可以看出,当受害人的财物被无权占有时,可请求返还原物；当受害人的物权被妨害或可能被妨害时,可以请求停止侵害、排除妨害或者消除危险。《民法典》第238条值得注意,当行为人侵害物权,造成权利人损害时,权利人可以请求损害赔偿或要求责任人承担其他责任。这些责任形式,对应的是《民法典》第179条中的停止侵害、排除妨碍、消除危险、返还财产以及恢复原状。要理解它们之间的关系,须从物上请求权与侵权责任的竞合入手。

《民法典》第179条规定了11种侵权责任形式,前四种针对的是物权受侵害的情形。在行为人无权占有受害人财物、受害人的物权被他人妨害或是可能被他人妨害的情形下,物上请求权与基于债权请求权之间的竞合产生。受害人若想返还财产、消除危险、排除妨害,既可以通过行使其物上请求权,亦可要求行为人承担侵权责任。有学者认为从形式上看,此种立法模式下的法律赋予受妨害的权利人在这两种性质的救济手段之间进行选择的权利,让他根据自己的实际情况作出最佳的判断。但实质上,这是对侵权责任方式在适用上的限制。① 究其原因,物上请求权的行使相较于侵权责任的成立便捷太多,它不需要侵权行为的存在,亦不需要行为人具有过错,也不要求损害后果,这大大降低了对受害人的证据要求。同时基于《民法典》第237条(《物权法》第36条),部分学者认为在侵害绝对权的情形下,物上请求权与侵权责

---

① 李承亮:《损害赔偿与民事责任》,载《法学研究》2009年第3期。

任只是部分竞合的关系①,因为物上请求权之形式不以"造成权利人损害"为前提,而侵权责任的成立则相反。有学者认为,《民法典》第 179 条前四种为物上请求权,并非一般规则,它们仅能在物权领域适用,而将它们罗列在代表民事责任形式的一般规则中,无疑是对损害赔偿适用范围的进一步压缩。②实践中亦有法官认为当侵害物权的行为存在但并未造成受害人财产损害时,不能适用恢复原状。如在一则案例中,法官认为"张存有并未提供相应的证据证实张锁红的行为给其造成了侵害,从客观上来讲,张锁红的行为亦未给张存有造成任何损害,故对张存有的诉讼请求予以驳回"③。无论对恢复原状作狭义还是广义理解,返还原物属于恢复原状的表现形式无可辩驳,但侵害物权未造成受害人财产损害的情形下不得适用恢复原状这一责任形式,未免矛盾。有学者为了缓和这一矛盾,将恢复原状的内涵予以扩张,认为恢复原状请求权兼具物权请求权与损害赔偿请求权的双重属性。④

这种观点值得商榷。侵害物权,权利人所受损害并非因物权受损害而派生之损害,权利人的财物被无权占有、权利人的物权被妨害,这本身即为一种损害,仍属于损害赔偿法的调整范围;因此,恢复原状之适用便无障碍,无须将其内涵扩张于损害赔偿之外。在恢复原状主义立法下,对完整利益之侵害即为损害,应当以恢复原状之方式予以填补。《德国民法典》第 823 条第 1 款所表达的就是这一理念。事实上,返还财产、消除危险以及排除妨害,均为恢复原状主义中的恢复原状所涵盖。我国立法针对不同的侵权行为规定了不同的侵权责任形式,这一点在《民法通则》第 106 条与《侵权责任法》第 19 条已有所表现;《民法典》第 179 条是对此传统的继承,但并不影响这些责任形式实属恢复原状范畴这一事实。当受害人的物品被侵夺,返还财产可以作为恢复原状的表现形式。当受害人遭受侵害时,为使其权益恢复原貌,请求停止侵害是必经的过程,停止侵害包含于恢复原状之内涵亦无疑义。当受害人的物权遭受妨害或者可能遭受妨害时,受害人所处的状态即为一种损害,对其权益原貌之恢复,自然是排除妨害或者消除危险。这四种责任形式,均可视作对受害人权益之原貌以及生活状态之恢复,也即对完整利益之恢复,因此将其归于恢复原状的范畴并无问题。在一些案例中,法官并未适用上述保护物权的四种具体责任形式,而是径行适用恢复原状这一责任形式对受害人之受侵害的物权予以救济,此时对于恢复原状,应当理解为广义上的恢复原状。例如:"建筑物区分所有权纠纷中,业主之一将建筑物共用部分占为己

---

① 张新宝:《侵权责任法原理》,中国人民大学出版社 2005 年版,第 532 页。
② 周友军:《我国侵权责任形式的反思》,载《法学杂志》2009 年第 3 期。
③ 甘肃省庆阳市西峰区人民法院(2012)庆西民初字第 1371 号民事判决书;甘肃省庆阳市(地区)中级人民法院(2013)庆中民终字第 200 号民事判决书。
④ 崔建远:《不当得利规则的细化及其解释》,载《现代法学》2020 年第 3 期。

用,并影响到其他共有业主生活的,违反了上述法律关于共有部分的规定,侵犯了其他共有业主的权利,因此,其他业主可依法要求该业主恢复原状。"① 司法实践中这些将恢复原状作广义解释的判决,是向恢复原状主义回归的努力。

在《民法典》七编制体例之下,总则编依旧很好地发挥着其"提取公因式"之作用,盖因第179条规定的前四种责任形式在运用于物权领域与侵权领域时有不同的适用路径,这四种责任形式在不同领域内具备不同的内涵。当行为人侵害物权,但无法构成侵权责任时,受害人可请求行为人停止侵害、排除妨碍、消除危险和返还财产;这一请求权为物上请求权的形态,亦是民事责任之不同形式,此时这四种责任形式应当与作为损害赔偿方式的恢复原状并列。当行为人存在过错、其行为构成侵权行为时,受害人可要求损害赔偿以恢复其权益之原貌,此时停止侵害、排除妨碍、消除危险和返还财产均为恢复原状这一损害赔偿方式的具体表现形式。

(二) 侵害知识产权之恢复原状

对于侵害知识产权的法律责任,《民法典》仅在第1185条规定了故意侵害知识产权的惩罚性赔偿,其他法律责任则分散于《著作权法》《商标法》《专利法》等法律法规中。由于知识产权易受侵害,防范不易,其所受侵害的损失难以查知认定,因此有特别保护的必要。②《民法典》第1185条规定的惩罚性赔偿,正是这一观念的表现。我国立法中对于侵犯知识产权之救济,均规定了数种计算方式,以《专利法》第71条为例,侵犯专利权的赔偿数额,应当遵循受害人的实际损失—侵权人所获利益—专利许可使用费的一定倍数—法院酌定的顺序予以确定。王泽鉴认为惩罚性损害赔偿系附属于填补性损害赔偿的概念。③ 按此理解,恢复原状作为填补性损害赔偿方式的下位概念,惩罚性损害赔偿不会归于恢复原状或是金钱赔偿之范畴。在此种理念之下,我国惩罚性赔偿之规定的设立仅为解决各自领域的不同问题,具体条文散见于不同法律部门,没有过多考虑法条间的协调,相互间虽有借鉴,但仍是各自为政,解决之道是构建"一般规定+特别规定"的法律适用公式。④ 笔者认为,惩罚性损害赔偿虽然是填补性损害赔偿之例外,但是损害在惩罚性损害赔偿中仍然承担着启动赔偿和确定赔偿额度的功能,只是确定赔偿额度的功能在弱化,不再直接决定赔偿额,需要和法律规定的系数共同确定赔偿

---

① 广东省佛山市中级人民法院(2009)佛中法民五终字第430号民事判决书;江苏省镇江市中级人民法院(2008)镇民一终字第593号民事判决书;北京市第二中级人民法院(2003)二中民终字第05574号民事判决书。
② 王泽鉴:《损害赔偿》,北京大学出版社2017年版,第380页。
③ 同上书,第359页。
④ 张红:《侵权责任之惩罚性赔偿》,载《武汉大学学报(哲学社会科学版)》2020年第1期。

金。损害的救济方式之确定以及针对损害的赔偿数额是两个不同的问题。对于知识产权之侵害,无论是惩罚性损害赔偿金,抑或是数种不同的计算方式,其实均为具体损害赔偿数额之计算问题,而与损害赔偿方式无关。惩罚性赔偿可视作恢复原状或是金钱赔偿的特殊形态。在此理解的基础上,《民法典》第179条规定的"法律规定惩罚性赔偿的,依照其规定"可视作一般条款,我国惩罚性赔偿"一般规定+特别规定"的法律适用公式已然具备。

知识产权为受害人完整权益的一部分,侵害知识产权不仅会造成受害人的财产损失,亦会对其商誉、名誉等人格利益造成影响,因此在我国立法对知识产权的保护中,停止侵害、消除影响以及赔礼道歉均为重要部分,而这三种责任形式实为恢复原状的具体表现形式。而对于赔偿损失之方式,其欲救济者,为受害人因知识产权之侵害行为所受的财产损失,此类经济损失既可理解为完整利益之损害,亦可理解为价值利益之损害。根据前文所述的两个维度加以判断,在知识产权受到侵害的情形下,受害人的权益状态之完整自然受到了侵害,受害人受到的财产损失实为其知识产权受侵害这一损害派生的损害。在侵权人承担停止侵害、消除影响以及赔礼道歉的责任之后,其受侵害的知识产权已经接近于恢复原状,而因此产生的财产损失同样可以恢复原状——只需侵权人赔偿与受害人因此遭受的财产损失相当的金钱即可,故将此处的赔偿损失归入恢复原状之范畴自无问题。同时,考虑到另外几种责任形式均属于恢复原状之范畴,以及恢复原状主义下恢复原状在适用上的优先性,此处的赔偿损失,归于恢复原状,可充分发挥恢复原状之概括性功能,从而删繁就简。

二、侵害人格权、身份权之恢复原状

(一)侵害物质性人格权之恢复原状

物质性人格权包括生命权、身体权和健康权。对于侵害生命权、身体权和健康权之损害赔偿,《民法典》第1179条(《侵权责任法》第16条)规定了诸如医疗费、护理费、残疾赔偿金、死亡赔偿金等具体赔偿项目,类似规定见诸《国家赔偿法》第34条、《消费者权益保护法》第49条、《医疗事故处理条例》第50条等。医疗费类似于物被损坏时的修理费,意在消除人身上的损伤,恢复人身之健康与完整,应属于恢复原状之费用,并且不得因治疗花费过巨而拒绝恢复原状。① 残疾赔偿金应是对劳动能力丧失的赔偿,死亡赔偿金则是对被扶养人财产损害的赔偿。② 死亡赔偿金与残疾赔偿金均为对价值

---

① 王泽鉴:《损害赔偿》,北京大学出版社2017年版,第126页。
② 全国人大常委会法制工作委员会民法室编:《〈中华人民共和国侵权责任法〉条文说明、立法理由及相关规定》,北京大学出版社2010年版,第60—61页。

利益之填补,应当将其归于金钱赔偿。无论是受害人劳动能力之丧失,抑或是生命的失去,均已无法恢复原状,因此仅能以金钱赔偿予以弥补。对于其他赔偿项目,填补的亦是受害人价值利益之损失,归入金钱赔偿之范畴自无疑义。

(二)侵害精神性人格权之恢复原状

精神性人格权包括姓名权、肖像权、名誉权、荣誉权和隐私权等,对于此等人格权侵害之恢复原状,《民法典》第179条提供了三种责任形式予以救济,即赔礼道歉、消除影响以及恢复名誉。有认为《德国民法典》没有完整的用非金钱赔偿的方式保护人格权的民事责任方式。[1] 笔者认为,《德国民法典》没有规定赔礼道歉、消除影响以及恢复名誉这三种责任形式,但其第249条已经赋予恢复原状以损害赔偿之原则的地位。损害赔偿之目的为恢复受害人权益之原貌,无论是财产损害抑或是非财产损害如人格权之侵害,以恢复原状这一方式救济便足矣,不必再针对人格权之侵害规定另外的损害赔偿方式。以非金钱赔偿方式保护人格权的赔礼道歉、消除影响与恢复名誉等责任形式,同样可以归于恢复原状。消除影响、恢复名誉作为恢复原状的手段,通过一定的方式消除对受害人名誉上不利的影响,其目的是使被侵害的名誉得到恢复。受害人名誉上受有损害,其人格权受到侵害,其生活之实际状态亦受到影响,也即完整利益遭受损害。恢复原状之目的是重建受害人权益之原貌,填补其完整利益之损害,使其仿佛未受损害一样。

有学者认为赔礼道歉这一责任形式只能部分归于恢复原状的范畴,因其除了恢复受害人的名誉损害之外,兼具对行为人的惩罚效果,这一特性超出了作为损害赔偿之基本原则的损害填补原则。[2] 笔者认为并非如此,无论是恢复原状还是金钱赔偿,其目的都是将对受害人造成的损害恢复到损害发生前的状态。[3] 在多数情形下,使加害人履行必要的人身责任,并使其良心深受谴责,是受害人名誉得以恢复正常的必要途径。[4] 从比较法来看,中国和加拿大明确规定赔礼道歉作为民事责任;日本、韩国等民法规定"恢复名誉之适当处分";德国有强令刊登撤回不实陈述的做法,也是一种程度轻微的道歉。在英美国家,法院虽不得强令赔礼道歉,但如赔礼道歉,则可减轻赔偿责任。由此可见,赔礼道歉作为一项法律责任,在用于人格损害之救济上,具

---

[1] 张新宝:《侵权责任立法研究》,中国人民大学出版社2009年版,第538页。
[2] 李承亮:《损害赔偿与民事责任》,载《法学研究》2009年第3期。
[3] Josef Esser, Eike Schmidt, Schuldrecht Bd I, 7. Aufl., Heidelberg: C. F. Müller, 1993, S. 158.
[4] 参见张红:《不表意自由与人格权保护——以赔礼道歉民事责任为中心》,载《中国社会科学》2013年第7期。

有相当的比较法上的共性,其在损害赔偿和纠纷解决中的积极作用应予肯定。① 非财产损害应该用非财产赔偿的方式解决,其路径在于扩大解释恢复原状的适用范围,赔礼道歉责任属非财产性之恢复原状赔偿方式并无问题。

《民法典》第 995 条规定,人格权受到侵害的,受害人有权依照本法和其他法律的规定请求行为人承担民事责任。受害人的停止侵害、排除妨碍、消除危险、消除影响、恢复名誉、赔礼道歉请求权,不适用诉讼时效的规定。人格权是绝对权,只要权利人对其人格利益的圆满支配状态受到了不法侵害,都有权提出相关请求,以恢复此种圆满支配状态;权利人在提出此种请求时,不以行为人的行为构成侵权为前提。②《民法典》第 995 条是第 179 条在人格权领域的具体表现方式。对于这些侵害人格权的责任形式之理解,可以参照前文所述侵害物权的责任形式。《民法典》第 179 条规定的赔礼道歉、消除影响以及恢复名誉作为独立的责任形式时,适用于行为人侵害人格权但不构成侵权的情形;当行为人的行为构成侵权,受害人即可径行请求损害赔偿,此时赔礼道歉、消除影响以及恢复名誉即为恢复原状这一损害赔偿方式的具体表现形式。基于此,《民法典》第 179 条将赔礼道歉、消除影响以及恢复名誉与恢复原状加以并列,才能实现逻辑自洽,不显累赘。

(三) 国家赔偿情形下的恢复原状

在人格权受侵害的场合,有一个特殊问题,即国家赔偿的问题。国家赔偿法与侵权法之间的关系应当存在部分重合,若否认这一点,对于一些受害人本可通过民事侵权途径得到的救济,在国家赔偿途径下反而无法获取。③ 虽然国家赔偿的原因是公权力的行使,但其重点内容应当是损害赔偿的内容,与公权力的性质无涉,故国家赔偿应属于私法上的侵权损害赔偿。④《国家赔偿法》中有关损害赔偿的条文,亦是我国损害赔偿法的组成部分。

《国家赔偿法》第 32 条虽然指出了金钱赔偿作为国家赔偿的主要方式这一事实,但其第 2 款在事实上肯定了恢复原状的优先地位。《国家赔偿法》第 36 条也规定恢复原状作为损害赔偿的方式具备优先性,且当恢复原状处于不能时,以金钱赔偿填补损害。国家赔偿以金钱赔偿为主要形式,并非其占据优先地位,其所欲填补者,主要是受害人因国家机关误判等情形处于被关押期间的人身自由。此时仍应从前文所述的两个维度加以判断,此种损

---

① 张红:《不表意自由与人格权保护——以赔礼道歉民事责任为中心》,载《中国社会科学》2013 年第 7 期。
② 王利明:《论人格权请求权与侵权损害赔偿请求权的分离》,载《中国法学》2019 年第 1 期。
③ 参见江必新:《国家赔偿与民事侵权赔偿关系之再认识——兼论国家赔偿中侵权责任法的适用》,载《法制与社会发展》2013 年第 1 期。
④ 马怀德:《国家赔偿法的理论与实务》,中国法制出版社 1994 年版,第 59 页。

害非属于财产上的损害,亦不属于价值利益之损失;但赔偿之时,受害人于该段期间内的人身自由已无法恢复原状,因此国家赔偿中对于人身自由的赔偿应当归于金钱赔偿的范畴。在国家赔偿领域,恢复原状则主要表现为对受害人被扣押的财物之返还以及对其名誉的恢复。

(四) 侵害身份权之恢复原状

因婚姻受侵害产生的损害赔偿,见于《民法典》第1054条(《婚姻法》第12条)婚姻无效之损害赔偿以及第1091条(《婚姻法》第46条)离婚之损害赔偿。在笔者所搜集的婚姻无效以及离婚损害赔偿的案例中,受害人或以配偶权、知情权等身份权益受侵害为由主张损害赔偿①,或以身体、尊严等人格权益受侵害为由主张损害赔偿②,这些都是精神损害赔偿。对于身份权益或人格权之侵害,难认受害人价值利益受到损害,而属于完整利益之损害,且此类损害并非恢复不能,因此对受害人之填补方式,均属于恢复原状的范畴,司法实践中其主要赔偿形式为精神损害赔偿金,亦是佐证。

因继承权受侵害产生的损害赔偿,见于我国《民法典》第1148条关于遗产管理人责任的规定。除此之外学界亦有关于继承权受侵害后损害赔偿的讨论。③ 对于遗产管理人因故意或者重大过失造成继承人、受遗赠人、债权人损害的情形,其实可以适用违约情形下或是侵权情形下的损害赔偿责任。继承权分为继承期待权以及继承既得权,对于继承期待权,其实质为期待利益;对于继承既得权,其实质为遗产的所有权。对于继承权之侵害,有多种救济方式,分别为继承回复请求权、物权请求权以及侵权请求权多种。继承回复请求权针对的是继承期待权之侵害,期待利益属于受害人完整权益状态的一部分,且其恢复原状的方式较为简单——使得继承人能够正常行使其继承权即可。继承回复请求权实质上是一种特殊的恢复原状请求权。④ 继承回复请求权应当归于恢复原状的范畴。对于继承既得权之侵害,实际上属于对物权或是人身权之侵害,对于此类损害之弥补,参照前文关于物权受侵害情形以及人身权受侵害情形下的损害赔偿方式予以确认。

---

① 上海市第一中级人民法院(2010)沪一中刑初字第135号民事判决书;新疆维吾尔自治区石河子市人民法院(2001)石民初字第810号民事判决书;江西省南昌市中级人民法院(2017)赣01民终1049号民事判决书;"周某诉张某离婚后损害责任纠纷案",载最高人民法院公布49起婚姻家庭纠纷典型案例之十二。
② 山东省成武县人民法院(2008)成民初字第262号民事判决书;河南省驻马店市中级人民法院(2012)驻民三终字第00657号民事判决书。
③ 参见章正璋:《继承权法律保护的六个疑难问题探析》,载《现代法学》2012年第4期;牟延林、吴安新:《继承权应属于侵权法的保护对象》,载《天津商学院学报》2001年第3期。
④ 史尚宽:《继承法论》,中国政法大学出版社2000年版,第119—131页。

三、环境污染和生态破坏之恢复原状

环境污染和生态破坏涉及的不仅有私益领域的侵权责任,还有公益领域中的环境修复责任。有学者指出环境侵权包含以下要素:第一,行为人实施了环境侵权行为;第二,行为人的行为造成了环境公害;第三,环境公害造成了他人的人身、财产损害。[①] 针对第三点,《民法典》第1229条(《侵权责任法》第65条)保护的是受害人私益,也即受害人因环境污染导致其自身的人身权益或财产权益受损的问题;而1232条则重在保护环境公益,针对的是第二点,也即当行为人的行为造成环境污染时,环境污染本身即为一种损害,对于此种损害,行为人应当承担损害赔偿的后果。受害人私益之侵害问题实际上可以归于人身权、财产权之侵害,此类损害赔偿可归于恢复原状以及金钱赔偿之范畴。例如行为人因污染环境造成受害人感染疾病时,行为人承担的受害人医疗费,应当归于恢复原状范畴;而当受害人因环境污染而致残或致死时,行为人支付的死亡赔偿金或残疾赔偿金,应当归于金钱赔偿范畴。

而对于环境侵权破坏环境公益造成的环境污染之责任,应当如何理解?《环境保护法》第61条、《海洋环境保护法》第82条以及法释[2015]12号(2020修正)第13条、第14条均对此类责任作出了规定。根据这些规定,恢复原状应当作为破坏环境公益的主要责任承担方式。对于以补救损害为目的的恢复原状之责任承担方式能否救济公益,学界存在不同的观点。部分学者认为恢复原状责任承担方式能救济公益[②],另一部分学者则认为恢复原状不同于生态环境修复,不能完全救济社会公共利益。[③] 其实此种争论是基于我国立法采狭义恢复原状解释之故,若将我国立法中的恢复原状作广义解释从而向恢复原状主义回归,此种争论将不复存在。恢复原状之本质是恢复受损害权利法益的原来状态,以此赔偿权利人的损失,而不仅仅是简单通过财产数额来赔偿受损事实。[④] 环境损害并非单纯可用金钱加以衡量的损害,其所侵害的,更多意义上是受害人的正常生活状态以及完整权益之状态。例如行为人污染环境造成受害人门前河流污染,虽未造成受害人人身损害,亦难认定其财产受有损害,但受害人的正常生活秩序确实遭受了损害,此种损害即为其完整利益之损害。

在笔者检索到的环境侵权案例中,法院对于受害人恢复原状的诉求不予支持的理由主要集中在以下几点:受害人因环境污染造成的人身损害以及财

---

① 侯佳儒:《中国环境侵权责任法基本问题研究》,北京大学出版社2014年版,第204页。
② 张新宝、庄超:《扩张与强化:环境侵权责任的综合适用》,载《中国社会科学》2014年第3期。
③ 吕忠梅:《"生态环境损害赔偿"的法律辨析》,载《法学论坛》2017年第3期。
④ 曾世雄:《损害赔偿法原理》,中国政法大学出版社2001年版,第148页。

产损害已获赔偿,对于环境损害不应再度请求赔偿①;行为人已经停止环境侵权行为②;损害难以确定③;恢复原状具有一定困难④。持此种观点的法官其实并未理解恢复原状与完整利益之关系,环境损害系受害人完整利益之损害,其本身即为损害,以受害人因环境污染遭受的人身损害及财产损害已获赔为由驳回受害人恢复原状的请求,系对损害的概念认识不清;以行为人停止环境侵权为由驳回恢复原状的请求,系对环境侵权行为之特征认识不清。因污染行为造成的环境权受损,其损害首先反映在生态环境上,但环境对人的影响存在间接性和滞后性,如果在人和动物受到损害之后再判断环境受损的情况,此时生态环境的损害大部分已达到严重损害的程度。最高人民法院在一则指导案例中表达了这一意思,谓"环境侵权的损害不同于一般的人身损害和财产损害,对侵权行为人承担的侵权责任有其独特的要求。由于环境侵权是通过环境这一媒介侵害到一定地区不特定的多数人的人身、财产权益,而且一旦出现可用计量方法反映的损害,其后果往往已无法弥补和消除,因此在环境侵权中,侵权行为人实施了污染环境的行为,即使还未出现可计量的损害后果,也应承担相应的侵权责任"⑤。以损害难以确定为由驳回请求,是将损害赔偿之方式与损害赔偿数额之算定混为一谈。环境损害之范围确实难以确定,但这是损害赔偿数额之计算问题,可通过一系列科学合理的方式加以确定,而损害赔偿之方式的确定系侵权人的责任确定的问题,因数额难以计算而免去侵权人本应承担的责任,实为对侵权行为过于宽容。至于恢复原状有一定的困难时应否恢复原状的选择,正如笔者前文"窑洞案"所述,在恢复原状主义立法下,当恢复原状具备一定困难但并非恢复不能时,出于对完整利益保护之目的,亦应当支持恢复原状之适用。最高人民法院以及最高人民检察院发布的指导案例⑥均表达了这一理念。

  在恢复原状主义立法下,恢复原状作为损害赔偿方式因其概括性与兜底性之特征在适用于环境侵权领域时具备独特的优势。我国立法将恢复原状作为环境侵权的主要责任形式,加之最高人民法院在指导案例中的确认,在环境侵权领域中,恢复原状这一责任形式已经具备恢复原状主义的特征。对于环境侵权之责任,不同的赔偿形式分别归于恢复原状以及金钱赔偿之范畴。正如一则判决所指出的:"《侵权责任法》第15条将恢复原状、赔偿损失

---

① 云南省文山壮族苗族自治州中级人民法院(2014)文中民一初字第24号民事判决书;北京市第三中级人民法院(2017)京03民初177号民事判决书。
② 广东省深圳市福田区人民法院(2015)深福法民一初字第583号民事判决书;广东省佛山市南海区人民法院(2016)粤0605民初18081号民事判决书。
③ 安徽省繁昌县人民法院(2018)皖0222民初1173号民事判决书。
④ 西安铁路运输中级法院(2017)陕71民初4号民事判决书。
⑤ 重庆市江津区(县)人民法院(2018)渝0116民初6093号民事判决书。
⑥ 山东省德州地区(市)中级人民法院(2015)德中环公民初字第1号民事判决书;江苏省常州市中级人民法院(2015)常环公民初字第1号民事判决书。

确定为承担责任的方式。环境修复费用、生态环境服务功能损失、评估费等均为恢复原状、赔偿损失等法律责任的具体表现形式。"①

第五节 向恢复原状主义回归

一、民法典内

虽然《民法典》第七编侵权责任编第二章单章设置了损害赔偿,但在民法体系中,损害赔偿法从来都不局限于侵权法领域,对该章的解释适用具有很强的体系效应。《民法典》中出现损害赔偿共 15 次,除开损害赔偿一章,还出现于总则编 191 条,物权编第 220 条、第 238 条、第 311 条、第 312 条、第 389 条、第 462 条,合同编第 691 条,人格权编第 996 条以及婚姻家庭编第 1054 条、第 1091 条。

在《民法典》七编制之立法模式中,侵权责任编为大民事责任编,其相关规定也可适用于除侵权民事关系以外的其他领域。传统民法上损害赔偿法总则之内容分布于《民法典》各处,根据上文所述,损害赔偿之方法规定于第 179 条,损害赔偿请求权之让与规定于合同编第 547 条至第 556 条,与有过失规定于第 157 条、合同编第 592 条以及侵权责任编第 1173 条,损害赔偿之范围规定于合同编第 584 条以及侵权责任编第 1182 条。此种立法模式看似较为松散,但实际上服务于《民法典》七编制之体系。以《民法典》第 468 条为例,在《民法典》体系之下,合同编仍具备债法总则之地位,因此损害赔偿请求权之让与实质上就是债权让与,将其详细规则规定于合同编,以统领合同与侵权领域内并无区别的债权让与规则并无不妥。同理,与有过失虽然同样发生于债法领域,但其在合同领域以及侵权领域内有着不同的形态,前者表现为双方对合同约定的违反,后者表现为双方对法律规定的违反;因此须在合同编以及侵权责任编分别加以规定,并将两部分规定抽象化,吸收于总则编,亦符合我国《民法典》的体系编纂思路。

民事责任之内涵大于损害赔偿之内涵,《民法典》第 179 条规定的是整个民事法律体系内的责任问题,而作为损害赔偿方式的恢复原状以及金钱赔偿(赔偿损失)均被吸收于此。我国《民法典》将各种特殊的责任形式从分则中吸收进总则,第 179 条规定的十一种责任形式,除恢复原状以及赔偿损失之外,均发挥着双重作用,一方面它们可以作为分则中民事责任的具体形式,另一方面又可作为损害赔偿方式的具体表现形式。《民法典》第 179 条规定的"合并适用",系恢复原状及金钱赔偿以外的责任形式的适用规则。这样设置之目的是加强总则编"提取公因式"之效果。在此种理解之上,我国损

---

① 江苏省高级人民法院(2018)苏民终 1316 号民事判决书。

害赔偿法并不缺乏总则之内容,而是为了服务于《民法典》七编制之体系分散于各编之中,无形式意义上的损害赔偿法,而有实质意义上的损害赔偿法,且具备传统民法上损害赔偿法总则之效果的损害赔偿法总则。我国损害赔偿立法接近于德国立法模式,恢复原状主义之回归从体系上来说并无障碍。

但我国损害赔偿法仍缺乏统领全局的、赋予恢复原状以原则性以及优先性地位的条文,如损害赔偿金之酌减等规定仍有缺失,对此可以司法解释加以解决。向恢复原状主义回归,在损害赔偿法"形散神不散"的情形下,可以通过司法解释解决问题。最高人民法院可针对损害赔偿出台专项司法解释,指明恢复原状之优先性地位,将恢复原状作广义解释,以示我国损害赔偿法保护完整利益;在损害赔偿方式上,将《民法典》第179条以及其他类似条文中的其他责任形式纳入恢复原状之范畴,充分发挥恢复原状之概括性与兜底性之功能,可更好地实现向恢复原状主义之回归。在关注完整利益的前提之下向恢复原状主义回归,使我国立法中的恢复原状发挥概括性与兜底性功能,能有效解决我国损害赔偿法中体系混乱、恢复原状内涵不明等问题,亦可消除争端,为司法实践提供明确的指导,使得贬值损失可赔性之争等问题得到妥善解决。

二、民法典外

形式上的民法是指民法典,但实质上民法范围要包括存在于民法典之外的民法规范。有关损害赔偿、恢复原状的规范当然是实质上的民法规范。在民法典之外的其他法律中,存在一个庞大的有关恢复原状的规范群。在向恢复原状主义回归的体系解释效应之下,应对民法典之外的恢复原状条款解释适用做一并考虑。民法典之外的有关恢复原状体系化,大致可以分为三类。

(一)含优先性特征的"恢复原状"

优先性为恢复原状主义之本质,其形式是恢复原状具有适用上的优先性,其实质是对完整利益之关注与保护。此类恢复原状包括《国家赔偿法》第32条、第36条第3项,《农业法》第90条,《森林法实施条例》第41条,法释[2018]6号(2020修正)第18条等。在此类条款中,恢复原状或是作为损害赔偿的方式得以优先适用,或是为唯一的损害赔偿方式。对于此类条款中的恢复原状,因其符合恢复原状主义之形式特征,采其文义解释即可。

(二)含概括性或兜底性特征的"恢复原状"

概括性与兜底性为恢复原状主义之特征,拥有此类特征但不具备优先性的恢复原状,应当认为具备部分恢复原状主义意蕴。此类恢复原状包括《产品质量法》第44条,《环境影响评价法》第31条,《电力法》第68条,《国家情报法》第 17 条,《气象法》第 35 条,《道路交通安全法》第 104 条,《农作物病虫害防治条例》第 40 条,《历史文化名城名镇名村保护条例》第 41 条、第 43 条、第 44 条,法释[2009]11 号(2020 修正)第 13 条①等。在此类条款中,恢复原状或是作为概括型责任形式加以规定,或是作为兜底型责任形式加以规定,抑或是与赔偿损失并列加以规定。在这些条款中,恢复原状具备部分恢复原状主义的特征,部分表现出概括性与兜底性,部分与赔偿损失并列,但并无优先性之规定。

值得注意的是此类条款中,有部分是诸如"由市、县人民政府城乡规划主管部门责令停止违法行为、限期恢复原状或者采取其他补救措施"之类的表述,对于此类条款中规定的恢复原状之责任性质是否属于民事责任,学界有不同的观点。有学者认为此类责任为救济型行政处罚,"对于权利受损害者来说,此为一种救济措施"②;有学者认为此为申诫型行政处罚,"这种行为对于当事人来说具有非难性,影响当事人的名誉"③;亦有学者认为此为相对性行政处罚,"责令恢复与赔偿就是相对性行政处罚"④。综合来看,认其为行政处罚的观点为大多数。笔者认为,此类条款的内容虽为行政主体责令相对人为一定的行为,但其行为内容多为民法中相关责任或者责任的具体化,其实质为行政主体责令为一定的民事行为。此类条款中的损害赔偿方式亦是我国损害赔偿法的组成部分。对于此类条款,应当在肯认其概括性与兜底性的前提下作符合恢复原状主义之要求的解释。

(三) 狭义的"恢复原状"

此类恢复原状包括《农村土地承包法》第 54 条,《最高人民法院关于审理海洋自然资源与生态环境损害赔偿纠纷案件若干问题的规定》第 6 条等。在此类条款中,恢复原状通常与停止侵害、排除妨碍、消除危险、赔礼道歉、赔偿损失等民事责任并列,其含义受到压缩。对于此类条款,如前文所述,将与恢复原状并列的责任形式解释为恢复原状之具体形态,亦可作出符合恢复原状主义之解释。

第六节 本章总结

相比于传统民法,我国立法中恢复原状的地位被弱化,不是损害赔偿最高指导原则,不具备损害赔偿主要方式的相应功能。在恢复原状主义模式

---

① 根据法释[2020]17 号作出的修订,现为《最高人民法院关于审理城镇房屋租赁合同纠纷案件具体应用法律若干问题的解释》第 11 条所规定。
② 江必新、周卫平:《行政程序法概论》,北京师范学院出版社 1991 年版,第 214 页。
③ 冯军:《行政处罚法新论》,中国检察出版社 2003 年版,第 119 页。
④ 汪永清:《行政处罚运作原理》,中国政法大学出版社 1994 年版,第 21 页。

下,恢复原状具备概括性与兜底性,在适用上具备诸多优势。损害赔偿方式的确定应从"欲弥补者究为完整利益还是价值利益"和"此种救济能否达成受害人完整权益状态恢复原状"两个维度加以判断。我国民事责任体系并非不能作恢复原状主义之解释,宜在关注完整利益之回复的理念下,对我国《民法典》第179条规定的责任形式以及其他条文有关损害赔偿之规定进行体系解释,使之成立由恢复原状与金钱赔偿所统领的损害赔偿方式。在我国整个民法体系上对损害赔偿法总则之内容进行梳理,从而发挥恢复原状之概括性与兜底性功能,从法解释上完成向传统民法上恢复原状主义之回归,实现我国民法典中恢复原状的再体系化。实质民法规范存在于民法典内外,在向恢复原状主义回归的体系解释效应之下,应对民法典之外的恢复原状条款作向恢复原状主义回归的体系解释,分为含优先性特征的恢复原状、含概括性或兜底性特征的恢复原状和狭义的恢复原状三种类型。

第四章　违反强制性规定之侵权责任构成

第一节　本章问题

在私法自治的民法场域,公法和私法的强制无所不在。私法自治与公法强制协力塑造法治。民法为调和自治与强制协力设定机制。在民法中引入适当的公法强制性规范可扩充民法法源,填补民法漏洞。当公法制裁难以保证法律的遵守和执行之时,需以私法制裁保证其法律制度之实效。①《民法典》总则编、物权编与合同编均设有强制性规定进入自身领域的机制,授权法官通过对强制性规定的解释,就合同效力、物权限制等作出适格的法律效果判断。《民法典》第114—116条(原《物权法》第2条、第5条)有关物权概念、客体、种类、内容的规定,为公法强制性规定介入物权体系提供了适法通道。《民法典》第205—210条,第214条、第215条(原《物权法》第2—10条,第14条、第15条)以及关于所有权的规定中,多处出现"由法律、行政法规规定"或隐含这一意思的表述。②《民法典》第143条、第153条(原《民法总则》第143条,《合同法》第52条)规定"违反法律、行政法规的强制性规定的民事法律行为无效。但是,该强制性规定不导致该民事法律行为无效的除外",这使得公法中未直接规定合同效力的强制性规定,可能经由此转介管道成为评价合同效力的依据。《民法典》第494条、第502条(原《合同法》第38条、第44条、第77条、第96条)均设定类似机制。③

但《民法典》侵权责任编未设定违反强制性规定构成侵权责任之机制,数量庞大、未直接规定侵权责任的强制性规范,难以被用作处理侵权民事纠

---

① Susan Rose-Ackerman, "Regulation and the Law of Torts", 81 *The American Economic Review* 54 (1991).
② 《民法典》第209条"但是法律另有规定的除外",第210条第2款关于登记范围、登记机构、登记办法的规定,第215条前段关于不动产物权合同效力等规定,均设置引入公法管制规范的通道。
③ 《民法典》第494条规定"国家根据抢险救灾、疫情防控或其他需要下达国家订货任务、指令性任务的,有关民事主体之间应当依照有关法律、行政法规规定的权利和义务订立合同"。民事主体的订约义务原已存在,并非本条创设,而违反义务之所订契约,若未达到第153条的效力性强制性规定的程度,合同仍可有效。第502条第2款"依照法律、行政法规的规定,合同应当办理批准等手续的,依照其规定。未办理批准等手续影响合同生效的,不影响合同中履行报批等义务条款以及相关条款的效力"。据此,合同违反规定者即不生效力,但同时肯认了履行报批等义务条款的效力。更有甚者如该条第3款的"依照法律、行政法规的规定,合同的变更、转让、解除等情形应当办理批准等手续的,适用前款规定"。

纷的依据。因违反强制性规定受损,欠缺侵权责任请求权基础,当事人无法直接经由强制性规定确立民事赔偿责任。大陆法系的《德国民法典》第823条第2款、我国台湾地区"民法"第184条第2款规定了违反"保护性法律"之侵权责任,引入强制性规定。英美法系中,英国将违反成文法义务(statutory duty)作为一种独特的侵权类型,给予诉因;美国《侵权法第二次重述》也在第285—288C节规定了违反成文法义务对过错认定的意义。侵权责任法是行为自由和权利保障法,亦兼具公法强制功能,是在自治和强制之间寻求平衡的重要机制。由于立法缺失,从解释上在侵权责任中建立评价强制性规定是否以及如何影响侵权责任构成的机制,当属我国整体法制适用的重大议题。这一议题包括两方面:其一,哪些规定构成适格强制性规定,可影响侵权责任成立与否?其二,能够影响侵权责任的强制性规定透过何种侵权责任要件来实现其影响?

第二节 适格强制性规定之识别

一、侵权责任裁判中的强制性规定

由于并不存在强制性规定的专门立法,识别哪些强制性规定能够成为侵权责任构成要件认定的评价标准,须通过判例来搜寻。通过判例整理,本书将交通事故、城市管理等领域的强制性规定分类呈现如下:

表 4-1

案涉领域	义务类型	引用法律规范
交通事故领域	交通安全义务①、保险投保义务②	《道路交通安全法》第8条、第13条第19条、第22条第1款、第35条、第38条、第39条、第42条、第49条、第51条; 《道路交通安全法实施条例》第49条、第75条; 《关于审理道路交通事故损害赔偿案件适用法律若干问题的解释》第1条第2项; 《机动车交通事故责任强制保险条例》第2条; 《海商法》第166条; 《海上交通安全法》第4条、第5条、第6条、第34条、第37条

---

① 福建省厦门市海沧区人民法院(2011)海民初字第1649号民事判决书;河南省鹤壁市浚县人民法院(2011)浚民初字第1106号民事判决书;湖南省衡阳市中级人民法院(2011)衡中法民一终字第192号民事判决书。
② 广西壮族自治区桂林市中级人民法院(2012)桂市民三终字第49号民事判决书;湖南省邵阳市中级人民法院(2011)邵中民一终字第241号民事判决书;河南省郑州市中级人民法院(2010)郑民一终字第192号民事判决书。

(续表)

案涉领域	义务类型	引用法律规范
城市管理领域	管理警示义务①、安全防护义务②	《公路法》第41条、第43条、第70条、第76条； 《城市道路管理条例》第6条、第20条； 《关于审理铁路运输人身损害赔偿纠纷案件适用法律若干问题的解释》第10条； 《内河交通安全管理条例》第24条、第69条； 《河道管理条例》第20条； 《浙江省河道管理条例》第5条； 《浙江省水利工程安全管理条例》第4条； 《铁路道口管理暂行规定》第5条、第17条、第18条、第19条。
医疗服务领域	规范诊疗义务③、告知说明义务④	《医疗机构管理条例》第14条、第23条、第27条； 《医师法》第14条； 《母婴保健法》第17条、第18条； 《产前诊断技术管理办法》第24条； 《医疗机构管理条例实施细则》第81条； 《母婴保健法实施办法》第25条、第38条； 《河南省母婴保护条例》第27条； 《乡村医生从业管理条例》第29条； 《抗菌药物临床应用管理办法》第24条； 《医疗废物管理条例》第12条。
安全生产领域	取得资质许可义务⑤、安全防范义务⑥	《建筑法》第7条、第14条、第39条； 《安全生产法》第53条、第55条； 《电力法》第53条； 《生产安全事故报告和调查处理条例》第5条、第10条、第19条、第25条、第32条； 《塔式起重机安全规程》第6、7条； 《汽车运输装卸危险货物作业规程》第3、2条； 《电力设施保护条例》第10条； 《特种设备安全监察条例》第23条、第31条、第34条、第38条、第39条。

---

① 浙江省湖州市中级人民法院(2016)浙05民终629号民事判决书；广西壮族自治区贵港市中级人民法院(2014)贵民一终字第195号民事判决书；四川省成都市中级人民法院(2016)川01民终10033号民事判决书。

② 最高人民法院(2015)民申字第1195号民事判决书；河南省济源市中级人民法院(2015)济中民二终字第16号民事判决书；广东省广州市中级人民法院(2016)粤01民终7526号民事裁定书。

③ 上海市第一中级人民法院(2009)沪一中民一(民)终字第2962号民事判决书；河南省郑州市中级人民法院(2011)郑民再终字第171号民事判决书。

④ 湖南省常德市中级人民法院(2015)常民四终字第396号民事判决书；河南省邓州市人民法院(2013)邓法民初字第1272号民事判决书。

⑤ 辽宁省高级人民法院(2010)辽民一终字第116号民事判决书；海南省海南中级人民法院(2007)海南民二终字第165号民事判决书；重庆市第四中级人民法院(2016)渝04民终165号民事判决书。

⑥ 广东省江门市中级人民法院(2014)江中法民一终字第266号民事判决书；安徽省宿州市中级人民法院(2015)宿中民三终字第00654号民事判决书；广西壮族自治区高级人民法院(2016)桂民终120号民事判决书。

（续表）

案涉领域	义务类型	引用法律规范
市场交易领域	经营者保障义务①、合理审查义务②、审慎注意义务③	《商业银行法》第6条； 《消防法》第16条、第23条； 《电力法》第32条； 《药品管理法》第16条、第17条、第68条、第94条； 《旅馆业治安管理办法》第3条、第5条、第6条、第9条； 《道路运输条例》第34条； 《重庆市道路运输管理条例》第62条； 《基层金融单位治安保卫工作暂行规定》第12条； 《安全防护设施建设及使用管理暂行规定》第2条； 《药品经营质量管理规范》第91条； 《物业管理条例》第36条、第46条、第53条； 《长沙市体育市场管理暂行办法》第8条。
环境污染领域	管理监督义务④	《水土保持法》第28条； 《河道管理条例》第24条。
房屋拆迁领域	审查注意义务⑤	《城市房屋拆迁单位管理规定》第12条； 《城市房屋拆迁管理条例》第30条； 《内蒙古自治区城市房屋拆迁管理条例》第28条第2款。

观察上表中整理的法条，有两个较明显的特征：一是规范性质上为强制性规定⑥；二是集中于交通、医疗、安全生产、城市管理和环境污染等公法管制领域。这可能是部分学者使用管制法、管制规范、规制规范等表述的原因所在。但私法同样有强制性规定，例如《民法典》第288—296条规定，不动产权利人对相邻权利人通行，铺设水、电、燃气、暖气等管道，建造修缮建筑物等活动"应当提供必要的便利""不得妨碍相邻建筑物的通风、采光和日照"，等等。虽然违反这些规定侵犯他人相邻权益，可直接结合《民法典》第1165条适用过错责任，但仍有必要将这些条文作为影响侵权责任构成之强制性规定，以减轻侵权要件之举证责任。⑦ 强制性规定难以计数且千差万别，若允许所有强制性规定不加筛选成为判断侵权责任构成要件是否满足的要素，则

---

① 重庆市第五中级人民法院(2016)渝05民终4027号民事判决书；安徽省合肥市蜀山区人民法院(2015)蜀民一初字第01745号民事判决书。
② 河北省邯郸市中级人民法院(2014)邯市民二终字第1021号民事判决书；湖南省长沙市中级人民法院(2014)长中民一终字第03456号民事判决书。
③ 新疆生产建设兵团第十师中级人民法院(2015)兵十民终字第23号民事判决书。
④ 福建省泉州市中级人民法院(2016)闽05民终954号民事判决书；辽宁省新民市人民法院(2014)新民民一初字第04122号民事判决书。
⑤ 内蒙古自治区高级人民法院(2014)内民再二字第00019号民事判决书。
⑥ 广东省惠州市中级人民法院(2017)粤13民终132号民事判决书；湖南省常德市中级人民法院(2015)常民四终字第396号民事判决书；江苏省宿迁市中级人民法院(2021)苏13民终278号民事判决书；广东省茂名市中级人民法院(2021)粤09民终1137号民事判决书。
⑦ 王泽鉴：《侵权行为》，北京大学出版社2016年版，第347页。

会使得侵权责任易为触发,行为人动辄得咎。对适宜判断侵权责任构成的强制性规定具有哪些特征,鲜有裁判详细阐释,此为需重点解决的前提性问题。

在《民法典》第 1165 条对民事权益一体保护的法制背景下,我国无须像《德国民法典》第 823 条第 2 款那样,以保护目的为唯一标准筛选法律,拓展保护客体,创设独立的侵权责任类型。我国法是通过强制性规定的特定要素与具体侵权责任构成要件关联,进而影响侵权责任的认定①,对受害人过错认定亦有意义,与美国法更相似。② 因此,哪些强制性规定成为侵权责任构成要件的判断标准,应取决于该强制性规定本身的特性是否与侵权责任相应的构成要件相符合。德国及我国台湾地区民法上,违反保护性法律会影响过错、违法性及因果关系等要件的认定。而英美法主要讨论过错。③ 在原《侵权责任法》第 6 条与现《民法典》第 1165 条中,法条表述均未体现违法性,相关释义也没有将违法性作为侵权责任构成要件。④ 特别是现代社会,过错已客观化,违法性与过错难以区分。⑤ 因此,需考察的主要是哪些强制性规定可影响侵权之过错、因果关系的认定。

二、适格强制规定之识别依据

(一) 设置具体的行为义务

强制性规定可能影响侵权要件认定的基础在于具体的行为义务。但需注意,强制性规定之违反并不等同于过错,而是通过与正常理性人行为标准的契合、典型风险的确定而影响侵权责任。⑥ 侵权法上的过错指行为人未尽到一个正常理性人的注意水平,即以正常理性人行为作为基准判断行为人有无过错。当强制性规定设定了具体的行为义务时,其实质上是一种行为标准,与过错判断基础"同质"。可根据强制性规定设置的行为标准是否符合一个正常理性人的注意标准来影响侵权过错的认定。因此,《美国侵权法第

---

① 张红:《论国家政策作为民法法源》,载《中国社会科学》2015 年第 12 期。
② 英国将违反成文法义务之侵权责任独立。美国法则基于成文法中蕴含的行为标准与过错的关联而影响侵权责任之过错。Edwin Peel, James Goudkamp, *Winfield and Jolowicz on Tort*, Sweet & Maxwell, 2014, Para. 8-002;John C. P. Goldberg, Benjamin C. Zipursky, *The Oxford Introductions to U. S. Law*, *Torts*, Oxford University Press, 2010, p. 154.
③ 英国部分学者将保护范围与因果关系分列为要件,又以违反成文法义务作为因果关系的表面证据。John Cook, *Law of Tort*, Pearson, 2015, pp. 289-290.
④ 全国人大常委会法制工作委员会民法室编:《〈中华人民共和国侵权责任法〉条文说明、立法理由及相关规定》,北京大学出版社 2010 年版,第 20—24 页;黄薇:《中华人民共和国民法典释义》,法律出版社 2020 年版,第 2234—2237 页。
⑤ 王利明:《我国〈侵权责任法〉采纳了违法性要件吗?》,载《中外法学》2012 年第 1 期;〔奥〕海尔姆特·库奇奥:《侵权责任法的基本问题(第一卷):德语国家的视角》,朱岩译,北京大学出版社 2017 年版,第 173 页;〔德〕迪尔特·梅迪库斯:《德国债法总论》,杜景林、卢谌译,法律出版社 2004 年版,第 241—242 页。
⑥ 张红:《论侵权责任中的成文法义务》,载《中国高校社会科学》2019 年第 4 期。

二次重述》第 285 条规定正常人行为标准除由法官或陪审团根据具体案件事实确定外,还可来源于成文法。① 既然是正常理性人行为标准之具化,行为义务自然须比较明确、具体,否则无法替代理性人标准这一抽象概念,丧失其意义。前文表格整理的法条大多设置了较为具体、明确的行为义务,交通规则、诊疗规范自无需赘言,《塔式起重机安全规程》《汽车运输装卸危险货物作业规程》等则是具体操作规则,其他的如《电力法》第 53 条、《旅馆业治安管理办法》第 5 条、《建筑法》第 14 条、《消防法》第 23 条等也都十分明确具体。德国法虽通过保护目的筛选进入侵权法之规范,但在确定具体效果时也表达了类似观点:违反保护性法律通常指示过错,但"这一规则实际上只有在下列情况才适用:保护性法律对满足其要件所要求的行为进行了具体化的表述,以至于满足客观要件即可得出主观过错的结论。但如果保护性法律仅限于规定对某种损害后果的禁止,则满足该条文的事实要件并不指示出过错"②。因此,保护性法律影响过错的基础也是具体行为义务。只是因其拓展保护客体的使命,使得德国法需将未设置具体行为义务的保护性法律亦纳入进来。

在因果关系方面,德国及我国台湾地区通说认为,规范目的之保护范围是判断因果关系的手段之一。③ 包括受害人是否处于规范目的的保护范围,即人的范围;损害类型以及损害是否为该规范所预防典型危险的现实化,即物的范围。这种理论也被我国大陆学者接受。④ 规范所预防的典型风险主要根据行为义务具体内容来判断。比如海边强风引起塔吊倾斜坍塌致工人死亡,法院认为:"造成事故的主要原因是被告违反建设部《塔式起重机安全规程》的强制性规定,未在塔式起重机上安装风速仪,使塔吊不具备《使用说明书》中明确的'风速在 4 级以上时,必须停止顶升作业'的警报功能,应负主要民事责任。"违反强制规定使得损害的法律上原因被归咎于被告的违法行为而不是风力这种自然上的直接原因。⑤ 因此,强制性规定影响因果关系判断也需具体的行为义务。

(二) 具有保护私益之目的

行为义务是强制性规定影响侵权责任的基础,不意味着不考虑保护目的,二者只是考量次序和重要性不同。德国以保护目的为筛选标准,在确定

---

① 许传玺主编:《侵权法重述第二版:条文部分》,许传玺、石宏、和育东译,法律出版社 2012 年版,第 118 页。
② 〔德〕马克西米利安·福克斯:《侵权行为法》,齐晓琨译,法律出版社 2006 年版,第 155 页。
③ Vgl. Brox/Walker, Allgemeines Schuldrecht, 41. Aufl., München: C. H. Beck, 2017, §30, Rn. 12.;王泽鉴:《损害赔偿》,北京大学出版社 2017 年版,第 85、99—103 页。
④ 程啸:《侵权责任法》(第 3 版),法律出版社 2021 年版,第 251—252 页。
⑤ 广东省惠州市中级人民法院(2017)粤 13 民终 132 号民事判决书。

具体效果时也考虑行为义务的明确性,是一种"保护目的—行为义务"模式。美国从具体要件契合性角度考虑,但同样考察保护目的与保护范围,是一种"行为义务—保护目的"模式。在我国民事权益一体保护的背景下,应采取从行为义务到保护目的的思路,无需将单纯确认权益或禁止侵害某种利益的规定纳入影响侵权责任的强制性规定。

考虑保护目的之法理在于:一是只有强制性规定意图保护私益,才适宜启动私法救济;二是立法者具有保护私益之目的,该规范设定行为义务时会考虑私权保护需求,指示过错具有更高盖然性。保护目的更多是作为考察行为义务与侵权要件关联紧密性的辅助要素。英国和美国也都需要考察规范的保护目的。① 前文表格所整理的在我国侵权责任裁判中援引的交通、电力、消防、医疗、环境、建筑等领域的强制性规定,也多与私人健康、安全相关。因此,强制性规定应具备保护私益的目的。保护目的需综合利用法律解释方法确定,尤其是目的解释。适用目的解释时应兼顾主观与客观目的。在美国俄克拉荷马州一案例中,一匹马在高速公路上狂奔,后与汽车相撞。汽车所有人起诉马主人,并提出应根据饲养的动物应当被限制以避免动物任意奔跑的规定,推定马主人过错。但法院认为1903年立法时,机动车极少,该规定仅仅是为了保护农民的庄稼。当时,动物常常践踏庄稼,但损害通常较小,不值得提起诉讼,故立法机构予以立法,以提供快捷、低成本的救济。机动车驾驶者和交通事故风险都不在该规定的保护范围内。但其他法院在类似情况下却作出不同的解释,机动车在高速公路上有自由行驶的权利,自由行驶当然包括避免任意狂奔之牲畜的干扰。因此,在汽车越来越多的情况下,有必要将动物饲养者应限制动物肆意乱跑这一规定的保护范围扩大,以包括交通参与者。② 这一案例也显示了确定法律目的的困难和不确定性。为此,可根据如下两个不周延的规则辅助判断。

一是行为义务是否具有降低、预防损害风险的"典型"。如《道路交通安全法》第8条规定,国家对机动车实行登记制度,尚未登记的车辆上路行驶需取得临时通行牌证。"临时车牌过期既没有导致车辆的危险程度增加,更没有加重保险人的承保风险。"③因此,该规定根本不具有防范私益侵害的风险,自然不可能是保护性规范。相反,《旅馆业治安管理办法》第6条第1款规定:"旅馆接待旅客住宿必须登记。登记时,应当查验旅客的身份证件,按规定的项目如实登记。"根据各地实施细则,登记通常需采用旅馆业治安管

---

① Jenny Steele, *Tort Law: Text, Cases, and Materials*, Oxford University Press, 2014, pp. 865-866. 美国《侵权法重述第二版》第286节,参见许传玺主编:《侵权法重述第二版:条文部分》,许传玺、石宏、和育东译,法律出版社2012年版,第118—119页。
② "Negligence: Violation of a Statute as Negligence per se: Type of Harm Prevented and Class of Persons to Be Benefited", 38 *Michigan Law Review* 737(1940).
③ 浙江省湖州市吴兴区人民法院(2012)湖吴商初字第292号民事判决书。

理系统,并将信息及时上传给公安机关。① 由此可见,旅客身份信息的登记和上传主要目的是便于网上追逃,进行治安管理,但同时"也便于酒店管理及更加妥善保护入住人员的人身及财产安全"②,比如防止通缉犯、身份不明人士等危险人员入住。因此,该条应解释为兼具保护私益功能。③

二是规范保护对象是否为有限的一类人。强制性规定具有防范私益侵害风险的能力,只是有影响侵权责任认定之可能,尚非定论。传统主流理论和我国学者都提出,以是否保护一类人而非纯粹保护公共利益作为标准,确定强制性规定是否适宜影响侵权责任认定。④ 这一规则的基础不仅在于法理,更在于避免诉讼泛滥。但英美法系中对此亦有质疑:"是否允许提起诉讼并不取决于法定命令或禁令是保护公众还是其中的一类人",而取决于立法目的是否允许以此规定为依据提起民事诉讼。保护类别只是辅助判断立法目的之因素,而非必要条件。当规范保护有限的一类人时,通常可作为影响侵权责任之强制性规定,除非可通过其他渠道获得充分性救济;当规范并非保护有限的一类人时,则"很可能"不能作为影响侵权责任之强制性规定。正如有法官所言:"绝对禁止一个十分重要的保护公众之规定作为提起违反法定义务之诉的依据,但允许一个规定的义务并不重要;可是,意在保护有限的一类人的规范作为提起违反法定义务之诉的依据,是很奇怪的。"⑤

在确定保护公众的公法强制性规定能否作为私权救济依据时,能否通过侵权法内外的各种因素限制赔偿责任十分重要,特别是公共政策的考量。比如,我国《反垄断法》受"竞争法保护的是竞争而不是竞争者"这一经典论断影响,第 1 条规定其立法目的是:保护市场公平竞争,提高经济运行效率,维护消费者利益和社会公共利益,并未规定保护竞争者。但事实上,最早提出这一表述的 Brown Shoe 案(1962 年)的本意并非将竞争者从竞争法的保护中排除。到 20 世纪 70 年代中期,美国反垄断法的实施奉行"司法积极主义",刑事制裁、三倍惩罚性赔偿都极易获得支持,造成了"过剩介入"。此时,为

---

① 如《四川省旅馆业治安管理办法》(2013)第 8 条、第 14 条;《江西省旅馆业治安管理办法》(2010)第 11 条。
② 浙江省嘉兴市中级人民法院(2001)嘉民终字第 5 号民事判决书。
③ 不过,旅客因酒精中毒、突发疾病而死亡、被同行人员或访客故意杀害等情形,或处于保护范围之外,或因第三人故意犯罪且酒店无法预见而中断因果关系,不应承担侵权责任。
④ 〔英〕克里斯托弗·沃尔顿主编:《查尔斯沃斯和珀西论过失》(影印版),商务印书馆 2012 年版,第 873—874 页;〔德〕马克西米利安·福克斯:《侵权行为法》,齐晓琨译,法律出版社 2006 年版,第 145—146 页。
⑤ 〔英〕克里斯托弗·沃尔顿主编:《查尔斯沃斯和珀西论过失》(影印版),商务印书馆 2012 年版,第 889 页;Jones, *Clerk & Lindsell on Torts*, Sweet & Maxwell, 2010, para. 9-16; Neil Foster, *Reforming the Action for Breach of Statutory Duty in the 21st Century: Reconsidering the "Section of the Public" Rule*, Social Science Electronic Publishing(2015), Available at SSRN: https://ssrn.com/abstract=2888732.

限制反垄断法公私两方面的实施,这一论断才以字面意思获得适用。① 类似的是,虽然我国《反垄断法》第1条未规定对竞争者的保护,但由于反垄断法实施机制的不足以及资本的无序扩张,反垄断民事诉讼原告资格呈现扩张的趋势,已将竞争者包括在内。②这一情况也表明,强制性规定首要目的是保护公众,但兼具保护私益目的时,同样可以进入侵权法场域。

综合上文论述需注意者有二:其一,《宪法》中关于基本权利的规范过于抽象,且已通过普通法律予以具化并规定相关法律救济,不宜作为强制性规定进入侵权法;其二,《立法法》第2条规定的"法律、行政法规、地方性法规、自治条例和单行条例、国务院部门规章和地方政府规章"以及法律、行政法规授权制定的其他规范性文件、强制性标准均可成为判断侵权责任的依据。强制性规定在我国是通过具体要件的认定来影响侵权责任的。低位阶规范性文件只能作为裁判说理依据并不妨碍其影响侵权要件的具体认定。但法院适用前应注意审查授权基础、与上位法的一致性以及行为义务本身妥当性等内容。同时,在裁判文书中载明审查过程及结果③,为后续讨论和经验整理提供基础。未通过审查不得作为认定过错的依据,以免限制行为自由或阻碍权益救济。

第三节 强制性规定违反与侵权责任过错认定

强制性规定通过设置具体的行为义务、保护私益之目的来关联侵权责任之过错认定。但违反这些强制性规定如何转化为对损害发生之过错,以及对侵权过错认定影响的程度,需进一步说明。

一、过错推定:可预见性的补强与行为标准的趋同

关于强制性规定与过错认定的关系,司法实践与学说上均存在分歧:一种观点认为违反保护性规范即等于过错,除非论证所违反的法律不合理。④

---

① 土田和博、陈舟舟、王威驷:《关于"竞争法保护的是竞争而非竞争者"之格言》,载《竞争政策研究》2018年第1期。
② 冯博:《反垄断民事诉讼原告资格问题研究》,载《法学评论》2018年第5期。
③ 汪君:《民事裁判援引规章及行政规范性文件的审查义务》,载《法学研究》2021年第5期。
④ 案例:最高人民法院(2015)民申字第1195号民事裁定书;河南省高级人民法院(2019)豫民申6622号民事裁定书。学说参见焦艳玲:《论管制规范对侵权责任的影响》,载《河北法学》2017年第4期;孙良国:《违反保护他人的法律的侵权责任及其限度——以"儿童模仿〈喜羊羊与灰太狼〉烧伤同伴案"为例》,载《法学》2014年第5期;叶名怡:《论违法与过错认定——以德美两国法的比较为基础》,载《环球法律评论》2009年第5期;解亘:《论管制规范在侵权行为法上的意义》,载《中国法学》2009年第2期。

另一种观点则认为仅构成过错推定。① 被告可举证自己对违法或对损害发生无过错而推翻推定。本书以为,若要解决上述分歧,需先阐明成文法影响过错的法理与机制。

(一) 强制性规定与过错判断的接轨

过错被概括为应注意能注意而未注意,核心是能注意而未注意,即行为人可以预见行为的侵害结果并可避免而未避免,预见和可避免是两个核心要素。② 权利是法律上之力,可定分止争、确立法秩序。从他人角度看,权利是主观化的法律,体现为法律义务。例如,作为物权核心的支配不是事实层面的意思支配,而是法律层面的"归属",处理与他人关系的"排他"效力则是"归属"的消极表达。③ 因此,他人的行为规范是民事权益的一种表达方式。本章讨论的强制性规定兼具行为义务与保护目的,是行为规范表达民事权益的典型。比如《民法典》第111条、第1035条、第1038条、第1039条等,通过规定他人行为义务勾勒个人信息利益。④ 权益或许不够明确,损害或许难以预见,但法律设定的具体行为义务推定世人知晓。为维护世人对社会交往安全的基本期待,现代侵权法采客观过错,"每个人都有义务弄清楚与自己生活圈子相关的法律规定"⑤。法的秩序对行为人了解与其行为相关的法律具有合理期待,除非他证明处于类似位置的正常人对该法律均不具有认识可能性。既然行为人原则上可预见行为规范并避免违反该行为规范,行为人违反强制性规定,即可被推定"对违反法律"有过错,此为"第一层推定"。

又因为,其一,行为规范是权益的具化和表达。其二,法律规范设定行为义务,既要考虑强制之必要,亦需考虑强行之可能。单纯依靠暴力与制裁,法律无法持续。⑥ 法律规定总体上应当符合一般人的接受程度。私法原则上直接以判断侵权过错之一般理性人为民众"画像",参照此一水准之认识能力、行为能力制定规范。公法有时会为社会管制目标的实现和理想社会秩序的形成与维持,调整行为标准,从而与私法上的一般理性人标准有一定偏离。

---

① 案例:湖南省宁乡县人民法院(2018)湘0124民初1957号民事判决书;江西省九江市中级人民法院(2017)赣04民终1667号民事判决书。学说参见朱虎:《规制性规范违反与过错判定》,载《中外法学》2011年第6期;朱岩:《违反保护他人法律的过错责任》,载《法学研究》2011年第2期。
② 曾世雄:《损害赔偿法原理》,中国政法大学出版社2001年版,第79—81页;王泽鉴:《侵权行为》,北京大学出版社2016年版,第298页。
③ 袁野:《物权支配性之教义重述》,载《法制与社会发展》2021年第4期。
④ 张红:《〈民法典各分编(草案)〉人格权编评析》,载《法学评论》2019年第1期;叶金强:《〈民法总则〉"民事权利章"的得与失》,载《中外法学》2017年第3期。
⑤ 参见〔德〕埃尔温·多伊奇、汉斯-于尔根·阿伦斯:《德国侵权法——侵权行为、损害赔偿及痛苦抚慰金》,叶名怡、温大军译,中国人民大学出版社2016年版,第62页。
⑥ 〔英〕哈特:《法律的概念》(第2版),许家馨、李冠宜译,法律出版社2011年版,第178—179页;史尚宽:《民法总论》,中国政法大学出版社2000年版,第3页。

一方面,私法虽以维护权益及填补其衍生损害为主要目标,但同时也考虑预防、制裁功能,包括填补性赔偿和惩罚性赔偿。① 诸多公法强制性规范要透过私法机制在社会层面来实现法之效果,由此亦彰显私法之公法功能。公法、私法的行为规范处于统一法秩序之下,目标上具有相似性②,这使得不同法律中的行为标准整体上是趋近的。另一方面,除刑法外,公法规范对行为标准进行调整,通常是调高。③ 特别是该规定本具有保护私益之目的,逻辑上不应允许行为符合该规定之行为标准却给私益带来侵害。有法院认为"侵权责任法上的注意义务标准往往高于管制型法律中的行为标准",这一观点值得商榷。如此理解无法从强制性规定之违反推定侵权过错。④ 因此,整体上强制性规定设定的行为义务通常符合或高于侵权法上的一般理性人行为标准。基于上述经验法则,违反保护性法律可推定行为人对权益侵害有过错。此为"第二层推定"。

上述法律适用之推理过程,在推定过错的同时,也将对权益侵害的过错转化为对违反强制性规定的过错,即"过错关联缩短"。比如受害人因咽喉不适到诊所治疗,输液三分钟后出现咳嗽症状,诊所未做处理,十分钟后受害人出现脸色发紫、四肢花斑状,被送医院急救后无效死亡。咽喉不适与咳嗽属一般感冒症状,仅凭输液中出现咳嗽症状未做处理,难以确认诊所存在过错。但诊所出具了两份药物用量不同的门诊处方签。因此,尽管事发后所涉案输液剩余药物不复存在,当时药物的实际用量无法查清,受害人仍无须承担无法证明过错的风险,法院根据诊所违反强制性规定的事实推定诊所存在过错。⑤

(二) 推定而非等同侵权责任之过错

根据强制性规定之违反推定过错,非不可推翻之推定,或者说不能将违法直接等同于过错。因为强制性规定中的行为标准并不总是契合侵权责任过错判断的行为标准。认定过错的依据虽是客观注意义务标准,但却要根据职业、危险领域进行类型化,各自过错程度有别,且法律通常具有一般性。即使针对特定领域、行业制定的行业法规,其通常也有预设或想象的典型情形,不适用于特殊情形下过错的判断。特殊情形应权衡对待。比如一个医生在

---

① 杨立新:《〈民法典〉惩罚性赔偿规则的具体适用》,载《荆楚法学》2022 年第 1 期。
② 张红:《中国七编制〈民法典〉中统一损害概念之证成》,载《上海政法学院学报》2021 年第 1 期;〔荷〕威廉·范博姆、〔奥〕迈因霍尔德·卢卡斯、〔瑞士〕克丽斯塔·基斯林主编:《侵权法与管制法》,徐静译,中国法制出版社 2012 年版,第 467—470 页。
③ 〔英〕克里斯托弗·沃尔顿主编:《查尔斯沃斯和珀西论过失》(影印版),商务印书馆 2012 年版,第 872 页。
④ 湖南省宁乡县人民法院(2018)湘 0124 民初 1957 号民事判决书。
⑤ 山东省高级人民法院(2019)鲁民再 444 号民事判决书。

路上偶遇他人窒息,利用自身随身携带的小刀切开气管,此时显然不能以针对医院接诊、手术为典型想象场景的诊疗、手术规范作为过错判断依据。① 该行为合理且合乎抢救目的,可以认定医生不存在过错。② 公法上的强制性规定,有时会为了社会管理目的,对一般理性人行为标准甚至责任认定依据进行调整,与侵权法存在一定偏差。比如在机动车交通事故纠纷的司法实践中,交通事故责任认定书是裁判的重要证据。《道路交通安全法实施条例》第91条规定:"公安机关交通管理部门应当根据交通事故当事人的行为对发生交通事故所起的作用以及过错的严重程度,确定当事人的责任。"此规定中的作用指双方行为对事故发生的原因力,过错实际上主要根据双方有无交通违法及其具体情况确定。③ 因此,违反交通规则行为是行政法上的行为标准或者说处罚的依据,但不能等同于侵权法上的过错。

最高院公报案例"葛宇斐诉沈丘县汽车运输有限公司等道路交通事故损害赔偿纠纷"的判决指出:交通事故责任认定的归责方法与民法上的归责原则存在区别,《道路交通安全法实施条例》第92条规定:"发生交通事故后当事人逃逸的,逃逸的当事人承担全部责任。但是,有证据证明对方当事人也有过错的,可以减轻责任。当事人故意破坏、伪造现场、毁灭证据的,承担全部责任。"此时,交通事故归责的依据不是发生侵权行为时的过错大小,而是侵权行为发生后的其他违法行为。另外,在举证责任负担、责任人的范围等方面,交通事故责任认定也与民事诉讼存在不同之处。④《北京市高级人民法院关于在民事审判中正确对待〈交通事故责任认定书〉的通知(节选)》观点类似。其第1条、第2条指出:《交通事故责任认定书》在民事审判中属证据,经审查才能作为认定案件事实的依据。即使采纳,也要依民事责任归责原则将交通事故责任认定转化为民事责任认定。由此可见,行政处罚上的过错并不能等同于侵权法上的过错。当然,现实中被推定的过失多数不会被推翻。比如不少裁判指出,交通责任认定书的责任划分符合法律与事实,当事人也没有提供相反证据,予以采纳。⑤ 这是违反强制性规定可推定过错的表现,并不意味着违反强制性规定等同过失。美国有学者指出,法定过失说即无免责事由等同过失,与过失推定两种观点产生的结果大致相同,但这是因为在美国法上推翻过失推定的情形基本被免责事由所吸收,比如行为人已尽到合理注意去守法但没有成功;行为人不知道也没有理由知道引起违法的

---

① 参见〔德〕埃尔温·多伊奇、汉斯-于尔根·阿伦斯:《德国侵权法——侵权行为、损害赔偿及痛苦抚慰金》,叶名怡、温大军译,中国人民大学出版社2016年版,第60—61页。
② 黄薇:《中华人民共和国民法典释义》,法律出版社2020年版,第2368页。
③ 湖南省嘉禾县人民法院(2017)湘1024民初561号民事判决书。
④ 《最高人民法院公报》2010年第11期。
⑤ 广东省深圳市中级人民法院(2013)深中法民终字第601号民事判决书;广西壮族自治区南宁市邕宁区人民法院(2012)邕民一初字第13号民事判决书。

事实情况;行为人违法要比守法更合理、更能避免风险,等等。① 因此,认为违反法律、行政法规规定的行为义务标准"就具有过失"的观点②,值得商榷。基于法律规范设定的行为义务标准与过错判断理性人行为标准通常重合这一经验法则可以且只能推定行为人存在过错。

(三) 特殊推定:违反行为资质要求

违反行为资质之规定是否可推定过错? 典型的是无证驾驶(包括驾驶与准驾车型不符车辆,下同)。相关法律法规并未明确无证驾驶在交通事故责任认定中的意义。但实践中,一方面公安机关与法院往往以被告无证驾驶认定或推定其具有过错或者一定的过错。例如在某案例中,法院认定原告超速、逆向行驶是事故发生的主要原因,在确定原告具有主要责任后,又认定被告"李某甲驾驶与准驾不符的中型货车,违反《道路交通安全法》第19条第4款的规定,对事故发生有一定的过错,负次要责任"③。在一个相似案例中,法院在认定被告违反交通规则有明显过错的情况下,也指出"杜某(原告)持超过有效期的驾驶证未按照驾驶证载明的准驾车型驾驶未经登记的机动车且载人,违反了《道路交通安全法》,也有过错"④。还有案件将无证驾驶和其他交通违法一并列举,进而认定过错。⑤ 另一方面,有交通事故认定"骆某无证驾驶尚未登记且无临时牌证的机动车上道路行驶,违反《道路交通安全法》第8条、第19条第1款的规定,但无证据证明骆某有导致此事故发生的过错",法院对此予以认可。⑥ 更多的案例则是指出无证驾驶虽违法,但与本起交通事故无必然因果关系。⑦

这里首先需解决的是驾驶车辆应具有相应的驾驶执照这一规则是否具有保护私益之目的,适宜作为推定过错之强制性规定。学说上有观点认为无证驾驶对证明过失没有太多用处,没有驾驶证的原因很多。⑧ 我国台湾地区

---

① 〔美〕文森特·R.约翰逊:《美国侵权法》,赵秀文等译,中国人民大学出版社2017年版,第74—76页;〔美〕丹·B.多布斯:《侵权法》(上册),马静等译,中国政法大学出版社2014年版,第278—279页。
② 黄薇:《中华人民共和国民法典释义》,法律出版社2020年版,第2235页。
③ 湖南省嘉禾县人民法院(2017)湘1024民初561号民事判决书。
④ 江苏省盱眙县人民法院(2017)苏0830民初4603号民事判决书。类似判例参见吉林省扶余市人民法院(2017)吉0781民初3821号民事判决书;四川省成都市龙泉驿区人民法院(2017)川0112民初6158号民事判决书。
⑤ 广西壮族自治区平南县人民法院(2017)桂0821民初2282号民事判决书;山西省阳泉市矿区人民法院(2017)晋0303民初654号民事判决书。
⑥ 广东省阳西县人民法院(2016)粤1721民初828号民事判决书。
⑦ 安徽省合肥市中级人民法院(2017)皖01民终7222号民事判决书;江苏省如东县人民法院(2017)苏0623民初3759号民事判决书;山西省新绛县人民法院(2017)晋0825民初746号民事判决书。
⑧ 〔美〕文森特·R.约翰逊:《美国侵权法》,赵秀文等译,中国人民大学出版社2017年版,第76页。

实务中,对于未申请建造执照建造房屋,造成邻人房屋受损之情形,起初认定申领建造执照之规定是保护性法律,但此后台湾地区法院认为未申领建造执照,充其量其建筑物为违章建筑,违反行政管理规定,难谓保护他人之法律。① 但驾驶执照、医师执照、医疗机构执照等对技术、能力、设备具有实质性条件或考核之执照要求,不能视为纯粹行政管理规定。这类与技术、资质实质相关的执照通过实质审查甚至考核保障当事人具备从事相关活动的基本知识、条件,若未经过考核其能力极可能存在不足。比如有法院指出:"未取得驾驶资格或未取得相应驾驶资格的情况下驾驶机动车,驾驶人会增大道路安全风险"②,所以在行为人未提供相反证据时认定过错存在。因此,缺乏相关证照可推定过错。

但需注意:其一,这类规定仅抽象地与从事相关活动的条件、能力相关,并不关联或防范特定的风险,无法直接推定因果关系。因此,需先证明其行为与损害发生具有事实因果关系,或者交通事故原因不明时,方可推定过错,并归责于无证驾驶人。这类似于美国法上事实自证的条件之一是原告或第三人非事故发生原因。③ 这里实际上包括过错和因果关系的双重认定。但是,交通事故通常双方均处于积极行为状态,而医疗领域往往是患者被动接受治疗,通常患者不会引发损害,此时缺乏医师资格、医师执业许可、医疗机构执业许可更易认定事实因果关系,并推定过错。④ 其二,此类证照通常需定期审核、续期,若当事人仅因遗忘等原因未能及时重新审核证照,根据生活经验,其能力、条件通常并不会立刻急剧降低或丧失,并不满足能力、条件不足的经验法则,不得推定。比如,常某医疗机构执业许可证逾期未校验,却继续营业诊所,诊治病人。但法院判定其担责的论证中,先指出常某"疗"的过错,选用阿奇霉素、左氧氟沙星等无指征,属不合理用药;医方还存在多处违反药品说明书规定的过错,如对双黄连等药品进行混合配伍、联合用药,对氨茶碱注射液采用口服方法适用,稀释喘定时采用错误的溶媒等。法院虽根据医疗机构执业许可过期认定常某具有过错,却又指出,"常某的该过错,是通过常某'疗'的行为以'轻微原因'的方式作用于王某死亡这一结果。"⑤这里

---

① 陈聪富:《侵权归责原则与损害赔偿》,北京大学出版社2005年版,第67页。
② 江西省九江市中级人民法院(2017)赣04民终1667号民事判决书。另有案例在同时列举行为人酒后驾驶、未戴头盔、无证驾驶后,指出"虽不必然导致交通事故发生,但由于上述行政违法行为本身可导致其控制力及安全性降低,也是事故发生的原因之一,且具有民事过错"。参见吉林省长春市中级人民法院(2017)吉01民再105号民事判决书。
③ 许传玺主编:《侵权法重述第二版:条文部分》,许传玺、石宏、和育东译,法律出版社2012年版,第136页;陈聪富:《侵权违法性与损害赔偿》,北京大学出版社2012年版,第95页。
④ 江苏省宿迁市中级人民法院(2021)苏13民终278号民事判决书;广东省东莞市第二人民法院(2020)粤1972民初1436号民事判决书;河北省邯郸市中级人民法院(2017)冀04民终2267号民事判决书。
⑤ 河北省张家口市中级人民法院(2020)冀07民终1031号民事判决书。

法院实际上根据常某违反诊疗中注意义务判定其承担责任,而非依据其医疗机构执业许可逾期未校验这一事实。

二、推定类型:事实推定为原则、法律推定为例外

违反适格强制性规定可推定过错,但推定的具体效果存在不同选择。根据《德国民法典》第823条第2款,学者认为违反保护他人法律可推定过错,但有观点认为是举证责任倒置,也有观点认为是表见证明,后者逐渐占据主流。① 我国台湾地区"民法"第184条第2款规定较为明确:"违反保护他人之法律,致生损害于他人者,负赔偿责任。但能证明行为无过失者,不在此限。"其内容明确推定的法律效果为举证责任倒置,即由被告证明无过失。② 这二者有何区别?《民法典》适用应如何选择?

(一) 理论与实证法上的推定及分类

推定分为法律推定和事实推定。之所以能够根据前提事实 A,推定出结果事实 B,是因为前提事实和结果事实往往同时出现,具有一定程度的稳定关联,以至于从 A 得出 B 成为一条经验法则。当然,这种盖然性不能是百分之百,否则将超出经验法则范畴,成为客观规律或者"经验定理"。③ 这其中部分推定会被法律明确规定,由事实推定转变为法律推定。对于这两种推定,2019年《最高人民法院关于民事诉讼证据的若干规定》(以下简称《证据规定》)修订时,将原《证据规定》第9条变更为第10条,并将"根据法律规定推定的事实"和"根据已知的事实和日常生活经验法则推定出的另一事实"分列为两项。但根据《证据规定》第10条第2款,除法院生效裁判和有效公证文书确认事实需有相反证据"足以推翻"除外,其他各项,包括法律推定和事实推定在内,效果均是当事人有相反证据"足以反驳"的除外。法律推定与事实推定似乎仍然只是有无法律明确规定的区别,但实则不然:第一,法律推定由法律所明文规定,进行推定是法官在适用法律。事实推定的基础则是经验法则,属自由心证。第二,既然法律推定是"适用法律",则排除法官自由判断的空间。因推定获利一方证明前提事实后,法官必须依法确认结果事实获得完全证明。对方当事人要推翻推定,需证明作为要件事实的结果事实之不存在,并达到法官完全确信的程度。因此,法律推定会导致举证责任转移,因推定获利一方仅对前提事实负有证明责任,该证明为本证。对方当事人则需对结果事实不存在进行"反向证明",也是"本证"而非"反证"。这是

---

① Basil S. Markesinis, Hannes Unberath, *The German Law of Torts: A Comparative Treatise*, Hart Publishing, Oxford and Portland, Oregon, 2002, p.886.
② 王泽鉴:《侵权行为》,北京大学出版社2016年版,第357页。
③ 周翠:《从事实推定走向表见证明》,载《现代法学》2014年第6期。

二者证明主题不同的结果。事实推定下,结果事实是法官在前提事实和经验法则基础上经由自由心证得出的。因此,作为要件事实的结果事实仍是由原告负责举证,只导致"具体"举证责任转移。被告的反驳属"反证",只需动摇法官对本证的确信即可。① 正因如此,表见证明(事实推定的典型类型)为临时证明评价,推定的最终效果取决于对方当事人的反应。②

我国《证据规定》虽然对法律推定和事实推定都规定有相反证据足以反驳除外,但最高院民一庭进行法条释义时,却表达了与上文相同的观点。③《证据规定》统一使用"足以反驳",实际上与我国台湾地区"民事诉讼法"第281条类似,该条规定"法律上推定之事实无反证,毋庸举证。"这里的"足以反驳"和"反证"均应理解为针对前提事实之反驳。因为法律推定下,原告对前提事实仍负证明责任,被告反驳前提事实不存在系反证。针对结果事实之反驳,才在事实推定和法律推定间有反证和反向证明(本质)的区别。④另外,由于法律推定的法定性,当事人不能通过证明经验法则盖然性不足,存在其他合理可能,来推翻推定。法律推定和事实推定法律效果的差异可概括如下表:

表 4-2

类型	效果	推定排除
法律推定	举证责任倒置	1. 反驳前提事实(反证,令法官动摇即可) 2. 反驳结果事实(本证,令法官确信结果事实不存在)
事实推定	具体举证责任转移	1. 反驳前提事实(反证,令法官动摇即可) 2. 反驳经验法则(反证,令法官动摇即可) 3. 反驳结果事实(反证,令法官动摇即可)

(二) 比较法的经验教训与中国选择

我国台湾地区"民法"第184条第2项明确规定,违反保护性法律可令过错之举证责任倒置,属法律推定。如前所述,推翻法律推定,被告只能反驳前提事实或结果事实,但前提事实通常是比较容易证明的事实或者无须证明的事实,难以反驳;反驳结果事实又需达到法官确信结果事实不存在的程度。因此,法律推定与事实推定的区别并非个别学者所言的仅有理论意义⑤,而

---

① 〔德〕莱奥·罗森贝克:《证明责任论》,庄敬华译,中国法制出版社2018年版,第254、264页。
② 胡学军:《表见证明理论批判》,载《法律科学》2014年第4期。
③ 最高人民法院民事审判第一庭:《最高人民法院新民事诉讼证据规定理解与适用》,人民法院出版社2020年版,第153页。
④ 姜世明:《举证责任与证明度》,厦门大学出版社2017年版,第41—42页;〔德〕莱奥·罗森贝克:《证明责任论》,庄敬华译,中国法制出版社2018年版,第261—262页。
⑤ 朱岩:《违反保护他人法律的过错责任》,载《法学研究》2011年第2期。

是切实影响到排除推定的难度。特别是被告无法通过证明前提事实与结果事实间存在其他可能性推翻推定，以及被告仅能动摇法官确信，即事实处于真伪不明状态时，证明失败责任的归属不同。而且，我国台湾地区"民法"第184条第2款实际上进行了概括性的法律推定。但法律推定本身需特别理由，不加区分的概括性法律推定也不符合法理。有学者指出，法律推定是事实推定经过长期实践检验后上升为法律的，其依据的经验法则盖然性程度更高。① 但立法者是否进行法律推定主要取决于合目的性因素或其他考虑。② 比如《民法典》第40条、第46条规定的宣告失踪和宣告死亡，《刑法》第395条规定的巨额财产来源不明罪，都属法律推定，背后的经验法则盖然性程度并不高。关于其合理性，前者在于失踪、死亡人相关法律关系处理的需要，后者在于国家工作人员的职责以及人民对公职人员信赖的保障。另外一种类型是程序公平的考虑。当事人存在举证困难时，立法者可进行法律推定，《民法典》第1170条规定的共同危险行为、第1222条规定的医疗过错推定即属此类。因此，法律推定须基于特别理由个别规定。即使违反适格强制性规定指示过错的盖然性较高，也不能进行概括性的法律推定，更何况强制性规定本身千差万别。我国台湾地区学界批评概括性法律推定令举证责任倒置泛滥，使得侵权法过于严苛，可能不当限制行为自由。③ 我国台湾地区实务中违反保护性法律之侵权责任几乎无过失责任④，或许也与概括性法律推定有关。事实上，《德国民法典》第823条第2款后段表明了侵权行为成立以过错为要件，但前段直接规定违反保护他人法律负因此所生损害的赔偿义务，存在解释为法律推定的空间。德国学界对推定类型和效果发生争议，最终事实推定中的表见证明成为通说，这实际上是对该概括性规定的解释学修正。

我国《民法典》上没有违反保护他人法律之侵权责任的概括性规定，但也避免了不当进行概括性法律推定的弊端。适格强制性规定基于"事理"影响侵权责任要件的判断，即强制性规定违反指示过错构成一条经验法则。因此，在我国，违反强制性规定而推定过错，原则上为事实推定；当法律有特别规定时，比如《民法典》第1222条第1项，为法律推定。另外，我国《民法典》第1165条未区分权利与利益，均可借强制性规定违反而认定过错，不存在所谓利益保护力度反而高于权利的价值评判矛盾。⑤

---

① 王彬：《事实推定中的后果考量》，载《法律科学》2021年第6期。
② 〔德〕莱奥·罗森贝克：《证明责任论》，庄敬华译，中国法制出版社2018年版，第254页。
③ 苏永钦：《再论一般侵权行为的类型——从体系功能的角度看修正后的违法侵权规定》，载《政大法学评论》2002年第1期。
④ 陈聪富：《侵权归责原则与损害赔偿》，北京大学出版社2005年版，第80页。
⑤ 认为存在价值矛盾的观点参见方新军：《权益区分保护的合理性证明——〈侵权责任法〉第6条第一款的解释论前提》，载《清华法学》2013年第1期；陈聪富：《侵权归责原则与损害赔偿》，北京大学出版社2005年版，第61页。

需进一步说明的是,是否有必要借鉴德国法进一步区分表见证明和间接证明?德国法上,表见证明和间接证明的区别在于:表见证明依据的经验法则盖然性较高,间接证明依据的经验法则盖然性程度较低;表见证明依据个别事实和典型事象经过即可推定,间接证明则需要多数事实相互印证,形成证据链,补强证明力;事实推定原则上自由裁量,但表见证明作为特殊类型,法官必须适用,否则构成上诉理由,这与法律推定类似。① 如前文所述,我国在权利和利益一体保护的情况下,不需要单纯确认利益或极度抽象的保护性规范来拓展保护客体。适格强制性规定需兼具较明确的行为义务与保护目的,以满足推定的最低要求。其他情况下,比如单纯权益确认规范,甚至非保护私益之规范,可作为证据阐明利益或作为确定理性人行为标准之参考,辅助判断过错。这是不言自明之理,只是缺乏统一研究的意义,也非本章所指的适格强制性规定。在适格强制性规定内部,行为义务越具体越接近过错,行为义务具体程度的差异会导致反证难度不同,即通过动摇法官确信的难度得以体现。至于法官有义务适用表见证明,否则构成事实认定中的上诉理由,在我国并不具有特别意义。我国二审具有监督和纠正错误的使命,《民事诉讼法》第 175 条规定法官在二审过程中应对与上诉请求有关的事实和法律适用进行审查。综上,违反强制性规定进行事实推定,在我国无须进一步区分为表见证明和间接证明。

第四节 强制性规定违反与侵权责任因果关系

现代侵权责任以过错作为归责的核心,平衡个人自由与社会安全。因果关系相当性中的"相当性"与过错判断中的"可预见性"在绝大多数场合是竞合的。② 加之因果关系作为"关系",在证明上通常缺乏直接对应的生活事实或称"主要事实"。③ 因此,过错通常是侵权责任认定的核心。如在一则裁判中法院指出:"原告未戴安全头盔,且明知被告无证驾驶有安全隐患却不加制止,反积极乘坐,有一定过错,应承担相应的责任。"④此处虽言过错,实则包含因果关系。但有时,加害原因难以查明,或行为与损害间距离较为遥远,或存在自然力、第三人、受害人等介入因素,若要归责于行为人则须就因果关系予以单独讨论。强制性规定之行为义务往往针对特定的风险预设,风险是行为与损害间的桥梁,考察损害是否属于规范所预防的风险范围,可认定因果关系。

---

① 〔德〕普维庭:《现代证明责任问题》,吴越译,法律出版社 2006 年版,第 153—154 页。
② 李中原:《论侵权法上因果关系与过错的竞合及其解决路径》,载《法律科学》2013 年第 6 期。
③ 孙义刚、段文波:《民事诉讼中证明责任论争及启示》,载《政治与法律》2007 年第 6 期。
④ 甘肃省宁县人民法院(2014)宁民初字第 825 号民事判决书。

一、强制性规定、保护范围与因果关系推定

有法院根据行为人违反强制性规定之事实直接判定(法律上)因果关系成立,有的则推定因果关系存在。有学者强调,违反法律规定且损害是条文包含的典型危险的现实化,才可通过表见证明推定因果关系成立。[1] 但也有学者指出,行为违反强制性规定仅可"初步认定事实因果关系存在"[2]。那么,违反强制性规定究竟影响事实还是法律上因果关系?具体影响是什么?如何判断?

(一)行为—损害典型关联与因果关系认定

根据被违反之强制性规定的保护范围,包括人的范围,可推定法律上因果关系成立。在传统的因果关系相当性理论下,行为按照事物通常发展进程会导致损害发生,即行为实质性提高了损害发生可能性时,才可认定法律因果关系成立。这是以客观"盖然性"作为判断标准,可排除特殊、异常原因行为,保护行为自由。但在司法实践中,有的行为导致损害发生的客观概率并不高,却有归责之必要性。必须指出,因果关系相当性是一法律问题,而非事实问题。实质性提高损害发生之盖然性属客观事实。其之所以成为认定因果关系相当性的标准,进而可转化为法律判断,是因其既排除了特殊原因,也不需要行为必然导致损害发生,为平衡行为自由与权益保护提供了空间,也契合了行为人对损害应当有可预见性时才承担责任的潜在道德性评判。由此可见,因果关系判断的核心不是损害发生的客观概率,而是法律的价值判断。行为是否"实质"地提高了损害发生的可能性程度,关键是法律评判,而不是客观概率高低的纯粹事实。因此,有些行为虽然导致损害发生的概率不高,但行为蕴含的风险为法律所禁止、否定时,仍可认定因果关系成立。[3] 这也是传统理论认为因果关系相当性除根据盖然性判断,还需辅以法政策判断的原因,即根据规范判断调整依客观概率所做的事实判断结果。

适格强制性规定之保护范围的考察与因果关系相当性的考察具有相当的相互替代性。首先,当被违反的强制性规定,是以保护私益为目的之禁止规则或命令规则时,其设定的行为义务往往是立法者为防御权益遭受某些典型的损害风险所设定,行为义务与典型风险存在对应。损害发生方式符合保护范围,即违反规范的行为使得规范防范的风险现实化,可确认行为—风

---

[1] C. Grunfeld, "Breach of Statutory Duty, Proof of Causation", 19 *The Modern Law Review* 530 (1956);朱虎:《规制法与侵权法》,中国人民大学出版社2018年版,第222页。

[2] 徐静:《管制规范对侵权责任构成的影响》,江苏人民出版社2019年版,第148页。

[3] 侵权法上的因果关系相当性理论是自刑法借鉴而来。刑法学者对因果关系相当性理论变迁的总结值得参考,参见邹兵建:《论相当因果关系说的三种形态》,载《清华法学》2019年第4期。

险—损害因果链条,满足事实上的因果关系。需注意的是,"行为义务应当较为明确、具体"的具体,指行为需针对较为特定的风险。技术资格类规定,比如无证驾驶,虽与驾驶人驾驶能力、技巧相关,但针对的是整体的技术、能力和资质,非特定的风险,因此不一定是事故发生具体原因,不能径直推定因果关系存在。[①] 其次,法律作为一种有限资源,不可能列举所有风险,只能规定通常会导致损害的高风险行为。因此,行为义务所防范的典型风险现实化也代表了行为—损害间具有高度可能性,其因果关系相当性判断得到初步满足。比如一则案例中,法院认为,舒某违反《道路交通安全法》第51条佩戴头盔之规定,且舒某受伤部位为头部,其受伤与自己的违法行为有因果关系,承担一定比例的责任。[②] 由此可见,法院根据佩戴头盔意在降低头部损害风险以及舒某受伤部位为头部的事实,确认舒某的损害与未依法佩戴头盔间的因果关系。最后,损害发生是规范所预防风险的现实化,表明该风险是法律禁止的风险,而不是社会生活中的通常风险。这一价值评判使得,即使行为导致损害发生的客观概率相对较低,也因价值判断而可满足因果关系相当性中的"实质性提高损害发生可能性"要求。因此,通过规范保护范围来推定因果关系成立,并不会导致本来不满足因果关系相当性判断的行为成为责任原因。同时要求受害人处于规范保护范围内,是要求损害处于保护范围的应有之义。综上,物的保护范围实际上确立的是一组强制性规定之行为义务通常导致某种损害发生的经验法则,同时考察人的保护范围进一步保证了判断的妥当性。当强制性规定被违反,损害又是典型风险转化而来,可根据经验法则推定行为与损害间因果关系成立。

(二) 事实推定为原则、法律推定为例外

至于推定的具体类型,与过错推定类似,以事实推定为原则,行为人可证明自己之行为很可能发生其他结果而非受害人损害,即质疑行为关联损害的经验法则,来推翻事实推定。但法律有特别规定时,为法律推定,不得质疑行为与损害间具有典型事象经过。比如《证券法》第五章规定了信息披露规则,第85条明确禁止虚假陈述,这些规定意在避免证券购买者因虚假陈述而错误购入或出售证券,遭受价差损失。因此,法释[2022]2号第11条规定,原告能够证明下列情形的,人民法院应当认定原告的投资决定与虚假陈述之间的交易因果关系成立:(1) 信息披露义务人实施了虚假陈述;(2) 原告交易的是与虚假陈述直接关联的证券;(3) 原告在虚假陈述实施日之后、揭露日或更正日之前实施了相应的交易行为,即在诱多型虚假陈述中买入了相关证券,或者在诱空型虚假陈述中卖出了相关证券。这实际上就是从损害及其

[①] 吉林省长春市中级人民法院(2017)吉01民再105号民事判决书。
[②] 湖南省邵阳市中级人民法院(2017)湘05民终1269号民事判决书。

发生方式是否符合禁止虚假陈述规定之保护范围来确认因果关系。当然，法释〔2022〕2号第11条规定的是"认定因果关系成立"，但法释〔2022〕2号第12条列举了诸多排除因果关系的情形，比如原告在交易时知道或者应当知道存在虚假陈述，或者虚假陈述已经被证券市场广泛知悉；原告的交易行为是受到虚假陈述实施后发生的上市公司的收购、重大资产重组等其他重大事件的影响……此时即使符合法释〔2022〕2号第11条，因果关系也不成立，因此第11条的因果关系成立本质上应理解为法律推定，允许举证推翻。① 在"陈丽华等23名投资人诉大庆联谊公司、申银证券公司虚假陈述侵权赔偿纠纷"中，法院根据法释〔2022〕2号第11条（原法释〔2003〕2号第18条）确认因果关系，同时指出"大庆联谊公司所举证据不足以否认这种因果关系，关于不存在因果关系的主张不予采纳"，从侧面反映了第11条推定的实际效果。② 需注意，《民法典》第1230条的因果关系推定不以行为违法为前提，与本章讨论之推定不同。

另外，符合保护范围推定因果关系成立，但不涉及原因力比例，需结合案情予以具体判断。有法院指出，交警认定交通事故并不包括环境因素对交通事故的影响，故虽然事故认定书认定刘某承担事故全部责任，但道路设施是否存在缺陷，以及该缺陷与刘某的死亡结果之间是否存在因果关系，仍需要人民法院结合现场情况进行认定。③ 在另一则案例中，吕某进入河道游泳，溺水于消力池处，而河道两侧没有安装栏杆，也未设置警示牌告知此处有消力池。法院认为水利局及水管所未履行法律规定的监督管理义务，与吕某的死亡有一定的因果关系。但同时指出，吕某作为成年人在不会游泳的情况下下河游泳，是其溺亡的主要原因。④

二、人的保护范围与物的保护范围

（一）人的保护范围

人的保护范围无法直接为因果关系的确认提供帮助，其主要功能是反向排除不在保护范围内的受害人之损害与行为人行为之间的因果关系。比如《建筑法》第28条规定："禁止承包单位将其承包的全部建筑工程转包给他人，禁止承包单位将其承包的全部建筑工程肢解以后以分包的名义分别转包给他人。"该规定一是防止层层转包，导致最终实际用于工程的建设费用极少，留下工程质量隐患；二是维护合同稳定性，避免工程建设者实际被变更为

---

① 朱虎：《规制法与侵权法》，中国人民大学出版社2018年版，第223—225页。
② 《最高人民法院公报》2005年第11期。
③ 四川省成都市中级人民法院（2016）川01民终10033号民事判决书。类似案例参见青海省高级人民法院（2014）青民一终字第100号民事判决书。
④ 浙江省湖州市中级人民法院（2016）浙05民终629号民事判决书。

非发包人选择和信任的承包商。① 但实务中,有法院以"被告整体转包工程的行为违反了国家法律的禁止性规定,转包工程后对后续工程款的支付监督不力,对本案工程款的拖欠存在过错",判决转包人对工程款债务承担连带清偿责任。② 但显然,无论是最终承包公司还是工程款支付拖延损害,都不在《建筑法》第 28 条的保护范围内,据此认定转包人对工程款债务承担连带清偿责任,值得商榷。

(二) 物的保护范围

曾有未成年人模仿动画片《喜羊羊与灰太狼》的情节,玩"绑架烤羊"游戏,一个未成年人将另外两个未成年人烧伤,家长起诉发行人原创公司,引起热议。法院认为,该动画片的传播对象主要是未成年人,制作发行方除遵守《音像制品管理条例》外,还应受未成年人权益保护相关法律的制约,主动严格审查、过滤未成年人不宜观看的情节和画面,并负有提示风险、警戒模仿的注意义务。《未成年人保护法》第 50 条规定,禁止制作、发布、传播含有暴力等危害未成年人身心健康内容的电视节目。法院指出,动画片含有暴力情节和画面,对本案未成年人行为认知产生不良影响和误导。因此,该片的制作、发行虽经过行政许可,但实际造成了损害的客观后果,该后果与被告的发行行为存在法律上的因果关系。③

现实中,未成年人模仿动画片中情节伤害玩伴的概率极低,又有家长未妥当履行监护职责的介入因素,这种情况下,法院认定动画片发行行为与损害间(法律上)因果关系成立,需承担责任,超出了常人的认识。但如前文所述,行为导致损害发生的客观概率并非法律因果关系判断的根本依据,其判断的关键是行为是否蕴含了法律所禁止和否定的风险,以及损害是否为法律禁止之风险的现实化。音像制品中含有暴力情节有引起未成年人模仿、产生心理扭曲的风险。《未成年人保护法》以及《音像制品管理条例》禁止音像制品中含有暴力情节,表明该风险为法律所禁止,非一般社会风险。因此,在法律上,音像制品中的暴力情节"实质性地"增加了未成年人模仿动画烧伤玩伴的可能性。又因家长履行监护职责不到位,属过失而非故意,为音像制品发行者可得预见,故因果关系并不中断。当然,本案中动画制作商承担责任之过错要件是否满足或有可议之处。音像制品情节是否属于暴力以及是否达到须法律禁止的程度,需结合法律与社会认识具体判断。《美国侵权法重

---

① 全国人大常委会法制工作委员会:《中华人民共和国建筑法释义》,法律出版社 1998 年版,第 94—95 页。
② 宁夏回族自治区银川市兴庆区人民法院(2015)兴民初字第 1866 号民事判决书。
③ 在北大法宝、无讼案例等数据库未查找到该案判决,可能是二审以调解方式结案。案情参见《男童模仿动画片烧伤同伴 制作公司被判担责 15%》,网址:http://newpaper.dahe.cn/jrabybb/html/2013-12/19/content_1004237.htm? div=-1。

述第三版:实体与精神损害责任》第 15 节第 4 项规定,行为人违反该法是因为该法向大众表述不清时,行为可以得到豁免且不存在过失。① 本案被违反的《未成年人保护法》第 50 条虽非表述不清,但《国家广播电影电视总局关于实行国产电视动画片发行许可制度的通知》第 2 条第 7 项也有禁止宣扬暴力或教唆犯罪的规定,违反则不予发放发行许可,但本案中动画制作发行商获得了发行许可。《未成年人保护法》规定与其类似,却有不同解释。此处存在不同法律间的抵牾,似不能认定行为人对违法存在过错。②

  类似地,在某财产损害赔偿纠纷中,王某所经营加工部的工作人员切割钢衬,产生炽热铁屑溅入原告家电仓库,引发火灾。最高人民法院认为,原告在仓库存放可燃物质,但未按《消防法》第 23 条第 3 款规定安装消防器材,建立、落实有效安全责任制度与防火措施,对损害发生、扩大具有一定过错,承担一定比例责任。③ 易燃物质不设置防火措施,有被他人过失致燃之风险,该风险为《消防法》所禁止,在法律上被认为具有提高火灾之实质可能性。他人过失导致火灾时,法律因果关系成立。我国台湾地区司法实践中,"堆放保利龙案"为因果关系相当性判断的典型案例,被告在骑楼堆放易燃之保利龙(塑料泡沫),被他人依社会习俗烧冥纸而过失点燃,引发火灾。法院认为,保利龙非自燃,单纯堆放通常不致发生火灾,不具有因果关系相当性。但学者批评道:保利龙作为易燃物品,堆放于骑楼,易因第三人过失导致失火,并非不可预见。特别是于骑楼焚烧冥纸为我国台湾地区常见社会现象。④ 由此可见,根据强制性规定之保护范围,可直接确认行为风险是否为法律所禁止,避免了因果关系相当性理论适用的复杂性,也避免了损害发生概率处于边界时的误判风险。

  相反,如损害不是法律所防范的风险导致,则原则上不存在法律上的因果关系。例如,何某等五名未成年人相约到河中游泳,看见对岸停泊着一条小船,何某、廖某游到对岸,解开绳索,将船划开。划至河中心时,另三人游过来攀爬小船致船翻转,五人落水,后相互争抢救生圈,均不幸身亡。骆某违反《内河交通安全管理条例》第 69 条的规定,未将船舶停靠在码头、泊位或依法公布的锚地、停泊区、作业区。但该规定是为保障航行安全,非防范他人溺

---

① 〔美〕爱伦·M.芭波里克:《侵权法重述纲要》,许传玺等译,法律出版社 2016 年版,第 118、120 页。
② 孙良国教授认为系争问题不是行政许可,而是《未成年人保护法》,不得以行政许可抗辩。孙良国:《违反保护他人的法律的侵权责任及其限度——以"儿童模仿〈喜羊羊与灰太狼〉烧伤同伴案"为例》,载《法学》2014 年第 5 期,第 119 页。本文从不同法律矛盾无法给当事人提供明确行为指示角度论证豁免。
③ 最高人民法院(2015)民申字第 1195 号民事裁定书。类似案例参见江苏省常州市中级人民法院(2021)苏 04 民终 474 号民事判决书。
④ 陈聪富:《因果关系与损害赔偿》,北京大学出版社 2006 年版,第 132 页。

水,骆某未按规定停泊船只与何某等人的死亡并无法律上因果关系。①

第五节 本章总结

强制性规定是否及如何引致私法效应,需在合同和侵权两大法制领域着力,其事关一国整体法制运作。侵权责任法与公共秩序关系密切,是协调自治与强制的重要场域。强制性规定影响合同效力的判断机制已臻完善,在侵权法中建立此项机制迫在眉睫。我国《民法典》侵权责任编缺乏像德国及我国台湾地区的概括性转介条款,强制性规定进入侵权责任法缺乏法定管道,需要以我国整体法制为基础从法解释上另辟蹊径。中国民法学不必为没有此种立法条款而鼓吹修法,亦不因此而手足无措、妄自菲薄。在中国的《民法典》时代,"要坚持以中国特色社会主义法治理论为指导,立足我国国情和实际,加强对民事法律制度的理论研究,尽快构建体现我国社会主义性质,具有鲜明中国特色、实践特色、时代特色的民法理论体系和话语体系"②。学者应克制"别人有我也需有"的立法思维,优先考虑在《民法典》体系下通过解释填补漏洞。③

本章以《民法典》规定的侵权责任构成为基础,着眼于强制性规定自身特征与侵权责任之过错、因果关系的关联,建构其进入侵权法场域的事理与法理路径。《民法典》第1164条、第1165条对民事权益一体保护,侵权责任法无须保护性法律拓展保护客体,强制性规定筛选应从侵权责任要件判断需要出发,采"行为义务—保护目的"模式,先判断有无具体行为义务,再以保护目的辅助筛选意在保护私益之行为义务。如此,契合强制性规定影响侵权责任之过错、因果关系要件的事理,更剔除不具备具体行为义务标准之强制性规定。强制性规定的行为义务作为权益的具化,缩短了过错关联,补强了民事权益的可预见性,同时又因行为义务设置以保护私益为目的,行为义务标准必然考虑私权保护之要求,通常符合或高于侵权过错判断中理性人的注意义务水准,可据此经验法则推定过错。强制性规定还具有影响侵权责任之因果关系要件认定的能力。在原因不明或行为与损害间距离较远,比如自然力、受害人、第三人原因介入等情况下,尤其需要借助强制性规定的保护范围确认行为与损害间是否存在法律上因果关系。行为义务意在保护民事权益,行为义务的具体设置必针对可能引起私益损害的典型风险。当加害人违背

---

① 广东省广州市中级人民法院(2016)粤01民终7526号民事判决书。
② 习近平:《充分认识颁布实施民法典重大意义 依法更好保障人民合法权益》,载《求是》2020年第12期。
③ 王利明:《论民法典时代的法律解释》,载《荆楚法学》2021年第1期。

该行为义务,且损害及其发生方式符合立法者的预设和想象时,违法行为具有法律承认的引起损害发生的作用,推定因果关系成立。原因力比例另行根据案情具体考察。当然,《民法典》没有设置概括性转介条款,过错和因果关系之推定均为事实推定,也避免了我国台湾地区不当概括性法律推定的错误。如此,一方面强制性规定获得了私人监督与民事责任的强化;另一方面,强制性规定明确了行为自由界限,便利权益保护。但裁判者不得混淆行政责任与侵权责任的责任基础,应严格把握侵权责任的构成要件,权衡行为自由、权益保护与强制秩序之间的关系。

第五章 买卖标的瑕疵致扩大损害之赔偿

第一节 本章问题

买卖标的瑕疵扩大损害之赔偿讨论的主要是买卖合同标的物存在瑕疵导致标的物进一步损坏时,产品自身价值减损的赔偿问题,学界指称该问题时使用的术语包括商品(产品)自损(自伤)。① 产品系侵权法中产品责任之用语,买卖合同标的物范围宽于《产品质量法》之产品,比如根据《产品质量法》第2条第3款规定,建设工程不属于该法之产品②,故本章以下称商品自损。商品自损具体指"商品本身因其缺陷而不堪使用、毁损或灭失,致买受人受有损害,如价值减少、支出修缮费、不能营业或需对第三人负损害赔偿责任"而产生的损失。③

商品自损为履行利益损失,受合同法上的瑕疵担保制度保障,但存在一定的限制。《民法典》第620条、第621条(《合同法》第157条、第158条)规定,买受人收到标的物后应及时检验,发现瑕疵后应在合理期限内通知出卖人。买受人超过约定的检验期限、质保期或交付届满2年后发现瑕疵,即使买受人在通知问题上没有过错,出卖人仍可对买受人的瑕疵担保责任请求提出抗辩。买受人因此在部分情况下无法依据合同法请求商品自损之赔偿,特别是买受人并无过错而因超过最长2年通知期限丧失请求救济之权利,与人们朴素的正义感不符。学界相关研究包括两类:一是有关瑕疵担保责任之基础研究,集中于:(1)瑕疵担保责任与违约责任的关系④;(2)瑕疵担保责任要件的确定与阐释⑤;(3)买受人检验通知义务,包括是否应区分检验期限

---

① 例如黄芬:《商品自损与纯粹经济损失》,载《大连海事大学学报(社会科学版)》2012年第5期;马一德:《论消费领域产品自损的民事责任》,载《法商研究》2014年第6期;黎华献:《"产品自伤"之侵权法救济路径的检视与选择》,载《河南财经政法大学学报》2017年第2期。
② 除美国外,将不动产排除于产品范围是英法德日等国的通常做法,参见何桢、蓝志明、解晶:《产品责任立法中的产品范畴比较研究》,载《天津大学学报(社会科学版)》2009年第3期。
③ 王泽鉴:《民法学说与判例研究》(合订本),北京大学出版社2015年版,第737、758页。王泽鉴教授从"消费者保护法"的角度将产品责任称为商品责任。
④ 例如崔建远:《物的瑕疵担保责任的定性与定位》,载《中国法学》2006年第6期;韩世远:《出卖人的物的瑕疵担保责任与我国合同法》,载《中国法学》2007年第3期。
⑤ 例如宁红丽:《试论出卖人物之瑕疵责任的构成——以〈买卖合同司法解释〉为主要分析对象》,载《社会科学》2013年第9期;周友军:《论出卖人的物的瑕疵担保责任》,载《法学论坛》2014年第1期。

与通知期限及期限确定、是否应区分民商事合同、检验期限的性质、质保期的内涵等。① 这些研究并未从商品自损赔偿角度检讨瑕疵担保制度。只有民事合同是否适用检验通知义务从侧面涉及瑕疵担保救济门槛之放宽,但对最长2年通知期限均认定系技术规则,纵买受人无过错亦无不同。二是2009年颁布的《侵权责任法》第41条(《民法典》第1202条)未像《产品质量法》第41条那样强调需有人身或缺陷产品以外的其他财产受损。不少学者主张将商品自损作为侵权法上的纯粹经济损失甚至所有权损害予以救济。这些文献指出合同法救济商品自损存在诸多不足,包括合同相对性、救济范围不全面及由此导致的多次诉讼等②,但这些指责值得商榷,更没有关注瑕疵担保制度本身的问题并寻求完善,而是贸然打破合同与侵权的固有分工。反对者虽指出侵权法救济本身的不足及对合同与侵权体系的冲击,但其提出的允许侵权与违约两个诉讼一并解决③、将制造商明示担保的范围扩展至间接买受人④、扩张三包制度适用主体⑤等建议,在合理性、适用范围、有效性等方面存在严重不足,缺乏说服力。

本章通过分析瑕疵担保制度在商品自损救济方面的规定,提出问题的核心在于技术性的最长2年通知期限与现代社会商品复杂性间的矛盾。目前提出的各种商品自损赔偿完善方案,在纾解最长2年通知期限之刚性上缺乏针对性,有过窄或过宽之弊,且本身的合理性、与我国法律的熨帖度有所不足。故,本章将立足于最长2年通知期限一刀切之弊端,根据通知义务保护出卖人之目的与现代商品销售之特点,探索更合理的法律方案。

第二节 最长两年期限后发现隐蔽瑕疵之情形

以商品自损赔偿为主题的文献指出,合同法救济存在合同相对性的限制、救济范围的不全面及需多次诉讼等问题。但这些批评缺乏根据,也非问题根源所在。

---

① 例如王轶:《诉讼时效制度三论》,载《法律适用》2008年第11期;武腾:《合同法上难以承受之混乱:围绕检验期间》,载《法律科学》2013年第5期;冯珏:《或有期间概念之质疑》,载《法商研究》2017年第3期;崔建远:《论检验期间》,载《现代法学》2018年第4期。表述上,有检验期间、质量异议期间、质量异议期等说法,检验期间又有检验通知之总期间和单独的检验期间区分之争论,笔者倾向于多数学者使用的检验期间,同时认为检验与通知一体规定尚可接受。另,《民法典》表述由期间改为期限。本章一般称检验期限,且为总期限。

② 马一德:《论消费领域产品自损的民事责任》,载《法商研究》2014年第6期;董春华:《产品自身损害赔偿研究——兼评〈侵权责任法〉第41条》,载《河北法学》2014年第11期;王利明:《论产品责任中的损害概念》,载《法学》2011年第2期。

③ 李永军:《"产品自损"的侵权法救济置疑》,载《中国政法大学学报》2015年第3期。

④ 冉克平:《缺陷产品自身损失的救济路径》,载《法学》2013年第4期。

⑤ 陈耒:《论缺陷产品自身损害的救济》,载《湖北警官学院学报》2015年第10期。

一、合同相对性对主体的不当限制

有学者指出即使符合瑕疵担保责任赔偿要求,合同相对性对主体的限制仍会不当妨碍商品自损的赔偿:买方须是买受人,其他人没有请求权;卖方只能向销售者而不能向非合同当事人的制造商追究责任,在出卖人破产等情形下会导致无法赔偿。① 但这些批评难以成立:受害人不一定为买受人本身,确无疑义。但商品自损这部分系履行利益,归属于买受人,其他人并无此利益需要保护。具体情形如下:(1) 受害人为借用人、承租人等,其对商品本身的利益是基于借用、租赁合同而享有的使用价值而非交换价值。(2) 拾得他人抛弃物者,获取的本就是带有瑕疵之商品的所有权,依差额说之损害概念并不存在因商品自损导致的财产减损。只是人身和固有财产有不受产品缺陷威胁的侵权法保障。(3) 若为受赠人,其拥有商品所有权,商品对价本质上是由赠与人代为支付的,其对交换价值享有利益。而且,鉴于赠与下的良好社会关系,获取赠与人授权或以赠与人名义起诉并不困难。(4) 若是家庭成员使用中发生自损,可以先依照法律逻辑认定为买受人本人才可主张商品自损,但其可以将权利转让给家人或委托家人代为行使。更进一步,不妨直接认定家庭成员拥有请求权,因为这些消费品通常是家庭共同体的共有财产。《保险法》对此有更深入的认识——当他人造成被保险人损害时,保险人赔付后可代为行使被保险人对第三人的赔偿请求权,但家庭成员非故意造成损害时,保险人不得请求该家庭成员赔付。至于作为被告的直接出卖人可能陷入无清偿能力或企业破产等情形,在任何合同均可能出现,不构成合同救济的缺陷。

二、存在救济范围不全与重复诉讼

在商品瑕疵同时导致受害人的人身、其他财产受损害时,构成违约责任与侵权责任竞合。根据传统观点,受害人选择违约责任无法请求精神损害赔偿,选择侵权责任则无法获赔商品自损。这种救济范围不全面也导致司法实践中,原告若要获取全面救济,只能在请求瑕疵担保责任后,对其他固有利益损失"向生产者另行提起侵权之诉"主张救济。② 如此救济,较为不便,成本高昂。③

不过,救济不全面的批评建立在商品自损部分构成竞合这一前提之下。但实际上仅仅是固有利益损害部分构成竞合,固有利益损害部分(归为侵权

---

① 董春华:《产品自身损害赔偿研究——兼评〈侵权责任法〉第41条》,载《河北法学》2014年第11期;朱晓喆、冯洁语:《产品自损、纯粹经济损失与侵权责任——以最高人民法院(2013)民申字第908号民事裁定书为切入点》,载《交大法学》2016年第1期。
② 参见浙江省宁波市中级人民法院(2010)浙甬商外初字第47-1号民事裁定书。
③ 王利明:《论产品责任中的损害概念》,载《法学》2011年第2期。

时)与商品自损构成聚合,因为二者虽然原因事实相同,但指称的损害却不相同,二者可以同时请求。① 如此解读并不违背《民法典》第 186 条之文义。而且,即使认定构成竞合,固有利益可以通过合同法救济。② 根据《民法典》第 996 条,精神损害赔偿已可以在合同之诉中主张。③ 由此,合同救济并不会出现保护范围不全面的问题,也无须重复起诉。

三、约定检验期限、合理期限与最长两年期限

《民法典》第 620 条、第 621 条等规定了买受人对商品瑕疵的检验、通知义务。未在约定的检验期限及时通知其发现的瑕疵;没有约定时,未在发现瑕疵后的合理期限内通知;自收到商品后 2 年内未通知出卖人的,视为商品质量和数量符合约定。但出卖人知道或应当知道商品不符合约定或者商品质量保证期超过 2 年的除外。上述规定虽非瑕疵担保责任要件,但作为抗辩规范,在买受人未能依上述规定通知时,出卖人将获得抗辩权对抗买受人的主张,阻碍商品自损的赔偿。因此有必要审视该规定是否不当地限制了买受人主张瑕疵担保责任。整体而言,检验通知制度的目的在于"敦促买受人及时提出质量异议,以便出卖人尽早采取救济措施解决质量问题,防止时日久远证据灭失,纠纷持续,社会关系长期处于不稳定状态"④,有其合理性。就具体规定而言:

(一)约定检验期限之合理性

约定检验期限时,需在检验期限内给予通知。有学者指出,《民法典》第 621 条规定,在约定检验期限内需完成检验与通知两项内容。检验期限吸收了通知期间,且使得本只需在合理期限内完成的通知,而必须使用单纯检验期限的及时要求。这使得即使双方公平约定检验期限,也会导致本意只是供检验的期限,却需要完成检验和通知两项任务。应明确区分检验和通知,并将《民法典》第 620 条的检验期限解释为单纯检验所需的期限,第 621 条的约定检验期限为总期限。⑤ 但笔者以为,我国规定尚可接受:其一,检验义务的

---

① 刘芳:《加害给付救济模式之建构——以合同法的适用为视角》,载《浙江社会科学》2012 年第 12 期;叶名怡:《违约与侵权竞合实益之反思》,载《法学家》2015 年第 3 期;朱晓喆:《瑕疵担保、加害给付与请求权竞合——债法总则给付障碍中的固有利益损害赔偿》,载《中外法学》2015 年第 5 期;崔建远:《民法总则应如何设计民事责任制度》,载《法学杂志》2016 年第 11 期。
② 参见崔建远:《合同法学》,法律出版社 2015 年版,第 60 页;王文胜:《论合同法和侵权法在固有利益保护上的分工与协作》,载《中国法学》2015 年第 4 期。
③ 张红:《中国七编制〈民法典〉中统一损害概念之证成》,载《上海政法学院学报》2021 年第 1 期。
④ 参见最高人民法院(2019)最高法民终 38 号民事判决书。
⑤ 武腾:《合同法上难以承受之混乱:围绕检验期间》,载《法律科学》2013 年第 5 期。

目的在于及时通知。"检验义务是否履行,以通知为断"①,纵使买受人怠于检验,或根本未检验而从他处得知乃至臆测商品存在瑕疵,并及时通知,并不产生任何不利的法律后果。② 故,不能及时通知的后果实质上是对未检验货物的制裁形式之观点③,是不能成立的。其二,约定之检验期限,其意图应根据双方意思表示进行解释,双方约定之检验期限本意为最后通知期限,则尊重双方意思自治;若为单纯检验期限,则另行确定合理的通知期限。实践中,法院也可以进行适当干预:一是检验期限过短,难以完成全面检验的,根据《民法典》第 622 条(法释[2012]8 号第 18 条)将该期限认定为对外观瑕疵的检验期限;二是适当顺延起算时点,在"西藏天顺路桥工程有限公司与成都泰和沥青发展有限公司买卖合同纠纷上诉案"中,买方需要自提购买之沥青并经运输才能到达施工现场,此时才有机会进行检验。合同原约定之 3 日检验期限,不符合实际,故法院裁量顺延至到达施工现场后开始起算。④ 如此,约定之检验期限也必须自有实际检验可能时方可起算。至于"及时"与"合理"期限,本质上是一个解释的问题,"此处的'及时',通常应当理解为:有法定时间的,依据法定时间检验;没有法定时间的,应在收货时或收货后合理时间内进行检验"⑤。所以,约定检验期限的规定尚属合理,并非商品自损赔偿问题之根源。

(二) 合理期限之适应性

合同双方未约定检验期限时,应在发现瑕疵后的合理期限内通知。已失效的《工矿产品购销合同条例》曾对买方提出异议的期限进行分类规定,比如规格、花色、型号等外观瑕疵需在到货后 10 天内提出异议;内在质量瑕疵需在约定或法定的检验期限内提出异议;需要安装运转后才能发现的质量瑕疵,从运转之日起 6 个月内提出异议。《民法典》制定时,曾考虑通过区分瑕疵类型与标的物种类来确定时间,但最后认为"一方面,针对不同情况简单地规定出'10 天'或'6 个月'这样的期限,以适用于实践中的具体合同不尽科学合理;另一方面,对概括出实际生活中各种各样的质量违约情形也没有把握。因此,最后采取了本条的规定方式"⑥。即采用"合理期限"这种不确定性概念,具体认定时应根据《最高人民法院关于审理买卖合同纠纷案件适

---

① 梅仲协:《民法要义》,中国政法大学出版社 1998 年版,第 337 页。
② 参见[德]卡纳里斯:《德国商法》,杨继译,法律出版社 2006 年版,第 691 页。
③ 参见[德]克里斯蒂安·冯·巴尔、[英]埃里克·克莱夫:《欧洲私法的原则、定义与示范规则:欧洲示范民法典草案》(第 4 卷),于庆生等译,法律出版社 2014 年版,第 125 页。
④ 参见最高人民法院(2016)最高法民终 37 号民事判决书。需说明的是,最高院承认了原审法院顺延检验期限的观点,但因买方在到达施工现场 3 日内仍未检验通知,未支持其请求。
⑤ 参见黄薇主编:《中华人民共和国民法典释义》,法律出版社 2020 年版,第 1198 页。
⑥ 同上书,第 1200 页。

用法律问题的解释》(2020修正)第12条第1款的规定:"综合当事人之间的交易性质、交易目的、交易方式、交易习惯、标的物的种类、数量、性质、安装和使用情况、瑕疵的性质、买受人应尽的合理注意义务、检验方法和难易程度、买受人或者检验人所处的具体环境、自身技能以及其他合理因素,依据诚实信用原则进行判断。"因此,合理期限的规定是妥当的,具有良好的适应性。

(三)最长两年期限与隐蔽瑕疵暴露规律的冲突

规定了合理期限后,法律还规定了最长2年的通知期限,此期限自交付起算,不适用诉讼时效中断、中止、延长的规定,为绝对化期限。但"基于工业与科技之突飞猛进,现代社会交易之目标不仅价格昂贵、设计精巧,暗藏之危险也较多,物之瑕疵担保规定的短期时效,显然不足以保障买受人之权益"[1]。因为买受人很难通过检查发现所有瑕疵。委托专家等第三方检验,一是可能过分地不经济,法律上不可期待买受人检测;二是专家检验也并不能保证发现所有瑕疵。大型复杂机械设备及汽车、洗衣机、空调、手机等高档耐用消费品,有时即使存在隐蔽瑕疵尚可使用。这类瑕疵只能在使用中发现,瑕疵的暴露与发现有相当的长期性和偶然性。比如2012年大众汽车速腾新车型更换了车辆后悬架架构,2014年部分车辆便出现断轴,但早期购买的车主可能已经过了最长两年期限。买受人虽无过错,仍"自动切断"合理期限的计算,买受人将无法依合同请求商品自损赔偿。除非标的物规定有质保期。关于质保期,将在本章第三节扩大三包制度,向制造商直索责任方案下一同讨论。

综上,买受人本无过错但因最长2年通知期限被拒之门外,无法顺利获赔的情形,才是商品自损赔偿的根源。我国台湾地区旧"民法"及《德国民法典》都规定了自交付即起算的短期时效,但均受到学者的批评,成为改革的对象,也印证了上述结论。[2] 不过,最长通知期限这一技术性规定确有其必要性和合理性,不能一废了之,应寻找能更妥善平衡不同主体利益的方案,容后详述。

第三节　各种商品自损救济方案之整理与评析

为保护买受人请求商品自损赔偿的权利,学界提出了许多不同方案,但这些方案能否恰如其分地解决最长2年通知期限导致部分无过错买受人丧

---

[1] 蔡晶莹:《民事买卖法物之瑕疵担保规定之探讨》,载《法令月刊》2017年第7期。
[2] 参见邱聪智:《新订债法各论》(上),姚志明校订,中国人民大学出版社2006年版,第100页;〔德〕迪特尔·梅迪库斯:《德国债法分论》,杜景林、卢谌译,法律出版社2007年版,第84页。

失救济的问题?

一、作为侵权责任法上的损失

1993 年《产品质量法》第 29 条第 1 款规定产品责任须发生"人身、缺陷产品以外的其他财产损害",将商品自损排除在侵权责任之外,2018 年修订时仍未改变。2009 年发布的《侵权责任法》第 41 条(《民法典》第 1202 条)未强调"缺陷产品以外的其他财产"受损。学界由此开始讨论《侵权责任法》第 41 条的损害是否包括商品自损,具体包括两种解释:

(一) 所有权损害

将商品自损作为所有权损害源于德国法院在 1976 年"浮标开关案"、1983 年"车辆油门案"等案例中创设、发展而来的继续侵蚀性损害理论。① 其核心在于商品原有瑕疵部件与商品整体在功能上或者价值上不同时,将瑕疵与标的物整体区分为两个物,认为瑕疵造成了瑕疵之外这部分的所有权受损,构成侵害所有权。② 这一理论如前所述,目的是解决原德国民法规定的短期时效。2002 年《德国债法》修订时虽将期限延长为 2 年(土地为 5 年),但仍短于普通时效,且延续交付后即开始起算的旧规定,因此上述观点仍有存在必要。但这种观点:(1) 将一个完整的产品强行区分为一个有缺陷的物和部分零件有违事理。且一面将缺陷产品区分为有缺陷和无缺陷"两个物",一面又认为制造商需对其交付的整个产品负责,逻辑难以自洽。③ 需注意这与加装的独立产品存在瑕疵导致原商品损坏的情形不同。比如我国"刘伟与高志刚、××刚产品责任纠纷"中,被告为原告的奔驰汽车加装其代理的东风汽车公司生产的动力增压器存在缺陷,是造成奔驰汽车毁损的主要原因。动力增压器虽可安装于车辆,但与奔驰车系两个产品,分属不同厂家,此种情况下本就有两个物,对动力增压器的生产者或销售者来说,奔驰车属固有的其他财产。④ (2) 侵害所有权的特征是外力导致所有权功能受损,而商品自损显然是源于一开始就存在的内因。⑤ (3) 没有全面地解决最长 2 年通知期限带来的问题,甚至存在着法律评价矛盾。根据这种理论,只有扩大的那部分损害才能作为所有权被侵害。瑕疵本身造成的减值仍要适用 2 年

---

① 相关案例的详细介绍参见金印:《论作为绝对权侵害的产品自损——兼论"物质同一说"的能与不能》,载《政治与法律》2015 年第 9 期;朱晓峰:《德国侵权法上的继发性损害类型及其启示》,载《现代法学》2017 年第 3 期。
② 黄芬:《商品自损与纯粹经济损失》,载《大连海事大学学报(社会科学版)》2012 年第 5 期。
③ 参见[德]汉斯·约瑟夫·威灵,托马斯·芬克瑙尔:《德国债法分则案例研习》(第 8 版),冯洁语译,中国法制出版社 2019 年版,第 244 页。
④ 参见内蒙古自治区呼和浩特市中级人民法院(2019)内 01 民终 2386 号民事判决书。
⑤ 黎华献:《"产品自伤"之侵权法救济路径的检视与选择》,载《河南财经政法大学学报》2017 年第 2 期。

期限,不能一同获得救济;在瑕疵不能发现,或者发现后无法排除,或者费用过分不合理,例如修理费远超物本身的价值、物整体毁损前后不存在价值差等,按该理论不存在商品自损。① 这种商品缺陷越大,制造商责任越小的结果存在法律评价上的矛盾。由于这些问题,我国民法学界并未广泛认同商品自损为所有权损害这一观点。

(二) 纯粹经济损失

商品自损符合纯粹经济损失的定义,即非因受害人自身的人身或财产权利受侵害而产生的经济损失。不少学者主张将商品自损作为侵权法上的纯粹经济损失②,得到了包括最高院法官在内的诸多法官的支持。③ 但该说同样存在诸多问题,且无法很好地弥补最长2年通知期限之不足:

首先,如果商品自损作为侵权法上的纯粹经济损失,只能归属于《民法典》第1165条而非1202条之损害。学者指出,商品自损属于《侵权责任法》第41条(《民法典》第1202条)之损害。④ 但产品责任作为特殊侵权责任类型,其诞生是为了应对各种频发的产品问题给社会带来的威胁,并不单单是保护买受人,还包括非买受人的消费者及第三人,其目的自然是一般性地保护固有利益安全,而非履行利益。1989年,德国颁布《产品责任法》时,德国司法实践已承认商品自损之侵权法救济,但其《产品责任法》仍将产品自损明确排除在外,这便是一种例证。另外,侵权法上,纯粹经济损失赔偿通常需通过各种方法进行限制,比如对应予赔偿的经济损失法定化、要求侵害人为故意等。⑤ 而产品责任为无过错责任。这会造成过错责任与无过错责任的混合,原告既无须证明过错,又需证明过错。既难以自洽,也会造成不合理的结果;要么无过错责任被过错责任吸收,加大救济难度;要么为了获得无须证明过错的便利而放弃商品自损的索赔。

其次,即使将商品自损作为《民法典》第1165条规定下的纯粹经济损失,适用普通的过错责任,仍然存在各种各样的问题:

第一,责任依据。通过《民法典》第1165条保护商品自损,需首先说明其责任基础。我国台湾地区法院在一个因购买安装的瓷砖发生龟裂导致承揽合同违约的纠纷中判令制造商对商品自损部分承担侵权责任,并指出制造商承担侵权责任的依据为交易安全义务。交易安全义务理论确实可以解决

---

① 金印:《论作为绝对权侵害的产品自损——兼论"物质同一说"的能与不能》,载《政治与法律》2015年第9期。
② 例如张平华:《英美产品责任法上的纯粹经济损失规则》,载《中外法学》2009年第5期。
③ 参见最高人民法院(2015)民申字第1746号民事裁定书;山东省高级人民法院(2016)鲁民再41号民事判决书;江苏省扬州市中级人民法院(2018)苏10民终2765号民事判决书。
④ 王利明:《论产品责任中的损害概念》,载《法学》2011年第2期。
⑤ 张新宝、张小义:《论纯粹经济损失的几个基本问题》,载《法学杂志》2007年第4期。

间接侵权的问题。但德国以及我国台湾地区主流观点认为,交易安全义务理论主要是对权利和法律明确规定之法益的保护,并不为纯粹经济损失赔偿提供依据。① 当然,我国法律对权利、利益并不区分保护,但其仍存在下述诸多问题。

第二,保护范围。假设承认交易安全义务理论可作为纯粹经济损失保护的依据,当商品存在缺陷时,正常情况下流向市场必然对他人人身、财产会造成不合理的危险,依照交易安全义务理论,制造危险者有控制并防范危险实现的义务,未能阻挡缺陷商品流入市场,可通过推定过错或者重大过失赔偿纯粹经济损失。但在商品仅存在瑕疵时将存在疑问:(1) 合同法上的瑕疵不等于侵权法上的瑕疵。比如某合同纠纷中,建筑商承揽了某医药企业生产药瓶的生产线,但承揽人擅自更换了电缆品牌、型号及线径,导致电压不稳定,无法满足生产药瓶的需求,只能生产啤酒瓶。② 本案中的电缆不符合合同约定的性能要求,但并非侵权法上的瑕疵产品,无法通过侵权法来保护。(2) 商品仅存在侵权法上的"质量瑕疵"时,根据《产品质量法》第26条第2款第2项,只要作必要说明,仍然允许买卖流通,并不当然地可责难。而且,《产品质量法》第40条第1款规定销售瑕疵商品的责任系合同法上的责任方式,第4款还规定当事人可在买卖合同、承揽合同中对责任等作不同约定,表明交付瑕疵商品责任是合同责任而非侵权责任。(3) 即使商品存在侵权法上的"缺陷",其赔偿范围也有疑问。有学者认为,区分商品因瑕疵减值的部分与瑕疵导致商品的进一步损失,主要是继续性侵蚀损害理论为了将进一步的损害作为所有权损害。但商品瑕疵带来的减值与进一步的损坏本质并无不同,均属于商品自损。③ 若如此理解,交付时便已存在的瑕疵造成的减值部分,能否构成侵权并获得赔偿,存在疑问。

第三,风险控制。"契约上商品瑕疵之约定,当事人得以协商的方式,分担损害之危险,适度控制责任范围,不至于无限扩大被告责任,较之侵权行为法,更能适度调整当事人间之利益。"④ 比如我国《民法典》第618条(法释[2012]8号第32条)规定当事人可约定减轻或免除出卖人的瑕疵担保责任,但出卖人故意或重大过失不告知的除外。商品仅存在瑕疵而无缺陷时,假设制造商对销售商销售一批商品,部分无瑕疵,部分有瑕疵,但作了说明并降低价格。销售商与买受人有免除瑕疵担保责任的约定,后因一般过失交付了瑕疵商品。按照约定及《民法典》第618条的规定,销售商不承担瑕疵担保责

---

① 参见陈聪富:《侵权行为法原理》,元照出版公司2018年版,第161—163页;李昊:《交易安全义务论——德国侵权行为法结构变迁的一种解读》,北京大学出版社2008年版,第101—103页。
② 参见重庆市高级人民法院(2019)渝民再353号民事判决书。
③ 参见陈聪富:《侵权行为法原理》,元照出版公司2018年版,第159—160页。
④ 同上书,第157页。

任;制造商也作了必要说明,不构成侵权。但如果此时排除合同法而适用侵权法,销售商对未说明的瑕疵存在一般过失,可能构成侵权责任,如此便干扰了合同对责任风险的个性化分配。

第四,故意之存在与证明。纯粹经济损失赔偿通常限于故意。虽有学者主张适当放松主观过错的要求①,但放松到何种程度并无统一意见,总体上纯粹经济损失比一般的侵权责任要求更多的可归责性是一种共识。② 就故意而言,由于惩罚性赔偿甚至刑法的制裁,现实中制造商明知商品存在瑕疵仍故意销售的情形极为少见。至于过失,英国针对过失引发纯粹经济损失的责任,通常限于违反法定职责的专家责任。③ 另外,正是因为消费者通常难以证明制造商的过错,诞生了无过错的产品责任。现在却要原告证明制造商存在更严重的主观过错,负担较重。个别学者提出,借鉴美国对危险性缺陷产品和质量性缺陷产品的划分,将故意要件转化为缺陷以危险方式实现,即激烈或突然迸发方式导致产品自损,以克服主观过错的证明困难。④ 但美国如此区分是因其产品质量法未明确区分瑕疵与缺陷。⑤ 所谓以危险方式实现产品自损本质上是我国侵权法上的"缺陷",这本就是产品责任的前提,并不能让商品自损成为产品责任下的损害。那么,能否基于证明责任的困难而将商品自损之侵权责任例外地调整为无过错或者过错推定责任？德国法上将商品自损作为所有权损害,适用《德国民法典》第 823 条第 1 款的普通过错责任,基于消费者证明能力不足的特殊背景采过错推定,并不过分。⑥ 但我国学者将商品自损作为纯粹经济损失,其在主观可归责性要求上较一般过错责任高。欲有效减轻证明负担,向产品责任靠拢,需首先突破纯粹经济损失高归责性原则,再放松至过错推定或无过错责任,两次突破限制与纯粹经济损失限制赔偿的理论不符。

第五,架空检验通知义务,掏空瑕疵担保责任。根据交往安全义务理论要求制造商对商品自损承担侵权责任,既突破了相对性,也完全取消了检验通知义务。但检验通知义务对于尽快发现瑕疵,提高交易效率,尽快稳定交易关系具有重要意义,有其必要性。将商品自损纳入侵权责任,不考虑买受

---

① 参见王泽鉴:《侵权行为》,北京大学出版社 2016 年版,第 405 页;余艺:《过失致人纯粹经济损失不予赔付规则及其突破》,载《政治与法律》2007 年第 1 期;张红:《纯粹经济损失赔偿的可能与限度》,载《武汉科技大学学报(社会科学版)》2019 年第 2 期。
② 参见〔意〕毛罗·布萨尼、〔美〕弗农·瓦伦丁·帕尔默:《欧洲法中的纯粹经济损失》,张小义、钟洪明译,林嘉审校,法律出版社 2005 年版,第 398—399 页。
③ 参见王泽鉴:《侵权行为》,北京大学出版社 2016 年版,第 365—366 页。
④ 黎华献:《"产品自伤"之侵权法救济路径的检视与选择》,载《河南财经政法大学学报》2017 年第 2 期。
⑤ 董春华:《产品自身损害赔偿研究——兼评〈侵权责任法〉第 41 条》,载《河北法学》2014 年第 11 期。
⑥ 参见〔德〕埃尔温·多伊奇、汉斯-于尔根·阿伦斯:《德国侵权法——侵权行为、损害赔偿及痛苦抚慰金》,叶名怡、温大军译,中国人民大学出版社 2016 年版,第 132 页。

人能否发现瑕疵,一律赔偿的做法值得商榷。特别是,商品存在瑕疵时,销售商有说明义务,这种义务或者是与履行无关的保护义务,或者是具有保护义务和辅助履行的双重属性。保护义务与交往安全义务本质上是相同的。① 由此,销售商似乎同样构成《民法典》第1165条规定的侵权行为,需赔偿商品自损。如此,一方面完全虚置了检验通知义务,既不符合法律解释不宜导致无效法条的精神,也会造成本该受检验通知制度保护的销售商丧失了保护;另一方面买受人无论是向销售商还是制造商要求承担责任,均可诉诸侵权法,瑕疵担保责任将会被"掏空"。比如"上海通用汽车有限公司与马会娟、抚顺七星汽车销售有限责任公司、辽宁天合汽车销售服务有限公司产品责任纠纷"中,车辆购买后不到三个月便发生自燃,作为隐蔽瑕疵引起的自燃,买受人及时通知后请求违约损害赔偿并不存在障碍,但原告却提起产品责任这一侵权之诉,辽宁高院也给予了支持。现实中,动产的占有人推定为所有权人,抛弃物拾得者、甚至盗窃者在侵权法下也可能获得本属履行的商品自损赔偿。

二、检验通知义务排除民事合同

《民法典》第620条、第621条未区分民事合同与商事合同,所有买受人均受这两条规定之约束。有学者认为,商人为理性之经济主体,且追求市场效率与交易迅捷,因此赋予买受人检验通知义务以尽快确定法律关系,完成交易,具有重要意义。但民事主体,特别是消费者,缺乏相应的目的与能力,若赋予其检验通知义务,有过度商化之嫌。《德国商法典》第377条、《日本商法典》第526条均将检验通知义务限定于商人之间的买卖。《欧洲示范民法典草案》第Ⅳ.A-4:301条第4款亦将消费者买卖排除在检验通知义务主体范围之外。我国宜借鉴上述做法,区分民商事合同,通过解释方法将民事合同,特别是消费者合同,排除在检验通知义务之外。② 这一主张的确可以增加买受人获取商品自损赔偿之机会。

但问题有二:一是完全否认民事主体之检验通知义务是否必要与合理?二是没有检验通知义务是否意味着也不适用最长2年期限?瑕疵担保制度既非简单保护出卖人利益,但也非一味倾向买受人,而是注重双方的利益平衡。标的物有瑕疵,"违约程度相对较轻,多数情形甚至属于善意。尤其是

---

① 参见李昊:《纯经济上损失赔偿制度研究》,北京大学出版社2004年版,第157、174页;王泽鉴:《债法原理》,北京大学出版社2013年版,第84页。
② 参见宁红丽:《试论出卖人物之瑕疵责任的构成——以〈买卖合同司法解释〉为主要分析对象》,载《社会科学》2013年第9期;崔建远:《物的瑕疵担保责任的定性和定位》,载《中国法学》2007年第3期;王金根:《欧洲民法典草案交货不符通知制度研究及借鉴》,载《北方法学》2011年第5期;谢鸿飞、朱广新主编:《民法典评注:合同编典型合同与准合同(1)》,中国法制出版社2020年版,第119页。

现代社会货物交易频繁,出卖人有可能在交付货物时根本就没机会亲自或委托他人检验供应商所提供的货物是否存在瑕疵"①。完全废除买受人的检验通知义务将使出卖人长久处于担心追责的状态,更重要的是,善意之出卖人可能因时间过久而无法寻找证据向上级供货商或制造商追偿。因此,检验通知义务确有必要。至于消费者等民事主体欠缺专业知识,能否豁免? 事实上,民法上的检验方法与深度并不可僵硬统一,在商事主体中同样需要根据瑕疵种类、当事人能力、交易习惯而定。卡纳里斯教授便指出,商事买卖中的买受人负有检验通知义务,但同样要考虑"种类、瑕疵、交付货物包装以及审查所需要的时间上、技术上和财政上的支出"②。故,能力和理性的差异在所有主体中都存在,检验义务之深度需结合具体情况确定。对于非可即时发现之瑕疵,买受人是否应尽力检查应视交易习惯而定。消费者对型号、花色、数量、质量等外观瑕疵负检验通知义务并不苛刻。甚至对部分经过简单试运行而可发现的隐蔽瑕疵负检验和通知义务,负担也并不过于沉重。这也是不少立法例,如瑞士债务法,并不区分民商事交易的原因所在。③ 在理论上,两年最长通知期限与检验通知义务的法理类似,只是因绝对地划定一个界限而属于确定时间。从德国、日本法律来看,即使民事合同不适用检验通知义务,也适用与我国最长 2 年通知期限功能相似的短期时效,即自标的物交付 2 年或 1 年以后,将限制追究瑕疵担保责任之权利。④ 综上,民事主体不适用最长 2 年通知期限,在理论上和立法例上均难以觅得根据。在适用最长 2 年通知期限的情况下,将民事主体从检验通知义务主体范围中排除,仅仅使得那些在合理期限内怠于检验通知但仍在 2 年内的买受人,仍可请求赔偿。一方面,未解决最长 2 年通知期限带来的问题;另一方面,增加存在过错或者懈怠的买受人之权利殊无必要,也会与那些尽力检验却仍在标的物交付 2 年后才发现瑕疵的买受人不能获赔,形成法律上的评价矛盾。

三、标的物存在缺陷时推定出卖人恶意

有学者指出:"标的物存在固有设计缺陷时,存在严重安全隐患,且违反国家强制性标准,而出卖人作为制造商应熟知国家标准与技术参数,此时既可能为出卖人恶意,也可能是生产过程中的重大过失,视为出卖人明知或应

---

① 黄薇主编:《中华人民共和国民法典释义》,法律出版社 2020 年版,第 1198 页。
② 参见〔德〕卡纳里斯:《德国商法》,杨继译,法律出版社 2006 年版,第 691—692 页。
③ See article 201 of *Federal Act on the Amendment of the Swiss Civil Code*. 下载网址:https://www.fedlex.admin.ch/eli/cc/27/317_321_377/en,访问时间:2021 年 3 月 6 日。
④ 参见陈卫佐译注:《德国民法典》(第 4 版),法律出版社 2015 年版,第 157 页;〔日〕我妻荣:《我妻荣民法讲义:债法各论(中卷一)》,徐进、李又又译,中国法制出版社 2008 年版,第 71 页。

知。"①出卖人便无法援引《民法典》第 621 条进行抗辩。这种思路可以在相当程度上破解最长两年通知期限给买受人带来的阻碍,但也有诸多不足:一是这种思路并不区分买受人是否善意。二是这种推定需要标的物存在"缺陷"而且出卖人为"制造商",一般瑕疵引起的进一步损害或者出卖人仅为经销商的情况,并无用武之地。故其同时存在过宽与过窄的问题。另外,存在诸多免责事由:即使标的物存在缺陷,在产品责任中,尚有未将产品投入流通的;产品投入流通时,引起损害的缺陷尚不存在的;将产品投入流通时的科学技术水平尚不能发现缺陷的存在等。而在上述方案中,被推定恶意的出卖人将绝对地承担瑕疵担保责任。

四、直接请求制造商承担必要责任

有学者根据希腊与法国的经验,认为有必要对生产者施加瑕疵担保责任。只是需要设置一定的限制,避免生产者与消费者间利益的失衡。根据《家用汽车产品修理更换退货责任规定》,销售者承担三包责任后,属于生产者责任或者其他经营者的责任的,销售者有权向生产者和其他经营者追偿。生产者是需要承担三包责任的,只是囿于合同关系的限制,才先由销售者承担,然后追偿。销售者破产而丧失承担义务能力时,无法为买受人提供恰当保障。故应将三包责任主体扩张至生产者,在销售者丧失承担能力的情况下,生产者可以直接承担三包责任。②

这种观点无法弥补最长 2 年通知期限之不足。首先,主体有拓展而在期限长短上没有拓展。三包期为法定期限保障,适用范围有限,期限十分短暂,主要包括 7 日内可选择退、换、修,15 日内可更换或修理,修理两次或无法更换的可退货。即使扩张至生产者意义也十分微小,特别是不能救济被最长 2 年通知期限挡在门外的善意买受人。其次,这种观点对三包期的性质与内涵也有错误认识。保质期、保修期、三包期等种类繁多,语义上似可认作质量保证期。③《民法典》第 621 条将质量保证期作为取代最长 2 年通知期限的期限,本质是作为检验期限。这混淆了真正的标的物之质量保证期和《联合国国际货物销售合同公约》第 39 条规定的合同保证期,前者是保证标的物在一定期限内质量或使用性能符合要求,本意主要针对交付后出现的瑕疵,但对交付前存在的瑕疵同样适用,责任形式主要是修理、更换等;后者则是双方约定的取代最长 2 年通知期限的期限,针对的是交付前存在的瑕疵,责任形式

---

① 参见金晶:《〈合同法〉第 158 条评注(买受人的通知义务)》,载《法学家》2020 年第 1 期。
② 陈未:《论缺陷产品自身损害的救济》,载《湖北警官学院学报》2015 年第 10 期。
③ 参见谢鸿飞、朱广新主编:《民法典评注:合同编典型合同与准合同(1)》,中国法制出版社 2020 年版,第 118 页。

为修理、更换、减价、退货乃至损害赔偿等,属瑕疵担保责任。① 保修期以及上文所述的三包期之意义通常是在此期限内发现瑕疵,无论交付前或后之瑕疵,均按承诺履行修理、更换等义务,与检验或通知期限实为不同事物,更不能取代最长2年通知期限,与瑕疵担保责任的承担无关。综上,将三包责任主体扩张至生产者,解决商品自损之救济问题,似乎混淆了真正的质保期与瑕疵担保责任,也忽视了三包期与检验期限的区别。三包期十分短暂,通常出卖人经济能力不会发生过大变化,三包期经过后仍可继续在合理期限内请求出卖人承担瑕疵担保责任,故这种方案意义极为有限。

上述方案存在着诸多缺陷,特别是并未有针对性地、有效地解决最长2年通知期限的绝对化所引发的部分不公平的情况。

第四节 最长两年期限的突破与制造商责任

我们从前文最后一种方案认识到了"生产商与买受人被一种相对义务约束",也意识到多数情况下,生产商才是最终的责任承担者。只是由于合同相对性的约束,使得制造商承担合同责任存在着相当的困难。那么,能否在必要的情况下突破最长2年通知期限和合同相对性的约束,由制造商对那些善意却未能在两年内通知的买受人予以救济?

一、制造商与销售商之差异:最长两年期限适用主体限缩

《民法典》第622条、第623条(法释[2012]8号第18条、第15条)继承相关司法解释进一步丰富发展了检验通知制度,在法律上首次明确承认"外观瑕疵"概念,吸收了学界关于隐蔽瑕疵和外观瑕疵之区分,认识到了隐蔽瑕疵发现的困难,应在时间要求上与外观瑕疵有所区别。但遗憾的是,《民法典》并没有废除最长2年检验通知期限。这种绝对化期限和弹性的"合理期限"是矛盾的。德国学界也认识到了这一问题,本打算废除短期时效要求,但修订过程中遭受到经济界的巨大阻力,最终只是将期限从交付时起6个月延长到了2年。我国台湾地区"民法"第365条规定的期限更长,为自物之交付时起5年。此不变期限当然越长越能覆盖各种情形,但作为确定期限,始终会有部分情形落在最长期限之外,而买受人可能对此并没有任何过错却丧失了请求权,也从实质上放弃了保护出卖人的制度目的。既然如此,能否废除最长期限,特别是针对隐蔽瑕疵,能否仅仅要求买受人在合理期限内检验、通知,以适应个案具体情形?② 英国法便没有最长通知期限的明确

---

① 武腾:《合同法上难以承受之混乱:围绕检验期间》,载《法律科学》2013年第5期。
② 有学者曾对隐蔽瑕疵提出类似观点,未被《民法典》吸收。参见金晶:《〈合同法〉第111条(质量不符合约定之违约责任)评注》,载《法学家》2018年第3期。

规定,买方虽不能长期拥有拒绝接受货物的权利,但索赔损失的权利不受影响。① 或借鉴我国台湾地区"民法"第 356 条、第 365 条,自发现隐蔽瑕疵起 6 个月之除斥期限内行使请求权或解除权。② 笔者认为,《民法典》刚刚实施,因此短期内难以修改;更重要的是,废除两年最长期限同样会导致顾此失彼。

现代社会,生产(商)和贸易(商)的社会角色与分工是不同的。③ 古代社会,出卖人具有知晓瑕疵的能力,买受人可以合理期待其承担瑕疵担保责任。比如《学说汇纂》第 21 卷"保护买卖的配套诉权"中第 D. 21,1,1,2 条规定:"颁布本告示的根据在于阻止出卖人的虚伪行径,并救济那些被出卖人欺骗的买受人;我们仅仅应当知道,即便出卖人此前并不知道那些根据市政官们的命令应当获得担保的瑕疵,但是,依然要承担责任;而这并无不公。事实上,出卖人是能够知晓它们的;而买受人的期待是因为什么原因落空的,是由于出卖人的疏忽还是由于诡计,这与买受人无关。"④由此可见,罗马法中,出卖人承担瑕疵担保责任看似与出卖人是否知晓无关,但其社会基础是当时商品较为简单,出卖人有能力认识到瑕疵,未认识到瑕疵要么是故意(诡计),要么是过失(疏忽)。今天,无论是隐蔽瑕疵还是外观瑕疵,出卖人在两年内均需承担瑕疵担保责任,更多是对买方诉权之便利行使以及合同相对性原则之地位的尽力维系。但是,现代社会中出卖人的角色、能力与分工已然不同,我们有必要重新认识出卖人在损害赔偿法中的地位。正如梅迪库斯教授所言:我们必须区分两种类型的出卖人,第一种是仅承担让商品从生产者流向消费者任务的商人,第二种是与买卖标的物更为密切的出卖人(后文称制造商),如制作、安装标的物或在买受人咨询时作为专业商店(Fachgeschaeft)出现的商人。现代社会高度分工、商品技术、结构日趋复杂,客户又往往希望得到没有经过拆封、使用的全新商品,销售商(下文无特别说明,均指单纯的销售商)在技术和交易习惯上都不能也不该去检测和试用。如此,其并无发现瑕疵的能力、机会与责任。故销售商往往只是让"商品在不打开生产者包装的情况下被传递到买受人那里……通常不应当对商品上存在的瑕疵负责任",除非他明知或应知商品存在瑕疵而没有告知买受人,或因其存储、运输不当等导致瑕疵。制造商或者准制造商真正拥有或对

---

① 杨大明:《国际货物买卖》,法律出版社 2011 年版,第 290 页;类似的还有匈牙利,参见〔德〕克里斯蒂安·冯·巴尔、〔英〕埃里克·克莱夫:《欧洲私法的原则、定义与示范规则:欧洲示范民法典草案》(第 4 卷),于庆生等译,法律出版社 2014 年版,第 133 页。
② 不过,我国台湾地区"民法"第 356 条也规定了类似《德国民法典》第 438 条的短期时效,只不过是自交付后 5 年。功能与我国大陆《民法典》第 621 条的最长 2 年通知期限类似,时间更长,发生不公平的情况将会更稀少。但是这种"一刀切"的技术性规定应是最后选择。
③ 参见〔德〕埃尔温·多伊奇、汉斯-于尔根·阿伦斯:《德国侵权法——侵权行为、损害赔偿及痛苦抚慰金》,叶名怡、温大军译,中国人民大学出版社 2016 年版,第 131 页。
④ 〔古罗马〕优士丁尼:《学说汇纂:保护买卖的配套诉权》(第 21 卷),徐铁英译,中国政法大学出版社 2018 年版,第 5 页。

外显示出拥有商品知识,可要求其对买卖标的进行检查,也更愿意认定其存在过错或作出了担保。① 这一点已为我国《民法典》释义书所认知。特别是其中提到"凡原装、原封、原标记完好无异状,包装内的产品品种、型号、规格、花色,由生产企业或封装单位负责;需要确定负责期限的,由当事人根据不同产品的不同情况商定。凡原装、原封、原标记完好无异状,在当事人商定的期限内,该产品的质量由生产企业或封装单位负责。"②这一观点值得重视。

由此,销售商仅仅承担流通功能,对生产中发生的瑕疵,往往并无能力发现,这些瑕疵最终仍然通过追偿等方式由制造商承担。德国甚至为了避免因统一的 2 年短期时效导致无法追偿,专门针对消费者合同在《德国民法典》第 479 条第 2 款、第 3 款规定:"第 437 条和第 478 条第 2 款所规定的、经营者因向消费者销售的新制造物的瑕疵而对供货人享有的请求权,最早在经营者满足消费者的请求权后两个月完成消灭时效。消灭时效的暂不完成,最迟在供货人将物交付给经营者后 5 年结束。债务人为经营者的,前两款的规定准用于供货人的请求权和供货链中其余买受人对各自出卖人的请求权。"③这一规定的目的就是保证出卖人对上级供货商,特别是最终的制造商的追偿顺利进行,理由是"单纯的正义要求,因为消费者保护的费用应当转嫁给发生瑕疵的人"④。我们通常强调检验通知义务是为了避免时间太久,出卖人无法保存证据,但仅注意到对抗买受人。《联合国国际货物销售合同公约》第 39 条规定了同样的最长 2 年检验通知期限,秘书处评论公约草案的正式记录便指出,"保护卖方免受买方在交货完成的很长时间后提出权利要求与保护买方因所购货物的隐蔽瑕疵而对卖方拥有索赔权同样重要"。因为,"卖方虽然收到了货物与合同不符的通知,但已经难以去搜集有关货物交付时状况的证据,也难以追究取得货源的最初供货方或原料提供者的责任。"⑤由此,搜集保存证据不仅是为了抗辩买受人的抗辩,更重要的是保障对上级供货商、制造商的追偿,这显示了制造瑕疵并具有相关知识的人,通常是制造商,应当对瑕疵负责。

由此,除非因自己原因导致商品存在瑕疵,销售商同样无辜——他既没有制造瑕疵,也没有检测和发现瑕疵的能力与机会。我们有理由规定一个最长 2 年期限之类的规则,以尽可能使得销售商只对不太久的时间内买受人的

---

① 参见〔德〕迪特尔·梅迪库斯:《德国债法分论》,杜景林、卢谌译,法律出版社 2007 年版,第 48—50、77 页。
② 参见黄薇主编:《中华人民共和国民法典释义》,法律出版社 2020 年版,第 1198—1199 页。
③ 参见《德国民法典》(第 4 版),陈卫佐译注,法律出版社 2015 年版,第 157、169 页。
④ 参见〔德〕迪特尔·梅迪库斯:《德国债法分论》,杜景林、卢谌译,法律出版社 2007 年版,第 60 页。
⑤ 张玉卿:《国际货物买卖统一法——联合国国际货物销售合同公约释义》,中国商务出版社 2009 年版,第 262 页。

起诉负责,从而避免其在无法向上级供货商追责的情况下承担责任。但制造商没有受短期时效优待的必要。《民法典》第 621 条规定:"买受人在合理期限内未通知或者自收到标的物之日起二年内未通知出卖人的,视为标的物的数量或者质量符合约定。""出卖人"并没有区分单纯的销售商和制造商,从而不当扩大了保护范围,构成隐藏的法律漏洞,应作目的性限缩,剔除不合规范意旨的部分,即将制造商从保护范围排除。如此,具有制造商和销售商双重身份的出卖人,一方面拥有制造商身份需要承担责任,另一方面是合同当事人,不违背合同相对性。但通过中间销售商销售商品的制造商不是合同当事人,向其直接追责会违背合同相对性原则,这成为制造商向买受人直接承担责任的主要障碍。

二、质量担保为商品从权利:突破合同相对性之客观基础

合同相对性并非绝对,特别是在商品瑕疵担保这一问题上。梅迪库斯曾讨论过生产者直接对买受人承担担保责任,但其认为需要双方有直接的法律接触,且限于担保卡等明示内容。[1] 但现代社会对商品质量之担保以默示担保为主,不仅为学理所承认,在法律上也有所体现。比如我国《产品质量法》第 27 条规定,产品或者其包装上必须标识产品质量检验合格证明,并注明产品规格、等级、所含主要成份,这些是商品进入市场交易的法定条件。类似地,美国《统一商法典》第 2.314 条规定:合同包含的对商品的默示担保,即具有同种类物良好平均品质、适合其使用的通常用途等,为商品的适销性条件。[2] 这表明商品符合通常用途,质量合格,是不言自喻之承诺。邱聪智教授指出:"(默示)品质保证,既不以明示为限,更毋庸以意思表示合意为要件。"[3] 既无须以意思表示合意为要件,也就无须以合同关系为桥梁,制造商与买受人之间有默示担保责任存在的可能。

司法实践中,部分法官支持了向制造商直索责任的请求。在"安阳钢铁股份有限公司、郑州市郑东新区恒祥建材商行买卖合同纠纷"中,安阳钢铁将钢材销售给安阳金圣公司,安阳金圣公司将钢材销售给恒祥建材,钢材出现质量问题后,恒祥建材直接向安阳钢铁索赔。法官表示:"因安阳钢铁生产的钢材存在瑕疵,致使恒祥建材产生损失,为减少诉累,恒祥建材的各项损失由安阳钢铁承担更符合常理,安阳金圣不再承担责任。"[4] "减少诉累"功能固然有意义,但这还不是突破合同相对性之核心理据。在"山西仁和物业管理有限公司与太原市兰立楼宇设备有限公司、太原市兰立楼宇设备安装工程

---

[1] 参见〔德〕迪特尔·梅迪库斯:《德国债法分论》,杜景林、卢谌译,法律出版社 2007 年版,第 61—63 页。
[2] 参见《美国统一商法典》(中英双语),潘琪译,法律出版社 2018 年版,第 48—49 页。
[3] 参见邱聪智:《新订债法各论》(上),姚志明校订,中国人民大学出版社 2006 年版,第 85 页。
[4] 参见河南省郑州市中级人民法院(2020)豫 01 民终 1567 号民事判决书。

有限公司合同纠纷"①中,中正地产公司开发中正花园二期,刚玉广大地产公司开发中正乐居,两公司均与山西正遵商贸公司签订电梯设备购买合同。正遵商贸公司以约1020万元的价格向太原兰立楼宇设备有限公司购买电梯,太原兰立楼宇设备有限公司是迅达电梯公司的授权销售企业。但电梯安装后,频发事故。两小区业主委托小区物业公司,即山西仁和物业公司退梯维权。仁和物业公司另案起诉迅达电梯公司,最终达成调解,迅达电梯公司退还太原兰立楼宇设备公司向其支付的货款818.2万元。仁和物业公司又提起本案诉讼,诉请太原兰立楼宇设备公司退还货款差价约200万元。针对被告对原告诉讼主体资格之质疑,法官指出,电梯设备属业主共同共有,且为特种设备,根据《特种设备安全法》第38条,特种设备属于共有的,共有人可以委托物业服务单位或者其他管理人管理特种设备,受托人履行本法规定的特种设备使用单位的义务,承担相应责任。仁和物业公司先受地产公司委托,后又与业主签订《前期物业管理服务协议》,属于受托人,可代业主行使权利。针对业主权利进一步论述道:"中正花园二期及中正乐居的业主,虽不是一系列电梯销售及买卖合同的合同相对方,却是涉案电梯最终的购买和使用人,是涉案电梯的真正消费者,其权益应受《消费者权益保护法》保护。"并根据《消费者权益保护法》,法官认为业主有人身和财产不受损害的权利,在电梯有损害业主人身、财产安全之虞的情况下,可以依法要求退货。仁和物业公司是其受托人,当然具备诉讼主体资格。但山西仁和公司作为业主的受托人,起诉的并非作为业主购买房产及电梯直接相对人的房地产公司,而是越过房地产公司、山西正遵商贸公司,直接向制造商迅达电梯公司和电梯的授权销售商兰立楼宇设备公司主张,这与合同相对性原则不符。前文所述的业主虽不是电梯销售合同的直接购买者,却是电梯的最终购买人、所有权人、使用人,不能作为突破合同相对性的完整依据,因为这与其他链条销售中最终购买人情况并无二致。其真正理由应该是法官依据《消费者权益保护法》指出的消费者有人身和财产安全不受损害的权利,这对应的是保证产品安全性的义务,这种保证最终的真正提供者是制造商。所以法院承认仁和物业公司与迅达电梯公司达成的退货调解协议,并在本案支持原告请求授权销售商兰立楼宇设备公司退还归其所有的货款,本质上是认识到了商品质量合格是标的物可合法在市场销售的标准,且应由制造商负责,以此突破了合同相对性。

这种做法在国际上也并非没有先例。法国法上的特定权利继受人与系列合同(或称合同链)理论较为直接和详细地展示了在瑕疵担保责任上突破合同相对性的根据。有些"权利仅为财产的所有权人提供利益,因此只能由

---

① 参见山西省太原市迎泽区(2017)晋0106民初1200号民事判决书。

财产的所有人来行使,""与被转让的财产不可分离",它们构成被转让财产的从权利,需要与物一并转移,"基于物的考虑",会允许权利继受人向权利转让人的前手主张这些权利。为不动产的便宜而设立的地役权系典型例子。① 基于特定权利继受人理论,法国司法实践认为,一组有着共同标的之系列合同的远端当事人之间可以主张合同法上的权利。法国最高法院 1979 年的一项判决指出:"向前后相继的买受人转移的涉及标的物的担保诉讼必然具有合同诉讼性质。" 1986 年则通过判决扩展到不同性质的合同中,如承揽+买卖(但须涉及标的物所有权转移),并明确了转购人可以享有原本属于权利转让人、与买受之物相关联的各项权利与诉权。1988 年法国最高法院第一民事法庭进一步放松要求:"在一组合同中,仅仅因为与最初的合同有联系而受到损害的人提出的损害赔偿请求,有必要依合同责任处理。"这引起了最高法院第三民事法庭的担忧,认为可能无法把握这些创新的意义范围,并在 1991 年作出的"Besse 判决"中否认了前述观点。不过,"Besse 判决"只是否认了 1988 年的过度扩张。② 21 世纪以来,法国合同法启动改革,先后出现了《卡特拉草案》《司法部草案》《泰雷草案》,在直接诉权的议题上,与《卡特拉草案》持激进态度不同,《泰雷草案》持比较保守的态度。但即使如此,泰雷教授领衔的起草小组仍支持在买卖合同下规定"瑕疵担保责任直接诉权"。③ 所以,法国担忧的是直接诉权范围和意义的不可控,但买受人依据合同向最初制造商请求商品自损赔偿在法国有着相当的共识,其理论基础也得以清晰地展现,即物的质量担保是物的可交易性构成,类似于从权利。美国法上,有学者指出 2003 年修订后《美国统一商法典》在合同相对性上有所突破,即生产商提供的明示担保或救济,包括通过广告作出的允诺,扩展到了最终零售买受人,即使他们之间没有合同关系。④ 遗憾的是,《美国统一商法典》2003 年版本的"买卖"后来被美国法学会撤销了,"买卖"部分的最新版本仍是 1995 年版。但即使如此,该法典第 2.318 条规定:"对于下列问题,即向买方作出的有关质量的明示担保或默示担保是否可使买方以外的人获益,以及买方(或买方所获担保其他受益人)是否可就货物质量瑕疵起诉除直接卖方以外的第三方,本篇不作规定,此类问题留给法院决定"。⑤ 虽然这一规定没有明确规定买受人可以向制造商追究瑕疵担保责任,但也没有禁

---

① 〔法〕弗朗索瓦·泰雷等:《法国债法:契约篇》(下),罗结珍译,中国法制出版社 2018 年版,第 972—977 页。
② 同上书,第 985—991 页;李世刚:《法国侵权责任法改革——基调与方向》,人民日报出版社 2017 年版,第 110—112 页。
③ 李世刚:《法国合同法改革——三部草案的比较研究》,法律出版社 2014 年版,第 192 页。
④ 〔美〕杰弗里·费里尔、迈克尔·纳文:《美国合同法精解》,北京大学出版社 2009 年版,第 325 页。
⑤ 《美国统一商法典》(中英双语),潘琪译,法律出版社 2018 年版,第 52 页。有关《买卖》部分的版本更迭参见该书序言"三十年的历程"。

止。而且,其范围上包括最重要的默示担保,主体上包括买方所获担保的其他受益人,比如家庭成员。将能否直接起诉直接卖方以外的第三人留给法院自己决定已然是一种松动,同样显示了绝对恪守合同相对性在这一领域可能并不合理。

综上,质量的默示担保是商品流通属性所在,附着于商品本身,不可分离。制造商是这种商品适销性的原初提供者、承诺者,后续销售商向买方提供默示担保通常建立在制造商这一承诺的基础之上。制造商类似于默示担保提供者,要求其承担责任并非荒唐。

三、制造商对销售商的控制:突破合同相对性之主观基础

前文表明了向制造商等非合同相对人直索责任的客观基础,但合同上的诉权毕竟是一种债权,制造商没有参与到销售商与买受人之间的合意中,突破合同相对性理据是否充分?笔者认为,在分销逻辑下,制造商虽没有直接参与销售商和买受人之间的合同,但这些合同中或多或少,甚至相当程度上有着制造商的影子,这构成瑕疵担保责任突破合同相对性在主观方面的理由。现代社会,制造商除自己直接销售产品以外,常利用如下几种渠道销售:(1)代理商,代理商为制造商利益并以其名义进行交易,不过是制造商的延伸,法律效果直接归于被代理人制造商,无须赘言。(2)行纪商,仍然是为委托人利益进行交易,只是以自己名义而非委托人名义示人,本质上是一种特殊委托。(3)协议经销商和特许经销商,两者与代理商和行纪商的不同在于均以自己名义,并为自己的利益与第三人交易。协议经销商与特许经销商之区别在于,前者可获得制造商给予的优惠差价,特许经销商通常接受特许人的指导,特别是可能需要使用特许人的诀窍、专利、产品标志等,需要向特许人缴纳一定的费用。但单纯的销售特许经营与协议经销商区别更小。在与制造商关系方面,二者的主要相同之处是都受到制造商或特许人一定程度的约束,他们都有义务推进产品销售、宣传、购进一定额度产品,在价格上也常受制造商的约束。所以,卡纳里斯总结道:二者都加入了企业主的销售体系,这一点被德国联邦最高法院视为销售中间商起到和代理商近似功能的介定标志。[①] (4)通过上述的各种中间销售商的下级分销商,作为终端与买受人交易。这些下级分销商的买和卖,通常已不受制造商的直接控制,但事实上他们同样是企业主销售网络的构成要素,是上级各种中间销售商具体履行购买并销售制造商产品的义务之体现。他们往往在宣传和价格上也要受到制造、上级中间销售商的影响,尽管不是绝对的。例如笔记本电脑、手机、家电等商品,无论是处于协议销售商地位的大型网络平台经营者还是平台上的

---

① 参见〔德〕卡纳里斯:《德国商法》,杨继译,法律出版社2006年版,第691页。

第三方卖家,往往在商品详情展示的都是制造商制定的统一制式、内容的宣传页。

第五节　本章总结

　　商品自损赔偿问题是由 2 年最长检验通知期限与隐蔽瑕疵暴露的偶然性之间的矛盾引起的。目前提出的各种解决方案存在诸多不足,也不能贴切地解决最长 2 年通知期限引发的不公平,平衡善意买受人、善意出卖人与制造商之利益与责任。本章第三部分的阐述表明,应当令制造商就商品自损直接向买受人承担合同责任,其请求权基础可考虑类推适用《民法典》第 926 条。

　　代理商毋庸赘言。行纪商、协议销售商、特许经营商、下级销售商与制造商的关系也如前文所述,与委托合同有相似之处:一是受制造商的控制、影响;二是分销符合委托人的意愿与利益,均有类推适用《民法典》第 926 条的空间。不过,上述销售商销售行为,与委托代理中需为委托人利益而行为、有按照委托人指示行为的法定义务等方面存在程度上的差异,尤其是下级经销商。但瑕疵担保责任领域还存在补强依据:一是制造商制造、销售的商品必须满足适销性,即具有同类产品平均性能、品质。这种默示担保除了向进货商提供——对方是按照无瑕疵商品的价值付款;也天然地向买受人提供——这种默示质量担保是商品可交易属性的条件和内容,必然随商品流转,为商品最终买受人提供保障。二是在品牌商品的买卖中,买方对商品的选择与购买意愿的形成在相当程度上基于对最终制造商品牌的信赖,类似于对生产商的披露。

　　需说明的是,行纪商是否有参照适用《民法典》第 926 条的法律空间存在争议,有学者指出:其一,《民法典》第 958 条对行纪之实行行为的法律效果归属已有明确规定,不属于《民法典》第 960 条行纪合同没有规定的情况,无法据此参照适用《民法典》第 926 条①;其二,行纪与委托、代理的核心不同就在于委托人虽最终享受成果却不担责,如参照适用《民法典》第 926 条,行纪就失去了独立价值。② 上述解释更多是实证法下的循环解释,没有说明行纪作为典型的间接代理,与其他类型间接代理有何事理上的不同,需要在能否例外突破合同相对性上作区分。有学者以历史解释补充:《合同法》第 420

---

① 参见最高人民法院民法典贯彻实施工作领导小组:《民法典合同编理解与适用》(四),人民法院出版社 2020 年版,第 2501 页;胡东海:《〈民法典〉第 926 条(间接代理)评注》,载《苏州大学学报(法学版)》2021 年第 2 期。
② 朱虎:《代理公开的例外类型和效果》,载《法学研究》2019 年第 4 期。

条、第 403 条(《民法典》第 925 条、第 926 条)是借鉴英美法解决我国当时外贸代理需求而制定的,并不是为了改造行纪。① 但法解释是主观目的与客观目的随着时间此消彼长的过程。② 时至今日,间接代理,包括行纪型和委托型,绝对恪守合同相对性令委托人藏在代理人之后,似乎并不公平。《国际货物销售代理公约》第 13 条第 2 款就规定了间接代理可例外突破合同相对性;我国《民法典》在现今已没有外贸代理的需求下仍保留 925 条、第 926 条,大陆法系的间接代理需要适当调整。有学者就主张《民法典》继受《合同法》第 403 条时应适用于行纪人破产的情形。③

笔者认为,为维护实证法,行纪参照适用《民法典》第 926 条应相对于委托更为严格,限制在极小范围内。即在《民法典》第 926 条规定的条件基础上,还存在其他事由时才可能构成《民法典》第 958 条的例外。在商品自损索赔问题上,还有如下理据:(1) 本章所说的行纪商往往是与委托人有较长时间业务联系的"行纪代理商",卡纳里斯指出其具有行纪和长期委托的双重特点,使得行纪代理商合同是"具有行纪、事务处理、劳务以及代理商特征的混合型合同"④。(2) 本章仅讨论买受人直接向制造商请求赔偿的单方突破合同相对性,委托人选择委托还是行纪这种内部安排的不同,不应该影响第三人(买受人)向委托人(制造商)例外直索责任的可能。(3) 买受人直接向制造商请求商品自损赔偿,除了根据行纪与委托的近似性或者说行纪属于间接代理的典型类型外,还如前所述,基于默示质量担保附随商品流动,在制造商和买受人之间直接架起了桥梁。(4) 这种例外受《民法典》第 926 条和瑕疵担保制度的双重限制,适用范围进一步缩小:一是仅适用于履行正常检验通知义务仍只能在交付 2 年后发现的隐蔽瑕疵,无法向销售商请求赔偿⑤;二是该瑕疵是设计、制造、组装等属于制造商负责环节的瑕疵;三是发现瑕疵后仍要及时通知、请求赔偿,并适用普通诉讼时效;四是制造商可以援引销售合同约定的抗辩。

另需说明的是,《联合国国际货物销售合同公约》第 39 条规定两年最长检验通知期限无法变通。根据《欧洲产品责任法》的经验,进口商一般被视

---

① 耿林、崔建远:《未来民法总则如何对待间接代理》,载《吉林大学社会科学学报》2016 年第 3 期。
② 参见〔德〕罗尔夫·旺克:《法律解释》,蒋毅、季红明译,北京大学出版社 2020 年版,第 58—61 页。
③ 参见方新军:《民法典编纂视野下合同法第 402 条、第 403 条的存废》,载《法学研究》2019 年第 1 期。
④ 参见〔德〕卡纳里斯:《德国商法》,杨继译,法律出版社 2006 年版,第 462—463 页。
⑤ 参见最高人民法院(2019)最高法民终 38 号民事判决书。该案例指出,外观瑕疵没有及时通知,即使在合同保证期内也不能请求赔偿,因为买受人完全有能力及时发现,没有延长保护的必要。

为制造商,其因合同承担商品自损后无法向国际供货商追责。但其一,根据侵权救济商品自损也并不改变这一点;其二,这种期限的设置本身不一定科学,从公约制定过程中发达国家和发展中国家的相反态度以及德国试图修改时遭受经济界巨大阻力便可见一斑①;其三,通过合同救济路径没有使情况更糟,还可避免前文所述的作为侵权法上的纯粹经济损失赔偿的种种理论、范围、证明、风险控制等方面的不足。

---

① 参见陈聪富:《侵权行为法原理》,元照出版公司2018年版,第267页。

第六章 纯粹经济损失赔偿的可能与限度

第一节 本章问题

对纯粹经济损失赔偿的态度,经历了从不予赔付到选择性赔付的过程。其间每一次对纯粹经济损失不予赔付这一基本原则的突破,无不是基于对特定案件的分析作出的调整,即在具体案件的帮助下对纯粹经济损失有了更为清晰的认识,创设出了更为细致的规范模式和赔付规则。不论是德国法创设附保护第三人作用之契约制度,还是英美判例根据充分密切关系(sufficiently proximate relationship)标准认定行为人是否负有注意义务从而判断应否承担赔偿责任,都在推动着纯粹经济损失赔偿规则向前发展。就目前而言,某些类型的纯粹经济损失可获赔偿,已成为共识。需要进一步探讨的是,应当根据何种标准或方法,筛选出应当赔偿的纯粹经济损失类型。

第二节 纯粹经济损失赔偿:合同责任和侵权责任

虽然我国某些特别法或司法解释对具体情形中的纯粹经济损失赔偿作出了规定,但是仍无法解决这些具体情形以外的其他纯粹经济损失可否获赔问题。结合域外纯粹经济损失赔偿规则和我国法律体系,纯粹经济损失赔偿规则的设定,可在两大领域展开,其一为合同法领域,其二为侵权法领域。在合同法领域,现行合同法对于某些类型的纯粹经济损失赔偿已经作出了规定,而其他尚未规定的类型应否继续在合同法领域予以解决,即在合同法制度框架内设置纯粹经济损失赔偿规则,还是说在侵权法领域内进行探讨,是设置纯粹经济损失赔偿规则的前提性问题。

一、合同责任扩张之非必要性

德国法上的纯粹经济损失赔偿规则并非《德国民法典》明定之内容,而是通过其后判例发展而来。其中最为重要的属第三人缔约过失和附保护第三人作用之契约制度。但我国有无必要同样在合同法领域创设此种制度,以此扩张合同责任,为纯粹经济损失赔偿提供依据呢?

首先,不应创设第三人缔约过失责任制度。虽然《合同法》没有明确规定合同相对性原则,但其第8条关于合同约束力的规定、第64条关于向第三人履行合同的规定、第 65 条关于合同债务的代为履行的规定以及第 121 条因第三人原因违约的规定,合同相对性原则仍然可得证成。在我国司法实践中,合同相对性原则也得到严格遵循和广泛适用。《民法典》则以第 465 条第 2 款规定了合同相对性原则,也不存在第三人缔约过失责任制度。盖因在第三人受损情形中,由于第三人并未参与到合同缔结过程中,合同当事人对第三人不负有先合同义务,自然就不存在因义务违反而承担责任的问题。因此对缔约当事人课以第三人赔偿责任,难谓妥当。

德国判例之所以会引入第三人缔约过失责任制度,就是因为附保护第三人作用之契约制度在合同成立之前或未成立之时无法为第三人提供保障。而我国现阶段尚未承认附保护第三人作用之契约制度,在将来是否会创设此制度,仍有疑问,因此过早地创设第三人缔约过失责任以"可预见性地"弥补附保护第三人作用之契约制度的缺陷,实属可疑。此外,即使是在创设第三人缔约过失责任制度的德国,其所依赖的案例诸如"香蕉皮案"(BGH NJW1962,31)、"蔬菜叶案"(BGHZ66,51)等,若发生在我国,均可根据侵权法上违反安全保障义务之侵权责任制度作出处理,无须创设一项新的合同制度。至于创设一项新的合同制度很可能会对现有法律规范体系造成负面影响,无须赘言。

其次,也不应创设附保护第三人作用之契约制度。克里斯蒂安·冯·巴尔教授曾指出,德国法上的附保护第三人作用之契约制度存在前提有三:其一,法律允许合同相对性原则存在例外;其二,合同法将人身或财产等固有利益作为保护对象;其三,本应获得救济的损害无法得到侵权法的保护,而需由合同法进行补救。① 虽然上述三个前提中的第一项和第二项可以得到我国法的支持,如《民法典》第 522 条(《合同法》第 64 条)规定了为第三人利益合同制度以及第 584 条(《合同法》第 113 条)规定的违约损害赔偿范围可以涵盖固有利益,但是最为重要的第三项前提在我国法律制度上并不存在。德国法上的附保护第三人作用之契约制度产生之初,是为弥补侵权法上雇主责任无过错免责制度的缺陷。而《民法典》第 1191 条(《侵权责任法》第 34 条)规定了用人单位的无过错责任,因此不存在类似于德国侵权法上的缺陷。此外,德国法上的纯粹经济损失赔偿难以获得侵权法的保护,根本原因仍在于其侵权法上权利和利益的区分保护,而根据《民法典》的规定,我国未对权利和利益区分加以保护。正如学者指出的,应否引入附保护第三人作用之契约制度,关键在于现行法律制度能否有效解决第三人保护问题。② 由于《民法典》侵权责任编能够有效解决第三人保护问题,因此无须在合同领域创设附

---

① 〔德〕克里斯蒂安·冯·巴尔:《欧洲比较侵权行为法》(上卷),张新宝译,法律出版社 2001 年版,第 583—585 页。
② 谢鸿飞:《合同法学的新发展》,中国社会科学出版社 2014 年版,第 59 页。

保护第三人作用之契约制度。另外,若创设附保护第三人作用之契约制度,为受有纯粹经济损失之第三人提供合同法上的救济,无疑是对合同相对性原则的突破。事实上,即使是在创设了此种制度的德国,关于此制度的适用条件在理论上还存在较大争议。甚至有学者指出,侵权法的缺陷引发的问题应当通过侵权法的完善来解决,通过创设附保护第三人作用之契约制度解决纯粹经济损失赔偿问题,是不必要的。[1]

二、侵权法领域纯粹经济损失赔偿之可行性

在司法实践中,有审理法院认为法律规定并未明确排除当事人请求赔偿纯粹经济损失的权利,此项损失可得赔偿。[2] 也有审理法院从反面进行解释,认为法律和司法解释并未明确将纯粹经济损失纳入损害赔偿范围,因此不可获赔。[3] 另有审理法院认为纯粹经济损失并不在侵权责任法保护的财产权益范围内[4],甚至有审理法院在判决书中明确指出,关于纯粹经济损失赔偿并不在《侵权责任法》第 2 条规定的调整范围内[5],还有审理法院认为,《侵权责任法》规定赔偿直接损失,而没有规定赔偿纯粹经济损失[6]。

在《侵权责任法》颁布以前,《民法通则》第 106 条第 2 款是侵权责任的一般规定。通说认为,该款所称"财产"和"人身"不仅包括权利,还包括利益。[7] 2010 年 7 月 1 日《侵权责任法》正式施行后,其第 6 条第 1 款用"权益"一词,将权利和利益均包含在侵权责任的保护范围之内。那么纯粹经济损失作为财产利益受损之一种,自然可以包含在《侵权责任法》第 6 条第 1 款所言"权益"范围之内。有学者明确指出,《侵权责任法》保护的对象除了权利外,还包括纯粹经济损失等财产利益以及其他人身性法益。[8] 也有学者指出,诸

---

[1] 参见李昊:《德国专家责任的构造》,载《华中法律评论(第一辑)》,华中科技大学出版社 2007 年版,第 56 页。

[2] 参见北京市第二中级人民法院(2018)京 02 民终 4810 号民事判决书;辽宁省丹东市中级人民法院(2016)辽 06 民终 2116 号民事判决书。

[3] 参见江苏省苏州市中级人民法院(2015)苏中民终字第 03789 号民事判决书。实践中,关于法律没有明确规定纯粹经济损失可获赔偿因此对此项赔偿请求不予支持的案件,较多集中在交通事故导致机动车贬值赔偿损失纠纷中。可参见山东省青岛市中级人民法院(2016)鲁 02 民终 4794 号民事判决书;江苏省苏州市中级人民法院(2015)苏中民终字第 00538 号民事判决书;山东省莱芜市中级人民法院(2015)莱中民一终字第 125 号民事判决书;江苏省苏州市中级人民法院(2015)苏中民终字第 02992 号民事判决书;江苏省张家港市人民法院(2015)张民初字第 00209 号民事判决书;山东省枣庄市中级人民法院(2016)鲁 04 民终 1976 号民事判决书;广东省佛山市中级人民法院(2016)粤 06 民终 9266 号民事判决书;安徽省合肥市中级人民法院(2017)皖 01 民终 4509 号民事判决书。

[4] 参见湖北省荆门市中级人民法院(2016)鄂 08 民终 219 号民事判决书;河北省泊头市人民法院(2017)冀 0981 民初 2974 号民事判决书。

[5] 参见重庆市沙坪坝区人民法院(2016)渝 0106 民初 995 号民事判决书。

[6] 参见北京市第三中级人民法院(2017)京 03 民初 205 号民事裁定书。

[7] 王利明:《侵权行为法研究》(上卷),中国人民大学出版社 2004 年版,第 65 页。

[8] 王利明:《侵权行为概念之研究》,载《法学家》2003 年第 3 期。

如某些尚未上升为权利的精神利益和纯粹经济利益，均包含在《侵权责任法》所保护的民事法益当中。①《民法典》第120条、第1165条第1款也明确，侵权责任的保护范围不限于法律权利，也包括应当受到保护的利益。

可见，不论是《民法通则》第106条第2款、《侵权责任法》第6条第1款、《民法典》第120条以及第1165条第1款，将纯粹经济损失赔偿问题放在侵权责任领域予以解决，至少在制度层面上不存在障碍。另外由于无须创设一项新的制度，因此不会对既定法律规范体系造成冲击。更为重要的是，侵权责任的成立要求侵权责任各构成要件一一具备，同时并非所有的纯粹经济损失均应赔偿，因此将纯粹经济损失赔偿问题纳入侵权责任领域进行处理的另一大优势在于，可以通过判断某一行为是否符合侵权责任的构成要件，对纯粹经济损失的赔偿进行筛选。申言之，关于纯粹经济损失赔偿排除规则的那些法政策考量因素可以内化于侵权责任构成要件的判断中，从而在这些法政策的指导下，考虑具体的纯粹经济损失应否获赔。

不可否认的是，《民法典》合同编中的部分条款涉及纯粹经济损失的赔偿问题，而这些纯粹经济损失的赔付很可能也满足侵权责任的构成要件，但这仅仅是请求权竞合问题。受害人可依据《民法典》第186条的规定择一行使，无须因为可能存在竞合而拒绝在侵权责任领域处理纯粹经济损失赔偿问题。

第三节　纯粹经济损失赔偿的法政策考量因素

一、法经济学的分析

在对于纯粹经济损失是否予以赔偿的各种考量因素中，法经济学的思考占有十分重要的地位。虽然在我国的司法实践中，尚未看到有审理法院根据法经济学理论对纯粹经济损失应否获赔进行论证，但这不妨碍本书在理论上对此问题进行探讨。在法经济学的视域中，社会损失与个人损失相区分，通过比较社会损失与个人损失之大小，决定应否对个人损失进行赔偿。例如一辆汽车被毁坏，此时整个社会的损失与汽车所有权人的个人损失相等，那么侵权行为人所应负担的损害赔偿额相当于社会损失或个人损失。② 但在纯粹经济损失中，个人损失与社会损失可能不一致③，很可能出现社会损失小

---

① 张新宝：《侵权责任法原理》，中国人民大学出版社2005年版，第13页。
② 〔德〕汉斯-贝恩德·舍费尔、克劳斯·奥特：《民法的经济分析》（第4版），江清云、杜涛译，法律出版社2009年版，第285页。
③ Münchener Kommentar/Wagner, 5. Aufl., Verlag C. H. Beck, München 2009, §826, Rn. 13. 转引自于飞：《权利与利益区分保护的侵权法体系之研究》，法律出版社2012年版，第45页。

于个人损失的情况,此时按照个人损失额要求行为人进行赔偿,会形成一项过度的预防机制①,受害者应当只能在社会损失额度内请求赔偿。②

之所以会出现社会损失和个人损失不一致的情况,是因为一个人的行为存在外部性。③ 在存在正外部性的情形中,虽然受害人受有纯粹经济损失,但是第三人因此受益,所以出现了社会损失小于个人损失的结果,甚至可能是仅有受害人受损而社会整体福利得到增加。例如施工队伍因过失挖断通往 A 旅店的电缆线路导致 A 旅店无法正常经营,此时来当地旅游的旅客不得不选择与 A 相邻但供电未受影响的 B 旅店投宿。此例中,虽然 A 经营受损,招致纯粹经济损失,但 B 却因此接待了更多旅客,营业收入大增。这里可能存在一个"零和博弈",即 A 之损失等于 B 之获益。那么此时社会损失仅为电缆毁损的损失或者是为修复该电缆线路所支出的费用,而不包括 A 所受到的纯粹经济损失。又如由于审计师 A 之失误导致 B 公司的价值被高估,C 基于对审计报告的信赖高价收购了 B 公司,虽然 C 支付了过多的收购款遭受损失,但 B 公司之股东却因此获利。此时并不存在明显的社会损失。

然而法经济学的分析还是难以提供充分的理由说明为何个人损失赔偿应当受限于社会福利之最大化。以牺牲个案中对受害人的正义来支持纯粹经济损失不予赔付规则,值得反思。④ 必须谨记的是,经济学家的最终目标是追求社会效率,这注定在作出决策时,其关注的是资源的最优配置而非分配的公平与否。⑤ 法律关注的是个人得其应所得。受害人若因行为人之不当得利受损且受害人在主观上具有可责性时,仅仅以个人损失小于社会损失或不存在社会损失为由,拒绝对受害人的损失进行完全赔付,实为不妥。

二、水闸理论的思考

水闸理论的提出,主要是考虑到若允许受害人就纯粹经济损失提出赔偿,将会引致以下两个难以接受的后果:第一,由于人的社会属性造成个体与个体之间有着千丝万缕的联系,直接或间接的关联使得其中一人受到影响必波及相邻之其他主体,若允许其中之一就其所受纯粹经济损失获赔,则很有

---

① Bishop, W., "Economic Loss in Tort", 2 *Oxford Journal of Legal Studies* 1(1982),转引自〔德〕汉斯-贝恩德·舍费尔、克劳斯·奥特:《民法的经济分析》(第 4 版),江清云、杜涛译,法律出版社 2009 年版,第 285 页。

② Israel, G., "Tort Law and Internalization: The Gap between Private Loss and Social Cost", 17 *International Review of Law and Economics* 589 (1997). 转引自〔德〕汉斯-贝恩德·舍费尔、克劳斯·奥特:《民法的经济分析》(第 4 版),江清云、杜涛译,法律出版社 2009 年版,第 290 页。

③ 〔美〕曼昆:《经济学原理:微观经济学分册》(第 5 版),梁小民、梁砾译,北京大学出版社 2009 年版,第 211 页。

④ 余艺:《过失致人纯粹经济损失不予赔付规则及其突破》,载《政治与法律》2007 年第 1 期。

⑤ 〔美〕尼古拉斯·麦考罗、斯蒂文·G.曼德姆:《经济学与法律——从波斯纳到后现代主义》,吴晓露、潘晓松、朱慧译,史普川校,法律出版社 2005 年版,第 29 页。

可能"牵一发而动全身"引发大量其他主体也要求赔偿,"闸门"的开放将会引起诉讼的泛滥,法院不堪重负而致司法系统的瘫痪;第二,从赔偿责任人的角度观之,大量的纯粹经济损失赔偿责任无疑会给行为人带来过重负担,正如有学者所言,这样做很可能让当事人的潜在责任与过错不匹配。①

首先应该承认,基于诉讼泛滥的考量而排除对造成纯粹经济损失的赔偿责任有其合理性。我国司法实践中,有审理法院在论证具体个案中的纯粹经济损失应否赔偿时,就涉及对此理论的考量。行为人过失造成交通事故,他对受害人负有责任自不必言,但他并不需要因此对受害人的雇主,或是任何与受害人签订合同的人所受到的仅仅属于纯粹经济利益的损失承担责任。试想,甲公司的运输车侧翻而致一条城市道路无法通行,将可能出现众多的损失类型,如:附近集市无法营业导致营业收益的损失;行人及车辆因绕路而支出的额外的交通费用及因上班、谈判等迟到而丧失的经济利益;其他法人因货物运输迟延而导致货物变质的损失以及违约责任等。甲公司在营业时并不能预见其正常的营业行为会造成如此多的损害,要求其对不特定多数人的不确定的经济利益承担赔偿责任将会导致实质上的不公平。

然而,水闸理论从来就不被认为是一个科学的依据。如果受害人受法律保护的利益确有损害,为何仅仅因为法院将承担过重的工作量和被告将承担过重的责任就拒绝为其提供救济?美国学者普洛瑟(William L. Prosser)曾指出:法律救济值得被救济者,法院因工作过多而拒绝裁判,这只能说是其本身的无能罢了。②况且对纯粹经济损失采取宽泛性规定的法国、比利时和意大利等国家并没有遭遇诉讼泛滥的困境。且纯粹经济损失的赔偿并非意味着受害人范围和损害不能确定,如"遗嘱无效案""商品瑕疵案"等,由此可知水闸理论并无实践经验作为支撑,对法院将会不堪讼累的担心实无必要。学者所担心的"如洪水般泛滥"的诉讼究竟确有其事,抑或只是源于一种盲目的保守主义?

另外,允许某些纯粹经济损失获赔并不会导致行为人负担过重。在一些案件中,纯粹经济损失的受害人是确定的。如律师因过失导致遗嘱无效时,可依遗嘱继承的财产权益是可以预见的,允许此情形中的专业服务人员应当就受害人的纯粹经济损失进行赔偿,并非对行为人课以与其过错程度不相符的责任。即使是在其他受有纯粹经济损失之当事人范围十分广泛而难以确定的情形中,允许部分受害人请求赔偿,也不会当然地造成行为人赔偿责任

---

① Von R. Jhering, Culpa in contrahendo : oder Schadensersatz bei nichtigen oder nicht zur Perfection gelangten Verträgen, Jherings Jahrbücher, 1860, 120. 转引自〔意〕毛罗·布萨尼、〔美〕弗农·瓦伦丁·帕尔默:《欧洲法中的纯粹经济损失》,张小义、钟洪明译,林嘉审校,法律出版社 2005 年版,第 14 页。

② William Prosser, "International Infliction of Mental Suffering: A New Tort", 37 *Michigan. L. Rev.* 874(1937).

过重。因为应否赔偿并不是仅以当事人是否受到损失为充分条件,受到损失仅仅是可获赔偿的必要条件之一,同时要结合其他要件,才能要求行为人赔偿。其中因果关系之判断就可以在很大程度上切断纯粹经济损失的链条,缩小赔偿范围。事实上,在 Sparten Steel 案中,法院从作出裁判之日起就不断受到批评,首先是因为法院驳回纯粹经济损失赔偿的判决依据竟然是公共政策因素而非基于任何的法律原则,其次是法官对于无休止的诉讼之担忧从未被任何事实证明是合理的和有理由的。也正是基于此,后来在 Junior Books v. Veitchi 案中法官认定纯粹经济损失亦是可救济的,从而否认了 Sparten Steel 案的判决。①

三、价值序列的考量

价值序列常常作为纯粹经济损失赔偿排除规则的一项重要因素被探讨,其主要内容为:在司法资源有限的前提下,法律不能为所有的利益提供同等的保护,因此需要根据不同利益的价值大小对其进行排序,对于价值更大的利益应当优先保护。纯粹经济损失是期待利益的丧失,归属于无形财产利益受损之情形。对纯粹经济损失的保护相对于人身权益和有形财产应当更为靠后。② 然而以上论证仍然存在缺陷,无法支撑纯粹经济损失不予赔付这一结论。

首先,这一论证的前提是司法资源有限。虽然司法资源稀缺是无法为所有利益提供保护的原因,但也仅仅是无法保护所有利益的原因,而不是价值序列中靠后的某一具体利益无法得到保护的原因。申言之,司法资源稀缺导致价值序列中的部分具体利益可以得到保护,而剩下的一部分利益无法得到保护,由于未能明确指出司法资源稀缺程度,因此无法界定哪一部分利益可以得到保护而另外一部分利益无法得到保护,也就无法确定纯粹经济损失情形中受损的利益属于前者还是后者。

其次,既然认为纯粹经济损失中受损的利益因为在价值序列中靠后而不应得到保护,那么为何又会出现故意致损与合同领域的纯粹经济损失可得赔偿?从价值序列的观点来看,我们不得而知。以上解释要想站得住脚,则应明确指出司法资源稀缺的具体程度,即司法资源稀缺到仅能保护因行为人故

---

① 参见 Sparten Steel and Alloys Ltd. *v.* Martin and Co. (contract) Ltd. (1972) ABC. L. R. 06/22。
② 参见 Efstathios K. Banakas, "Tender Is the Night: Economic Loss—the Issue", in E. K. Banakas (ed.), *Civil Liability for Pure Economic Loss*, Kluwer Law International Ltd., London, 1996, p. 11. Bruce Feldthusen, "The Recovery for Pure Economic Loss in Canada: Proximity, Justice, Rationality and Chaos", in E. K. Banakas (ed.), *Civil Liability for Pure Economic Loss*, Kluwer Law International Ltd., London, 1996, pp. 11-72. 转引自杨雪飞:《纯粹经济损失之赔偿与控制——以行为人对受害人责任为视角》,中国政法大学 2008 年博士学位论文,第 30 页。

意而受到的纯粹经济上的不利益,而没有更多司法资源可保护过失导致的纯粹经济上的不利益。

最后,在市场经济高度发达的今天,无形财产利益越来越受到重视,其重要性不一定就比有形财产利益要小。例如,因侵犯商业秘密所造成的财产利益损失很可能比实体财产损失大得多。在现代社会中,虽然人身利益仍比财产利益更为重要,但已经很难对有体财产损害和经济损失之重要性作出区分。①

四、行为自由的指引

在搜集到的涉及纯粹经济损失赔偿案件中,有审理法院认为不应获赔的原因在于保护当事人的行为自由。②"法律的目的并不是废除或限制自由,而是保护和扩大自由。"③然而,侵权法的目标就是在"权益保护"(Gueterschutz)与"行为自由"(Handlungsfreiheit)之间寻求平衡。④ 侵权法不仅是"权利救济法",也是"自由保障法"。通过设立侵权责任赔偿规则为受害人请求损害赔偿提供法律保障自不待言,但从反面来看,也是通过划定需要承担赔偿责任之界限,从而划清自由的界限。⑤

纯粹经济损失赔偿问题之所以在侵权责任领域"不受待见",其原因就在于纯粹经济损失之范围十分广泛且极难确定。若允许其可获赔偿,虽然于受害人而言充分保障其权益,但是于行为人而言,无疑是一场灾难,向"权益保障"的过度倾斜必将严重侵蚀"行为自由",使得行为人处在动辄得咎的境地之中。这可以说是对行为自由的不合理限制。⑥ 并且行为人为避免将来可能发生的过重赔偿责任,其行为之积极性将大打折扣。从长远来看,甚至不利于社会整体发展。

但是在某些案例中,受有纯粹经济损失之当事人范围确定,也能为行为人所预见,因此对这些受害人进行赔偿,并不会给行为人造成过重负担。对于这类案件,由于损害结果的可预见性,行为人可提前作出相应"谋划",若

---

① See Canadian National Railway v. Norsk Pacific Steamship. (1992) 91 Dlr 4th 289, at 383.
② 参见"洪德记与厦门洪氏企业有限公司侵权责任纠纷案",福建省厦门市海沧区人民法院(2012)海民初字第2544号民事判决书;"高平中与李勇财产损害赔偿纠纷案",重庆市万州区人民法院(2015)万法民初字第07517号民事判决书。
③ Of Civil Government (Everyman's Library ed., 1924), Bk. Ⅱ. ch. Ⅵ, sec. 57. 转引自〔美〕E. 博登海默:《法理学——法律哲学与法律方法》,邓正来译,中国政法大学出版社2004年版,第299页。
④ Larenz/Canaris, Lehrbuch des Schuldrehts, Bd. Ⅱ, Teil 2, 13 Aufl, München:, C. H. Beck 1994, S. 350. Maximilian Fuchs, Deliktsrecht, Berlin: Springer, 2004, S. 4. 转引自程啸:《侵权责任法》,法律出版社2015年版,第20页。
⑤ 姜战军:《论纯粹经济损失的概念》,载《法律科学》2012年第5期。
⑥ Helmut Koziol, "Recovery for Economic Loss in the European Union", 48 Ariz. L. Rev. 871 (2006). 转引自姜战军:《论纯粹经济损失的概念》,载《法律科学》2012年第5期。

仍"一意孤行"造成对方当事人纯粹经济上不利益的,要求其承担损害赔偿责任理所当然。理性人在从事某种行为时,能够认识到行为后果的,应当为行为后果负责。① 这与行为自由之保护并行不悖。

对纯粹经济损失之赔付问题,若一概承认纯粹经济损失可获赔偿,必然有损侵权法保障行为自由目的之实现,而一概否认纯粹经济损失可获赔偿,势难实现个案之公平。合理的处理方法应当是在行为自由之保障、权益之保护和救济的指引下,通过侵权责任之构成要件确认具体案件中的纯粹经济损失应否赔偿。

第四节 纯粹经济损失赔偿的控制

虽然本节是对纯粹经济损失赔偿的控制进行分析,但从反面来看,也是对何种纯粹经济损失可获赔偿的确认。对纯粹经济损失赔偿的控制,实际上就是提供应否赔偿的认定标准,符合标准的就应当进行赔偿,反之则不予赔付,最终实现权益保护和行为自由之间的平衡。

一、纯粹经济损失赔偿控制路径

上文已经说明,虽然《民法典》合同编和其他特别立法如《证券法》、《道路交通事故处理办法》(已废止)、《医疗事故处理条例》等就各自领域内的纯粹经济损失赔偿问题作出明确规定,可为相应类型的纯粹经济损失赔偿认定提供判断标准,但是这些规定仍不能涵盖现实中已经存在以及将来可能会存在的纯粹经济损失类型。对于未能涵盖的类型,如何认定应否赔偿,则完全可以在侵权责任领域予以解决,原因就在于《民法典》第1165条第1款为纯粹经济损失赔偿责任的认定提供了制度通道。这里的制度通道的作用不仅仅体现在可为纯粹经济损失赔偿提供请求权基础,还体现在通过侵权责任构成要件的判定过滤掉不应赔偿的纯粹经济损失类型从而筛选出可得赔偿的类型。因为仅仅存在纯粹经济损失并不是要求行为人承担侵权责任的充分条件,还应具备其他诸如主观过错和因果关系等要件,而对于这些要件的判断,则应结合案件的具体情况,根据侵权责任关于权益保护和行为自由之价值目标,甚至还应考虑社会群体共同生活之情感等,予以综合判断。这一过程实际上是将各种价值判断、政策考量内置于侵权责任构成要件判断之中,通过法官的自由裁量得出最优解。

二、纯粹经济损失赔偿控制之展开

将纯粹经济损失赔偿问题纳入侵权责任领域予以处理,而对其控制自然

---

① 程啸:《侵权责任法》,法律出版社2015年版,第21页。

就是围绕侵权责任构成要件展开。关于侵权责任构成要件问题,理论界主要争议点在于"违法性"是否属于侵权责任构成要件之一,而在过错、损害、因果关系应当属于侵权责任构成要件这一点上不存在争议,此即"三要件"和"四要件"之争。① 实际上对于"违法性"是否属于我国侵权责任的构成要件之一,王利明教授曾多次发文论证我国侵权法排斥了"违法性"要件,采纳了"三要件"说。②

(一)损害

若不存在任何损害,则无赔偿之必要。损害事实的存在是成立赔偿责任的首要前提,这也是为何将损害作为侵权责任的构成要件之一进行规范。例如在"重庆乐天房地产开发有限公司与重庆利佰佳物业管理有限公司等财产损害赔偿纠纷案"③中,审理法院就明确指出,原告主张的财产损失属于纯粹经济损失,但该项损失并非必然产生,且原告提供的证据也不足以证明其所主张的财产损失,故不予支持。

有研究者进一步指出,只有具有可赔偿性的损害才可得赔偿。④ 可赔偿性损害应当具备两个要件:第一,损害可以通过行为人的赔偿而得到补偿;第二,通过法律上的价值判断认定该赔偿责任应当由行为人承担,认定标准又可细分为损害是行为人侵害民事权益所致,以及该损害并非过于遥远以至于不应由行为人赔偿。⑤ 理论上提出的这种可赔偿性损害的判断,实际上已经对损害应否由行为人赔偿作出了认定,即认定行为人应否承担赔偿的侵权责任,有"越俎代庖"之嫌。其中关于损害是否由行为人所致的判断属于因果关系认定的范畴,损害是否过于遥远的判断也和因果关系或主观过错的认定有关。因此对于损害这一要件的认定,仅需判断是否存在损害事实即可,至于是否具有可赔偿性,则属于其他构成要件所要解决的问题。

(二)过错

"行动只有作为意志的过错才能归责于我。"⑥过错原则基本是所有国家

---

① 刘锐、孟利民:《过失侵权责任的构成要件——为注意义务寻找合法席位》,载《甘肃政法学院学报》2004 年第 1 期。
② 王利明:《我国〈侵权责任法〉采纳了违法性要件吗?》,载《中外法学》2012 年第 1 期;王利明:《侵权责任法制定中的若干问题》,载《当代法学》2008 年第 5 期。
③ 参见重庆市第五中级人民法院(2014)渝五中法民终字第 00233 号民事判决书。
④ 王利明:《侵权责任法研究》(上卷),中国人民大学出版社 2010 年版,第 354 页。
⑤ 程啸:《侵权责任法》,法律出版社 2015 年版,第 217 页。
⑥ 〔德〕黑格尔:《法哲学原理》,范扬、张企泰译,商务印书馆 1961 年版,第 119 页。

侵权法中的基本归责原则。如《德国民法典》第 823 条、第 826 条①;《法国民法典》第 1382 条、第 1383 条②;《意大利民法典》第 2043 条③;《奥地利普通民法典》第 1295 条④;《瑞士债务法》第 41 条⑤;《日本民法典》第 709 条⑥等。过错责任原则也是我国侵权法的一般归责原则。纯粹经济损失赔偿责任的认定,自然应以过错为归责原则。首先,法律没有就纯粹经济损失赔偿责任作出规定,也就谈不上将其规定为无过错责任原则。其次,纯粹经济损失是否赔付尚存在争议,将其规定为无过错责任更是难以让人接受。

  侵权法中的过错分为故意和过失。在纯粹经济损失情形中,若行为人主观上是故意的,其行为的可责性或非难性十分明显,要求故意之行为人承担赔偿责任毋庸置疑。例如在"刘军发与刘六妹、谭月华侵权责任纠纷案"⑦中,审理法院明确指出,被上诉人明知毁损、阻碍公路的行为会给上诉人的利益造成损害,仍通过挖断、阻塞公路的行为导致损害结果的发生,实属故意,应当赔偿给上诉人因行为人造成的养猪未成的纯粹经济损失。现在需要讨论的是,是否有必要将行为人主观过错限定在故意范围内,以实现对纯粹经济损失赔偿进行控制的目的。实际上,行为人主观为过失的,在某些纯粹经济损失案件中仍应承担责任。这是因为,行为人有过失,其对他人权益的维护未能尽到相当的注意义务,未能对损害的避免采取合理措施,包括"为"或"不为"的一定行为,这种主观状态本身就有一定的可责性,尽管不如主观上

---

① 第 823 条:"(1)故意或有过失地不法侵害他人的生命、身体、健康、自由、所有权或其他权利的人,有义务向该他人赔偿因此而发生的损害。(2)违反以保护他人为目的的法律的人,担负同样的义务。依法律的内容,无过错也可能违反法律的,仅在有过错的情形下,才发生赔偿义务。"第 826 条:"以违反善良风俗的方式故意加损害于他人的人,有义务向该他人赔偿损害。"《德国民法典》(第 4 版),陈卫佐译注,法律出版社 2015 年版,第 317—318 页。

② 第 1382 条:"人的任何行为给他人造成损害时,因其过错致该行为发生之人有义务赔偿损害。"第 1383 条:"任何人不仅对其行为造成的损害负赔偿责任,而且对因其懈怠或疏忽大意造成的损害负赔偿责任。"《法国民法典》,罗结珍译,北京大学出版社 2010 年版,第 351 页。

③ 第 2043 条:"因任何故意或过失给他人造成不法损害的,行为实施者应当承担损害赔偿的责任。"《意大利民法典(2004 年)》,费安玲等译,中国政法大学出版社 2004 年版,第 480 页。

④ 第 1295 条:"(1)任何人均得请求加害人赔偿因其过错行为所致之损害;损害,得因违反契约义务而发生,亦得因与契约无关的其他事由而发生。(2)故意以违反善良风俗之方法加害于他人者,应负赔偿责任,但行使权利所致之损害,仅在权利之行使明显以加害他人为目的时,始负赔偿责任。"《奥地利普通民法典》,戴永盛译,中国政法大学出版社 2016 年版,第 250 页。

⑤ 第 41 条:"因故意或过失,不法致他人损害者,应负赔偿责任。故意以违反善良风俗的方法,致他人损害者,应负赔偿责任。"《瑞士债务法》,戴永盛译,中国政法大学出版社 2016 年版,第 18 页。

⑥ 第 709 条:"因故意或过失侵害他人权利或受法律保护的利益的人,对于因此所发生的损害负赔偿责任。"《最新日本民法》,渠涛编译,法律出版社 2006 年版,第 151 页。

⑦ 参见广东省韶关市中级人民法院(2017)粤 02 民终 544 号民事判决书。

为故意的可责性严重。此外，从各国司法实践的案件裁判情况来看，这一观点也得到了认可。例如德国的"修理行煤气表安装爆炸事故案"①、英国的"White vs. Jones 遗嘱继承案"②、我国的"王保富诉三信律师所财产损害赔偿纠纷案"③。

需要说明的是，虽然某些纯粹经济损失类型中，行为人在主观上为过失的应当承担赔偿责任，但另一些纯粹经济损失类型中，行为人只有主观上为故意的，才应承担损害赔偿责任，例如第三人侵害债权导致的纯粹经济损失。至于哪些情形中应当要求行为人主观为故意，而哪些情形中过失即可，需要法官根据案件的实际情况进行认定。

就上文已经讨论的几种类型而言，过失履行专业服务、不当陈述、商品或建筑物瑕疵引起的纯粹经济损失以及侵害第三人所有权或人身所造成的纯粹经济损失，行为人主观上为过失即可，而垄断和不正当竞争、恶意诉讼、第三人侵害债权的，则要求行为人主观上为故意，公共资源利用不能和公共交通拥堵、延误类则需要法官根据案件实际情况进行判断。因为在专业服务、不当陈述和商品或建筑物瑕疵引起的纯粹经济损失中，法律已经对专业服务人员（如律师和会计师）、陈述义务人（如上市公司和新闻从业人员）、提供商品或交付建筑物之主体（如生产者和开发商）等等，明确规定了审慎义务、注意义务或保障商品无瑕疵之义务，行为人违反此义务的，即使主观上属于过失，仍应承担相应责任。而侵害第三人所有权或人身权造成的纯粹经济损失的，盖因所有权和人身权本属绝对权，对其之侵害即使为过失也应担责，由此引发的纯粹经济损失，同样应当赔偿。但在垄断和不正当竞争、恶意诉讼、第三人侵害债权中，垄断和不正当竞争、恶意诉讼本就是行为人主观上积极追求的结果，不存在过失的情形。

（三）因果关系

因果关系作为侵权责任构成要件之一，仍然是行为人只对自己行为负责之原则的要求。侵权法中的因果关系理论解决的是可归因的损害赔偿问题，行为人对某一损害结果承担责任的前提是行为人与损害之间存在联系。④侵权法中的因果关系主要有以下两层意义：第一，过滤掉无关原因，贯彻自己责任原则；第二，截取因果关系链条，避免责任范围的无限扩大。⑤

---

① 参见 B. S. Markesinis, *A Comparative Introduction to the German Law of Torts*, Oxford University Press, 1990.
② 参见 White *v.* Jones, (1995) 2 AC 207.
③ 《最高人民法院公报》2005 年第 10 期（总第 108 期）。
④ 〔荷〕J. 施皮尔：《侵权法的统一：因果关系》，易继明等译，法律出版社 2009 年版，第 13 页。
⑤ 程啸：《侵权责任法》，法律出版社 2015 年版，第 220—221 页。

在我国,学者一般主张采用相当因果关系理论。① 在司法实践中,也有法官在裁判时根据相当因果关系理论进行认定。② 在纯粹经济损失损害赔偿责任认定中,同样应采相当因果关系理论。③ 因为相当因果关系的判断包含两层意思,即"条件关系"的判断和"相当性"的判断,而"相当性"的判断是融入了政策考量的价值判断④,因此具有了法律上的归责和责任限制的功能⑤,从而实现纯粹经济损失赔偿中的权益保障和行为自由的平衡。

相当因果关系中的"条件关系"是指行为人之行为是损害结果的必要条件。"相当性"是指该行为通常足以导致该损害。⑥ 如何判断通常足以导致该损害,需要考虑两个因素,一是立法目的和法律政策,二是过错。⑦ 在纯粹经济损失领域,由于法律并未专门对此予以规定,仅能根据侵权责任的一般条款进行处理。因此从立法目的来看,相当因果关系的判断所要考虑的因素之一是权益保障;从法律政策的角度观之,则要考虑权益保障和行为自由的平衡。不可否认,此处提到的"考虑权益保障和行为自由的平衡"仍然"捉摸不定",如何在裁判过程中真正实现这一目标追求,有赖于法官的自由裁量,一般来讲,可以考虑以下因素。首先,全面的权益保障自然是有损失即赔偿,但是这在现代社会是难以实现的,并且会阻碍社会进步,因此不予保障则是要求受害人承担一定之社会风险和生活成本。这就需要法官考虑将这种风险和成本划给哪方当事人承担更为合适。其次,行为自由在一定程度上取决于行为人是否能够享有行为自决权,即能否预见到自己的行为后果以及法律

---

① 江平:《民法学》,中国政法大学出版社 2000 年版,第 760 页;汪渊智:《侵权责任法学》,法律出版社 2008 年版,第 83 页;周友军:《侵权责任认定——争点与案例》,法律出版社 2010 年版,第 175 页;姚辉:《中国侵权行为法理论与实务》,人民法院出版社 2009 年版,第 237 页。
② 例如:《最高人民法院公报》1989 年第 1 号发表的"张连起、张国莉诉张学珍损害赔偿纠纷案";梁慧星:《民法学说判例与立法研究》,法律出版社 2003 年版,第 274 页。又如:"顾客诉肯德基有限公司分店烫伤损害赔偿案",国家法官学院、中国人民大学法学院:《中国审判案例要览(2002 年民事审判案例卷)》,中国人民大学出版社 2003 年版,第 351 页。值得一提的是,最高人民法院在一份判决书中指出,在欠缺直接或相当因果关系的情形下,不应承担侵权赔偿责任的抗辩有理。参见最高人民法院(2001)民二终字第 114 号民事判决书。
③ 司法实践中,已有审理法院根据相当因果关系理论判断纯粹经济损失应否赔偿。例如在"朱兴北与中国人民财产保险股份有限公司海安支公司、范本亮机动车交通事故责任纠纷案"中,审理法院就认为,原告未能养蜂的损失属于纯粹经济损失,其未提供证据证明该损失与交通事故之间存在相当因果关系,因此该项损失赔偿请求权不予支持。参见江苏省南通市中级人民法院(2016)苏 06 民终 4451 号民事判决书。实践中也存在根据直接因果关系或者法律因果关系判断纯粹经济损失应否赔偿的案件。例如"徐新葵与江阴市市政建设工程有限公司、王春桃股权转让纠纷案",江苏省高级人民法院(2015)苏商外终字第 00028 号民事判决书;"胡伟彬诉梁瑞静、太平财产保险有限公司遵义中心支公司交通事故责任纠纷案",参见贵州省遵义市汇川区人民法院(2017)黔 0303 民初 137-1 号民事判决书。
④ 陈聪富:《因果关系与损害赔偿》,北京大学出版社 2006 年版,第 156 页。
⑤ 王泽鉴:《侵权行为法》,中国政法大学出版社 2001 年版,第 192 页。
⑥ 王泽鉴:《侵权行为》,北京大学出版社 2009 年版,第 186—196 页。
⑦ 王利明:《侵权责任法研究》(上),中国人民大学出版社 2011 年版,第 381 页。

是否会对自己的行为作出否定性评价,从而在决定是否为某一行为前能够预先谋划。因此法官在认定相当因果关系时,可以从可预见性角度进行判断。例如在"陈丽丹诉周学刚等机动车交通事故责任纠纷案"中,原告请求赔偿因交通事故导致其无法参加旅游而产生的旅游费用损失,并提供了旅游合同和发票进行证明,审理法院认为该旅游费用损失属于纯粹经济损失,由于该项损失无法预见,应予以限制,因此不予支持。①

可预见性的判断标准有三种:主观标准、客观标准和综合标准。主观标准是依据行为人所知道的情事进行判断,客观标准是依据一个合理人在事发之时所能认知的情事进行判断,而综合标准则是同时考虑主观标准和客观标准。以上三种标准中,综合标准更为可取。第一,客观标准反映的是一般社会大众基于日常生活经验的判断,所以据此作出的认定结果也更符合社会大众的心理预期。第二,由于行为人作为一个独立个体所具有的特殊性,其所知之情事对于行为结果可预见性具有相当大的影响,例如专业人员从事专业服务时,其预见能力自然强于普通人,同时基于其专业技能,对其行为之要求自然也高于普通人。

第五节 本章总结

纯粹经济损失赔偿并非简单的全有或全无的问题,而是根据一定之规则对其进行具体认定和控制。关于纯粹经济损失应否赔付在理论上所探讨的各种法政策考量因素,应当内化于这一规则当中,其中又以实现权益保护和行为自由之平衡为核心。认定和控制规则应围绕侵权责任的构成要件展开,即从损害、过错和因果关系三个角度进行考察。在因果关系的判断上应采用相当因果关系标准,而对"相当性"的认定,应根据行为人对损害的可预见性进行判断。

上述判断标准仍具有抽象性,这是因为经济联系的复杂性使得纯粹经济损失的形态各异,难以通过精确唯一的标准囊括千变万化的现实。为了给可能的纯粹经济损失赔偿预留必要的救济空间,同时不对行为自由构成不合理的限制,提供具有一定弹性和灵活性的规范模式和认定标准似乎才最为妥当。法官在处理具体案件过程中,秉持公平正义原则,在法政策考量因素的

---

① 参见贵州省遵义市汇川区人民法院(2016)黔0303民初5005号民事判决书。类似案件有:"刘芷菡诉重庆市汽车运输集团高速公路客运有限公司、中国大地财产保险股份有限公司重庆分公司、周学刚、遵义道达通汽车运输公司、中国太平洋财产保险股份有限公司遵义中心公司机动车交通事故责任纠纷案",贵州省遵义市汇川区人民法院(2016)黔0303民初5006号民事判决书;"上诉人中国人民财产保险股份有限公司哈尔滨市分公司与被上诉人葫芦岛宏展汽车贸易有限公司、黑龙江省五常市迎顺物流有限公司、邵明兴机动车交通事故责任纠纷案",辽宁省葫芦岛市中级人民法院(2015)葫民终字第00010号民事判决书。

指引下,结合案件具体情况,对行为人的主观过错和因果关系进行价值判断,从而作出是否赔偿的判决。通过对一个个具体案件的处理,不断充实这一抽象性的同时也具有弹性的纯粹经济损失赔偿认定标准。学者根据实践中存在的纯粹经济损失实施模式,结合法官的判决,对纯粹经济损失赔偿问题进一步做理论上的探究,从另一个侧面对损失赔偿认定标准填充实质性内容。二者协力推动纯粹经济损失赔偿规范的发展。正如毛罗·布萨尼等所言:"侵权法不断地展现其受解释的命运,即展现一种解释性的存在方式。纯粹经济损失赔偿的问题也逃脱不出这种命运。"①

---

① 参见〔意〕毛罗·布萨尼、〔美〕弗农·瓦伦丁:《欧洲法中的纯粹经济损失》,张小义、钟洪明译,林嘉审校,法律出版社2005年版,第409页。

第七章 滥用诉讼致纯粹经济损失之赔偿

第一节 本章问题

《中共中央关于全面推进依法治国若干重大问题的决定》指出:"加大对虚假诉讼、恶意诉讼、无理缠诉行为的惩治力度。"①2015 年 4 月 1 日,中央全面深化改革领导小组第十一次会议进一步就净化司法环境达成共识。② 显然,规制虚假诉讼等不当诉讼行为已成国家顶层治理之重大关切,是司法体制改革力图剔除之劣性顽疾。近年来,对于虚假诉讼、恶意诉讼等行为,立法上的正面回应集中于《民事诉讼法》第 13 条第 1 款、第 59 条第 3 款及第 115 条。③ 反观司法实践,有最高人民法院虚假诉讼第一案之称的"上海欧宝生物科技有限公司、辽宁特来维置业发展有限公司与谢涛借贷纠纷案"④也昭示着司法机关对于识别虚假诉讼,大力惩治虚假诉讼的决心。

需说明的是,在我国,司法实务学界探讨,都存有对虚假诉讼与恶意诉讼概念之争。⑤ 虚假诉讼概念之界定在民事诉讼实践中难有统一,作为非严格意义上的法学概念,是司法实务部门对相关案件类型的感触与总结。⑥ 综而

---

① 《中国共产党第十八届中央委员会第四次全体会议文件汇编》,人民出版社 2014 年版,第 43 页。
② 《人民日报》2015 年 4 月 2 日,第 1 版。
③ 《民事诉讼法》第 13 条第 1 款所确立的诚实信用原则,也被视为包含禁止滥用诉讼权利的内涵。但原则的适应仍然依赖于具体制度的回应,《民事诉讼法》第 59 条第 3 款,第三人撤销制度的设立被视为是应对虚假诉讼而生之制度,但对第三人撤销制度应对虚假诉讼情势的适用,也有不少忧虑。第 115 条对虚假诉讼等有所规制,此系 2012 年《民事诉讼法》修订后之新增条款,但该条对于当事人实施虚假诉讼等的法律责任的措施为驳回请求、拘留、罚款与追究刑事责任。
④ 参见最高人民法院(2015)民二终字 324 号民事判决书。
⑤ 主要有两种观点:(1) 虚假诉讼是恶意诉讼的一种形式。参见肖建华:《论恶意诉讼及其法律规制》,载《中国人民大学学报》2012 年第 4 期;马贤兴:《虚假诉讼的识别与防治》,载《民主与法制》2014 年第 13 期。(2) 虚假诉讼与恶意诉讼是并列关系。参见周翔:《虚假诉讼定义辨析》,载《河北法学》2011 年第 6 期;王涛:《虚假诉讼及其规制——以恶意调解的实证分析为视角》,载《上海政法学院学报》2012 年第 5 期。此外,与"虚假诉讼"和"恶意诉讼"相关的概念表述诸如"不当诉讼""诉讼欺诈""诉讼诈骗""滥用诉权"等。参见周万延、李文骐:《不当诉讼行为的责任与防范》,载《法律适用》1999 年第 8 期;陈桂明、李仕春:《诉讼欺诈及其法律控制》,载《法学研究》1998 年第 6 期;于海生:《诉讼欺诈的侵权责任》,载《中国法学》2008 年第 5 期;董玉庭:《论诉讼诈骗及其刑法评价》,载《中国法学》2004 年第 2 期;邵明:《滥用民事诉权及其规制》,载《政法论坛》2011 年第 6 期;张晓薇:《滥用诉权行为的法律规制》,载《求索》2004 年第 8 期;汤维建、沈磊:《论诉权滥用及其法律规制》,载《山东警察学院学报》2007 年第 2 期。
⑥ 任重:《论虚假诉讼:兼评我国第三人撤销诉讼实践》,载《中国法学》2014 年第 6 期。

观之,张卫平教授对二者概念之厘定可资借鉴。① 笔者所意欲探讨之情势,涵盖虚假诉讼、恶意诉讼、无理缠讼等行为,为顾概念之周延,故而统采"滥用诉讼"之概念;就文义而言,"滥用"一词,含"无节制、不加选择"之意②,既含主观状态之倾贬,又达客观形态之抽象,二者兼顾,且于学理和比较法皆有迹可循,较为妥适。

在实体法方面,虽然关于滥用诉讼之侵权责任的学理探讨如火如荼③,但从笔者选取的30个典型民事判决观之④,实务处理中俨然形成以《民事诉

---

① 张卫平教授认为,虚假诉讼"系形式上的诉讼双方当事人共谋通过虚构实际不存在的实体纠纷(包括双方之间根本不存在实体法律关系以及虽存在实体法律关系,但并不存在争议两种情形),意图借助法院诉讼的判决达到损害诉讼外第三人权利或权益的诉讼"。恶意诉讼则为"一方当事人通过捏造事实或理由,滥用诉权提起民事诉讼,以达到损害对方当事人的利益"。恶意诉讼损害的是对方当事人的权利,只要受害方当事人正确行使抗辩权,恶意诉讼的违法行为便不能得逞。张卫平:《第三人撤销判决制度的分析与评估》,载《比较法研究》2012年第5期。此外,鉴于《最高人民法院关于适用〈中华人民共和国民事诉讼法〉的解释》第190条第2款对恶意串通之虚假诉讼适用《民事诉讼法》第115条之规定,是以确认《民事诉讼法》第115条虚假诉讼之概念。
② 贺国伟等:《现代汉语同义词典》,上海辞书出版社2009年版。
③ 郭卫华:《滥用诉权之侵权责任》,载《法学研究》,1998年第6期;梁慧星:《中国民法典草案建议稿》,法律出版社2003年版,第312—313页;王利明:《中国民法典草案建议稿及说明》,中国法制出版社2004年版,第21页;杨立新:《中华人民共和国侵权责任法草案建议稿及说明》,法律出版社2007年版,第182页。
④ 其中《最高人民法院公报》2则:"赵俊诉会敏、何雪琴民间借贷纠纷案",《最高人民法院公报》2014年第12期(总第218期),第28—30页;"勋怡公司诉瑞申公司财产权属案",《最高人民法院公报》2004年第3期。
《人民法院案例选》4则:"广州东顺房地产开发有限公司诉广州市成均水电管道安装有限公司虚假诉讼案",《人民法院案例选》(2011年第1辑);"吴荣平诉洪善祥民间借贷再审纠纷案",《人民法院案例选》(2013年第1辑);"上海迅通物流有限公司诉上海凌运庆铃汽车修理服务有限公司房屋租赁合同纠纷案",《人民法院案例选》(2013年第4辑);"杨敏诉姚正祥不实诉讼损害赔偿纠纷案",《人民法院案例选》(1999年第4辑)。
《中国审判案例要览》2则:"南京金盟房地产投资咨询有限公司诉江苏国安建筑安装工程有限公司恶意诉讼保全侵权案",《中国审判案例要览》(2011年民事审判案例卷)(国家法官学院、中国人民大学法学院编,中国人民大学出版社2013年版);"北京儒鼎时代法律咨询服务有限公司诉程爱华法律服务合同案",《中国审判案例要览》(2010年民事审判案例卷)2011年版。
《人民法院报》2则:"河南高院判决老黄记公司与黄家老店不正当竞争纠纷案",《人民法院报》2013年6月6日,第6版;"李某某诉杨某某财产损害赔偿纠纷案",《人民法院报》2014年11月20日,第7版。
北大法宝数据库2012年至今的随机抽取的20则:参见湖北省秭归县人民法院(2014)鄂秭归民再初字第00001号民事判决书;浙江省杭州市西湖区人民法院(2014)杭西商再字第2号民事判决书;辽宁省大连市中级人民法院(2014)大民二终字第777号民事判决书;浙江省绍兴市越城区人民法院(2013)绍越商再字第6号民事判决书;浙江省衢州市中级人民法院(2013)浙衢民再终字第2号民事判决书;江苏省徐州市中级人民法院(2013)徐民再终字第0032号民事判决书;四川省叙永县人民法院(2013)叙永民初字第2364号民事判决书;黑龙江省高级人民法院(2013)黑监民再字第139号民事判决书;湖南省常德市武陵区人民法院(2013)武民再字第00006号民事判决书;浙江省乐清市人民法院(2013)温乐商再字第2号民事判决书;浙江省瑞安市人民法院(2013)温瑞商再字第2号民事判决书;江苏省宿迁市人民法院(2013)宿中民再终字第0011号民事判决书;山东省烟台市芝罘区人民法院(2012)芝民简再字第1036号民事判决书;河南省南阳市卧龙区人民法院(2012)宛龙七民初字第185号民事判决书;江苏省新沂市人民法院(2012)新民再初字第0011号民事判决书,等等。

讼法》第 115 条为中心之程序法主导模式,课以侵权责任者仅有 5 例。① 从实务案例采集状况观之(如表 7-1):

表 7-1 虚假诉讼与恶意诉讼对照表

具体类型	类别							
	提起侵权之诉		予以民事赔偿		涉及第三人		考察主观过错	
	数量	比例	数量	比例	数量	比例	数量	比例
虚假诉讼	0	0	0	0	6	20%	1	3.3%
恶意诉讼	7	23.3%	5	16.6%	0	0	5	16.6%

显然,对于滥用诉讼之侵权责任的请求与成立,类型偏向性大,虚假诉讼竟无一例,裁判上持肯定态度者亦不为多,且依据各有所异;在虚假诉讼中,鲜有主观过错之考量;而在恶意诉讼中,何为"恶意"不甚明了,缺乏统一判定标准;至于损害方面,赔偿力度各不相同,亦无法定明确范围,填补损害之机理未得充分发挥。然,滥用诉讼肆起之根本原因,在于行为人心怀歹心之贪欲,而程序法上对其进行打击和预防,确有助益,但始终无法实现损害填补的救济核心。因此,增进侵权法与程序法对滥诉行为之协力共制,方为解决之道。

当然,在此需加说明的是,该 30 例系笔者从众多案例群中筛选而得,并未将所选案例尽数堆砌,以顾代表性与充实性之协调。具言之,从案例时间来看,所选案例大多为晚近年份之裁判,以求尽可能地把握新近司法审判动向;从案例代表性来看,公报、案例选、审判要览等代表性案例皆有采纳,其余则以类型化为导向,以同质异素为标准,主在说明当前集中于民事诉讼领域的典型性焦点问题,毕竟问题与各项部门法皆有涉猎,相关案例选库选确系浩如烟海,仅以拙文难以穷尽。因此,在后文将要展开的类型化论述中,各项类型之划分系分别以主观要素判定和客观要素考察为基准,以实务频发性问题为类聚,各项类型之集合固然无法涵盖一切滥诉行为模式,但每案皆与问题所述要旨息息相关,具体将于下文详述。

依通说,一般侵权行为之构成要件包括行为之违法性、过错、因果关系和损害②,滥用诉讼之侵权责任亦非例外。关于行为之违法性,《民事诉讼法》第 13 条第 1 款③、第 115 条之首要法律依据可谓足格。至于"因果关系",实

---

① "李某某诉杨某某财产损害赔偿纠纷案",《人民法院报》,2014 年 11 月 20 日第 7 版;"甲公司诉乙公司滥用民事财产保全权侵权案",参见四川省宜宾市中级人民法院(2005)宜民初字第 54 号民事判决书;"杨敏诉姚正祥不实诉讼损害赔偿纠纷案",选自最高人民法院应用法学研究所编:《人民法院案例选》(第 4 辑),人民法院出版社 1995 年版,第 92 页;"陈某等与甲厂财产保全损害赔偿纠纷上诉案",参见广东省高级人民法院(2010)粤高法民一终字第 93 号民事判决书;"徐某诉甲公司财产保全损害赔偿纠纷案",参见上海市浦东新区人民法院(2010)浦民一(民)初字第 12869 号民事判决书。
② 张新宝:《侵权责任法》(第 2 版),中国人民大学出版社 2010 年版,第 29 页。
③ 《民事诉讼法》第 13 条第 1 款规定:"民事诉讼应当遵循诚实信用原则。"

务裁判与学界观点未有显著争议,遵循一般因果关系理论即可。而主观过错与客观损害之认定,则是侵权责任构成之难点,亦为下文所需考究之重点。不可忽略的是,在滥用诉讼之特殊语境中,侵权之诉之成立,非仅赖于构成要件之完璧,亦与民事程序配置制度休戚相关,故不得不理顺二者之关系,方谓圆满。

第二节　滥用诉讼之主观判定

一、多次撤诉型

案例一:原告某法律服务公司因法律服务合同纠纷前后共计五次将被告程某诉至法院,又均撤回起诉,且未说明正当理由,此案一审和二审皆为败诉。后本案主审法官明确指出:原告三番五次在无充足理由的前提下对被告提起诉讼,有违诉讼之本质,据此可推断原告之起诉与撤诉行为存有一定的恶意。虽然法律并未明确规定对恶意诉讼的处罚措施,但本院裁定其败诉,以示惩戒。①

案例二:杨某曾先后五次对李某提起诉讼,后三起均以杨某撤诉结案。在五起诉讼中,法院均依据杨某申请裁定冻结了李某银行存款或法院代管款。法院认为,被告杨某应知其证据为假,仍三次连续重复诉讼给李某造成无端诉讼负担,遂认定其起诉行为及申请保全行为均有"恶意",并判决赔偿李某相关损失。②

由上可知,认定"恶意"之标准,因法条规定相对浅显模糊,法院判词并未集中于此。而是将恶意之论证立足于合理性的论述之上。案例一中法官以情理作为推理基础,面对原告多次无端起诉后撤诉之滥诉行为,囿于当时法制阙如未予严惩,遂裁定其相反行为。案例二中因被告杨某应知其证据为假,仍三次连续重复诉讼给李某造成无端诉讼负担,遂认定其有"恶意",并判决赔偿相关损失。而在"甲公司诉乙铁路局滥用民事诉权案"中,法院认为,被告仅起诉一次,且原告声称被告滥用诉权证据不足,无法证明被告存有"恶意"。要言之,在该类型中,起诉次数、撤诉事由、前后诉衔接是否合理、证据是否真实等因素系法官认定行为人是否构成"恶意"之核心要点。

二、恶意财产保全型

恶意财产保全亦属典型滥诉行为之一,其规制条款主要系《民事诉讼

---

① 《人民法院案例选(季版)·2010年第2辑(总第72辑)》,中国法制出版社2011年版,第106—112页。
② 徐俊、俞硒:《民事恶意诉讼的损害赔偿》,载《人民法院报》2014年11月20日第7版。

法》第108条。① 对于该条中申请财产保全行为是否"错误"之认定,最高人民法院在《民事案件案由规定》中明确指出,因申请财产保全损害责任纠纷列于"侵权责任纠纷"项下,实务中均结合侵权责任构成要件,采过错责任原则处理。综据数案,其又可具分为"前提错误""对象错误"与"数额错误"三类,下文将各取典型予以详述。

案例三: 原告甲公司起诉某铁路局,以"该铁路局与其不存在任何法律关系而起诉,使其耗费人物财力甚巨"为由起诉某铁路局要求赔偿因其滥诉导致的损失。一审法院审理认为该铁路局主观上并无过错,遂判决驳回原告诉请。二审则对"滥诉行为"下有定义,成为二审判决之关键。②

案例三系"前提错误"类之典型代表。所谓"前提错误",系指申请人之诉讼请求未获法院之准许。在此需澄清一个误区,并非凡申请财产保全而后败诉者即为错误,毕竟官司输赢系诉讼常事,其中因果千千万万,而保全制度仅系应急之策,只凭败诉后果便认定保全有误实乃荒谬。从案例三观之,某公司因无法适用侵权行为中的过错责任规则使其财产保全行为丧失了适用前提,其主观恶意可谓昭然。另,在"陈某等与甲厂财产保全损害赔偿纠纷上诉案"③中,申请人之诉讼请求已遭高院两次驳回,且与之相关的民事判决已生法律效力,足可认定其财产保全行为缺乏合法理由,应认定为保全错误。概言之,法院对于"前提错误"之认定系以实然层面申请人之诉讼请求之正当性与可能性为考察基准。不得不提的是,财产保全制度之初衷,本为更好地保障当事人合法权益,促进法院裁决顺利进行。倘若法院发现申请人诚无诉之必要或极具恶诉倾向,此显与财产保全之制度目的相悖,其适用前提亦荡然无存。

案例四: 被告甲公司在另案中因买卖合同纠纷申请保全原告徐某、胡某之房产。而法院于另案判决中明确认定徐某在代为清偿合同中以其持有的公司股权之所有收益已向甲公司清偿债务。甲公司对此应当明知,其对于申请保全的财产应尽审慎之注意义务,不应涉及原告之其他财产,故甲公司之行为具有主观过错。④

案例四系"对象错误"类之范例。在该案中,法官基于合同明确约定与法院判决确认之双重铁证,足以证明徐某之房产显非涉案财物,进而断定甲

---

① 《民事诉讼法》第108条:"申请有错误的,申请人应当赔偿被申请人因保全所遭受的损失。"
② 二审法院认为,滥用诉权的行为是指,当事人故意或相当于故意的重大过失,缺乏合理根据,违反诉讼目的而行使法律所赋予的诉权,纠缠法院或对方当事人,从而造成不必要的人力和财力浪费的行为。滥用诉权本质上是一种侵权行为,应适用过错责任归责原则。参见左昆:《滥用民事诉权的司法界定》,载找法网,网址:http://china.findlaw.cn/case/457.html,最后访问2023年1月8日。
③ 广东省高级人民法院(2010)粤高法民一终字第93号民事判决书。
④ 参见上海市浦东新区人民法院(2010)浦民一(民)初字第12869号民事判决书。

公司系明知不当为而为之,盖有恶意之嫌。根据《民事诉讼法》第 105 条规定,财产保全仅限于请求的范围或与本案有关的财物,此系法律层面对保全对象之规定。然,合法性验证仅系判定行为人主观状态之首要步骤,仅因保全对象有误尚难证明系申请人蓄意所为,毕竟疏忽大意亦有可能。透过案例四法官之论证逻辑,在全面事实认定与整合证据链条之基础上,行为人注意义务之缺失实有跃然纸上之感。依传统理论,注意义务可分为普通人的注意义务、与处理自己事务为同一的注意义务、善良管理人的注意义务。本案主审法官在后文评析中主张应采善良管理人之注意义务①,另有法官则主张普通人之注意义务即可②。笔者认为,宜采普通人之注意义务。一方面,财产诉讼中保全手段之运用已属司空见惯,滥用之事亦时有发生,对申请人课以善良管理人或视为己务的标准过于严苛,反易加剧保全制度之滥用;另一方面,普通人标准及于常人,易于把握;且虽要求程度低仍有违反者,足见其不负责任之歹心。要言之,于此情形下,法定要件之考察与注意义务之洞悉系法官进行主观认定之两大基点。

案例五:甲公司以恶意超额保全造成融资成本损失为由将乙公司诉至法院,要求被告承担侵权损害赔偿责任。关于主观过错方面,法院认为:乙公司申请保全 400 余万元,而根据生效判决,实际款项为 267 万元,此中数额差系当事人对工程款之确定方式存在分歧所致,乙公司对此并无恶意;且乙公司有权选择保全财产的种类,甲公司以不方便变现、不利于执行之房产作为担保请求解除其账户冻结,乙公司有权拒绝,不存在滥诉行为。③

"数额错误"类在实务中时有发生,其主观认定有其特殊性。除案例五外,在"A 公司等诉 B 公司等财产保全损害责任纠纷案"④"C 公司与 D 公司因申请财产保全损害责任纠纷上诉案"⑤中,法官皆指出,财产保全金额一般应与诉请金额或判决后金额相当,然保全制度仅系诉讼之中间程序,非属权利义务之终局确认,况且其中不少在紧急情势下为之,数额偏差实乃常理,仅依此点难断过错。因此,对于《民事诉讼法》第 105 条中"限于请求的范围"应采扩张解释。亦即申请人之申请保全金额与诉请金额在合理误差范围即可,强求精准实无必要亦无可能。约言之,对该种小类型,实务通行做法为:若无其他事实依据予以辅证或足以认定申请人存有恶意之嫌,仅依保全金额与诉请金额之数额差尚不足以苛之过错。

综上,"前提错误"与"对象错误"系实务中法官认定行为人是否构成滥

---

① 参见上海市浦东新区人民法院(2010)浦民一(民)初字第 12869 号民事判决书。
② 参见浙江省衢州市中级人民法院(2014)浙衢民终字第 117 号民事判决书。
③ "甲公司诉乙公司恶意诉讼保全侵权案",国家法官学院、中国人民大学法学院:《中国审判案例要览》(2011 年民事审判案例卷),中国人民大学出版社 2013 年版,第 565 页。
④ 参见广东省广州市中级人民法院(2013)穗中法民一终字第 2632 号民事判决书。
⑤ 参见江苏省镇江市中级人民法院(2015)镇民终字第 0034 号民事判决书。

用财产保全之多发地带,"数额错误"虽时见争议,却常属情理之中,法官尚难凭此独断。对这三种类型,个案法官皆秉承合法性与合理性双重考察原则,尤其在现有事实证据之基础上对主观状态之条分缕析,实现与法律层面上过错要件之对接,可谓精到。

三、恶意串通,损害第三人利益型

该类型系《民事诉讼法》第 115 条规制之主要类型,因其多采伪造证据、虚构债务之手段行事,实务亦多谓"虚假诉讼"。下文将结合典型案例,具而述之。

案例六:上海某公司为原审原告,辽宁某公司为原审被告,谢某为再审一审申诉人,原审中第三人。原一审中,法院查明原告与被告共签订九份《借款合同》,原告在合同签订后如约将款项付给了被告,被告公司在合同约定的还款期限内,均未予以偿还。一审法院判决被告于判决生效后 10 日内偿还原告借款本金及借款实际发生之日起至本判决确定给付之日止的中国人民银行同期贷款利息。一审裁判生效后,第三人谢某提出申诉,认为原告与被告无真实借贷关系,原告与被告恶意串通,通过虚构债务的方式,恶意侵害其合法权益。其后,案件再审。再审中,辽宁高院结合原告与被告之间的借款过程及诉讼中发生的情形,以及原告公司借款进账后将大部分款项转出的情形,认定原被告之间不存在真实的借款法律关系。原审原告不服判决,向最高人民法院提起上诉,最高人民法院认为此案争议焦点之一是原告与被告是否存在真实借款关系。

申言之,对于此案中诸多矛盾和违反常理之处,原审原告与原审被告均未作出合理解释,原审原告没有提供足够的证据证明其就案涉争议款项与被告之间存在真实的借贷关系。而对本案是否存在恶意诉讼之问题,最高人民法院认为:原审原告与被告对原审被告与申诉人及其他第三人债权债务应系明知,而在当庭询问时,上诉人对被上诉人之偿还情况叙述不清,表明其提起本案诉讼并非为实现债权,而是通过司法程序进行保护性查封以阻止其他债权人对被上诉之公司财产的受偿。以虚构债权而兴讼不止,恶意昭然若揭。综上,最高人民法院据《民事诉讼法》第 115 条,对虚假诉讼行为予以认定并进行处罚。①

案例七:原告孔某与被告郑某系母子,郑某与陈某系夫妻,原告以郑某、陈某购置婚房向其借贷为由起诉两被告,一审判决已生效。被告陈某遂提起再审。后再审法院查明,本案中两被告的婚姻关系、司法送达程序以及所提交的证据皆存在不同程度的可疑性。综上,再审认为原审原告孔某之诉求、

---

① 参见最高人民法院(2015)民二终字第 324 号民事判决书。

证据以及郑某之答辩意见前后不合逻辑,有虚假诉讼之嫌,遂撤销原判,驳回原审原告之诉讼请求。①

不可忽略的是,诸如以上通过伪造欠条等虚构法律关系的手段来参与执行分配、规避债务等滥诉行为已经成为司法实务中的老大难问题。② 实务处理中几乎皆系通过《民事诉讼法》第 115 条将其诉讼请求予以驳回。在主观要件考察方面,行为人之间"恶意串通"系《民事诉讼法》第 115 条得以适用之前提。而对虚假诉讼下恶意之洞悉,并未以明示主观状态为标准。以案例六最高人民法院关于"上海某公司、辽宁某公司与谢某借贷纠纷案"为例,对于虚假诉讼的识别,法官从当事人"其自述及提交的证据和其他在案证据之间存在无法消除的矛盾,诉讼前后的诸多行为违背常理"等七个方面予以综合判定。③

进而言之,法官对"真实义务"之考查可见一斑。参酌域外立法,1933 年《德国民事诉讼法》第 138 条第 1 款明确规定了当事人必须在诉讼中履行真实义务。此处的"真实",是指行为人主观状态的真实,当事人若是违反此义务,极有可能导致法官对其作出不利评价。④ 正如日本学者谷口安平所言:"诚实信用原则已经从民法中独立出来在其他领域里也被采用为指导原理等事实存有重大意义。"⑤反观我国民事诉讼法之修法趋势,诚实信用原则已经明列其中,法释[2015]5 号第 91 条第(1)项、第 92 条第 3 款新增条款出台,充分反映出当前背景下立法者对诉讼程序中的"真实义务"日趋重视,任何诉讼行为亦不可违背诚实信用的基本法则。要言之,常理性之诊断依据随着法制健全进步逐步转化为法律规定要件,证据法之渐精愈详使滥诉行为之违法性更加突出。一旦行为人如此斑斑劣迹被法官所确认,那么其主观恶意自属不证自明之事。

---

① 参见浙江省杭州市西湖区人民法院(2013)杭西泗商初字第 268 号民事判决书;浙江省杭州市西湖区人民法院(2014)杭西商再字第 2 号民事判决书。
② 除上述三例外,下列裁决文书可予佐证:浙江省乐清市人民法院(2013)温乐商再字第 2 号民事判决书;广东省东莞市第二人民法院(2013)东二法民四初字第 48 号民事判决书;湖南省常德市武陵区人民法院(2013)武民再字第 00006 号民事判决书;黑龙江高级人民法院(2013)黑监民再字第 139 号民事判决书;海南省海口海事法院(2013)琼海法商初字第 133 号民事判决书;江苏省邳州市人民法院(2013)邳民再初字第 0011 号民事判决书;广西壮族自治区崇左市中级人民法院(2013)崇民再字第 1 号民事判决书,等等。
③ 本案再审中,最高人民法院从 7 个方面的矛盾进行考察:第一,从借款合意形成过程来看,借款合同存在虚假的可能;第二,从借款的时间上看,当事人提交的证据前后矛盾;第三,从借款的数额上看,当事人的主张前后矛盾;第四,从资金往来情况看,欧宝公司存在单向统计账户流出资金而不统计流入资金的问题;第五,从所有关联公司之间的转款情况看,存在双方或者多方账户循环转款问题;第六,从借款的用途看,与合同约定相悖;第七,从欧宝公司和特莱维公司及其关联公司在诉讼和执行中的行为来看,与日常经验相悖。
④ 肖建华:《论判决效力主观范围的扩张》,载《比较法研究》2002 年第 1 期。
⑤ 〔日〕谷口安平:《程序的正义与诉讼》(增补本),王亚新、刘荣军译,中国政法大学出版社 2002 年版,第 147 页。

四、"恶意"之概念界定与判定路径

由上观之,在三大类型化中,几乎任一案件中的滥诉行为人皆存"恶意"之嫌。自罗马法以来,"恶意"与"善意"相伴而生,究采何意,纵览比较立法,暂无范例。① 相对于"故意","恶意"这一概念因其高度流动性而被称为不确定概念,其可在不同领域以不同称谓出现。有学者将各领域的"恶意"分为如下三类:第一,"明知",即"知"某种影响决定行为人所希望发生的法效果是否能发生的情状;第二,涉及行为人动机、目的等主观心理状态,类型上比较复杂;第三,"恶意"被用来作为将道德接入法律的口径,如有关公序良俗的规定。②

甚值辨析的是,"重大过失"得否纳入其中?在我国,主观过错分为故意和过失两种形态。基于过失程度考量,又可具分为重大过失、抽象过失、具体过失。③ 在英美侵权法上,对于重大过失与过失之间是否具有同一关系尚无定论,并渐有主观说和客观说之分歧。④ 国内亦有学者认为,重大过失非属"过失"一类,理由在于重大过失与故意同属于主观过错,不同于采取客观化判断方法之一般过失;况且,据其定义,行为人对一项极有可能发生之损害后果已有预见,但此又非其所欲,应系介于故意与普通过失中间之独立过错形态。⑤ 申言之,法律和道德对这一过错形态显异于一般过失,后者仅可表明侵权行为未能符合法律规定之行为标准,对评判行为人之心理因素难谓充分。基于此,重大过失更接近于故意。此外,不论是罗马法上"重大过失等于故意"(Gross Negligence Equated with Intention to Harm)之法谚,还是近现代国家将重大过失与故意连用,并在法律条款中表述为"故意或者重大过失"之通行做法,皆倾向于将重大过失从"过失"中萃取出来,将其视为与"故

---

① 大陆法上,德国民法有多处涉及"恶意"这一概念,从德国民法典关于侵权责任的规定来看(如第826条关于故意违反善良风俗),未使用"恶意"这一概念而系"故意"。《奥地利民法典》第1295条第2款规定:"一个人以违反公共道德的方式恶意侵害他人,应当为此承担责任。"英美法中,恶意有两层含义:(1) 明知自己的行为违法,或会对他人的利益造成损害,但是由于法律或他人合法权利的漠视,仍实施该行为的心理状态;(2) 以损害他人利益为目的,无合法或正当理由故意违法,或者法律在特定情况下推定行为人具有恶意的心理状态。参见薛波:《元照英美法词典》,法律出版社2003年版,第887页。
② 于飞:《违背善良风俗故意致人损害与纯粹经济损失保护》,载《法学研究》2012年第4期。
③ 学者分类的依据为违反注意义务的程度上的差异,具体而言,第一,最低限度的注意义务为普通的注意,违反此种注意义务的是为重大过失;第二,以与处理自己事务同一的注意义务为中,不能尽此种义务的,是为具体过失;第三,最高层次的注意义务为善良管理人的注意,其未尽注意义务的过失则为抽象过失。杨立新:《侵权责任法》,法律出版社2011年版,第126页。
④ 客观说认为轻率与一般过失一样,均为客观过错,只不过对注意义务违反的程度更加严重;主观说认为轻率是一种主观过错,与一般过失的客观属性有别。叶名怡:《重大过失理论的构建》,载《法学研究》2009年第6期。
⑤ 叶名怡:《重大过失理论的构建》,载《法学研究》2009年第6期。

意"极其相近之单独过错类型。职是之故,有学者认为在特定情形下,重大过失亦可构成恶意。①

笔者认为,"恶意"不能包括重大过失。重大过失与故意之同源性不能成为混淆二者的理由。依重大过失之意,唯行为人确信损害后果很可能发生,但终非其所愿。依常理,一般情形下,任一诉讼及其中间程序之提起皆系任一行为人自主积极地提起(不可能存在过失起诉之行为),若不幸造成另一方受有损失,当否赔偿,尚难定论。而"恶意"所含之意,应系对"故意"的加重修饰,应解释为"致人损害之故意"。只有在此限定下,方可将滥诉行为与正常诉讼行为区分开来,针对性地对滥诉行为课以侵权责任。职是之故,滥诉行为之主观条件,谓之"故意"尚难谓足格,遑论"重大过失"之适用余地。

再者,损害填补与行为自由系现代侵权法之核心任务。② 倘将重大过失纳入其中,行为自由将大大受限。换言之,诉讼本为化解民事纠纷、保障实体权益之公共制度,凡普通大众皆可用之,若滥诉行为之主观要件门槛放低,一般人本为讨回公道而来,却或招致得咎之祸,诚非所盼;长此以往,易使欲诉之人畏首畏尾,在行使诉权时瞻前顾后,错过最佳追诉时机。

基于前文对实务案例之类型化论述,特别是徐俊、俞硒法官之审判经验总结③,"恶意"之判定,实系主客观相结合考察之经验性活动。从判定原理来看,《民法通则》第 4 条、《民事诉讼法》第 13 条第 1 款中诚实信用原则系法官自由裁量之根基,在不同案件中又分别具化为注意义务、真实义务之考察。进而言之,滥诉行为之主观认定系一个动态发展的过程,随着程序法、证据法日趋完善,法律漏洞日益缩小,滥诉行为发生之可能性愈小,认定其主观恶性亦愈加全面准确。

第三节 滥用诉讼之损害厘定

一、损害之类型化与纯粹经济损失

"无损害则无救济","损害"之认定系侵权行为法之核心。④《奥地利民

---

① 汪泽:《民法上的善意、恶意及其运用》,载《河北法学》1996 年第 1 期。
② 苏永钦:《走入新世纪的私法自治》,中国政法大学出版社 2002 年版,第 304 页;葛云松:《〈侵权责任法〉保护的民事权益》,载《中国法学》2010 年第 3 期。
③ 徐俊、俞硒二位法官认为,"恶意"之判定可从如下方面进行考量:(1) 是否存在伪造证据、恶意串通、歪曲法律、诱使证人作伪证等情节;(2) 利用生活经验法则、逻辑推断、地方风俗等"思维工具";(3) 对同类型行为多发区域加强关注,包括程序性请求,如起诉、保全申请、延期申请、程序异议等环节,以及实体性问题,如证据属性、基础法律关系真实性等方面;(4) 法庭调查与庭外调查相结合;(5) 不能仅凭相关案件判决的胜败结果作为认定依据。
④ 〔德〕克里斯蒂安·冯·巴尔:《欧洲比较侵权行为法》(下册),焦美华译,张新宝校,法律出版社 2001 年版,第 53 页。

法典》第 1293 条规定:"损害是给某人财产、权利或人身造成的不利益。"①据笔者所查,依受损客体之不同,滥用诉讼之损害类型化有四:

其一,侵害一般财产权型。常发生于涉及拆迁安置补偿的自然人作为诉讼主体的分家析产、继承、房屋买卖合同纠纷案件,以物权纠纷为多,如在"祝某甲、江某某、祝某乙、祝某丙与被上诉人祝某丁恢复原状纠纷案"②中,上诉人借恶意诉讼侵害祝某丁之相邻关系等。

其二,侵害知识产权型。为了获得荣誉称号、广告资源、物质奖励、政策优惠等,企图通过制造虚假诉讼,快速达到认定驰名商标之目的。"甲公司与乙公司、丙公司商标侵权纠纷案"③是为例证。

其三,侵害人格权型。侵权人通常利用社会对于"耻讼""厌讼"之观念,以损害相对人名誉为目的,提起恶意诉讼,一般情形多见于名誉权之损害。④

其四,纯粹经济损失型。该型主要包含两大方面:一方面,依正常诉讼程序可得之财产利益。以上文中"侵害第三人利益型"为典型,如案例七中夫妻一方与第三人恶意串通,通过诉讼方式抽离在另案夫妻离婚诉讼中的夫妻共有财产。另一方面,被侵权人因被迫参与滥用诉讼所直接产生之相关诉讼费用。显然,在滥用诉讼之语境下,诉讼本身已遭利用,故该损失可谓普遍存在,如在"甲公司诉乙公司滥用民事财产保全权侵权案"⑤中的律师费赔偿、"杨某诉姚某不实诉讼损害赔偿纠纷案"中的交通费、误工费赔偿等。

第一、第二、第三种类型之受损客体皆明确规定于《民法典》第 113 条、第 123 条、第 110 条、第 990 条及第 1024 条,争议不大,非讨论之重点。而纯粹经济损失方系滥用诉讼最易招致且最为普遍之损害后果,得否赔偿,关乎若干受损人之财产流失得否弥补。

二、纯粹经济损失之请求权基础

纯粹经济损失(Pure Economic Loss,reins Vermögensschaden)是比较法上的热门话题,其系司法实践为确立损害赔偿之界限而构造的理论工具。⑥《瑞典赔偿法》第 2 条尝试对纯粹经济损失作出定义,该定义是:"依据本法的纯粹金钱上的损失是一种在任何方面都与人身伤害或财产伤害没有关联

---

① 〔德〕U. 马格努斯:《侵权法的统一——损害与损害赔偿》,谢鸿飞译,法律出版社 2009 年版,第 59 页。
② 参见浙江省衢州市中级人民法院(2013)浙衢民再终字第 2 号民事判决书。
③ 参见云南省高级人民法院(2007)云高民三终字第 24 号民事判决书。
④ "法学教师为何状告校长",参见 http://www.gzhsfy.gov.cn/shownews.php? id=1566,最后访问于 2015 年 5 月 20 日。
⑤ 参见四川省宜宾市中级人民法院(2005)宜民初字第 54 号民事判决书。
⑥ 张新宝、张小义:《论纯粹经济损失的几个基本问题》,载《法学杂志》2007 年第 4 期。

的损失。"①

不论虚假诉讼与恶意诉讼,损害之内容均涉及纯粹经济上之损失,于滥用法律诉讼之情势中得否受保护?这也是此种情形下侵权责任构成之关键。比较法上,关于纯粹经济损失是否应予保护,规定不一②。《侵权责任法》第2条第2款虽含多项列举式规定,以"等人身、财产权益"所兜底,纯粹经济损失是否包含于"等财产权益"的范围之内,是否得以保护,采何种保护模式,国内学者莫衷一是③。《民法典》对这一问题虽亦未作回应,但如本书之前章节所述,建立相对合理的利益遴选和排除机制已成学界共识,只是方案存在出入。实务上,尽管法院对于纯粹经济损失之概念较为陌生,但我国已有法院据此概念进行侵权责任构成之审视,影响颇为广泛的判例诸如"重庆电缆案"④。葛云松教授曾对我国实务态度有所总结,认为我国法院的基本立场在于纯粹经济损失属于《民法通则》第106条第2款之保护范围,因过错导致纯粹经济损失时应予赔偿,通常适用侵权一般条款,而有特别法规定时,通常援引特别法规定,其他情形下需要满足严格的构成要件,但对于要件的内容

---

① 〔德〕克里斯蒂安·冯·巴尔:《欧洲比较侵权行为法》(下册),焦美华译,张新宝校,法律出版社2001年版,第49页。
② 《法国民法典》第1382条规定,因过错侵害他人的,应负损害赔偿责任,未对保护法益进行区分,纯粹经济损失在实务中主要通过因果关系进行限制,法国判例认为纯粹经济损失与侵权行为需具有直接性的因果关系,始得请求赔偿。与之相对应的德国采"权益区分保护"的保护模式,《德国民法典》第823条、第826条通过"权利侵害型""违反保护性法律"及"故意违背善良风俗"三个小概括条款对权利和利益进行区分保护。而纯粹经济损失仅限于"违反保护性法律"或"故意违背善良风俗"致损时,始得请求赔偿。
③ 张新宝教授认为,可类采英美法上之"水闸"理论,由最高人民法院通过司法解释或是公布指导性案例之权威形式,来掌握闸之开放大小。参见张新宝:《侵权责任一般条款的理解与适用》,载《法律适用》2012年第10期。王利明教授则认为该条主在保护绝对权,纯粹经济损失若得获致赔偿,一需限于法律明确规定,二则借以相当因果关系予以把控。王利明:《侵权责任法研究》(上卷),中国人民大学出版社2011年版,第90—91页。葛云松教授在其文中将关于纯粹经济损失之零散法律规定与实务典型案例予以系统翔实之类型化总结,并进一步通过目的性缩解释,主张将"民事权益"分解为德国民法中三个小概括条款,以供利益之筛选与救济。葛云松:《纯粹经济损失的赔偿与一般侵权行为条款》,载《中外法学》2009年第5期,第703—711、726页。
④ 参见黔江区永安建筑有限责任公司与黔江区民族医院、黔江区供电有限责任公司财产损害赔偿纠纷案。此外,我国实务中,在判决中明确提及纯粹经济损失概念的有如下判例:(1)"宋正辉诉华帆公司道路交通事故损害赔偿纠纷案",重庆市沙坪坝区人民法院(2012)沙法民初字第06218号民事判决书;(2)"洪德记诉厦门洪氏企业有限公司侵权责任纠纷案",福建省厦门市海沧区人民法院(2012)海民初字第2544号民事判决书;(3)"向勤与刘大顺等道路交通事故人身损害赔偿纠纷上诉案",湖南省衡阳市中级人民法院(2010)衡中法民一终字第288号民事判决书;(4)"上海蓝奇电讯设备有限公司诉上海杨浦赛博数码市场经营管理有限公司侵害企业经营权纠纷案",上海市杨浦区人民法院(2006)杨民二(商)初字第117号民事判决书;(5)"张小峰与贾永福、中国人民财产保险股份有限公司兰州市城关支公司机动车交通事故责任纠纷案",甘肃省天水市中级人民法院(2013)天民一终字第104号民事判决书。在此几则判例中,多数以侵权一般条款加以规范。

缺乏全面的探讨。①

特别立法中对纯粹经济损失有所回应,回归到虚假诉讼、恶意诉讼情势之下对纯粹经济损失的保护,立法上没有予以明确回应。正如所有纯粹经济损失的裁判难题,依据法释[2022]11号第102条,因申请再审一方的过错造成另一方增加的交通、住宿、就餐、误工等必要费用申请再审一方应予赔偿;由此扩大至直接损失具有可诉性。此系针对纯粹经济损失的规定。我国实务中,也有对故意导致纯粹经济损失之侵权赔偿,对于虚假诉讼、恶意诉讼下的纯粹经济损失,采保护之态度是应有之义。

第四节　侵权之诉的提起与诉讼制度的配置

我们将滥用诉讼侵权责任简单表述为以下:(1)以故意致人损害为目的,无事实根据和正当理由而提起民事诉讼致使对方在诉讼中遭受损失的,应当承担侵权责任;(2)当事人恶意串通,通过诉讼、调解等方式,致使第三人遭受损失的,应当承担侵权责任。滥用诉讼侵权之诉如何提起,与具体的民事诉讼制度如第三人撤销之诉、再审制度、执行异议等如何配置密切相关,这也是实现侵权救济的重要问题。滥用诉讼常见情形为骗取生效法律文书,利用生效法律文书侵犯他人合法权益。然,错误的生效法律文书对当事人以及对案外第三人的利益影响如何,这是侵权之诉的提起需解决之前提。简言之,即错误判决之效力于当事人及第三人之影响。

关于判决之效力,从程序法原理而言,从判决成立之时起,便具有特定效力,随着时间或程序的推移,判决一旦确定,还会发生其他效力包括既判力。② 按照大陆法系对既判力的理解,终局判决所表示的判断不论对当事人还是法院都有强制性的通用力,当事人不得主张相反内容,法院不得另作与之相矛盾或抵触的判断。③ 既判力存在的根据在于保障审判制度能够有效地发挥解决纠纷的作用。没有既判力,法院对争议纠纷所作出的确定判决将会被推翻,纠纷将无休止地争议下去,无法得到最终解决。④ 一般而言,既判力的作用有积极作用与消极作用之分,消极作用是指禁止双方当事人再就具有既判力的判断内容进行争执;积极作用表现为要求后诉法院在审判时应以

---

① 葛云松:《纯粹经济损失的赔偿与一般侵权行为条款》,载《中外法学》2009年第5期。
② 张卫平:《既判力相对性原则:根据、例外与制度化》,载《法学研究》2015年第1期。
③ 陈荣宗、林庆苗:《民事诉讼法》,三民书局1996年版,第645—646页;[日]兼子一、竹下守夫:《民事诉讼法》,白绿铉译,法律出版社1995年版,第15页;[日]高桥宏志:《民事诉讼法——制度与理论的深层分析》,林剑锋译,法律出版社2003年版,第477页;江伟:《中国民事诉讼法专论》,中国政法大学出版社1998年版,第153页;林剑锋:《民事判决既判力客观范围研究》,厦门大学出版社2006年版,第17页。
④ 张卫平:《既判力相对性原则:根据、例外与制度化》,载《法学研究》2015年第1期。

有既判力的判断内容为前提。① 具体到滥用诉讼致人损害之情势,最为关键的是对既判力主观范围的理解,确定判决并非对任何人皆有既判力,原则上既判力只作用于参加诉讼的当事人,对于案外第三人不产生约束效力。② 侵权之诉的提起,不能一概而论,应当依据不同情形进行探讨:第一,恶意诉讼情形下,未涉及第三人利益,侵权之诉的提起应当如何进行?第二,虚假诉讼情形下,涉及第三人利益,前诉与案外第三人的相互关系何如,如何提起侵权之诉?

一、恶意诉讼下侵权之诉的提起

恶意诉讼为一方当事人通过捏造事实或理由,滥用诉权提起民事诉讼,以达到损害对方当事人的利益之目的。因恶意诉讼致相对方(被告)损害,相对方(被告)提起侵权之诉怎样进行也视情况而定:(1)诉讼过程中,法院识破恶意诉讼,驳回原告诉讼请求。此种情形下,法院判决主文一般为驳回原告诉讼请求。其后,若前诉中的被告提起侵权之诉,不受既判力约束,不论是既判力的积极作用抑或是消极作用均不受影响。因为这是全新的诉讼,从既判力的消极作用来看,不会构成重复诉讼,从诉的要素角度,诉讼当事人、诉讼标的、诉讼请求皆与前诉不同,法院应当受理③;从既判力的积极作用考量,法院也不受前诉约束。(2)法院未识破恶意诉讼,据此出具错误生效法律文书。在此情形下,以如下案例为例:A 捏造对于 B 实际所有的名画的事实,对 B 提起恶意诉讼,致使法院错误将 B 的名画判决给 A,并且法院判决已经生效。此种情形下,法院未查明 A 为恶意,法院关于名画所有权属于 A 的判断已经产生形式上的拘束效力,此后如果 B 提起因 A 恶意诉讼导致所有权被侵害之侵权之诉,当事人与法院皆会受到前诉约束,因为关于 A 与 B 之间名画所有权的争议,法院已经作出过裁判,尽管 B 可以提起新的诉讼,因为前诉 A 与 B 为关于画的确权之诉,而 B 提起的是关于 A 滥用诉讼侵害所有权之给付之诉,但由于法院对画的所有权所属关系已经确认,后诉不得作出相左裁判,画的权属受生效判决作用。因此,在我国,通常情形下,B 只能先申请再审,通过再审更改确权,而后提起因滥用法律诉讼侵害财产权之诉,实现民事权利救济。

---

① 李龙:《论民事判决的既判力》,载《法律科学》1999 年第 4 期。
② 肖建华:《论判决效力主观范围的扩张》,载《比较法研究》2002 年第 1 期;张卫平:《既判力相对性原则:根据、例外与制度化》,载《法学研究》2015 年第 1 期;张卫平:《民事诉讼法》(第 3 版),法律出版社 2013 年版,第 408 页。
③ 法释[2022]11 号第 247 条第 1 款规定了重复起诉的标准:"当事人就已经提起诉讼的事项在诉讼过程中或者裁判生效后再次起诉,同时符合下列条件,构成重复起诉:(一)后诉与前诉的当事人相同;(二)后诉与前诉的诉讼标的相同;(三)后诉与前诉的诉讼请求相同,或者后诉的诉讼请求实质上否定前诉裁判结果。"

案情如下图所示：

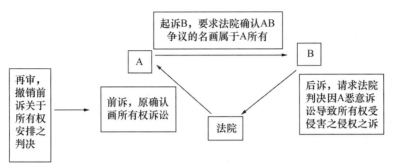

图 7-1 恶意诉讼下侵权之诉与既判力

二、虚假诉讼下侵权之诉的提起

生效裁判原则上只在当事人之间产生拘束力，案外第三人仍可以维护自身合法权益为由向法院提起诉讼，即便法院认定的事实与前诉存在出入，并不构成前后裁判之冲突，这也是民事裁判既判力客观范围和主观范围的基本要求。① 但在某些特定情形下，法律允许和承认判决的既判力突破相对性原则的限制，对案外第三人发生作用。② 然而，仅就我国现状而言，我国仅有既判力理论，而无既判力制度，对于既判力的相对性不予考量③。大陆法系国家常常允许当事人提出前诉判决作为证据，从而使既判力相对性原则逐步弱化。例如我国关于免证事实的规定，依法释[2015]5 号第 93 条第 5 款之规定，已为人民法院发生效力的裁判文书所确认的事实为无须举证证明的事实。该规定在一定程度上否定了既判力相对性原则，不利于第三人利益之保护。对案外第三人而言，最优厚之程序保障方式，乃为贯彻判决效力相对性之原则。④ 简言之，从民事程序一般理论与现有的第三人撤销制度出发，虚假诉讼并不会对案外第三人的民事程序权利造成损害。

---

① 段文波：《民事程序视角下的同案不同判》，载《当代法学》2012 年第 5 期。
② 我国学界对既判力扩张范围总结为以下类型：诉讼的承继人，诉讼担当的利益归属人，诉讼请求标的物的占有人，退出诉讼的人，类似的必要共同诉讼之判决效力及于未参加诉讼之人等。王福华：《第三人撤销之诉的制度逻辑》，载《环球法律评论》2014 年第 4 期；常廷彬、江伟：《民事判决既判力主观范围研究》，载《法学家》2010 年第 2 期；张晓茹：《论民事既判力主观范围的扩张范围及扩张基础》，载《河北法学》2012 年第 5 期；吴明童：《既判力的界限研究》，载《中国法学》2001 年第 6 期；翁晓斌：《论既判力及执行力向第三人的扩张》，载《浙江社会科学》2003 年第 3 期。
③ 张卫平：《既判力相对性原则：根据、例外与制度化》，载《法学研究》2015 年第 1 期；吴泽勇：《第三人撤销之诉的原告适格》，载《法学研究》2014 年第 3 期；王福华：《第三人撤销之诉的制度逻辑》，载《环球法律评论》2014 年第 4 期。
④ 胡军辉、廖永安：《论案外第三人撤销之诉》，载《政治与法律》2007 年第 5 期。由于立法没有对既判力制度进行规定与设计，判决的效力会影响到不特定的第三人，出于保护第三人程序权的考量，设立第三人撤销之诉，对利益受影响之第三人进行保护。

解决侵权之诉的提起,首先必须回应的是虚假诉讼下,前诉中骗取的生效裁判是否会直接损害案外第三人的民事权益?其次,若第三人的民事权益因此受有影响,该如何在现有的民事程序配置下,提起侵权之诉?

(一)虚假诉讼之生效裁判与第三人利益之关系

关于虚假诉讼能否侵害案外第三人民事实体权益这一问题,有学者认为应当从民事生效裁判的作用方式来思考,依据民事生效裁判的"诉讼法说",前诉当事人通过虚假诉讼获得的错误裁判并不会发生实体法律关系的后果。① 我国民事诉讼法并未明确民事生效裁判的作用方式,依据《民事诉讼法》第59条第3款及第115条规定,错误的生效裁判似乎与民事权益受损的结果直接相连。但有学者总结认为,结合《物权法》第28条之规定②,并非所有的判决都产生直接变动物权的效力,能够导致物权变动的法院判决仅指形成判决,不包括给付判决和确认判决。③ 因而,由此推导而得,虚假诉讼骗取生效裁判损害案外第三人民事实体权益的情形可能存在于以下两种类别:一类是当事人协议不成,法院对共有财产分配作出的形成判决;另一类是在认可合同被撤销的情况下因存在物权变动,法院作出的撤销合同的形成判决。④

(二)第三人撤销之诉、案外人申请再审、执行异议之诉与侵权之诉的提起

1. 第三人撤销之诉、案外人申请再审及执行异议之诉的适用关系

在侵权之诉与三者如何配置的问题解答之前,三者内部如何自洽,亦属不可回避之难题。第三人撤销之诉设立后,关于上述三者的适用关系,学理上争议不断⑤,法释[2022]11号对此下有定论。首先,关于第三人撤销制度

---

① 对于民事生效裁判的作用方式有"实体法说"与"程序法说",根据实体法说,民事生效裁判具有直接变动或间接变动实体法律关系的效果,根据程序法说,民事生效裁判只是对实体法律关系的确认,原则上并不具有变动实体法律关系的效果。任重:《论虚假诉讼:兼评我国第三人撤销诉讼实践》,载《中国法学》2014年第6期。

② 原《物权法》第28条规定:"因人民法院、仲裁委员会的法律文书或者人民政府的征收决定等,导致物权设立、变更、转让或者消灭的,自法律文书或者人民政府的征收决定等生效时发生效力。"

③ 程啸:《因法律文书导致的物权变动》,载《法学》2013年第1期;任重:《论虚假诉讼:兼评我国第三人撤销诉讼实践》,载《中国法学》2014年第6期;任重:《形成判决的效力——兼论我国〈物权法〉第28条》,载《政法论坛》2014年第1期;王明华:《论〈物权法〉第28条中"法律文书"的涵义与类型》,载《法学论坛》2012年第5期。

④ 任重:《论虚假诉讼:兼评我国第三人撤销诉讼实践》,载《中国法学》2014年第6期。

⑤ 王福华:《第三人撤销之诉适用研究》,载《清华法学》2013年第4期;吴泽勇:《第三人撤销之诉的原告适格》,载《法学研究》2014年第3期;张卫平:《中国第三人撤销之诉的制度构成与适用》,载《中外法学》2013年第1期。

与再审程序的衔接,依法释[2022]11号第299条规定①,案外人提起第三人撤销之诉,在第三人撤销之诉审理期间,法院对生效裁判裁定再审的,受理第三人撤销之诉的法院应当裁定将第三人诉讼请求并入再审。易言之,一般情形下,当第三人撤销之诉和再审并存时,优先适用再审程序,将第三人请求并入再审程序。申言之,第三人撤销之诉与再审制度虽在适用前提上有相似之处,但再审制度启动更为严格,其解决范围亦比第三人撤销之诉更为宽泛,第三人撤销之诉毋宁系一项中间性的特殊程序,其虽与再审相类,但并不可取代再审之效能。② 例外在于,虚假诉讼情形下,优先适用第三人撤销之诉,中止再审诉讼。而对于第三人撤销之诉与执行异议的衔接,依法释[2022]11号第301条规定③,二者只能择一进行。

2. 第三人撤销之诉、案外人申请再审、执行异议之诉与侵权之诉的提起

在理清上述三者内部的自洽性后,最后一关在于,侵权之诉是另行提起,还是与三者诉讼合并提起,若采后者,关键在于是否有合并提起的法律依据。

关于再审与侵权之诉的关系,比较法上各有所异。德国曾有判例认为,通过诈骗法院或当事人而取得的判决根本不发生既判力,被侵权人无须提起再审,可径直通过《德国民法典》第826条"背俗故意致损"条款提出侵权之诉。④ 后德国联邦法院予以修正,认为既判力本质为诉讼法确定的效果,不能简单认定为无效,损害赔偿之诉在数项情形下相当于发挥了再审制度的功能。⑤ 日本亦有判例与此类似,日本最高法院判例认为,诈骗取得的法院判决具有既判力,但被侵权人仍可避开再审制度,直接提起侵权之诉。⑥ 在我国,第三人申请再审的,应当另行提起侵权之诉。依法释[2022]11号第403条第1款规定当事人的再审请求超出原审诉讼请求的,法院不予审理,符合另案诉讼条件的,当事人可以另行起诉。再审的范围仅限于原审的请求,一

---

① 法释[2022]11号第299条规定:"第三人撤销之诉案件审理期间,人民法院对生效判决、裁定、调解书裁定再审的,受理第三人撤销之诉的人民法院应当裁定将第三人的诉讼请求并入再审程序。但有证据证明原审当事人之间恶意串通损害第三人合法权益的,人民法院应当先行审理第三人撤销之诉案件,裁定中止再审诉讼。"
② 郑金玉:《我国第三人撤销之诉的实践运行研究》,载《中国法学》2015年第6期。
③ 法释[2022]11号第301条规定:"第三人提起撤销之诉后,未中止生效判决、裁定、调解书执行的,执行法院对第三人依照《民事诉讼法》第二百二十七条规定提出的执行异议,应予审查。第三人不服驳回执行异议裁定,申请对原判决、裁定、调解书再审的,人民法院不予受理。案外人对人民法院驳回其执行异议裁定不服,认为原判决、裁定、调解书内容错误损害其合法权益的,应当根据《民事诉讼法》第二百二十七条规定申请再审,提起第三人撤销之诉的,人民法院不予受理。"
④ 〔德〕奥特马·尧厄尼希:《民事诉讼法》(第27版),周翠译,法律出版社2003年版,第339页。
⑤ 蔡章麟:《民事诉讼法上诚实信用原则》,载《民事诉讼法论文选辑》(上),台北五南图书出版公司1984年版,第14页。
⑥ 〔日〕高桥宏志:《民事诉讼法——制度与理论的深层分析》,林剑锋译,法律出版社2003年版,第585—586页。

般案外人对于因虚假诉讼而申请再审,有侵权损害赔偿的诉求属于新的诉讼请求,应另行起诉。其次,第三人申请执行异议之诉,是针对执行标的提出的异议请求,因滥用诉讼侵权属于新的诉讼请求,也应当另行起诉。最后,关于第三人撤销之诉与侵权之诉的配置,第三人撤销之诉仿似一个局部的再审,其审查仅限于对案外人不利的部分。① 从实务反映观之,大多数法院对于第三人撤销之诉仅判决撤销错误裁决,对于撤销后具体的权利义务部分,几乎有赖于当事人另行提起诉讼。② 综而言之,第三人撤销之诉在于救济利益受侵害之第三人的程序权利,仅解决错误裁判、调解中的错误部分,对于新的诉讼请求也应当依据再审制度的思路,另行提起。侵权之诉的提起与第三人撤销之诉、再审程序及执行异议流程如图7-2。

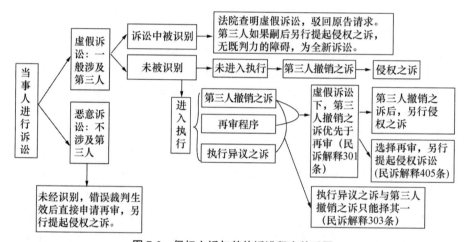

图7-2 侵权之诉与其他诉讼程序关系图

第五节 本章总结

法为公器,法治应择其善者而用之,然滥用诉讼系钻营法律漏洞而图不义之利,有碍法之正义实现,理应规制。鉴于实务多依靠《民事诉讼法》第115条、第214条为核心来规制滥诉行为,效果甚微。笔者另辟蹊径,参酌中外学说法例,基于我国实务见解,尝试通过对滥用诉讼课以侵权责任,以促程序法与实体法之协力共制。

第一,滥诉行为之主观状态需为恶意,即"致人损害之故意"程度,方可契合其侵权责任之评价标准。实务处理中,合法性与合理性系认定恶意之两大基点。以法定要件为前提,以诚实信用原则为根基,辅以注意义务、真实义

---

① 吴泽勇:《第三人撤销之诉的原告适格》,载《法学研究》2014年第3期。
② 王亚新:《第三人撤销之诉原告适格的再考察》,载《法学研究》2014年第6期。

务之考究,透过行为之异常性、虚假性来推断主观状态系实务处理的通行之法。

第二,基于目的性限缩解释,《民法典》第1165条第1款、法释[2022]11号第313条、第409条为滥诉行为侵权责任的请求权基础。具体赔偿范围应当包括因滥诉行为所失之直接财产利益和被侵权人被迫参与滥诉过程所直接产生的诉讼费用。

第三,为促既判力与权益保护之协调、顾实体法与程序法之效能,保障诉讼阶段各项制度之融通自洽,实务处理步骤应作如下细分:在滥诉行为于法庭即遭识别时,法官可径直依据《民事诉讼法》第115条判决驳回诉讼请求,此时错误裁决尚未形成,侵权之诉自可另提无碍。倘错误裁判业已形成,在恶意诉讼情形下,被侵权人需先通过再审申请将错误裁判予以撤销,其后再提起侵权之诉。在虚假诉讼情形下,受害第三人亦需基于法释[2022]11号第299条、第301条、第403条之指引,借助再审、第三人撤销之诉或执行异议之诉撤销前诉错误裁决,再另行提起侵权之诉。

第八章　律师过失履职致损之赔偿

第一节　本章问题

案例一：原告王保富之父王守智与被告三信律所签订了《非诉讼委托代理协议》，事项及权限为：代为见证。三信律所出具一份《见证书》，并附遗嘱一份。王守智去世后，原告王保富起诉要求按照该遗嘱继承遗产。终审判决认定：遗嘱的形式与自书、代书遗嘱必备条件不符，按法定继承处理。王保富因此要求三信律所赔偿因按法定继承而向其他继承人支付的继承房屋折价款、见证遗嘱代理费、两审继承诉讼代理费、诉讼费。判决指出：被告三信律所未尽到相应的职责，给委托人及遗嘱受益人造成损失，应当承担赔偿责任。赔偿范围为原告因遗嘱无效而被减少的继承份额。但三信律所见证遗嘱过程中的过错不必然导致诉讼，故对原告提出赔偿代理费与诉讼费的请求不予支持。①

案例二：叶某拟与秦岭公司、瑞德公司（筹）签订《服务合同》，由秦岭公司和瑞德公司（筹）聘请叶某担任股权融资总代理。为求证合同的合法性和效力，叶某及秦岭公司、瑞德公司（筹）共同聘请律所对合同的签订进行见证。律所指定见证律师见证《服务合同》的签订过程，并出具见证书，肯定《服务合同》的法律效力。合同签订后，叶某依约履职。后经查明，叶某因未经批准，非法为尚未被工商行政部门批准成立的瑞德公司转让股权，且擅自溢价，非法经营金额巨大，情节特别严重，构成非法经营罪，被判决有期徒刑5年。叶某起诉请求律所赔偿见证费、刑事罚金、退赔款。法院判决：《服务合同》内容违法，但律师未认真分析合同内容以及合同实际履行过程中可能出现的违法后果，而是草率地确认《服务合同》的合法性，具有明显过失。律所的上述过失行为，使得叶某求证《服务合同》合法性的目的未能达到，且为叶某履行在内容上存在违法性的《服务合同》提供了可能，对叶某此后被判决定罪已具有一定的因果关系，故叶某要求律所对其承担侵权责任的主张，应予支持。其中，叶某见证费损失系律所的过失行为直接所造成，应由律所全额赔偿；至于叶某其余损失，因叶某被判决定罪主要系其自身超越《服务合同》约定范畴的行为所致，律所过失行为所占的原因力比例较低，酌情确

---

① 王保富诉三信律所财产损害赔偿纠纷案，载《最高人民法院公报》2005年第10期。

定赔偿额。①

案例三:三原告(官塘村一、二、三组)委托全贤毅、湖北自成律所律师全细喜为某案一、二审委托诉讼代理人。之后,三原告又委托全贤毅、湖北佳强律所为再审案件诉讼代理人。湖北自成律所律师舒立焱接受通山县粮食局的委托,为该一、二、再审案件诉讼代理人。咸宁市司法局作出行政处罚决定书,认为湖北自成律所、舒立焱、全细喜违反《律师法》第50条第1款第5项"违反规定接受有利益冲突的案件"的规定,作出警告的行政处罚。三原告提出判令两被告赔偿因违法执业给原告造成的诉讼费用、代理费及其他费用损失。法院认为:根据《律师法》的规定和司法部的相关批复,该行为属于违反律师职业规范的行为,但不属于法释[2022]11号第323条规定的严重违反法定程序的事由,故三原告认为湖北自成律所违反《律师法》接受有利益冲突的案件是造成三原告败诉的原因的主张不能成立。因三原告未提供有效证据证明湖北自成律所及该所全细喜在从事委托代理行为过程中,未履行代理职责并存在过错,与其因败诉产生的损失存在因果关系,故三原告该主张不能成立。②

对比三则案例可以发现,关于赔偿损失范围的确定,第一个法院是根据实际利益与可得利益的差额来确定赔偿范围,而第二个法院是根据过错判定赔偿范围,并未形成统一的认定标准。此外,两法院虽然都采取了侵权诉由,而非合同诉由,但前一判决未认可代理费损失,后一判决却认可了"见证费"这一项目。两种费用的本质都是依照代理合同支付的对价,但判决迥异。更值得怀疑的是,案例二的审理法院竟然以"其余损失"的表述涵盖见证费以外的其他各类赔偿项目,如此做法是否合理,酌定的依据为何、理由为何,法院亦未详细说明。案例三中,法院直接驳回了全部请求,并没有详细分析案件的具体情况,甚至没有支持返还代理费的诉求,此种判决是否公允亦值得深入反思。

律师作为专业法律服务的提供者,关涉当事人重大利益,在履职过程中应善尽合理注意义务,否则律所应对律师过失履职所致损失承担赔偿责任。在司法实务上,法院对该损失的性质认定不一,甚至避而不谈;采合同之诉和侵权之诉者难分伯仲,导致法律适用混乱,同案异判频发。因此,要确定律师过失履职致损的赔偿责任,需要解决以下几个问题:一是律师过失履职给当事人造成损失,究竟侵犯了当事人的何种权益?此种损失之性质为何?二是如何在现有规定的基础上探寻此类案件合理的请求权基础?三是如何确定律师过失履职所致损失的赔偿范围?

---

① 参见上海市第一中级人民法院(2011)沪一中民一(民)终字第1117号民事判决书。
② 参见湖北省通山县人民法院(2017)鄂1224民初1251号民事判决书;湖北省咸宁市中级人民法院(2018)鄂12民终224号民事判决书。

第二节 律师过失履职致损的案件类型与请求权基础

通过对 27 则典型案例①进行分析可知,在司法实践中,律师过失履职致损案件呈现出不同的案型,而法院的裁判依据亦不尽相同。

表 8-1 律师过失履职致损的案件类型

案件类型		数量	比例
过失履行非诉法律服务	见证遗嘱无效型	6	22.2%
	见证合同失职型	4	14.8%
	法律顾问失职型	2	7.4%
过失履行诉讼法律服务	超越代理权限型	5	18.5%
	恶意串通型	3	11.1%
	申请保全错误型	1	3.7%
	提供虚假证据型	1	3.7%
	诉讼行为过失型	3	11.1%
	执行程序失职型	2	7.4%

一、案件类型

由表 1 可知,律师过失履职的案件类型大致可以分为过失履行非诉法律服务和过失履行诉讼法律服务两大类型,在其下又可以细分为具体的案型。

(一) 过失履行非诉法律服务

过失履行非诉法律服务可细分为三种常见案型。第一类,见证遗嘱无效型②,是指律师在为当事人提供遗嘱见证的过程中存在过失,导致见证遗嘱被认定无效,遗嘱继承人因此减少继承份额的情形。前述案例一即是此类案件之典型。第二类,见证合同失职型③,系指受害人因律师在见证合同中的

---

① 笔者以"律师事务所财产损害赔偿"为关键词在无讼案例库中进行检索,得到检索结果 120 则,为兼顾案例的权威性与时效性,本章选取了 27 则典型案例予以类型化分析。
② 参见天津市南开区人民法院(2018)津 0104 民初 3917 号民事判决书;王保富诉三信律所财产损害赔偿纠纷案,载《最高人民法院公报》2005 年第 10 期;辽宁省沈阳市中级人民法院(2016)辽 01 民终 2203 号民事裁定书;北京市第二中级人民法院(2014)二中民提字第 02356 号民事判决书;上海市第二中级人民法院(2015)沪二中民一(民)终字第 1263 号民事判决书;上海市黄浦区人民法院(2013)黄浦民一(民)初字第 4583 号民事判决书。
③ 参见广东省高级人民法院(2017)粤民再 211 号民事判决书;上海市第一中级人民法院(2011)沪一中民一(民)终字第 1117 号民事判决书;广东省广州市中级人民法院(2014)穗中法民二终字第 932 号民事判决书;江苏省太仓市人民法院(2012)太民初字第 0384 号民事判决书。

过失而遭受经济损失的情形。第三类,法律顾问失职型①,是指律师提供法律顾问服务时存在过失,致顾问单位财产遭受损失之情形。在以上三种常见的案型中,以"见证遗嘱无效型"最为典型,实践中发案率较高。此类案件既有书面见证材料为证,又有法院认定见证存在瑕疵的判决为据,举证相对容易,因此,对此类案件中当事人因律师过失履职所致损失予以救济已是法院共识。

(二) 过失履行诉讼法律服务

过失履行诉讼法律服务可细分为六种常见案型。第一类,超越代理权限型②,包括律师以伪造签名起诉的无权代理、超越代理权限处分当事人权益、私自接案以及双方代理等。第二类,恶意串通型③,是指受害人主张其代理律师与对方代理律师恶意串通,致其违心签订调解书、撤诉,使其权益受损。第三类,申请保全错误型④,是指律师申请保全错误导致当事人经济损失。第四类,提供虚假证据型⑤,是指当事人主张对方律师提供虚假证据致其案件被移送并最终按撤诉处理,进而造成其经济损失。第五类,诉讼行为过失型⑥,包括律师代理诉讼过程中存在严重过错、违反职业道德、未尽注意义务等。第六类,执行程序失职型⑦,是指律师迟延申请强制执行导致委托人受损。在此六种常见案型中,以"超越代理权限型案件"较为普遍。此外,与前述非诉法律服务常见案型相比,诉讼法律服务常见案型中当事人的诉请获法院支持者寥寥无几,绝大多数被以证据不足为由驳回⑧。究其原因,律师代理之案件能否产生预期结果,需要综合考量案件本身的事实和固有诉讼风

---

① 参见上海市卢湾区人民法院(2010)卢民二(商)初字第321号民事判决书;北京市第一中级人民法院(2014)一中民终字第03119号民事判决书;广东省广州市中级人民法院(2017)粤01民终15028号民事判决书。
② 参见湖北省咸宁市中级人民法院(2018)鄂12民终224号民事判决书;上海市第二中级人民法院(2015)沪二中民一(民)终字第2095号民事判决书;上海市第二中级人民法院(2010)沪二中民一(民)终字第914号民事判决书;上海市第一中级人民法院(2011)沪一中民四(商)终字第9号民事判决书;上海市第二中级人民法院(2016)沪02民终1952号民事判决书。
③ 参见四川省邛崃市人民法院(2013)邛崃民初字第1834号民事判决书;北京市第三中级人民法院(2015)三中民终字第09426号民事裁定书;湖北省十堰市中级人民法院(2016)鄂03民终657号民事判决书。
④ 参见天津市河东区人民法院(2019)津0102民初2528号民事判决书。
⑤ 参见上海市第二中级人民法院(2015)沪二中民一(民)终字第3093号民事判决书。
⑥ 参见广东省佛山市中级人民法院(2015)佛中法民一终字第99号民事裁定书;上海市第一中级人民法院(2016)沪01民终1848号民事判决书;上海市第一中级人民法院(2012)沪一中民一(民)终字第2452号民事判决书。
⑦ 参见上海市第一中级人民法院(2013)沪一中民一(民)终字第462号民事判决书;海南省海口市中级人民法院(2001)海中法民终字第148号民事判决书。
⑧ 本章选取的27则案例中,12则过失履行非诉法律服务的案件中,当事人的主要诉请被法院支持的案例高达9则;而15则过失履行诉讼法律服务的案件中,仅有2则被法院支持。

险、当事人与律师间的有效沟通情况、不同律师对法律之不同理解、举证责任难易程度等因素。相较于非诉法律服务,诉讼法律服务更是如此。

二、请求权基础

通过对表1常见案型中法院援引之裁判依据进行归纳,除部分法院在裁判中未明确裁判依据而仅依侵权责任构成要件认定律所的赔偿责任①,以及部分当事人选择违约诉由时法院援引的《合同法》第107条、第112条、第113条(《民法典》第577条、第583条、第584条)之违约责任和第396条、第406条(《民法典》第919条、第929条)之委托人过错赔偿责任外②,律师过失履职致损案件的请求权基础③主要集中于三类:一是《民法通则》第4条或第5条(《民法典》第3条或第7条)规定的民法基本原则,即合法权益受保护原则和诚实信用原则;二是《民法通则》第106条第2款或《侵权责任法》第6条第1款(《民法典》第186条或第1165条第1款)等侵权责任一般条款;三是属于特别规范的《律师法》第54条,即律师(律所)过失履职致损的赔偿责任。然问题在于上述三类规范是否均可作为此类案件的请求权基础呢?④

(一) 基本原则条款不宜作为此类案件的请求权基础

请求权基础是当事人主张权利之依据,应当尽量具体明确,不宜是过于原则性的规定。与此同时,依裁判法理,法律原则在法有明定之情形下并无直接适用之余地,而仅能作为价值补充予以适用。⑤ 因此,《民法典》第7条虽类似于德国或者我国台湾地区背俗故意致损的侵权行为类型的规定,但仍与之有本质的不同。⑥ 在德国或者我国台湾地区,背俗故意致损规定是作为侵权责任一般条款予以规定的,纯粹经济损失即属于其规制范围,在理论上和实务上也均已达成了共识。反观《民法典》第3条和第7条之规定,不仅内

---

① 参见上海市第一中级人民法院(2013)沪一中民一(民)终字第462号民事判决书,此案实际上是将《侵权责任法》第6条第1款作为请求权基础。
② 参见上海市第一中级人民法院(2013)沪一中民一(民)终字第462号民事判决书;海南省海口市中级人民法院(2001)海中法民终字第148号民事判决书;广东省广州市中级人民法院(2014)穗中法民二终字第932号民事判决书;广东省高级人民法院(2017)粤民再211号民事判决书。
③ 此处之请求权基础仅选取法院适用的实体法而不考虑程序法;对于相同案型仅列明法院适用过的依据,而不再区分个案以及两审法院之间的不同;同时,此处限于当事人选择侵权诉由之情形。
④ 为了体现法规之时效性,笔者在后文以《民法典》相应法条之表述替代案件裁判时法院实际援引之《民法通则》和《侵权责任法》相对应之法条,如以《民法典》第3条或第7条替代《民法通则》第4条或第5条之表达,以《民法典》第120条替代《民法通则》第106条第2款之表达,以《民法典》第1165条代替《侵权责任法》第6条等。在确有必要时保留《民法通则》和《侵权责任法》相关表述。
⑤ 杨仁寿:《法学方法论》,中国政法大学出版社2013年版,第187—190页。
⑥ 王泽鉴:《侵权行为》,北京大学出版社2016年版,第389—393页。

容过于笼统,而且亦非侵权责任一般条款。故不宜作为律师过失履职导致纯粹经济损失案件的请求权基础。

(二) 回归侵权责任一般条款进行规制

律师过失履职致损是否属于《民法典》第1165条第1款之侵权责任一般条款的保护范围,关系到该规范是否可作为律师过失履职致损案件的请求权基础。对侵权行为的一般条款作历史考察,首先,《民法通则》第106条第2款将保护客体规定为"他人财产、人身",并没有限定为他人的财产权和人身权,故该条并没有将其他财产利益排除在保护客体之外。其次,从体系解释上看,《民法通则》第5条规定亦未将保护客体僵化地限定为民事权利,而是明确将民事权益即权利和利益(含其他财产利益)纳入保护范围,从而也在体系上印证了《民法通则》第106条第2款的保护范围。再次,纯粹经济损失属于《民法通则》第106条第2款的保护范围已成为学理上之共识。《民法通则》第106条第2款是我国纯粹经济损失的理论依据,其中"财产"一词应扩充解释为既包括有形财产,也包括经营权或营业权以及契约等无形的经济利益。① 具体而言,《民法通则》第106条第2款将一般侵权行为法之保护对象规定为"财产"与"人身",实际上是将纯粹经济损失上的利益纳入其保护范围。②《侵权责任法》第6条第1款规定了过错侵权,沿用了《民法通则》第106条第2款的表述,将保护客体规定为"他人民事权益",亦将其他财产纳入规制范围。《民法典》第1165条第1款继承了《侵权责任法》第6条第1款的规定,律师过失履职致损案件的请求权基础应归于这一侵权责任的一般规定。

(三)《律师法》第54条与侵权责任一般条款的关系

在论证了侵权责任一般条款可作为此类案件的请求权基础之后,需进一步讨论作为特别规范的《律师法》第54条是否还可作为此类案件的请求权基础以及其与侵权责任一般条款的关系如何。特别规范与一般条款的关系有二:一是特别规范仅仅是一般条款的一个说明性法条,旨在对该条予以具体化;二是特别规范并非一般条款的说明性法条,而是补充性地对不在该条保护范围内的利益提供特殊救济,因此其本身即为独立的请求权基础。③ 苏永钦教授也认为,一旦特别条款已明定民事赔偿责任,再迂回经由一般侵权行为条款来转介认定责任已无必要④。按此观点,作为特别规范的《律师法》

---

① 张民安:《过错侵权责任制度研究》,中国政法大学出版社2002年版,第627页。
② 朱广新:《论纯粹经济上损失的规范模式》,载《当代法学》2006年第5期。
③ 葛云松:《纯粹经济损失的赔偿与一般侵权行为条款》,载《中外法学》2009年第5期。
④ 苏永钦:《再论一般侵权行为的类型——从体系功能的角度看修正后的违法侵权规定》,载《政大法学评论》2002年第1期。

第 54 条理应作为独立的请求权基础而优先于侵权行为一般条款进行适用。

上述解释不无道理,但有深入思考之余地。首先,《律师法》第 54 条的规范目的在于明确律所是律师过失履职致损的赔偿责任主体所享有的追偿权对象,防止律师个人无力担责时当事人的损失无法得到救济。该条的直接目的并非为救济当事人的损失而设,而是为明确责任主体而设,故不宜直接作为受害人主张赔偿责任的独立请求权基础。其次,依雇主责任规则,律师作为律所的工作人员,其过失履职所致损失理应由用人单位承担责任。然问题的关键在于《律师法》第 54 条是否将当事人的此种损失纳入其保护范围。而该条对损失的性质和范围规定并不明确,因此并不能直接得出纯粹经济损失属于该条的规制范围。因此,该条不宜直接作为律师过失履职致损案件的独立的请求权基础,而是可以与侵权责任一般条款共同作为请求权基础。此外,该类案件的请求权基础应回归侵权责任一般条款,作为特别规范的《律师法》第 54 条仅起到补充的作用,即使不将其列入请求权基础,对案件处理亦无实质影响。但是,对于律师过失履职所致损失究竟是否以及如何可能被认定为纯粹经济损失,应有更详细的说理。

第三节　律师过失履职导致纯粹经济损失

一、纯粹经济损失定义再审视

纯粹经济损失素来是比较法上的热门话题,这一概念在英美法上多表述为"pure economic loss"。在德国法上被称为"纯粹财产上损害"。作为一个概念工具,其创设之初旨在限制某类无形性损害赔偿,但后来该限制逐渐被突破,进而发展为整体化分析该类无形性损害的工具。[1] 纯粹经济损失发生的领域十分广泛,涉及的内容甚为庞杂,一直是两大法系关注和讨论的问题。但由于各个国家侵权法构筑基础与理论的差异,很难对其下一个被普遍接受的定义。[2] 纯粹经济损失自身的复杂性决定其无法通过一个概念将所有情形下的任何特征加以准确描述。正如冯·巴尔教授所言,纯粹经济损失本身就并不容易理解,即使在概念适用统一的法律制度中,其所表达的范畴也不尽相同。[3]

我国学者对纯粹经济损失的定义也进行了探讨。王泽鉴先生认为纯粹经济损失系指非因侵害人身或所有权等权利而导致的经济或财产损失,其损

---

[1] 杨雪飞:《纯粹经济损失之赔偿与控制——以行为人对受害人责任为视角》,中国政法大学 2008 年博士学位论文。

[2] 〔意〕毛罗·布萨尼、〔美〕弗农·瓦伦·J. 帕尔默:《欧洲法中的纯粹经济损失》,张小义、钟洪明译,林嘉审校,法律出版社 2005 年版,第 4 页。

[3] 〔德〕克雷斯蒂安·冯·巴尔:《欧洲比较侵权行为法》(下卷),焦美华译,张新宝校,法律出版社 2001 年版,第 31 页。

失的样态包括直接侵害和间接侵害。① 葛云松教授则将纯粹经济损失定义为非因绝对权受侵害而遭受的财产上的损害或不利益②,强调的是纯粹经济损失与绝对权被侵害相分离。张新宝教授也认为纯粹经济损失不是因受害人的财产、人身或者权利受损,而是因特定事由遭受的纯粹金钱上之不利益。③ 王利明教授认为纯粹经济损失是指非因人身伤害和有形财产损害而遭受的经济损失。④ 此外,还有学者将纯粹经济损失定义为被害人所直接遭受的非因人身或有形财产受到损害而间接引起的经济上的不利益或金钱上的损失。⑤

综上所述,虽然两大法系对纯粹经济损失的定义不尽相同,但仍然可以从中总结出共同点:一是指那些不依赖于绝对权遭受侵害(物的损坏或者身体、健康损害)而导致的损失,二是指非作为权利或受到保护的利益侵害结果存在的损失。⑥ 此观点实值赞同。综而言之,可以将纯粹经济损失的概念界定为:受害人直接遭受的非因绝对权受到损害而引发的纯金钱上的损失或经济上的不利益。

二、律师过失履职所致损失是纯粹经济损失

在司法实务上,法院对于律师过失履职所致经济损失的性质认定不一,甚至避而不谈,难谓之处理纠纷的正确态度。在"王保富案"⑦中,一审法院认定律所应当承担赔偿责任,但对当事人遭受的损失之性质只字未提,甚至对当事人之何种权利或利益遭受侵害亦未予以明确。二审法院认定律所侵害了原告依遗嘱继承其父遗产的权利,应当承担赔偿责任,但这一做法未完全解决问题。首先,对于损失的性质仍然没有予以界定;其次,二审法院虽然明确了三信律所的过失履职行为侵害了原告"依遗嘱继承遗产的权利",相较之一审是一种进步,但是法院将这种非法律上明确规定的权利类型冠以"权利"的称号,表面上似乎明确了当事人遭受侵害的权利,但实则与司法实践中对权利和利益给予不同保护程度的实际现状相违。⑧ 此种"权利"表述似乎否认了该种损失在性质上属于纯粹经济损失,这也与学理和比较法上的共识相矛盾。

---

① 王泽鉴:《侵权行为》,北京大学出版社 2016 年版,第 362 页。
② 葛云松:《纯粹经济损失的赔偿与一般侵权行为条款》,载《中外法学》2009 年第 5 期。
③ 张新宝、张小义:《论纯粹经济损失的几个基本问题》,载《法学杂志》2007 年第 4 期;张新宝:《侵权责任立法研究》,中国人民大学出版社 2009 年版,第 422 页。
④ 王利明:《侵权行为法研究》,中国人民大学出版社 2004 年版,第 368—369 页。
⑤ 李昊:《纯经济上损失赔偿制度研究》,北京大学出版社 2004 年版,第 7 页。
⑥ 〔德〕克雷斯蒂安·冯·巴尔:《欧洲比较侵权行为法》(下卷),焦美华译,张新宝校,法律出版社 2001 年版,第 32 页。
⑦ 王保富诉三信律所财产损害赔偿纠纷案,载《最高人民法院公报》2005 年第 10 期。
⑧ 于飞:《权利与利益区分保护的侵权法体系之研究》,法律出版社 2012 年版,第 21—27 页。

无独有偶,在"张某案"①中,一审法院认定律师过失履职致使原告继承权益受到损害,二审法院认定被告侵犯了原告"依遗嘱继承遗产的权利"。两审法院均对当事人之权利损害的性质予以明确,其进步值得肯定,但两审法院认定尚存"继承权益"与"依遗嘱继承遗产的权利"之显著冲突,对于当事人遭受损失的性质亦未置一词。此外,在"邹某某案"②中,一审法院认为律师履职中的过错侵害了邹某某"依遗嘱继承遗产的权利",二审法院对此予以确认,然两级法院亦未对损失性质予以认定。综上所述,法院对于律师过失履职行为侵犯了当事人的何种权益问题,并没有形成统一的意见,也没有可资参照的合理标准,导致其认定混乱不堪。同时,对于该种损失的性质认定,法院无一例外地采取了回避态度,以笼统的侵权认定和含糊其辞来逃避对问题的解决。

在此情形下,律师过失履职所致损失之性质认定应寻求理论上之参考,实现理论与实务之互动融合。在参酌前述笔者对纯粹经济损失所作界定之基础上,葛云松教授关于纯粹经济损失的界定应具有实务上的可操作性,对于统一分歧亦具有借鉴意义。其推导过程分为两步:第一步,其将民法上之利益分为绝对权、相对权、其他人格利益和其他财产利益四种类型。第二步,将上述第二和第四两类利益定义为"纯粹财产利益"或者"纯粹经济利益",因此,对这种纯粹经济利益的侵害,或者说,非因绝对权受侵害而发生的财产上的损害(不利益),可以称为"纯粹经济损失"。③ 按此观点,因律所过失履职所致的损失即属于纯粹财产(经济)利益损失,更确切地说属于其他财产利益损失。此种财产利益在法律上没有明确规定,但在现实中确实存在,因此,此种纯粹财产(经济)利益的侵害在性质上即应属于纯粹经济损失。

第四节　律师过失履职之赔偿责任

一、赔偿范围

如本书第六章所述,对于纯粹经济损失的赔偿问题,在财产损失这样一个很大的范畴内区分嗣后损失和纯粹经济损失也仅仅是提供了一个不精确的法则,而且这一法则相对地表达了一种"保护加害人"的基本态度。因此事实上存在许多案件,在这些案件中那些不区分财产损失和纯粹经济损失的法律制度会给予损害赔偿,而加以区分的法律制度则会拒绝赔偿。④ 侵权法

---

① 参见北京市第二中级人民法院(2014)二中民提字第 02536 号民事判决书。
② 参见辽宁省沈阳市中级人民法院(2016)辽 01 民终 2203 号民事裁定书。
③ 葛云松:《纯粹经济损失的赔偿与一般侵权行为条款》,载《中外法学》2009 年第 5 期。
④ 〔德〕克雷斯蒂安·冯·巴尔:《欧洲比较侵权行为法》(下卷),焦美华译,张新宝校,法律出版社 2001 年版,第 33 页。

仅当其能够避免过分苛严的责任时,才能作为有效的、有意义的和公正的赔偿体系运行。① 任何一项法律制度都需要一个过滤器来将可赔偿性损害从不可赔偿性损害中区分出来。而这一过滤器本身又因其特征的多样性和数量的庞杂性很难一言以蔽之。② 律师过失履职所致纯粹经济损失的赔偿问题即转化为探寻这样一个合理的"过滤器"的问题。

(一) 当事人的诉请相对集中

在司法实践中,当事人对因律师过失履职造成的纯经济上损失案件的诉讼请求相对集中,主要体现在:(1) 因过失履职遭受的直接经济损失。此种损失在见证遗嘱无效型案件中一般表现为因遗嘱无效而被减少的继承份额;在其他案型中则表现为因律师不同的过失履职行为导致的各种直接经济损失,如因迟延申请强制执行而造成的经济损失。(2) 律师代理费、诉讼费及其利息。具体而言,在过失履行非诉法律服务的常见案型中,一般体现为要求返还见证遗嘱代理费、见证合同代理费等;而在过失履行诉讼法律服务常见案型中,则一般体现为要求返还原代理案件的律师代理费、诉讼费甚至其利息等。(3) 误工费、交通费及其他费用。部分当事人主张赔偿其因律师过失履职而导致的误工费、交通费以及复印费、快递费等其他费用。此部分费用明显不同于第(1)项费用,不属于因律师过失履职而直接遭受的经济损失。

此外,部分当事人提出了并不常见的诉讼请求:(4) 主张精神损失费。③ 有当事人主张律师过失履职造成其经济损失的同时,亦造成了精神损害,要求承担精神损害赔偿责任。(5) 主张以书面形式公开赔礼道歉。在"孟某某案"④中,孟某某认为律所侵害其权益,遂要求律所以书面形式公开向其赔礼道歉。

(二) 法院态度不一,认定混乱

尽管当事人的诉请在具案中不尽相同,但相对集中。然而法院的态度不尽统一,认定混乱。

在"见证遗嘱无效型"案件中,法院的态度相对统一,整齐划一地径直依据当事人按遗嘱继承和按法定继承的差价确定损失和赔偿范围,因此仅认定赔偿当事人因遗嘱无效而被减少的继承份额,对于其他诉请则一律不予支

---

① 〔德〕克雷斯蒂安·冯·巴尔:《欧洲比较侵权行为法》(下卷),焦美华译,张新宝校,法律出版社2001年版,第1页。
② 同上书,第31—32页。
③ 参见上海市第二中级人民法院(2015)沪二中民一(民)终字第2095号民事判决书;上海市第二中级人民法院(2010)沪二中民一(民)终字第914号民事判决书;上海市第一中级人民法院(2016)沪01民终1848号民事判决书。
④ 参见北京市第三中级人民法院(2015)三中民终字第09426号民事裁定书。

持。这一做法似乎是受到前述公报案例"王保富案"的影响。具体而言,在"邹某某案"①和"倪某某案"②中,两审法院均认定被告律所侵害了当事人依遗嘱继承遗产的权利,并将赔偿的范围限定为当事人因遗嘱无效而被减少的继承份额。但在同属"见证遗嘱无效型"的"张某案"③中,法院的态度有所转变。与多数法院主要依据因遗嘱无效而被减少的继承份额来确定赔偿范围不同,在本案中,一审法院除了考虑到被减少的继承份额外,还根据过错程度酌情确定律所的赔偿数额。而二审法院则改变了一审法院综合考量被减少的继承份额和律所过错程度的做法,又回归到仅依据继承人因遗嘱无效而被减少的份额确定赔偿范围。两审法院在损失的认定和赔偿范围上出现分歧,态度不一。

法院态度的分歧还体现在"执行程序失职型"案件中,当事人均因律师迟延申请强制执行导致经济损失,而不同法院的认定却截然相反。在"蒋某案"④中,一审法院认为律所未按照双方的约定代为申请强制执行,导致蒋某造成损失,理应赔偿;二审法院也予以确认。然在"天达公司案"⑤中,一审法院认定迟延申请执行系当事人而非律所的过错,其要求赔偿损失的主张不予支持;二审法院虽然认定律所对迟延申请存在过错,但认为上诉人仅是丧失了向法院申请强制执行的权利,并不因此丧失债权,上诉人并无实际损失,故维持一审判决。同是因迟延申请强制执行导致经济损失之情形,北京和上海法院的态度完全对立,一地支持,一地驳回。

此外,对于律师代理费的赔偿问题,法院基本采取不予支持和回避的态度,但在"见证合同失职型"的"叶某案"⑥中,两审法院均支持律所赔偿当事人合同见证费即见证合同的律师代理费,改变了大部分法院在此问题上不予支持的态度。

(三) 赔偿范围之检讨

纯粹经济损失因其受害人和责任范围的不确定性进而产生如何合理规范的难题。⑦ 将纯粹经济损失的概念与一般财产损失区别开来,其作用也仅仅在于确定受害人非因绝对权受直接侵害而遭受的金钱上之不利益理应赔偿,但是最终是否应予赔偿同样需受到其他侵权责任构成要件的限制。⑧ 因

---

① 参见辽宁省沈阳市中级人民法院(2016)辽01民终第2203号民事裁定书。
② 参见上海市第二中级人民法院(2015)沪二中民一(民)终字第1263号民事判决书。
③ 参见北京市第二中级人民法院(2014)二中民提字第02536号民事判决书。
④ 参见上海市第一中级人民法院(2013)沪一中民一(民)终字第462号民事判决书。
⑤ 参见海南省海口市中级人民法院(2001)海中法民终字第148号民事判决书。
⑥ 参见上海市第一中级人民法院(2011)沪一中民一(民)终字第1117号民事判决书。
⑦ 王泽鉴:《侵权行为》,北京大学出版社2016年版,第363页。
⑧ 张新宝:《侵权责任立法研究》,中国人民大学出版社2009年版,第437—438页。

此,在律师过失履职致损场合,对相对确定的受害人和损失予以救济自无疑问。而对于赔偿范围,一方面要考虑受害人和损失的确定程度,另一方面要限定为因律师过失履职而导致的直接经济损失或金钱上的不利益。

具体而言,在见证遗嘱无效案型中,应依据继承人因遗嘱无效而被减少的继承份额来确定当事人的损失及律所的赔偿范围。在执行程序失职型案件中,亦应依据因律师迟延申请导致的直接经济损失或金钱上的不利益来确定损失及其赔偿范围。在律师过失履职场合,律师代理费是否应予赔偿要视具体情况而定。在当事人选择违约诉由时,因律所违约使委托合同目的未能实现,当事人要求返还律师代理费并无障碍。而在当事人选择侵权诉由场合,律师代理费损失应否赔偿不能一概而论,仍需综合考量具体情况而定。有法院认为律师代理费损失与律所的过失履职行为之间并不存在必然的因果关系,当事人因律师过失履职遭受的直接经济损失或经济上的不利益才是侵权损害后果。然此种认定是否合理,有待斟酌。

我们期待自身的权益甚至纯粹经济利益能获得法律最大程度的保障,但同时也期待能获得最大限度的自由,可是自由和安全类似于鱼和熊掌的关系而难以兼得。① 对于因律师过失履职所致纯粹经济损失的赔偿范围,要平衡行为自由和利益保障,严格限定在因过失履职而遭受的直接经济损失或金钱上的不利益,而不宜过度扩张。

二、司法实务的改进方案

回到本章第一节提出的三则案例,笔者认为可从以下几个方面对司法实务予以改进。

对于案例一,遗嘱见证费这一赔偿项目是否绝对不能返还存在进一步讨论空间。一是违背了法定注意义务。本案的见证费确实不是继承人支付的对价,但是立遗嘱人已经死亡,而律师确实存在着严重的过错,过错的主要判断标准应为注意义务的违反。义务的来源并不仅仅是法定义务,合同义务、适法的行规义务、公序良俗等都可以作为过错的认定标准。行规义务的确定,主要参考律师协会发布的规定,比如全国律协于 2007 年出台的《律师见证业务工作细则》等。违背合同的约定,使得合同目的未达到是判断违约的标准。违反法律规定义务,使得利害关系人遭受损失,为侵权责任的判断标准。本案是基于同一侵权事实,如果要求被害人以合同诉由起诉,那么争议无疑会来自合同的相对性,当然也可以理解为第三人利益的合同,因为立遗嘱人签约的目的是使得合同当事人以外的第三人受益。但是对《民法典》第 522 条第 1 款(《合同法》第 64 条)关于向第三人履行合同之规定的理解和适

---

① 葛云松:《纯粹经济损失的赔偿与一般侵权行为条款》,载《中外法学》2009 年第 5 期。

用尚存较大的争议,故以合同诉由要求返还对价的风险较高。提起侵权诉由是否就可以免除该对价的返还? 一方面,立遗嘱人如果知道合同目的落空,一般也就不会让违约的律所保有该利益。另一方面,律所的违约损害赔偿请求权主体因死亡而发生转移,故作为继承人有权要求返还。

该案纯粹经济损失范围明确,边界清晰,受损害者仅有受害人一人,代理费损失 6000 元也是固定的,没有任何不确定的因素,并没有超出律所的可预见性。不可否认,王保富与律所无直接合同关系,但两者间的关系已经极为紧密,丝毫不亚于契约当事人之间的关系,可以认为是一种"准合同关系",即使是以侵权诉由提起诉求,律所对王保富也负有注意义务。从契约关系来看,立遗嘱人与律所之间高昂的对价关系本身也意味着一种信任,有信托的功能,帮助应该获得高额遗产的继承人获得遗产。

对于案例二,受害人在律师过失见证的指引下,溢价销售股权而受到刑事处罚,因而要求赔偿损失。法院对系列损失并没有细致地说明理由,没有用请求权基础的思维,仅仅以"自身超越《服务合同》约定范畴的行为所致、律所过失行为所占的原因力比例较低"为由酌定赔偿 30000 元。该案暴露的问题有很多,比如未审查律师过错的大小、见证过错与经济损失之间的因果关系、责任形态是否为补充赔偿责任等。笔者认为本案受害人提出的大量纯粹经济损失并不能简单地以侵权责任或者契约责任为由划定,而应该对纯粹经济损失分类说理。

对于退赔款 574670 元的损失。该笔退赔款本身是因非法溢价销售证券所导致的,律师究竟是否应该承担连带或者补充赔偿责任应该考虑律师与本案受害人是否有意思联络、行为客观上是否有原因力以定责任形态。本案法院做法似乎认为是按份责任。实际上,不乏有法院认为违法见证场合,律所应对当事人不能赔偿的部分承担补充赔偿责任。① 以某某服务合同为名、以非法集资为实的情况,在实务中屡见不鲜。该案判决书没有反映更多细致的情况,比如受害人是否预谋利用了合同见证进行欺诈、律师是否蓄意帮助非法集资,没有言明。但判决认定的事实却是受害人"多次向两位律师求证《服务合同》的合法性,两位律师均作出了肯定的答复",故可以认为见证方的侵权促成了一系列的财产损失。此处的退赔款产生的原因一部分是因为对外承诺高息借款后,向不特定对象吸收存款的行为结果。对于律师而言,如果当时谨慎地出具法律意见,就不会导致涉案数额如此之大。本案的行为人违反《证券法》《公司法》等管理法规,在未经依法批准的情况下,通过公开溢价销售股权的方式获取利益确实扰乱了金融秩序,但是其并非法律方面的专家,难以认定其知悉行为违法,与此相反,该行为恰恰由于违法见证而促

---

① 参见江苏省苏州市太仓市人民法院(2012)太民初字第 0384 号民事判决书;广东省广州市中级人民法院(2014)穗中法民二终字第 932 号民事判决书。

成。此外,受害人被定罪罪名只是非法经营罪,不是集资诈骗罪,其实从罪名上看,大致也可以表明受害人并没有拿律师的见证作为幌子蒙骗其他人,其行为后果恰恰是因为律师履职不当导致,故有过失的律所应该承担与其过错相适应的补充赔偿责任,而法院酌情确定的担责比例过低。

对于案例三,受害人虽然提出了一揽子请求,但法院应该向其释明,让诉讼请求更为"明确"。受害人没有明确请求权基础,仅仅以受到损失为由起诉,增大了败诉风险。受害人提出的诉求有三类,分别是"败诉产生损失""代理费损失""诉讼费损失"。根据《律师法》第54条的规定,律所接受有利益冲突的当事人的代理委托,为双方相互勾结提供了机会,故可以认定是重大过失行为,即使是在侵权诉由下,代理费作为纯粹经济损失也应该赔偿。笔者认为此案应以合同诉由为请求权基础,具体而言,一个是任意解除权规定,另一个是违约责任规定。当事人与律所之间签订的委托代理合同是以信任为基础的,合同并非是与律师单独签订的,而是与律所,否则就是私下接受业务。同时,任意解除权是《民法典》第933条规定的法定权利,而法律服务合同与一般委托合同并无二致,且在随时解除合同的同时,赔偿的损失应包括可得利益损失,其实为败诉造成的损失。即使某些法律服务合同内容复杂,与单纯的委托合同有出入,但也不能否认这一法定权利。本案律所直接公然代理有利益冲突的另一方当事人有违合同目的,故返还代理费并非擅自解除合同的行为,更不能定性为违约。合同的实际履行情况固然可以作为减少返还代理费、限制任意解除权行使的依据,但不能以败诉损失无必然因果关系为由就拒绝返还全部代理费损失。当然,返还代理费的数额应精细化,如果合同已经明确了各个诉讼阶段的代理费的计算标准,应明确律师接受利益冲突当事人的时间所处的诉讼阶段和以往提供服务的情况,公允地酌定赔偿额。退一步讲,即使代理是个人行为、私自收案,如果确实为案件做了部分工作也应该酌定部分报酬数额。

第五节 本章总结

律师作为专业法律服务的提供者,在履职过程中应善尽合理注意义务,完成当事人之委托事务。律师的过失履职侵犯了当事人的财产利益,因过失履职所致损失性质上属于纯粹经济损失。在司法实务上,律师过失履职致损案件呈现出过失履行非诉法律服务和过失履行诉讼法律服务两大类型。此类案件的请求权基础应回归侵权责任一般条款即《民法典》第1165条进行规制。律师过失履职所致纯粹经济损失的赔偿范围应严格限定于因过失履职而遭受的直接经济损失或金钱上的不利益,而不宜过度扩张。在见证遗嘱无效型案件场合,选择侵权诉由时,应依据继承人因遗嘱无效而被减少的继承份额来确定损失数额及赔偿范围。

第九章 我国惩罚性赔偿制度的体系

第一节 本章问题

我国惩罚性赔偿制度政出多门,六部法律和两个司法解释对其有明确规定,涉及消费者权益保护、食品安全、产品责任、商标权、旅游合同、医疗产品责任和生态环境等多个领域。政出多门,导致各规范之间交叉混同,相互冲突,适用困难,体系性缺失。应将我国惩罚性赔偿制度定位为一项独立的民事责任,以可罚性原则、客观损害原则、损害基数原则和过罚相当原则统领整个体系。建构基于合同引发的惩罚性赔偿和基于侵权引发的惩罚性赔偿的二元体系结构,当基于合同和基于侵权引发惩罚性赔偿相竞合时,用处理请求权竞合的规则来协调之,以调适法律适用的诸多矛盾。

相对于传统的补偿性赔偿,惩罚性损害赔偿是一种特殊的民事赔偿制度。通过让加害人承担超出实际损害数额的赔偿,以达到惩罚和遏制严重侵权行为的目的。[1] 自 1763 年英国 Wilkes v. Wood 一案首创惩罚性赔偿以来[2],惩罚性赔偿在英美法上已经发展了两百五十余年,形成了其特有的规则体系。大陆法系国家一般不太接受惩罚性赔偿制度,认为允许平等主体之间的惩罚行为,存在"僭越"公法、侵蚀民法的危险。[3] 为维护市场经济秩序,遏制经营者的不法经营行为,我国在 1993 年的旧《消法》中引入了惩罚性赔偿制度,在原则上肯定了其在我国的适用。经过二十多年的发展,惩罚性赔偿的适用范围逐步扩大,条文规定也日趋规范,但由于总体发展时间不长,理论基础薄弱,现行法律体系中惩罚性赔偿制度的一般性规定不足,各具体规定散见于多个部门法中,涉及领域十分广泛,法律法规处于零散甚至模糊的状态,现有的条文之间存在内容重叠、适用条件不明的情况,体系性严重缺失。2013 年《消法》第 55 条对惩罚性赔偿法律规则进行了调整,使得现行法体系失衡的问题得到了局部修正,但仍不足以完全解决这一问题,还需进一步体系构建。

---

[1] 张新宝、李倩:《惩罚性赔偿的立法选择》,载《清华法学》2009 年第 4 期。
[2] 98 Eng. Rep. 489 (K. B. 1763).
[3] 朱广新:《惩罚性赔偿制度的演进与适用》,载《中国社会科学》2014 年第 3 期。

第二节 文献概览

在美国法中,惩罚性赔偿制度广泛运用于产品损害赔偿案件,引起了社会各界的关注和质疑,而在传统大陆法观念中,惩罚性赔偿制度并不能被大陆法系国家接受,例如德国和日本。① 惩罚性赔偿金目前饱受非议而亟需解决的问题主要有三个:其一,有无存在的必要;其二,适用范围;其三,惩罚性赔偿金的数额。

一、功 用

惩罚性赔偿存在的必要性与其自身的功能和作用密切相关,其主要有四大功用:一是损害填补功能。② 在英美法的视野下,这种功能主要是为了弥补受害人因加害人"恶意""粗暴""怀恨"的行为而遭受的精神损害及英美法上的"加重损害"(Cassell&Co. v. Broome 一案③)。同时,惩罚性赔偿金适用的案件类型还包括:一方当事人利用信赖关系故意违背诚信而对另一方当事人实施的侵权行为(Coryell v. Colbaugh 一案④);商业保险关系中,保险合同约定的保险责任条件成就,保险人明知无合理理由,故意拒绝履行赔偿保险金义务,造成被保险人损害的案件。二是吓阻功能。⑤ 一纸有关惩罚性赔偿金的判决将会成为"典型判例",避免类似的事件在不确定的未来再次发生。基于经济和效率的目的,为了有效地实现吓阻,惩罚性赔偿金的数额并不需要考虑加害人侵权行为道德上的可非难性,而是应当考虑受害人遭受的实际损害以及加害人逃逸的可能性。三是报复、惩罚功能⑥,即依据不法行为的恶性进行的惩罚。报复理论认为,在民事侵权案件中,加害人与受害人之间存在着一种不适当的优劣关系,加害人对价值的判断存在一定的错误,加害人自认为其可以通过损害受害人的利益进而满足自己的需求。报复与惩罚所要实现的效果在于公开纠正这种不当的价值错位,恢复加害人与受害人之间的价值状态。与吓阻原理不同,报复与惩罚理论对于惩罚性赔偿金额的度量,需要反映因加害人对受害人的损害行为造成的价值上的不平等,换言之,惩罚性赔偿金的数额应当与侵权行为的恶性相当。四是私人执行法律功能。英美法中的惩罚性赔偿制度鼓励受害人扮演"私人执法者"的角色,有助于

---

① 陈聪富:《侵权归责原则与损害赔偿》,北京大学出版社 2005 年版,第 197 页。
② 同上书,第 203 页。
③ [1972] All. Cas. 1027 (H. L.)。
④ 1 N. J. 90 (1791)。
⑤ 陈聪富:《侵权归责原则与损害赔偿》,北京大学出版社 2005 年版,第 207 页。
⑥ 同上书,第 212 页。

减少法律实施成本,提高经济效率,克服国家财政预算不足的限制。① 从个体角度看,惩罚性赔偿有利于抚慰受害人的创伤;从整体角度看,其有利于创造社会公共福利。

小结上述惩罚性赔偿的四种功能,即损害填补功能、吓阻功能、报复惩罚功能以及私人执行法律功能,其中吓阻、报复、惩罚是惩罚性赔偿制度的主要功能,通过对加害人判处高额的赔偿金来否定侵权行为的价值,填补受害人遭受的损害,通过消除加害人因侵权行为可能获得的利益从而对其进行阻止,同时树立了"典型的判例",震慑其他"潜在的加害人",使其不敢从事类似的活动,稳定社会秩序。

二、适用范围

对适用范围的研究,就是要回答哪些行为可以苛责加害人惩罚性赔偿金,哪些行为则应当按照传统的损害填补原则处理的问题,这对平衡双方当事人之间的利益关系极为重要。

在英国法上,陪审团可以判决超过实际损害的赔偿金,以吓阻将来发生相同的恶性事件,同时也表达陪审团对该类行为的厌恶。英国法早期关于惩罚性赔偿金适用范围的争议,出现在英国 Rookes v. Barnard 一案②,当时的法官 Lord Devlin 对民事侵权案件是否能适用惩罚性赔偿存在疑虑,并认为其在侵权案件中的运用应当严格约束在以下范围内:由于政府人员压迫、专断或违宪行为。此类案件不及于对私人公司、工会或者个人的诉讼;被告基于计算,其不法行为之获利超越该行为可能赔偿原告之损害;依据法令,明文承认得判决惩罚性赔偿金的规定。③

然而,英国法官并不赞成这样的见解,在 Cassell&Co. v. Broome 一案中④,法官认为在民事侵权案件中,加入惩罚性的因素并无不当。英国法规委员会则建议,侵权事件的双方当事人具有不平等关系,并且加害人故意蔑视受害人权益的,可以扩大适用惩罚性赔偿⑤,对于过失行为不宜适用惩罚性赔偿。现代英国法中,惩罚性赔偿适用的案件类型包括:"恶意起诉、错误拘禁、攻击和殴打、诽谤、侵入他人土地或货物、私地污染妨害、侵权行为干扰他人商业活动等。"1997 年英国法《关于加重的、惩罚性的和剥夺性的损害赔偿改革报告》主张惩罚性赔偿可适用于任何法定民事不法行为,只要其目的与法令相同即可。⑥

---

① 陈聪富:《侵权归责原则与损害赔偿》,北京大学出版社 2005 年版,第 217 页。
② [1964] App. Cas. 1129 (H. L.).
③ 陈聪富:《侵权归责原则与损害赔偿》,北京大学出版社 2005 年版,第 219 页。
④ [1972] All. Cas. 1027 (H. L.).
⑤ 陈聪富:《侵权归责原则与损害赔偿》,北京大学出版社 2005 年版,第 220 页。
⑥ 金福海:《惩罚性赔偿制度研究》,法律出版社 2008 年版,第 109 页。

美国法惩罚性赔偿的适用条件相对于英国法则宽松许多。在侵权法中，其适用范围几乎没有受到限制，可以作为一般性条款适用于所有基于侵权行为提起的损害赔偿诉讼，适用的案件类型包括且不限于：人身伤害、不法侵占、毁损他人财产、滥用程序、错误逮捕和拘禁、欺诈和误导、带有犯罪性的性交易或性转让、干涉雇佣或合同或商业关系、侮辱和诽谤、恶意起诉、污染妨害、诱拐儿童、诱奸、不法传送或邮寄电报信息、侵害商业信誉、违反信托义务、故意或恶意重复侵害受联邦宪法保护的个人权利或特权。①

在合同法中，惩罚性赔偿一般不适用于合同案件，但是存在一些特殊情况，当违约行为同时构成一种独立的侵权行为，交易双方具有不对等的地位关系或者双方具有类似于银行、信托、医患、消费者等特殊信任关系，加害人在主观上存在"故意、任意、恶意、欺压、恶劣行为、贬损、侮辱、重大欺诈"②的过错对受害人进行侵害时，适用惩罚性赔偿，诸如违反婚约、故意不提供民生必需品、房屋信托合同、保险公司恶意拒绝支付保险金的合同案件，可以判处惩罚性赔偿金。

在欧洲地区，欧盟对惩罚性损害赔偿的态度是模棱两可的，有时候甚至是相互矛盾的。③ 在德国，基于不接受预防性罚金的目的，惩罚性损害赔偿一直不受德国法待见。1992年德国第九民事判决委员会作出的判决④，拒绝承认美国高额的惩罚性损害赔偿金判决，对英美法上的惩罚性赔偿制度进行了坚决的抵制。

惩罚性赔偿适用的一个重要的问题是：是否能够适用于违约行为。普通法中惩罚性赔偿主要适用于故意的侵权行为，且整体上被纳入到侵权责任的体系之中，因违约而进行惩罚性赔偿仅仅是特别例外的情形，主要是违约行为能够独立构成侵权行为，美国《合同法重述》（第二版）第355条规定："受损方不得基于他方当事人的违约获得惩罚性的损害赔偿，除非该违约行为同时构成了应获得惩罚性赔偿的侵权行为。"⑤但即使是能够构成侵权行为，在部分州若以合同之诉提起，仍不得适用惩罚性赔偿。⑥ 除违约行为等同于独立侵权行为的情形，违约行为有可能适用惩罚性赔偿的情形还有：合同关系因一方特殊地位使对方产生特殊信赖，该方滥用当事人信赖造成对方的损

---

① 金福海：《惩罚性赔偿制度研究》，法律出版社2008年版，第110页。
② 同上书，第111页。
③ 〔德〕格哈德·瓦格纳：《损害赔偿法的未来——商业化、惩罚性赔偿、集体性损害》，王程芳译，熊丙万、李翀校，中国法制出版社2012年版，第117页。
④ BGHZ 118, 312, 334 ff.
⑤ Restatement (Second) Of Contracts § 355.
⑥ 加利福尼亚州、北达科他州、南达科他州、德克萨斯州等地区明确在合同之诉中不适用惩罚性赔偿。〔奥〕赫尔穆特·考茨欧、瓦内萨·威尔科克斯：《惩罚性赔偿金：普通法与大陆法的视角》，窦海洋译，中国法制出版社2012年版，第392页。

害,特别是雇佣关系和保险关系之中;在缔约过程或违约过程中有欺诈情形。①

有学者指出,美国司法部的研究表明惩罚性赔偿主要适用于合同案件。其在合同领域中的适用是侵权案件的三倍。② 然而这一观点实际是对美国司法部这份研究报告的误读,依这份报告,1992年美国72个最大的县的民事审判中授予惩罚性赔偿的案件共364起,而侵权案件为190起,合同案件为169起,这些合同案件的类型多为消费、雇员关系以及合同欺诈。虽然从赔偿金额来看,合同案件高于侵权案件,但这主要是因为雇佣关系中适用的惩罚性赔偿几乎达到了所有案件类型的一半,而在侵权案件中,惩罚性赔偿对各类侵权行为都有所适用。③ 当然更为关键的是,许多选择违约之诉的合同案件,其本身构成独立的侵权行为。

在英国法中,违约行为适用惩罚性赔偿更为保守。1909年Addis v. Gramophone Co. Ltd.案中,Atkinson法官提出在出现违约责任、侵权责任竞合的情形下,若当事人主张侵权责任则"毫无疑问他可以获得惩罚性赔偿金",但若选择违约之诉那么"他将获得相当于在其合同得以继续情况下所得利益损失的足够金钱赔偿,并且不再有其他的了"。④ 1993年英国法律委员会在咨询文件中提出:"惩罚性赔偿金只能适用于故意严重漠视原告权利的侵权案件,尤其是双方地位不平等,原告的人格权受到侵害的情况下,但不能适用于违约。"⑤

三、量定因素

对量定因素的研究,就是要回答惩罚性赔偿金数额多少的问题。美国的惩罚性赔偿制度受到热议、质疑甚至批评的主要原因在于,对惩罚性赔偿金数额的确定问题,一直缺少统一、客观的计量标准,陪审团经常因"并未被告知应当考虑或者不应当考虑的事项为何"⑥,恣意进行判断,过分加重被告的责任。鉴于此,美国联邦最高法院为数额评判问题制定了指南,目的在于限制惩罚性赔偿金的额度,防止数额畸高。在惩罚性赔偿金的判断上,需要考虑三方面的因素:"其一,加害人的过错程度;其二,实际损害和相应的补偿性

---

① 谢哲胜:《惩罚性赔偿》,载《台大法学论丛》2001年第1期。
② 王利明:《惩罚性赔偿研究》,载《中国社会科学》2000年第4期。
③ U.S. Department of Justice, "Civil Justice Survey of State Courts", 1992; *Civil Jury Cases and Verdicts in Large Counties*, p. 10.
④ 〔奥〕赫尔穆特·考茨欧、瓦内萨·威尔科克斯:《惩罚性赔偿金:普通法与大陆法的视角》,窦海洋译,中国法制出版社2012年版,第206页。
⑤ 全国人大法制工作委员会民法室、贾东明:《中华人民共和国消费者权益保护法解读》,中国法制出版社2013年版,第272页。
⑥ Malcolm Wheeler, "A Proposal for Further Common Law Development of the Use of Punitive Damages in Modern Product Liability Litigation", 40 *Ala. L. Rev.* 919, 940 (1989).

赔偿额;其三,对同等侵权行为所施加的刑罚制裁程度。"①在考虑惩罚性赔偿金与补偿性赔偿金数额的关系问题上,美国联邦最高法院在1991年的Pacific Mutual Life Insurance Co. v. Haslip 一案②中判决了四倍的惩罚性赔偿金,大法官对该案件强调:"该数额没有跨越到宪法认为不适当的范围,但4∶1的惩罚性赔偿与补偿性赔偿的比率,已经接近这个界限。"③2003年,美国出台的法规定"惩罚性赔偿金的数额不得超过实际损害发生额的九倍"④,对惩罚性赔偿与填补性损害赔偿的倍数关系又作出了新的调整。

四、综合评述

纵观当前惩罚性赔偿研究,可以得出以下结论:第一,惩罚性赔偿目前受到的争议较多,传统大陆法系国家不接受惩罚性赔偿的理念,而英美法系国家对惩罚性赔偿的数额标准问题存在疑虑。第二,惩罚性赔偿制度的主要作用在于通过利益机制鼓励受害者积极利用法律维护自身合法权益从而吓阻不法行为,对恶意的加害人进行报复,警示其他社会公民,同时安抚遭受损害的受害者。第三,惩罚性赔偿适用案件的类型。现行的英美法对惩罚性赔偿的适用总体上趋于扩大化,目的在于惩罚那些在主观上明显的故意、恶意、贬损、侮辱、重大欺诈过错的加害者,特别关注具有特殊信赖利益的民事关系,以保护平等的民事权益,阻止恶性的侵权损害事故的发生,矫正错位的个体价值和社会价值。第四,关于惩罚性赔偿金数额的判断。现行的英美法虽然有一定的规定,但是总体上还缺乏明晰而细致的标准,这也是惩罚性赔偿金制度近十年来受到非议和质疑的重要原因。在惩罚性赔偿金与填补性赔偿金数额的倍数关系上,美国法规定不得超过填补性赔偿金的九倍,而1991年美国联邦最高法院的判例认为"4∶1的比例已经临近违宪的界限"⑤,说明在英美法上对于"惩罚性赔偿金到底以多少为宜"这个问题至今仍然是模糊的,这将是未来惩罚性赔偿制度适中、有效地发挥作用时所必须面临的问题。

第三节　惩罚性赔偿制度的立法演进

我国现行的惩罚性赔偿规则程序法上由《民事诉讼法》进行了规定,解决的是裁决迟延履行的问题;在实体法上,有五部法律和两个最高院司法解

---

① BMW of North America, Inc. v. Gore, 517 U.S. 559, 575 ff. (1996).
② 449 U.S. 1 (1991).
③ Id, at 21-22 (1991); 111 S. Ct. 1032, 1045 (1991).
④ State Farm Mutual Automobile Insurance Co. v. Campbell, 538 U.S. 408, 425 (2003).
⑤ Id,at 21-22 (1991); 111 S. Ct. 1032, 1045 (1991).

释进行了规定,条款意图解决的问题分别存在于消费者保护领域、食品安全领域、产品责任领域、商标权领域、旅游合同领域和医疗产品责任领域。从条款制定的内容和司法审判的难易度考察,程序法的规定清晰明确,在司法实践中基本上可以得到施行,不是争议的焦点。实体法上,条款分布较为松散,内容上没有英美法上的惩罚性赔偿规则细致全面,条文与条文之间亦存在着交叉、重叠和冲突,例如《民法典》第 1207 条的"产品缺陷侵权"责任与《食品安全法》第 148 条"不符合食品安全标准"责任在适用范围上存在着交叉重叠关系;在判定标准上,《民法典》第 1207 条规定必须存在受害人"死亡或者健康严重受损"才可以判处惩罚性赔偿金,而《食品安全法》第 148 中受害人的损害,包含了人身损害、财产损害和其他损害;在金额上,《食品安全法》规定了"十倍"的罚则,而《民法典》侵权责任编回避了对数额的规定。又例如在消费者保护领域,把过期食品、不合格食品以次充好、以假充真销售给消费者会造成在《消法》第 55 条(旧《消法》第 49 条)与《食品安全法》第 148 条选择适用上的竞合问题,而该问题会导致惩罚性赔偿金倍数以及计算基数选择的问题。诸如此类交叉、重叠和冲突的问题,给我国的司法实践增加了难度,在裁判标准上难以形成统一的认识,不利于树立司法权威。这种复杂的惩罚性赔偿制度,其形成有特定的历史原因。

一、1993 年至 2010 年

1993 年前后,为了应对当时我国市场不健全、假货横行的局面,旧《消法》第 49 条历史性地将惩罚性赔偿制度引入到我国民法的合同领域,该规则的核心在于如何理解经营者对消费者的"欺诈行为"的概念,该概念的界定直接关乎惩罚性赔偿能否适用的问题。一种观点认为,经营者行为足以误导消费者即构成条款中的"欺诈行为"[1];另一种观点认为,该条款中的"欺诈"与《合同法》第 58 条应当具有相同的含义[2]。经过数年的司法实践,法院多采取第二种观点。最新的研究成果认为:旧《消法》第 49 条中规定的"损失"是一种缔约上信赖利益损失;惩罚性赔偿所增加的其实是一种特殊的缔约过失责任,而无法归于违约责任。[3]

从我国法律发展的过程来看,旧《消法》第 49 条对之后其他法律规则多多少少产生了一定的影响。规制商品房买卖领域的旧法释[2003]7 号第 8 条、第 9 条[4]明确了两种不同类型的惩罚性赔偿制度,第 9 条规定了对于商品房买卖合同中的欺诈行为出卖人承担的赔偿责任,从法解释的思路上看,

---

[1] 董文军:《论我国〈消费者权益保护法〉中的惩罚性赔偿》,载《当代法学》2006 年第 2 期。
[2] 梁慧星:《〈消费者权益保护法〉第 49 条的解释与适用》,载《人民法院报》2001 年 3 月 29 日,第 3 版。
[3] 朱广新:《惩罚性赔偿制度的演进与适用》,载《中国社会科学》2014 年第 3 期。
[4] 根据法释[2020]17 号作出的修订,这两个条文已自 2021 年 1 月 1 日起废止。

该条文是对旧《消法》第49条的延伸,可以看作是对旧《消法》第49条在商品房买卖合同领域的特殊规定,在对责任的认定方面与旧《消法》相协调,而对金额的确定在第49条一倍价款的基础上调整为"不超过已付购房款的一倍",而不僵化为商品价款的一倍。而对于第8条的规定,有研究认为第8条并无"可解释的法律"①,该条文规制的是商品房买卖合同中房地产开发商的根本违约行为,实际上属于最高人民法院"创制法律"。

2009年,旧《食品安全法》第96条第2款在立法技术上吸收了旧《消法》第49条、旧法释[2003]7号第8条和第9条的规范要素,将惩罚性赔偿从合同责任扩展到食品加害给付的侵权责任,但是由于第96条沿用了旧《消法》以"购买商品或者服务的价款"作为计算基数的思路,尽管将食品惩罚性赔偿金的倍数提高到十倍,但日常的食品单价通常较低,导致十倍价款通常也无法弥补损害,更不能体现出惩罚性赔偿金原有的"惩戒、吓阻"之意,这也使得该条款备受学界批评。侵权责任下的惩罚性赔偿在2010年《侵权责任法》第47条得到进一步的明确,并且将适用的对象扩展到产品责任,但是关于惩罚性赔偿数额的问题在第47条中被模糊了,法条只笼统表示被侵权人有权主张惩罚性赔偿金,至于赔偿金数额的确定,立法者回避了这一法律难题,使得我国惩罚性赔偿制度得以发展的同时,进一步造成了我国不同法律之间关系的失衡,导致法律竞合与选择适用的问题变得更加复杂。

二、2013年至今

2013年可谓我国惩罚性赔偿法发展的新起点,《消法》《商标法》和《旅游法》均对该制度作出了新修订。《消法》第55条分为两款,分别可以看作是对旧《消法》第49条和《侵权责任法》第47条、《食品安全法》第96条的延伸,第1款套用了旧《消法》第49条的基本思路,主要修订在三个方面:一是在惩罚倍数上由原先的一倍提高到三倍,二是规定了欺诈类案件惩罚性赔偿金的下限为五百元,三是规定了援引其他法律的依据。新修后的第1款解决了原先金额过低,惩罚畸轻的问题,但对于惩罚畸重的问题会更加突出。新法第2款对商品或服务的加害给付进行了规定,调整了《消法》与《侵权责任法》《食品安全法》之间的失衡问题。有学者研究认为:其重大意义为汲取了以往的立法经验,确立了一种相当典型的惩罚性赔偿制度,首次将"损失"规定为惩罚性赔偿金的确定基础。② 新修法较之先前的条文更具有规范性,对赔偿的适用条件进行了更为严格的限定,仅限于"受害人死亡或者健康严重受损",即产品加害给付造成的人身轻伤害、财产损害和其他损害不适用惩

---

① 李胜利:《购房者利益保护与惩罚性赔偿责任——最高人民法院一则司法解释相关条款之评析》,载《法商研究》2006年第5期。
② 朱广新:《惩罚性赔偿制度的演进与适用》,载《中国社会科学》2014年第3期。

罚性赔偿,填补性赔偿就已足够解决纠纷;惩罚性赔偿金最高为损失额的两倍,这种规定赋予了法官根据案情的具体需要确定金额的自由度,同时也限制了受害人因侵权行为"暴富"的可能性。《消法》修改表明了立法者对惩罚性赔偿持谨慎保守态度的立场,拒绝适用范围的宽泛化,坚持以填补性赔偿为民事赔偿原则,以惩罚性赔偿为例外。

2013年,《旅游法》第70条对旅行社拒绝履行合同造成旅游者损害的惩罚性赔偿作出了规定,该条文既包含了"造成旅游者滞留等严重后果"的根本违约责任,也包含了"造成旅游者人身损害"的侵权责任,也就是说该款一文规定了两种不同类型的民事责任,在处理纠纷时应当区别对待。

2015年《食品安全法》修订,原第96条第2款修改为第148条。将原来的赔偿数额计算方式"价款十倍"改为"价款十倍或损失三倍",这一改变结合最高人民法院近来的态度,似乎在十倍赔偿是否需要造成实际损害这一问题上有了较为明确的转变,但仍待进一步解释、说明。

法释〔2017〕20号(2020修正)第23条规定医疗产品侵权的惩罚性赔偿,条文借鉴了新《消法》第55条第2款的措辞,解决了以往医疗产品责任纠纷不适用《消法》第55条惩罚性赔偿的规定,更好地保障了患者的合法权益。《民法典》侵权责任编生态环境损害责任一章将惩罚性赔偿的规定扩展到了环境侵权领域,进一步扩大了其在侵权责任中的适用范围。

《商标法》则经历了两次修改:在2013年的修改中,该法规定了恶意侵犯商标权的惩罚性赔偿,这是侵权责任里对严重故意侵权行为引入惩罚性赔偿的新类型,该条文亦采用了较为规范的法律要素,将赔偿金与实际损失联系在一起,但是责任认定方面,何为"情节严重",法律并未作更多的说明;在数额的确定方面,惩罚性赔偿的倍数为实际损失、实际收益或许可费用的一到三倍,并且可以在难以确定实际损失、实际收益或许可费用的情形下由法院判定三百万元以下的赔偿。在2019年的修改中,赔偿的倍数被进一步扩大为一到五倍,最高赔偿额扩大至五百万元。对此,值得注意的是,侵犯商标权案件无疑是一种财产侵权案件,法律规定倍数为五倍,其上限比《消法》第55条要高出三倍,也就是说对于财产侵权案件,《商标法》立法者之态度与新《消法》立法者之态度有一定区别,这是以后建立完整的惩罚性赔偿体系需要考虑的地方。

三、综合评述

经过二十多年的发展,我国的惩罚性赔偿制度基本上形成了基于合同责任的惩罚性赔偿和基于侵权责任的惩罚性赔偿并存的格局,所涉及的范围也从之前的消费者权益保护、食品安全和产品责任领域扩展到了旅游服务、商标侵权、医疗产品责任、生态环境损害责任等其他领域,各法律的条文规定也受新《消法》第 55 条的影响而日趋规范。但是纵观整个立法演进的过程,会发现我国的惩罚性赔偿制度的立法是零散式和渐进式的,这也是造成我国现行惩罚性赔偿制度体系如此混乱的一个重要原因,不仅各条文所涵盖的范围交叉重叠,层级不清,其责任构成要件也是相互借鉴,不甚明晰。因此,亟待对惩罚性赔偿制度进行一般性标准即顶层原则的设计和体系的梳理,以指导立法与司法。

第四节 构建惩罚性赔偿制度体系的原则

我国惩罚性赔偿之于合同责任和侵权责任在法律要素上有各种规定,无论各个法律规范如何千差万别,其立法、司法和执法之目的均须与惩罚性赔偿的功能相联系,即吓阻、惩罚严重恶意、蔑视他人权益之行为。由于惩罚性赔偿并非以填补受害人损害为主,其制度打破了民事损害赔偿制度与不当得利制度的平衡,使得原本应当由国家独享的惩罚个人的公权力被赋予受损害的民事主体享有,这使得惩罚性赔偿存在着僭越刑法、破坏民法的潜在危险,有鉴于此,必须对其适用加以严格限制。现行的惩罚性赔偿法散布于合同和侵权领域中,构成要件存在较大差异,然而,就惩罚性赔偿制度最为发达的美国法来看,无论构成要素的差异与否,总存在一些共通的适用标准。我国惩罚性赔偿法体系的建构亦需要遵从一定的一般性标准以谨防惩罚性赔偿的泛化或者滥用,本书将各具体条款所必须遵循的一般性标准称为惩罚性赔偿法体系的顶层原则,同时将顶层原则归纳为四个方面:可罚性原则、客观损害原则、损害基数原则和过罚相当原则。

一、可罚性原则

可罚性原则是指被判处惩罚性赔偿金的责任人必须是"可罚"的,其"可罚性"体现在主客观两个方面。主观方面的"可罚性"是指责任人主观上具有故意、恶意或蔑视他人权益的态度。客观方面的"可罚性"是指具有故意、恶意或蔑视他人权益态度的责任人客观上实施了法定的损害他人权益的行为,造成了较为严重的后果。客观的"可罚性"不仅仅强调责任人的行为会造成严重的损害后果,更强调行为的法定性,即惩罚性赔偿法规制的"可罚行为"必须严格遵循法律的规定,不得恣意进行不利于被告人的类推适用,禁止在法定事项之外扩大惩罚性赔偿金的适用范围,造成惩罚性赔偿的滥用,破坏民事法律体系中最基础的损害填补原则和不当得利制度。

强调惩罚性赔偿法的可罚性原则是由惩罚性赔偿金具有可能恣意侵害被告财产权潜在威胁的特质所决定的。在欧洲法学者的研究中,有学者明确提出反对惩罚性赔偿进入民事赔偿法体系。欧洲大陆法系的学者经常指出,原则上大陆法系民法体系不赞成惩罚性赔偿金,可谓是"根本的拒绝"。① 譬如在法国法中,惩罚性赔偿"完全不存在于法国民法典或者法国的一般立法中……法国法院从不允许授予惩罚性赔偿金"②。欧洲大陆法系学者反对惩罚性赔偿的理由在于:"惩罚性赔偿金违反了惩罚性法律的原则,在侵权法下授予惩罚性赔偿金违背了刑法与私法的分离。"③在没有刑事诉讼程序保障的情况下,很难保证被告人的财产权不会因他人请求惩罚性赔偿而遭受侵害,并且会把民事被告置于因一个民事行为而遭受双重惩罚的不利局面中。④

尽管惩罚性赔偿饱受非议,该制度的支持者认为:惩罚性赔偿金的出现,满足了私法补充刑法、充分预防与惩戒不法行为的需求,并且有学者通过经济分析研究发现:补偿性赔偿金可能并不足以弥补受害人的真正损失,并且受害者可能遭受法律经济分析中所认识到的"理性的冷漠"⑤。正因为这样的理由,惩罚性赔偿金恰恰可以帮助受害人克服"理性的冷漠",使得侵权人受到应有的制裁。我国1993年旧《消法》第49条也正是基于这样的目的,是为了打击当时市场上假货泛滥的现象而出台的。

我国现行法表明了立法者对惩罚性赔偿持谨慎态度,2013年我国惩罚性赔偿制度确有较大突破,然而在此基础上,仍然要坚持损害填补是赔偿法的基本原则,而惩罚性赔偿则是法律的例外规定。因此,在惩罚性赔偿法体系顶层原则中首先强调可罚性原则是尤为必要的,限定被告的行为必须具有可罚性,这是保证被判处惩罚性赔偿金的被告确实应当受到惩罚的前提,也是防止"不当类推"和滥用惩罚性赔偿的不可僭越的"红线"。

二、客观损害原则

客观损害原则是指惩罚性赔偿金的判决以受害人客观上遭受损失为前提,惩罚性赔偿金的判决必须在补偿性赔偿金得到法律确认之后,才得以进行量定,即惩罚性赔偿不可脱离补偿性赔偿金单独提出。美国法通说认为:

---

① 〔奥〕赫尔穆特·考茨欧、瓦内萨·威尔科克斯:《惩罚性赔偿金:普通法与大陆法的视角》,窦海洋译,中国法制出版社2012年版,第355页。
② J. S. Borghetti, Puntitive Damages in France no. 1. 转引自:〔奥〕赫尔穆特·考茨欧、瓦内萨·威尔科克斯:《惩罚性赔偿金:普通法与大陆法的视角》,窦海洋译,中国法制出版社2012年版,第356页。
③ 〔奥〕赫尔穆特·考茨欧、瓦内萨·威尔科克斯:《惩罚性赔偿金:普通法与大陆法的视角》,窦海洋译,中国法制出版社2012年版,第383页。
④ 赵鹏:《惩罚性赔偿的行政反思》,载《法学研究》2019年第1期。
⑤ "理性冷漠"是指当花费与预期的审判结果相比较的时候,受害人可能会发现它太昂贵以至于不能对侵权行为人提起诉讼。〔奥〕赫尔穆特·考茨欧、瓦内萨·威尔科克斯:《惩罚性赔偿金:普通法与大陆法的视角》,窦海洋译,中国法制出版社2012年版,第278页。

"惩罚性赔偿依附于补偿性的损害赔偿,从而并不是独立的损害赔偿请求权。"①惩罚性赔偿作为损害填补原则的例外,是一种特殊规则,必须遵循无损害则无赔偿的基本原则。如果被告的恶意行为并未造成客观实际损失,那么求偿的基础是不存在的,如果在没有客观损失的情况下只针对被告行为而判决惩罚性赔偿会导致原告不当得利。美国程序法的规定,要求填补性赔偿与惩罚性赔偿分段审理,保证了受害人确有损失才可能涉及惩罚性赔偿,并且美国程序法如此设计还因为惩罚性赔偿金之数额与填补性赔偿金有直接关联,这与美国惩罚性赔偿法的规范性密切相关。

从我国现行法来看,例如新修订的《消法》第55条第2款,该条文在立法技术上趋于美国法上较为规范的立法模式,以客观造成消费者或者其他人"死亡或者健康严重损害"为请求惩罚性赔偿之前提。目前我国法律尚不能完全按照立法要素的规范性,将惩罚性赔偿金与填补性赔偿金一一挂钩,有相当一部分惩罚性赔偿金额之确定需要与产品价格或服务费用相挂钩,我国民事诉讼程序尚不能像美国法那样把填补性赔偿与惩罚性赔偿分为两段程序审理,然而,2013年的修法已经表明未来我国法律的发展趋势,因此法官在司法裁判时要有意识地将补偿性赔偿与惩罚性赔偿分立开来,在量定补偿性赔偿金的数额之后根据具体案情考虑判处惩罚性赔偿金的正当性及量定因素。

三、损害基数原则

损害基数原则是指在计算惩罚性赔偿金数额时,应当以受害人实际受损害的数额作为计算基础。实际受损害的数额表现为两种:一是在侵权之诉中,固有利益遭受的损失;二是在合同之诉中,落空的价金。损害填补作为惩罚性赔偿的辅助功能,将金额与损害关联是对弥补损失功能的认可。新《消法》第55条第1款对惩罚性赔偿之计算以商品价款或者服务费用作为计算基础。可以肯定的是,在竞合的场合,如受害人提起的是合同之诉,这种立法技术便利了法官的司法裁判,法官在各种案件中并不需要费心审查和衡量受害人实际损失与惩罚性赔偿金之间的关系问题,只需要将购买的商品、食品的价格或者已付购房款乘以法定的倍数,即可得到惩罚性赔偿金的数额,这样简单的计算方式有便于执法之利。

当事人有可能选择侵权之诉,为避免我国惩罚性赔偿体系的失衡,有的法律还规定了其他计算标准。譬如,在不符合安全标准的食品致人损害类的案件中,有毒食品致人死亡或者严重受损,通常固有利益损失数额巨大,而日常的食品价格通常较低,十倍食品价款通常抵不上消费者所受到的固有利益

---

① 徐海燕:《我国导入惩罚性赔偿制度的法学思考》,载《杭州师范学院学报(社会科学版)》2004年第2期。

损失,与生产经营者违法的机会成本相比更是相差甚远,为了防止惩罚性赔偿制度从根本上丧失其惩戒、吓阻违法行为的功能,受害人的选择权也应更为广阔,食品被侵权人可以选择在《食品安全法》第148条第2款中选择损失的三倍作为请求权基础。

从法律的规范性角度考虑,美国法上的惩罚性赔偿金之所以与受害人实际损失相联系,除了发挥其吓阻、惩戒、补偿之功能外,还有利于计算违法者因不法行为而导致的"获利"(或者节省的"机会成本")与受害人实际损失的比例系数①,这样的计算模式可以使得惩罚性赔偿金与违法者的损害后果相联系,使得各地区判决从横向对比的角度更加公平合理。由此可见,要保证我国惩罚性赔偿与加害人损害后果呈现出横向公平的关系,既需要坚持在侵权之诉中,以受害人实际损失为基数的立法模式,也需要坚持在合同之诉中,以商品价款或服务费用为基数的立法模式。

四、过罚相当原则

过罚相当原则是指惩罚性赔偿金与补偿性赔偿金之间比例要适当,既要有足以吓阻、惩戒违法者的作用,同时又不能使违法者承担过重的赔偿责任,即吓阻功能不以被告破产为代价。我国台湾地区学者在研究美国法对惩罚性赔偿金的量定因素时总结出,美国的惩罚性赔偿金在衡量罚金数额是否恰当时,除了要审查受害人的实际损害,同时要考虑"被告财产状况、被告不法行为性质的可归咎程度、被告是否有意图隐匿不法行为、被告是否因不法行为获利、被告不法行为导致严重后果的可能性"②等多方面因素,以判定罚金是否过罚相当。

从我国现行的立法来看,《食品安全法》第148条规定"食品价款的十倍"和"损失三倍";新《消法》第55条第1款规定"商品价款或者服务费用的三倍,最低下限为五百元",第2款规定"所受损害两倍以下";《商标法》第64条规定"所受损失的一至三倍",《旅游法》第70条规定"旅游费用的一至三倍";《民法典》第1207条则回避了惩罚性赔偿金的计算问题。绝大多数法条赋予了法官判案时自由确定比例系数的权力,从侧面反映出在数额的量定标准上,法律还存在大量的空白。

在权衡过罚相当时,不仅要考虑私法上的惩罚性赔偿金与补偿性赔偿金的比例系数关系,还要考虑到加害人是否已经受到公法的制裁。如果行政部门已经对违法者进行了罚款,或者刑法已经对加害人判处了徒刑和罚金,那么应当综合考虑对不法行为的威慑、吓阻程度,相应削减惩罚性赔偿金。正

---

① BMW of North America. Inc. *v.* Gore, 116 S. Ct. 1589(1996).
② 陈聪富:《侵权归责原则与损害赔偿》,北京大学出版社2005年版,第230—231页。

如美国判例指出,惩罚性赔偿之目的不以被告的经济毁灭来实现。① 惩罚性赔偿作为私法中的例外,在面对公法裁决时,应当优先遵守公法的裁决,严格遵循过罚相当原则,保持应有的克制。

五、各原则之联系

惩罚性赔偿法体系顶层原则之间相互联系,可罚性原则作为四个顶层原则之首,决定着惩罚性赔偿法适用范围的边界,坚持主观恶性的"可罚性"与客观事由的"法定性"是保证惩罚性赔偿制度审慎性和克制性的前提,是维护民法体系均衡、谨防惩罚性赔偿金滥用、避免侵害民事权益的底线。客观损害原则是判断惩罚性赔偿金是否公正的标尺,只有存在实际损害的情形下,才可以动用惩罚性赔偿金作为震慑责任人的经济工具。损害基数原则是计算赔偿金数额的基础,只有将惩罚性赔偿金与实际损害程度相联系才有利于各类案件的横向公平,也是未来我国惩罚性赔偿法体系的发展趋势。过罚相当原则是判断惩罚性赔偿金的合理性的标准,其数额与不法行为人所造成的实际损害之间的比例要适当,综合考虑被告受到法律的非难程度,考察法律吓阻、震慑不法行为之效果,避免被告在公法和私法的双重打击下承受过重的经济负担。

第五节 惩罚性赔偿作为独立的民事责任

惩罚性赔偿与传统民事赔偿制度的主要区别在于目的和性质上的不同,补偿性赔偿一般局限于填补损害的功能,而惩罚性赔偿则纳入了对违法行为的制裁和惩罚以及鼓励提起诉讼等多重目的,被认为是对传统民法完全赔偿原则或者说补偿性原则的一种突破,甚至有学者提出惩罚性赔偿是一种介于刑事与民事的混合制度。② 惩罚性赔偿作为特殊的责任制度,只应考虑是否适用于侵权责任领域或合同责任领域,而不应单纯将其纳入侵权责任或合同责任之中。

侵权责任、合同责任的种类归属意味着特定的责任来源、归责原则,如合同责任是债务人违反清偿债务之义务所引起的法律责任,其归责原则一般情况下为无过错原则,若无法律明文规定的例外则在责任来源、归责原则乃至于举证责任、赔偿范围、赔偿数额等因素上与其他承担违约责任的情形保持相对一致。反观惩罚性赔偿,在归责原则、举证责任、赔偿数额认定等因素上都各自作较为完整、独立的规定,无论相较于违约责任还是侵权责任,都不能直接纳入这些责任体系之中。新《消法》第 55 条第 1 款所规定的惩罚性赔偿

---

① 22 Am. Jur. 2d Damages § 559.
② 林德瑞:《论惩罚性赔偿》,载《中正大学法学集刊》1998 年第 1 期。

主要适用于合同责任领域,然而该条文在归责原则上并非无过错原则,而是要求有欺诈之故意,赔偿数额的认定也采用独立的"价款三倍"标准,与传统的违约责任理论差异过大。基于惩罚性赔偿法律条文相对完整、独立的构成要件,虽通常可将特定条款之适用范围局限在合同责任或侵权责任的范围之内,但特定的惩罚性赔偿法律条文在适用上并非必然归属于合同或侵权中的某一领域,而是要依据其构成要件具体判断。

《旅游法》第 70 条中惩罚性赔偿的适用范围既可能基于合同责任(滞留等严重后果)也可能基于侵权责任(人身损害)而产生请求权,存在竞合的情形。同样在新《消法》第 55 条第 2 款规定的经营者提供存在缺陷的商品和服务造成消费者死亡或健康严重损害的情形中,纠纷双方间往往也是存在欺诈行为的,即同样满足新《消法》第 55 条第 1 款所规定的合同责任之惩罚性赔偿。

《合同法》在违约责任一章规定经营者欺诈行为适用《消法》,但是,经营者欺诈行为造成惩罚性赔偿并不一定就是违约责任。根据《消法》第 55 条第 1 款的规定,惩罚性赔偿认定的关键是经营者欺诈消费者。那么,欺诈的法定含义是什么?《民通意见》第 68 条的规定对欺诈进行了定义,并指出欺诈行为应与消费者意思表示的作出(承诺)具有因果关系,要求合意的达成。那么,《消法》的"欺诈行为"是否就是这一规定上所谓的欺诈呢? 实务上有认为既然《消法》没有明确,就当然地适用上述规定。①

《消法》规定的经营者告知义务贯穿于合同缔结、履行以及终止后的全部过程,并未将告知义务限定于缔约阶段,因而消费法律关系中的欺诈就可能在消费全过程中都存在。消费者首先依据知情权"知悉其购买、使用的商品或者接受的服务的真实情况"(可能随之产生效果意思),进一步"自主选择商品或者服务"(作出意思表示行为),这一过程中的知情权与选择权实际仍是围绕意思表示机制来构建的。②《消法》通过明确和细化经营者的告知义务达到维护知情权的目的,使得在意思表示机制的基础上能够一定程度地弥补消费者所处的信息劣势。具体可见于《消法》第 18 条第 1 款经营者的说明和警示义务、第 19 条的召回制度、第 20 条对告知义务的一般性规定(真实、全面的告知义务)、第 21 条经营者"标明真实名称和标记"的义务等。《消法》中的经营者告知义务实际是在其整个经营过程中均须履行的一种状态,并不与特定合同的成立直接关联。

《民通意见》出台于 1988 年,当时并不存在 1994 年施行的《消法》。根据特别法没有规定即适用一般法的法理,《民通意见》对欺诈之法定定义也

---

① 参见广西壮族自治区百色市中级人民法院(2015)百中民一终字第 923 号民事判决书。
② 陆青:《论消费者保护法上的告知义务——兼评最高人民法院第 17 号指导性案例》,载《清华法学》2014 年第 4 期。

应当适用于《消法》第55条第1款中之欺诈的认定。合同强调合意,"欺诈"不仅侵害了意志自由,亦损害了"合同履行利益的期待"。依常理可知,当事人可直接主张缔约过失责任的同时附带主张惩罚性赔偿。综上,立法者着重规制有害于市场秩序的"欺诈行为",因而既可能附带适用于缔约过失责任,也可能附带适用在合同履行阶段所产生的违约责任中。《消法》所规定的惩罚性赔偿是法定赔偿,具有独立性,无论合同进展到何种阶段,无论合同如何终了,均不影响其独立性。申言之,无论合同是否具备无效、被撤销、被解除的情形,都与惩罚性赔偿责任的成立毫无关系,其独立于其他民事责任。

虽是一种独立的民事责任制度,但根据上述客观损害原则,惩罚性赔偿的适用一般而言应以补偿性赔偿的存在为前提。① 因此,惩罚性赔偿的适用存在能够以何种补偿性赔偿作为基础的问题,即特定条文是适用于侵权责任领域还是合同责任②领域的问题。从程序上来看,主张惩罚性赔偿还存在于侵权之诉或违约之诉中是否适用的问题。根据惩罚性赔偿具体条文的构成要件,就合同/侵权责任的划分各惩罚性赔偿条文必然存在于实践中主要适用的领域,部分条文可能不适用于某一领域(主要针对合同责任领域)。因此,依据合同责任和侵权责任的划分来分析惩罚性赔偿的具体规定,能够在一定程度上明确各惩罚性赔偿规定所适用的范围,降低法律适用错误的可能,故下文将尝试就我国惩罚性赔偿相关条文在合同责任与侵权责任中的适用分别进行论述。

第六节 惩罚性赔偿制度体系的二元结构

一、基于合同引发的惩罚性赔偿

在我国法律体系中,涉及合同责任之惩罚性赔偿的规定远多于侵权责任之惩罚性赔偿,如一般的商品买卖合同和提供服务合同、食品买卖合同、旅游合同、劳动合同等。因合同责任存在缔约过失、违约责任和瑕疵担保责任等多种责任形态;并且在合同上存在合同不成立、合同被宣告无效、合同被撤销和合同被解除等多种可能的法律后果;又因现行法律在多种合同中设定了惩罚性赔偿,上述三种因素相互交织,使得合同责任上的惩罚性赔偿制度变得异常复杂。

---

① 在美国承认惩罚性赔偿的州还将补偿性赔偿请求与惩罚性赔偿请求分为两个诉讼程序,惩罚性赔偿诉讼必须以补偿性或名义性损害赔偿判决为条件。朱广新:《惩罚性赔偿制度的演进与适用》,载《中国社会科学》2014年第3期。

② 此处的"合同责任"指合同上的民事责任,包括违约责任和缔约过失责任等。韩世远:《合同法总论》,法律出版社2004年版,第686页。

表 9-1

合同类型	独立请求权基础	赔偿数额	产生事由
提供商品和服务	《消法》第 55 条第 1 款	三倍赔偿	欺诈
旅游	《旅游法》第 70 条	旅游费用一至三倍	有履行条件,经要求仍拒绝,造成人身损害、滞留等严重后果的
食品、药品购销	《食品安全法》第 148 条	支付价款十倍或者损失三倍的赔偿金,至少为一千元	生产不符合安全标准的食品或者销售明知是不符合安全标准的食品

我国合同责任上之惩罚性赔偿责任有如下特点:(1) 违背了民事合同义务的同时违背了行政法上的义务。立法政策上将部分本应由行政机关行使的职责有选择地留给了受害人,实质上授予私人一种惩罚特权,并给予一定的回报作奖励。① (2) 一方对另一方有信息披露义务,《消法》第 28 条有明文规定。金融消费者接受金融服务的过程中,《保险法》第 116 条、《证券法》第 63 条对经营者的告知义务进行了细化。(3) 惩罚性赔偿制度核心目的是威慑与惩罚,并不专以补偿受害人的损失为目的,构成惩罚性赔偿责任不必具备损害事实的要件,惩罚性赔偿的数额在基数的选择上不必然与填补性赔偿数额挂钩,比如已付价款、商品和服务价格等。② (4) 惩罚性赔偿请求权一般由消费者向经营者主张,导致法院需要认定原告是否是消费者,但法院不应以不符合消费者的定义为由一律驳回惩罚性赔偿的请求。(5) 一般与"填补性赔偿责任"产生的时间一致,合同责任领域中惩罚性赔偿请求权与合同无效责任、合同解除责任等同时产生。(6) 由于合同之诉中难以支持非财产损害以及部分财产损害,惩罚性赔偿可以弥补受害人补偿不足之缺。惩罚性赔偿责任补偿的并非一般意义上的损失,而是其无法证明的,或一般规则所不支持的损失,如律师费及其他成本等。③

如上文所述惩罚性赔偿是法定赔偿,具有独立性,无论合同进展到何种阶段,无论合同如何终了,均不影响其独立性。违约责任、缔约过失责任都可以附加惩罚性赔偿。本书建议以《消法》第 55 条第 1 款为原则性条款,同时将合同责任之惩罚性赔偿分为缔约过失责任和违约责任两大类型,以此来协

---

① 朱广新:《惩罚性赔偿制度的演进与适用》,载《中国社会科学》2014 年第 3 期。
② 杨立新:《〈消费者权益保护法〉规定惩罚性赔偿责任的成功与不足及完善措施》,载《清华法学》2010 年第 3 期;陈承堂:《论"损失"在惩罚性赔偿责任构成中的地位》,载《法学》2014 年第 9 期。
③ 陈承堂:《论"损失"在惩罚性赔偿责任构成中的地位》,载《法学》2014 年第 9 期。

调食品购销合同、保险合同和旅游合同等合同中涉及合同责任之惩罚性赔偿的法律适用，进行体系化整理，以期形成整体性的、协调性的合同责任之惩罚性赔偿体系，既能解决现行法之适用的扞格之处，又能保持开口吸纳新型的合同责任之惩罚性赔偿。

《消法》第55条第1款规定的欺诈行为要件与1988年《民通意见》规定的缔约欺诈要件有出入。以最高人民法院指导案例17号和23号为典型，对《消法》第55条进行欺诈认定时，应对故意要件予以缓和，其不与意思自治发生直接联系，并且可以结合经验法则。《消法》上"欺诈行为"的构成需经营者具备欺诈之故意；"欺诈行为客观要件"即存在经营者告知消费者虚假情况，或者隐瞒真实情况的行为。

《食品安全法》第148条规定的"十倍赔偿"，既可选择侵权诉因，亦可选择合同诉因。请求十倍赔偿时，应实质审查是否有"食品安全问题"，"但书"部分要求消费者对"食品安全"或者标识具有的"误导性"举证。与《消法》55条第1款竞合时，虽然消费者的举证不符合十倍赔偿的要件，如果经营者构成欺诈，法院应该在合理范围内依处分原则释明可主张《消法》三倍赔偿，不应直接驳回其十倍赔偿的惩罚性赔偿请求。

保险产品消费者能否主张惩罚性赔偿应区分情形，当保险产品具有保障功能和投资功能的双重属性时，符合《消法》第55条所规定的"生活消费"之文义。《消法》将金融消费者接受金融服务过程中遭受欺诈、因金融产品存在瑕疵引致的瑕疵担保责任这两种情况纳入了惩罚性赔偿制度中具有积极意义。但为了防止打击泛滥、动摇经济命脉，应对《消法》第55条作限缩解释，具体量定赔偿金时，不宜以全部保险费做计算基数，否则将会不当地涵射财务投资的风险损失。同时，排除金融机构的惩罚性赔偿责任应从保险产品是否备案、是否履行缴纳保费等义务以及消费者是否领取红利、举证程度是否达到法定的证明标准这四个因素入手；而不应拘泥于金融产品是否具有保障功能、购买者是否为了"生活消费"的角度。

旅游纠纷中，旅游者可视情况选择《旅游法》第70条、《消法》第55条第1款或者第2款作为惩罚性赔偿的请求权基础。旅游纠纷中欺诈缔约的构成，应考虑旅行社故意告知虚假情况、隐瞒真实情况的内容对于整个旅游过程的重要性。仅当欺诈行为所针对的内容对于旅程的进行、体验有重要影响时，才可能导致陷入错误的旅客据此作出意思表示。若旅程时间较长，旅行社仅就其中一天行程作出欺诈行为，应以欺诈行为所针对的服务内容之费用为基数计算赔偿数额。

二、基于侵权引发的惩罚性赔偿

相关规定散见于不同法律中,各条文之间缺乏关联性,体系性缺失,给法律适用带来很多困难和不确定性。对此本该作出一般性规定的《侵权责任法》仅在产品责任一章进行了规定,难以统合整个侵权责任之惩罚性赔偿体系,并指引其他条文的适用以及新领域之惩罚性赔偿制度的设立。因此有必要在《民法典》侵权责任编之总则部分建立新的一般条款以统合整个基于侵权责任而引发的惩罚性赔偿制度,同时厘清现有条款(主要规定在消费者权益保护领域),即《消法》第55条第2款与《食品安全法》第148条、法释[2017]20号(2020修正)第23条和《旅游法》第70条之间的关系,以构筑一个逻辑严密协调的制度体系。

本书建议依据上述惩罚性赔偿制度的四原则在未来修改《民法典》侵权责任编"损害赔偿"一章时设置侵权责任之惩罚性赔偿的一般条款,作为一般规则,构建一个"一般条款+其他法律"的法之适用公式,以弥补《民法典》第1207条作为侵权责任之惩罚性赔偿一般性条款的不足。适当扩大对于"商品""消费者"和"经营者"的解释,以《消法》第55条第2款作为商品及服务侵权之惩罚性赔偿的一般规定,在食品侵权责任之惩罚性赔偿上构建"《食品安全法》第148条+《消法》第55条第2款"的法律适用公式,在医疗产品侵权责任之惩罚性赔偿上构建"法释[2017]20号(2020修正)第23条+《消法》第55条第2款"的法律适用公式,在旅游服务侵权责任之惩罚性赔偿上构建"《旅游法》第70条+《消法》第55条第2款"的法律适用公式,使一般规定与特别规定相互补位,保持法律体系的协调一致,实现法之安定性与开放性的统一。

《消法》第55条第2款规定的"明知"要件不等同于"直接故意",在解释上应包含"应知",以缓和严苛的构成要件;"所受损失"一词是指包含精神损害赔偿金在内的"全部损失"。《食品安全法》第148条规定的惩罚性赔偿既有可能适用于违约之诉、也有可能适用于侵权之诉,如此会造成适用上的困难,应该参照《消法》第55条第1款和第2款分别规定,食品侵权之惩罚性赔偿的规定应将"食品安全标准"替换为"食品安全",同时同样以"明知"作为生产者的主观归责要素,赋予生产者以抗辩权以防赔偿漫无边际。

对于因医疗产品缺陷导致的惩罚性赔偿之诉,应在《消法》第55条第2款法之适用的基础上来作具体案件事实认定和利益衡量。医疗产品缺陷的认定应沿用《产品质量法》第43条之规定,无行政前置程序的要求,不应过分围绕行政处罚认定书以及鉴定意见等文书,应围绕治疗时产品"存在危及人身、他人财产安全的不合理的危险"来认定,不应肯定生产者和医疗机构的"产品流转次数多、不能确定具体侵权人"的抗辩理由。在解释法释[2017] 20 号(2020 修正)第 25 条的"医疗产品"时,宜将血液包含在内,而不限于药品、消毒药剂、医疗器械。对"明知"要件的理解和适用要与《消法》第 55 条第 2 款保持一致,判定销售者是否"明知"时,应该从查验义务履行得是否细致、问题是否过于明显等思路处理。同时,医患关系不宜在现阶段当然地一律排除《消法》适用;为周密保障受害人利益,应肯认选择侵权之诉时,有权选择欺诈类型的惩罚性赔偿制度。

《旅游法》第 70 条规定要造成"人身损害、滞留等严重后果的"才能主张惩罚性赔偿,但计算基数却是与实际损害无关联的"旅游费用",使得责任比例失衡,应将旅游费用改为"损失"与体系保持一致。应肯定旅游者可以根据其具体情况选择有利的请求权基础,结合《消法》第 55 条第 1 款或者《消法》第 55 条第 2 款,来主张其中一种惩罚性赔偿。法官不应以不符合《旅游法》第 70 条规定的要件直接驳回惩罚性赔偿请求。如果当事人依据侵权之诉主张基于旅游法律关系所产生的惩罚性赔偿,则《消法》第 55 条第 2 款应成为解释《旅游法》第 70 条的指引性规则,二者可以结合使用。

三、对竞合问题的处理

如前文所述,惩罚性赔偿责任是一种独立的民事责任,不能够被单纯归入合同责任或侵权责任的范围内,而只存在能否以合同责任或侵权责任中的补偿性赔偿为基础的问题。因此,严格意义上所谓合同责任之惩罚性赔偿应是指能够以违约责任中的补偿性赔偿为基础而请求的惩罚性赔偿;侵权责任之惩罚性赔偿即能够以侵权责任中的补偿性赔偿为基础而请求的惩罚性赔偿。

然而,我国惩罚性赔偿体系中部分主要适用于侵权责任之上的惩罚性赔偿同样存在合同关系,如《消法》第 55 条第 2 款规定的经营者提供存在缺陷的商品和服务造成消费者死亡或健康严重损害的情形中,纠纷双方即经营者和消费者间存在买卖合同关系;《旅游法》第 70 条规定的旅行社拒绝履行合同造成旅游者损害的情形中,旅行社与旅游者间存在旅游合同关系。而本书仍将此类条文归入基于侵权行为而引发的惩罚性赔偿分支,理由在于:这些条文中责任构成要件所要求的"损害"和"后果"有可能超出合同责任中履行利益的范围[①],在此种加害给付的情形下,人身损害的赔偿通过侵权责任来

[①] 所谓履行利益,是指法律行为(尤其是合同)有效成立,但因债务不履行而发生的损失,又称为积极利益或积极的合同利益。韩世远:《合同法总论》,法律出版社 2004 年版,第 724 页。

解决，在某些情况下，合同责任并不能对受害人的人身伤亡提供救济，并且我国立法上不承认违约责任中的精神损害赔偿①，因此主张侵权责任的情形更多。② 此类将合同责任不能覆盖的损害作为要件的惩罚性赔偿，即使可能有合同关系存在，依《合同法》第122条（《民法典》第186条）构成违约责任和侵权责任的竞合，但在实践中选择主张侵权责任者居多。

但此种划分并不意味着在加害给付的情形之下，若当事人选择主张违约责任则必然不适用本书所述的侵权责任之惩罚性赔偿。惩罚性赔偿的适用是否应与当事人选择的请求权相关？从域外司法实践上看，在 Addis v. Gramophone Co. Ltd. 案中，阿特金斯法官认为在此种请求权竞合的情况之下，若选择侵权之诉作为救济手段，"毫无疑问他可以获得惩罚性赔偿金"；但若选择违约之诉，"他将获得在其合同得以继续的情况下所得利益损失的足够金钱赔偿，并且不再有其他的了"。③ 此种观点即认为惩罚性赔偿金的适用与当事人选择的请求权相关。在美国法中，惩罚性赔偿同样在传统上不适用于合同责任，除非对合同义务的违反同时构成侵权行为④，部分州至今仍不允许惩罚性赔偿在合同之诉中的适用。⑤ 不过，若违约的同时构成欺诈的侵权行为，有违约诉讼适用惩罚性赔偿的判例，如著名的 BMW of North America, Inc. v. Gore 案。⑥

然而，必须注意到我国惩罚性赔偿体系与英美法的重大不同。在英美法中，惩罚性赔偿主要适用于侵权责任领域，合同领域的适用是例外情形，而在我国惩罚性赔偿体系中合同责任之惩罚性赔偿与侵权责任之惩罚性赔偿呈现出"各据半壁江山"的态势。在英美法中，因为惩罚性赔偿主要适用于侵权责任领域，故一般情况下当事人选择侵权作为诉因时才能够适用惩罚性赔偿，在程序上和实体上能够形成一致。但考虑到我国惩罚性赔偿体系的特殊

---

① 汪世虎：《合同责任与侵权责任竞合问题研究》，载《现代法学》2002年第4期。
② 部分合同中的人身损害可以通过主张合同中保护义务的未履行来请求赔偿，《合同法》中许多条文明确规定了与给付有关的保护义务，涉及人权保护的有第282条、第290条、第302条等，因此许多情形下人身损害往往可以在违约责任中主张，请求权竞合较为突出的问题是我国违约责任不可主张精神损害赔偿，侵权责任不能主张履行利益赔偿。谢鸿飞：《违约责任与侵权责任竞合理论的再构成》，载《环球法律评论》2014年第6期。
③ 〔奥〕赫尔穆特·考茨欧、瓦内萨·威尔科克斯：《惩罚性赔偿金：普通法与大陆法的视角》，窦海洋译，中国法制出版社2012年版，第21页。
④ A. Mitchell Polinsky, Steven Shavell, "Punitive Damages: An Economic Analysis", 111 Harv. L. Rev. 869(1998).
⑤ 加利福尼亚州、北达科他州、南达科他州、德克萨斯州不允许在合同之诉中适用惩罚性赔偿。而俄克拉荷马州、威斯康星州在违约相当于独立的、故意的侵权行为的情况下，选择合同之诉可以适用惩罚性赔偿。〔奥〕赫尔穆特·考茨欧、瓦内萨·威尔科克斯：《惩罚性赔偿金：普通法与大陆法的视角》，窦海洋译，中国法制出版社2012年版，第392页。
⑥ 谢鸿飞：《违约责任与侵权责任竞合理论的再构成》，载《环球法律评论》2014年第6期。

性,若将惩罚性赔偿的适用与当事人选择的请求权严格对应,那么若合同一方存在欺诈行为符合合同责任之惩罚性赔偿的要件,虽未造成固有利益的损害,在合同责任中合同相对方可以请求惩罚性赔偿;但在同样情况下若造成了严重损害,在立法上又无侵权责任之惩罚性赔偿与之对应或是不符合相应领域侵权责任之惩罚性赔偿的要件,则相对方选择侵权之诉,就不能够主张惩罚性赔偿了。举例而言,若某甲与旅行社乙签订旅游合同,旅行社乙在签订时构成欺诈订约,符合《消法》第55条第1款的适用条件,某甲可以此为依据请求惩罚性赔偿;但乙旅行社在合同履行时还同时因为履约不当造成某甲身受重伤,此种情形既不符合《旅游法》第70条中"旅行社具备履行条件,经旅游者要求仍拒绝履行合同"的要件,也不符合《消法》第55条第2款"经营者明知商品或者服务存在缺陷,仍然向消费者提供"的要件,考虑到精神损害的请求,某甲主张侵权责任,《旅游法》第70条和《消法》第55条第2款的侵权责任之惩罚性赔偿均不能适用,而本可适用的《消法》第55条第1款在侵权之诉中也无法适用了,某甲反而不能主张惩罚性赔偿了。此种情形会造成法律适用上的失衡、僵化。造成此种情况的原因是:我国惩罚性赔偿体系特殊,既有基于合同责任而产生的又有基于侵权责任而产生的,因基于不同的立法目的,各法律条文比较散乱,所规定的要件也不尽相同,如在旅游纠纷领域,为了保护消费者的知情权,合同责任之惩罚性赔偿要求"欺诈"之要件,而为了保护消费者的人身利益,侵权责任之惩罚性赔偿则要求旅行社拒绝履行合同且造成严重后果或者明知服务存在缺陷仍然提供,并不考虑"欺诈"[①]的情况。此外,若将惩罚性赔偿的适用与当事人所选择的请求权严格对应,在责任竞合的情况下,即使有侵权责任之惩罚性赔偿相对应,也有可能出现赔偿额认定上的失衡。

  在竞合情形之下,本书认为不宜将惩罚性赔偿的适用与当事人所选择之请求权严格挂钩,而应在审理时独立地考虑案件是否符合惩罚性赔偿要件,因为惩罚性赔偿责任本就是一种独立的法定民事责任,只要符合惩罚性赔偿法条之要件即可适用。由于我国违约责任中不承认精神损害赔偿,并且采用请求权竞合之模式,这就使得当事人往往要在精神损害赔偿和履行利益之间作选择,若将惩罚性赔偿的适用进一步与请求权的选择挂钩,则会使得我国的损害赔偿制度更加失衡。细查我国合同责任之惩罚性赔偿的各条文,也均未明确排除在侵权责任案件中适用的可能性,除《侵权责任法》第47条(《民法典》第1207条)外本就没有建立起与合同责任或侵权责任的强制

---

① 在美国法中,欺诈(fraud)作为不当表述(misrepresentation)的一种,构成侵权。许传玺等译:《侵权法重述第二版:条文部分》,法律出版社2012年版,第227页。

联系;相反,《消法》第 55 条在同一条文中的两款分别规定了合同责任之惩罚性赔偿和侵权责任之惩罚性赔偿,《旅游法》第 70 条同时包含侵权责任之惩罚性赔偿和合同责任之惩罚性赔偿,这些立法例更加印证了在请求权竞合时惩罚性赔偿的适用应更为灵活。

综上,若符合惩罚性赔偿适用条件,无论诉由是违约还是侵权,都应当适用相应的惩罚性赔偿。① 在侵权之诉中,若符合合同责任之惩罚性赔偿要件,也应依据当事人的选择适用惩罚性赔偿。

第七节　本章总结

本书认为,我国惩罚性赔偿体系的顶端应由四个顶层原则统领全局。顶层原则是我国惩罚性赔偿法律法规必须遵从的一般性准则,贯穿惩罚性赔偿立法、司法和执法的全过程,具体分为:可罚性原则、客观损害原则、损害基数原则和过罚相当原则。在顶层原则之下,我国惩罚性赔偿分为合同责任之惩罚性赔偿和侵权责任之惩罚性赔偿两条线,当基于合同和基于侵权引发的惩罚性赔偿相竞合时,用处理请求权竞合的规则来协调之。案件审理时,首先应当分清案件类型,将合同纠纷与侵权纠纷区别对待,以适用不同的责任认定要件,进而对被告是否应当承担惩罚性赔偿金加以判断,再对赔偿金之数额予以衡量。

合同责任之惩罚性赔偿分为缔约欺诈与违约两大类型,缔约欺诈类型对应的现行法条款为《消法》第 55 条第 1 款,根本违约类型对应的现行法条款为《旅游法》第 70 条。

侵权责任之惩罚性赔偿分为产品和服务、商标以及生态环境侵权三种类型,其中产品和服务领域又细分为食品安全、医疗产品和旅游服务。建议在《民法典》侵权责任编"损害赔偿"一章中规定侵权责任之惩罚性赔偿的一般条款以统领整个侵权责任之惩罚性赔偿体系。在产品或服务领域以《消法》第 55 条第 2 款作为一般条款统领《食品安全法》第 148 条、法释[2017]20 号(2020 修正)第 23 条和《旅游法》第 70 条。商标侵权及生态环境侵权领域则较为简单,对应的现行法条为《商标法》第 63 条和《民法典》第 1232 条。

小结本章对我国惩罚性赔偿体系之表述,现拟我国惩罚性赔偿法体系架构图如下:

---

① 谢鸿飞:《违约责任与侵权责任竞合理论的再构成》,载《环球法律评论》2014 年第 6 期。

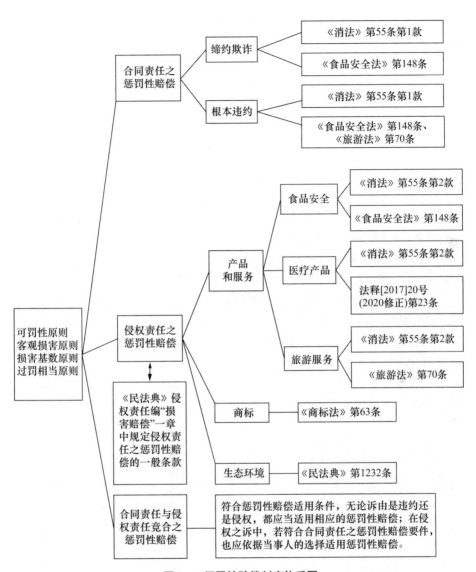

图 9-1　惩罚性赔偿制度体系图

第十章 合同责任之惩罚性赔偿

第一节 本章问题

在合同责任中,《合同法》第113条第2款通过引致将《消法》第55条第1款纳入,成为合同责任之惩罚性赔偿的一般规定,《民法典》第128条从整体上将《消法》纳入民法规范体系,并发展出《旅游法》第70条等特别规定。在我国,涉及合同责任之惩罚性赔偿的规定甚至多于侵权责任之惩罚性赔偿。一般的商品买卖合同和提供服务合同、特殊买卖合同(食品买卖)、旅游合同等均有涉及。合同责任存在缔约过失、违约责任和瑕疵担保责任等多种责任形态,并存在合同不成立、合同被宣告无效、合同被撤销、解除等多种可能的法律后果,现行法律又在多种合同中设定了惩罚性赔偿,三种因素相互交织,使得合同责任之惩罚性赔偿异常复杂。加之合同责任之惩罚性赔偿在《民法典》中没有较概括的规定提供指导,故通过学理解释并参酌《民法典》侵权责任之惩罚性赔偿的总体设计来推动合同责任之惩罚性赔偿的正确理解、适用与体系化意义重大。

表 10-1

合同类型	请求权基础	赔偿数额	产生事由
提供商品和服务	《消法》第55条第1款	价款的三倍,最低500元	欺诈
旅游	《旅游法》第70条	旅游费用的一至三倍	有履行条件,经要求仍拒绝,造成人身损害、滞留等严重后果的
旅游	法释〔2010〕13号(2020修正)第15条	遭受损失的两倍	提供服务时有欺诈行为
食品、药品购销	法释〔2021〕17号第15条	价款十倍或法律规定的其他赔偿标准	生产不符合安全标准的食品或者销售明知是不符合安全标准的食品
食品、药品购销	《食品安全法》第148条	价款十倍或损失三倍,最低1000元	生产不符合食品安全标准的食品或者经营明知不符合食品安全标准的食品

前述表格中的相关规定表明我国合同责任上之惩罚性赔偿责任有如下特点:违背了民事合同义务的同时也违背了行政法上的义务。立法政策上将

部分本应由行政机关行使的职责有选择地留给了受害人,实质上授予私人一种惩罚特权,并给予一定的回报作奖励①;一方对另一方有信息披露义务,《消法》第 28 条有明文规定;金融消费者接受金融服务的过程中,《保险法》第 116 条、《证券法》第 63 条对经营者的告知义务进行了细化;惩罚性赔偿制度目的是加强预防、威慑与惩罚,在赔偿金的计算上统一推定价款为损失,作为惩罚性赔偿金之计算基准②;惩罚性赔偿请求权一般由消费者向经营者主张,导致法院需认定原告是否是消费者,但法院也不应以不符合消费者的定义为由一律驳回惩罚性赔偿的请求;一般与填补性赔偿责任产生的时间一致,合同领域中惩罚性赔偿请求权与合同无效责任、合同解除责任等同时产生;由于合同之诉中难以支持非财产损害以及部分财产损害,惩罚性赔偿客观上可以起到弥补受害人补偿不足之缺。惩罚性赔偿责任补偿的并非一般意义上的损失,而是其无法证明的,或一般规则所不支持的损失,如律师费及其他成本等。③

对于上述复杂的规范适用,学说上争议巨大,如惩罚性赔偿是否必须以违约责任为前提?④ "知假买假"是否可以请求惩罚性赔偿?⑤ 在欺诈消费适用惩罚性赔偿时,签订大额商品(机动车、商品房)购销合同遭受欺诈,是否适用《消法》规定的三倍赔偿?⑥ 从裁判上看,最高人民法院指导案例 17 号和 23 号,对惩罚性赔偿的构成要件和赔偿数额量定都有指导作用,但两案例存在冲突之处,单就汽车买卖遭受欺诈是否导致惩罚性赔偿而言,诸多下级法院就类似案件,就未如指导案例 17 号一样判处经营者给付消费者惩罚性赔偿金。⑦ 对于"惩罚性赔偿"的民事责任性质,存在诸多不同解读,是经

---

① 朱广新:《惩罚性赔偿制度的演进与适用》,载《中国社会科学》2014 年第 3 期。
② 价款损失的解释较为困难,法理上,损失的计算有交换说和差额说两种模式。考虑到惩罚性赔偿预防、威慑之实现,应以交换说之损失为基准,即债务人给付的价值及结果损害。又因生活消费通常没有利润损失等结果损害,另行购买商品通常不会有较大差价,故损失常常为价款。为了鼓励消费者维权,促进纠纷快速解决,法律统一推定为价款也不失为一种有效率的选择。
③ 陈承堂:《论"损失"在惩罚性赔偿责任构成中的地位》,载《法学》2014 年第 9 期。但在承认非财产损失的现代法制下,惩罚性赔偿虽有弥补法律不承认的损失的客观作用,但此非其主要制度价值之所在。
④ 韩世远:《消费者合同三题:知假买假、惩罚性赔偿与合同终了》,载《法律适用》2015 年第 10 期;马强:《消费者权益保护法惩罚性赔偿条款适用中引发问题之探讨——以修订后的我国〈消费者权益保护法〉实施一年来之判决为中心》,载《政治与法律》2016 年第 3 期;王利明:《惩罚性赔偿研究》,载《中国社会科学》2000 年第 4 期;陈承堂:《论"损失"在惩罚性赔偿责任构成中的地位》,载《法学》2014 年第 9 期。
⑤ 刘保玉、魏振华:《"知假买假"的理论阐释与法律适用》,载《法学论坛》2017 年第 3 期。
⑥ 迟颖:《商品房销售虚假宣传之惩罚性赔偿责任》,载《法学》2015 年第 10 期;陆青:《论消费者保护法上的告知义务——兼评最高人民法院第 17 号指导性案例》,载《清华法学》2014 年第 4 期。
⑦ 参见浙江省台州市中级人民法院(2016)浙 10 民终 2434 号民事判决书;上海市浦东新区人民法院(2016)沪 0115 民初 81221 号民事判决书。

济法责任,还是民法责任,抑或是行政法责任①;惩罚性赔偿(多出填补性赔偿的部分)是与违约责任、侵权责任平行的民事责任,还是违约责任和侵权责任项下的责任承担方式。②

当下我国对合同责任中惩罚性赔偿适用之问题,判例学说皆莫衷一是,亟待进行体系性梳理,以明确其责任构成要件与赔偿数额标准,助力裁判之统一,并在学说上建立我国独特的合同责任之惩罚性赔偿规范体系。为解决上述问题,本章拟分为以下三部分展开研究:一是诠释《消法》第55条第1款作为惩罚性赔偿的一般规范,对欺诈行为认定作出分析,从解释论的立场上抽象出合同责任之惩罚性赔偿适用的共性规则。二是分析以提供商品为内容的合同与总则的出入之处,明确食品购销合同之惩罚性赔偿的特殊性,并对内部逻辑和外部竞合等问题结合典型案例予以分析。三是在以提供服务为内容的合同中,对于金融消费者的惩罚性赔偿的情况结合典型案例予以分析;阐明《旅游法》第70条主体要件和主、客观要件、规范竞合的问题,并与《消法》第55条第2款进行比较。

第二节 《消法》第55条第1款再检讨

一、惩罚性赔偿可附加于各种合同责任之上

《合同法》第113条第2款规定在违约责任一章。那么,惩罚性赔偿是否只能适用于违约场合?《民法典》第584条并未继续规定《合同法》第113条第2款的内容,而是在第128条统一规定在其他法律中,对各弱势群体民事权利保护有特别规定的,依照其规定。从字面上看似乎限于"民事权利保护有特别规定的"。但民法为权利法,内容主要是权利确认与权利救济,民事特别法亦是如此。《民法典》第500条(《合同法》第42条)规定故意隐瞒与订立合同有关的重要事实或者提供虚假情况应承担赔偿责任,第509条(《合同法》第60条)规定的全面履行原则及诚信原则,实质上包含缔约与履行中对当事人告知义务、诚信义务的规定,以维护当事人在一般合同领域的信赖或者说知情权益。消费领域当事人之间存在严重的信息不对称,《消法》强化了一般合同中当事人的知情权益,明确规定消费者的知情权及经营者的相

---

① 刘水林:《论民法的"惩罚性赔偿"与经济法的"激励性报偿"》,载《上海财经大学学报》2009年第4期;金福海:《论惩罚性赔偿责任的性质》,载《法学论坛》2004年第3期;钱玉文:《论商品房买卖中惩罚性赔偿责任的法律适用》,载《现代法学》2017年9月期;尹志强:《我国民事法律中是否需要导入惩罚性赔偿制度》,载《法学杂志》2006年第3期。
② 马强:《消费者权益保护法惩罚性赔偿条款适用中引发问题之探讨——以修订后我国〈消费者权益保护法〉实施一年来之判决为中心》,载《政治与法律》2016年第3期;税兵:《惩罚性赔偿的规范构造——以最高人民法院第23号指导性案例为中心》,载《法学》2015年第4期。

应义务。欺诈消费者应承担惩罚性赔偿责任的规定实质是保护知情权。故这些规定属于《民法典》第500条、第509条等的特别规定,通过位于总则的《民法典》第128条进入民法规范体系,将惩罚性赔偿附加于缔约过失责任之上不再有体系解释之困扰。事实上,《消法》规定的经营者告知义务贯穿于合同缔结、履行及终止后的全过程,并未将告知义务限定于缔约阶段。如法释[2010]13号(2020修正)第15条规定的惩罚性赔偿便是针对"旅游经营者提供服务时"的欺诈。故惩罚性赔偿既可附加于缔约过失责任,也可附加于违约责任。

二、以故意认定欺诈之缓和

由《民法典》第1185条、第1207条(《侵权责任法》第47条)、第1232条可知,惩罚性赔偿均要求主观为故意(包括间接故意),故惩罚性赔偿具有对恶意行为进行制裁的目的,且第500条第二项(《合同法》第42条第二项)将缔约过失责任中的欺诈限定于故意。故有人认为《消法》中的欺诈以故意为要件。① 但反对者认为依据《消法》的立法政策,其惩罚性赔偿的民事责任应理解为一种无过错责任,无须考虑售假者的主观状态。② 推行过错责任实际是将信息的注意义务转嫁给了消费者,对于社会是"无效益"的,实行无过错原则有利于减少消费者的维权成本和证明责任,并为经营者实施"更为合理的告知义务提供了动力"。③ 此外,有观点认为将故意作为《消法》上欺诈的要件,不能够达到提高经营者注意程度并使其主动采取预防措施的目的,主张将重大过失作为惩罚性赔偿的情形之一。④

司法实践中倾向以故意为要件。在孙垚诉芬迪(上海)商业有限公司买卖合同纠纷中,法院在判决书中花费相当大的篇幅论证经营者不存在欺诈之故意,最终未适用惩罚性赔偿,该案入选了《人民法院案例选》。⑤ 然而,一些案件在诉讼过程中原告仅需证明被告未尽注意义务或告知义务法院即适用惩罚性赔偿。如某案例中,被告提出了过失或重大过失不属于欺诈的抗辩,但法院认为"被告对于所销售的涉案商品审查未尽到足够的注意义务,致使涉案商品进入销售市场,损害了消费者的合法权益",认可了原告惩罚性赔偿的请求。⑥ 17号指导案例"张莉诉北京合力华通汽车服务有限公司买卖

---

① 梁慧星:《消法第49条的解释与适用》,载《人民法院报》2001年3月29日第3版。
② 王卫国:《中国消费者保护法上的欺诈行为与惩罚性赔偿》,载《法学》1998年第3期。
③ 谢晓尧:《欺诈:一种竞争法的理论诠释——兼论〈消费者权益保护法〉第49条的适用与完善》,载《现代法学》2003年第2期。
④ 赵庆飞:《惩罚性赔偿规则的经济学分析——对消费者权益保护法相关条文的几点思考》,载《人民法院报》2009年7月7日第6版。
⑤ 参见北京市朝阳区人民法院(2011)朝民初字第23876号民事判决书;北京市第二中级人民法院(2011)二民终字第21572号民事判决书。
⑥ 参见广东省广州市黄埔区人民法院(2015)穗黄法民一初字第857号民事判决书。

合同纠纷案"中,法院未认可被告履行了瑕疵告知义务的抗辩,即直接认定被告有故意隐瞒行为,从而认定为欺诈行为。可见,消费领域之惩罚性赔偿适用的一个重要问题是理清经营者未尽到告知义务与是否具备欺诈之故意的关系。在商事合同中,合同双方相互间地位更为平等,其举证证明对方具有欺诈之故意的可能性较大,但在消费合同中消费者对于产品、经营者均缺乏足够的信息,其如何能够证明对方具备欺诈之故意?对于该事项是否采用举证责任倒置?举证证明经营者未尽到告知义务是否能够视作证明了经营者的欺诈故意?

　　有观点认为,应对经营者之故意采用举证责任倒置,主张只要消费者证明了以假充真的情况存在,此时应由经营者证明其不存在故意。若无法证明,则欺诈成立。[1] 在2006年最高人民法院公报案例"张志强诉徐州苏宁电器有限公司侵犯消费者权益纠纷案"中,再审法院看上去并未采用举证责任倒置,但实际上法院又同时认为,张志强主张苏宁欺诈已经提交了录像带作为证据,苏宁公司如有异议,应就其行为不构成欺诈举证。在该案中,原告提交的录像带所拍摄的是第二台冰箱内部的实际情况,是关于冰箱瑕疵的证据,并非关于经营者苏宁公司具有欺诈故意、实施欺诈行为的证据。从判决书来看,再审法院论证被告行为构成欺诈的逻辑顺序为:原告应对被告是否存在欺诈行为承担举证责任→原告提供证据证明了第二台冰箱不是新机器,且存在瑕疵→被告应向原告提供第二台冰箱的随机单证,但也未提供→其行为属于故意隐瞒真实情况的欺诈行为。[2] 但仅从商品瑕疵推定故意乃至欺诈似乎过于苛刻,甚至类似于无过错责任,与惩罚性赔偿意在遏制恶意、故意行为之理念不符。不过,分析《民法典》第1207条会发现,产品责任之惩罚性赔偿适用范围拓展至"没有依据前条规定采取有效补救措施",造成他人死亡或健康严重损害的情形。具体是指《民法典》第1206条(《侵权责任法》第46条),产品流通后"发现"存在缺陷的,生产者、销售者应当及时采取停止销售、警示、召回等补救措施而未采取的。其逻辑似乎是发现产品缺陷,依据法律规定产生补救义务,明知或应知应予补救而未补救,主观状态在法价值上等同于明知产品存在缺陷仍然生产、销售之故意。类似的,《消法》第18条、第20条、第21条要求经营者保障产品质量与安全,提供全面、真实的产品之性能、质量、用途、期限等信息。若履行上述义务,经营者对商品之信息或状况应当知晓。如果产品存在瑕疵或有不真实宣传,经营者至少未依法履行上述义务,在法律判断上经营者对产品信息和状况至少属"应知"状态。而根据这一明知或应知状态下仍销售瑕疵产品或作不真实宣传可得出间接故意。

---

[1] 陆青:《论消费者保护法上的告知义务——兼评最高人民法院第17号指导性案例》,载《清华法学》2014年第4期。
[2] 《最高人民法院公报》2006年第10期。

而所谓经验法则应是从明知、应知仍然销售瑕疵产品、作不真实宣传得出高度欺诈可能性，而非仅基于产品存在瑕疵这一客观事实推出。实际上，17号指导案例使用的经验法则是"未告知瑕疵很可能是欺诈行为"，而非仅基于瑕疵存在本身。不过，此之判断终究为推定，应允许经营者提出反证；若产品瑕疵为隐蔽性瑕疵，依一般的经营者之能力判断无法发现的，则不得径行得出经营者对产品瑕疵明知、应知，也就不能因此推论出经营者欺诈，消费者需提供其他相关证据辅证。

三、举证责任及综合认定问题

基于上文所述，兹有三个案例入选《人民法院案例选》：前两个案例中法院指出消费者未提供直接证明欺诈之故意的证据，而最后一个案例则明确了欺诈故意的举证责任由经营者承担。在上述"孙垚案"中，法院基于"涉案羽绒服的水洗标中以英文标注了实际产地"（该案中涉案产品水洗标中以英文标注的产地与中文标签中以中文标注的产地不符）以及"芬迪公司制作、缝挂中文标签的流程"的事实，认为"芬迪公司对导致涉案产品中文标签产地标注与实际产地不符并无主观故意"。在肖黎明诉南方航空公司机票"超售"案中，法院基于"超售行为引入我国后，行业管理者将其作为行业特殊规则，在向社会公开的网站上予以介绍、认可，不禁止航空承运人使用，但尚未作出必要的规范和管理"的事实，认为南方航空公司虽未履行告知义务但无欺诈之故意。[①] 但在"赵建磊诉北京美廉美连锁商业有限公司德胜门超市等买卖合同案"中，该案审判人员在案件评述中提出，"本案中若由原告来承担证明被告有欺诈故意的举证责任，有失公平，在此情形下，由被告承担证明其没有欺诈故意的证明责任较为合适"，并以被告证据不足为由让被告承担了不利后果。[②]

但是，就欺诈之故意采取举证责任倒置显然会引发缺乏法律依据的追问。毕竟通说认为，分配证明责任原则应采"法律要件分类说"[③]，即"各当事人对有利于自己的规范要件事实承担证明责任，但具体分配时要根据实体法规范结构之间的相互关系把握证明责任分配的规则"[④]。是故，证明责任的分配必须寻找实体法上的依据。如前所述，修订后的《消法》第23条第3款是关于产品瑕疵而非欺诈故意上的举证责任倒置，《民事诉讼证据规定》第7条规定中"没有具体规定"及"无法确定"是在"谁主张，谁举证"这一一般原则之下仍不能确定的情形。故对于《消法》欺诈缔约之惩罚性赔偿，其是在

---

① 参见北京市朝阳区人民法院(2006)朝民初字第23073号民事判决书。
② 参见北京市西城区人民法院(2008)西民初字第5570号民事判决书。
③ 参见最高人民法院研究室编：《最高人民法院民事诉讼法司法解释逐条适用解析》，法律出版社2015年版，第143页。
④ 胡学军：《法官分配证明责任：一个法学迷思概念的分析》，载《清华法学》2010年第4期。

欺诈故意上采取举证责任倒置会导致瑕疵担保责任与欺诈行为在证明要求上高度重合,使得几乎所有的瑕疵给付情形下经营者都需要证明其不具备欺诈之故意。但实际上,多数瑕疵给付中并非欺诈。故以举证能力为由改变法定举证责任分配,"是一种超越权限的行为"①。

那么,欺诈之故意的举证责任应达到何种程度呢?在前述"张志强案"中,可以看出运用"经验法则"时并非仅仅依据商品存在瑕疵这一事实。此外,法院还提及"同时,第二台冰箱如果是新机器,应当附有随机单证","该规定是强制性规定,作为商品销售者应当明知,却不向消费者提供随机单证"这一事实。故在"张志强案"中,原告实际在产品瑕疵之外提供了额外的证据,该证据使法院认为依据"经验法则"被告欺诈的可能性相当高。故"经验法则"的运用关键就在于是否有证据能够使得法官认为经营者有相当可能存在欺诈之故意。这实际与商品是否存在瑕疵无直接关系,只能说产品瑕疵的存在往往是一类欺诈中的一个前提。

综上,《消法》上"欺诈行为"的定义确可沿用《民通意见》第 68 条中的部分表述,将其定义为"经营者故意告知消费者虚假情况,或者故意隐瞒真实情况的行为"。这样的定义不局限于意思表示因素,也可能发生在消费经营过程的全部阶段,故"欺诈性交付"能够容纳进这一概念之中。

第三节　食品购销合同

一、第 23 号指导性案例再检讨

生产、销售食品合同既可能产生侵权损害赔偿责任,也可能涉及违约责任与缔约过失责任。本章主要在解释论上探讨现有指导案例第 23 号本身的问题,以及在第 23 号指导案例之后修订的《食品安全法》第 148 条第 2 款涉及的新发生的争议。2014 年最高人民法院公布第 23 号指导性案例,即"孙银山案"。案情为孙银山购买了超过保质期的食品,在结账后直接到服务台索赔十倍赔偿遭拒而起诉,对已过保质期的 14 包香肠(价值 558.6 元)要求十倍的赔偿金 5586 元,获法院支持。② 该案被部分学者和法院解读为"知假买假"可以主张十倍赔偿。③ 最高人民法院指导案例 23 号裁判也进一步指出"孙银山并未将所购香肠用于再次销售经营,……(孙银山)不是消费者的

---

① 李浩:《民事判决中的举证责任分配——以〈公报〉案例为样本的分析》,载《清华法学》2008 年第 6 期。
② 参见江苏省南京市江宁区(县)人民法院(2012)江宁开民初字第 646 号民事判决书。
③ 税兵:《惩罚性赔偿的规范构造——以最高人民法院第 23 号指导性案例为中心》,载《法学》2015 年第 4 期。河南省焦作市中级人民法院(2015)焦民二终字第 00195 号民事判决书。

抗辩理由不能成立"。该表述暗示着消费者的认定是以"能否再次销售"为标准且举证责任倒置。如果这种理解成立,那么知假买假者本身属于消费者,也可能适用《消法》第55条规定的三倍赔偿,笔者认为这种理解和推论有待进一步探讨。

不否认确有域外法以不符合经营者的定义就认定消费者的立法例①,国内也有学者赞同。② 但此种做法是以《消法》明文规定"消费者"定义为前提的,我国《消法》并没有规定消费者定义,其第2条也难堪此任。有观点认为"知假买假的消费者同样也是消费者,只不过是非消费行为的消费者而已"③,此亦值得商榷。如果知假买假与消费者的认定毫无关系,那么针对食品药品纠纷的法释[2021]17号第3条就无须特别使用"购买者"一词。那么如何理解《消法》第2条规定的"为生活消费需要"?有学者认为"为生活消费需要"过于丰富,主张对"知假买假"者进行类型化处理,认为"以索赔为目的,形成组织或者以买假索赔为业的,不属于消费者;而知假买假者即便以索赔为目的,只要其没有形成组织或者并非以买假索赔为业,仍可将其界定为消费者"。④ 照此逻辑,像孙银山等人只是知假买假者,并未达到组织化、以买假索赔为业的程度,仍属消费者。此观点仅仅以是否达到组织化、是否以此为业就简单地认定为消费者,似乎缺乏法律依据。

笔者认为,虽知假买假者主张惩罚性赔偿确实可在客观上弥补政府监管的不足,但其引发的道德风险也很严重。杨立新教授指出,自2014年开始,知假买假案件处于十余倍的猛增态势。⑤ 如此数字不能不让人警觉。而且,知假买假者为确保诉讼的成功率,主要从"选择成本极小、错误明显的商品标识问题展开行动,这对净化市场的意义相当有限"⑥。其实,从目前的经营者来看,电商已经大大地冲击了传统的实体店销售模式,多数经营者并不富裕,如此偏向知假买假者并不利于经济的长远发展。因此,不设前提地将知假买假者界定为消费者的做法不可取,解释上宜对消费者的主观购买动机作出限制,更不能以此为由扩及《消法》第55条规定的三倍赔偿。⑦ 但最新一

---

① 《日本消费者合同法》规定,消费者是为经营事业目的之外缔结合同的自然人。刘保玉、魏振华:《"知假买假"的理论阐释与法律适用》,载《法学论坛》2017年第3期。
② 王利明:《消费者的概念及消费者权益保护法的调整范围》,载《政治与法律》2002年第2期。
③ 税兵:《惩罚性赔偿的规范构造——以最高人民法院第23号指导性案例为中心》,载《法学》2015年第4期。
④ 刘保玉、魏振华:《"知假买假"的理论阐释与法律适用》,载《法学论坛》2017年第3期。
⑤ 杨立新:《消费欺诈行为及侵权责任承担》,载《清华法学》2016年第4期。
⑥ 刘保玉、魏振华:《"知假买假"的理论阐释与法律适用》,载《法学论坛》2017年第3期。
⑦ 参见江苏省泰州市中级人民法院(2017)苏12民终2062号民事判决书。

则案例中法官的判词引发了广泛关注:"本案诉讼即使以营利为目的,但是其行为同时具有维护社会公共利益、净化市场的作用,法律规定支付价款十倍的赔偿金就是对这类行为的褒奖。"①对于食品这种特殊的商品而言,这份判决意见值得肯定。

二、《食品安全法》第 148 条第 2 款但书之理解

值得说明的是指导案例 23 号和《食品安全法》第 148 条有相抵触之处,因为后者增加了"但书"的规定。对此条文的理解争议很大,本章在此举例说明因标注出现瑕疵而引发的责任的认定问题。

表 10-2

立场	裁判思路
否定十倍赔偿	张增进购买的涉案进口奶粉无中文标签、标识,该奶粉标签存在瑕疵,但该瑕疵不影响奶粉安全,现并无证据证明张增进除货款外还有其他人身或财产等损失。②
否定十倍赔偿	现有证据仅能认定水旺中心所售产品外包装存在瑕疵,不能认定该产品本身存在产品质量或者食品安全问题,且水旺中心销售该产品并未造成薛小迪人身、财产或者其他损害,故薛小迪在要求退还货款的同时,要求赔偿价款十倍赔偿金的请求,本院不予支持。③
肯定十倍赔偿	标注无糖的食品极有可能影响消费者的选择,尤其是对某些特殊群体的消费者而言,涉案产品的标注瑕疵存在导致损害健康的可能,进而支持了十倍赔偿。④
肯定十倍赔偿	不适宜人群等信息关乎消费者的生命健康安全,如不按规定标示,将置消费者于误食的危险之中,因此不按规定标示不适用人群绝非标签瑕疵问题,而是严重危及食品安全的行为。⑤

上述表格中,前两种观点认为,只有食用食品且造成固有利益的损失才能要求十倍赔偿,这种理解对责任的认定范围较窄,无异于要求消费者以身犯险。后两种观点并不要求消费者举证有何实际损害,只需存有隐患即可,持这种裁判思路的法官较多。⑥ 上述分歧的根源在于对"但书"部分的不同

---

① 参见山东省青岛市中级人民法院(2017)鲁 02 民终 10484 号民事判决书。
② 参见江苏省高级人民法院 (2017)苏民申 1552 号民事判决书。
③ 参见北京市第一中级人民法院(2017)京 01 民终 5299 号民事判决书。
④ 参见重庆市高级人民法院(2017)渝民申 1378 号民事裁定书。
⑤ 参见广东省广州市中级人民法院(2016)粤 01 民终 10022 号民事判决书。
⑥ 参见辽宁省抚顺市中级人民法院(2017)辽 04 民终 338 号民事判决书;广东省深圳市中级人民法院(2016)粤 03 民终 21414 号民事判决书;湖南省株洲市中级人民法院(2017)湘 02 民终 1839 号民事判决书。

理解。

从《食品安全法》第 148 条规定来看,食品仅标签、说明书存在瑕疵还不足以产生十倍赔偿,还得符合"标签、说明书影响食品安全"且"对消费者造成误导的瑕疵"之规定。那么应如何理解本法中之"食品安全"?《食品安全法》第 150 条指出,"食品安全,指食品无毒、无害,符合应当有的营养要求,对人体健康不造成任何急性、亚急性或者慢性危害"。具言之,"但书"的规定是要求消费者对食品不安全进行举证,具体证明食品存在"急性、亚急性或者慢性危害"。实践中,有的法院对于进口食品是否存在安全问题从是否检验合格上考虑,比如"韩国诗密达蜂蜜大枣茶,经浦东出入境检验检疫局检测合格,涉案商品取得了合法的进口手续,故对王成江关于涉案商品不符合食品安全的主张,因缺少事实依据,本院不予支持"①,这种观点有待商榷。食品是否存在问题,产生的原因较为广泛,不排除在生产环节与运输环节无害,而在销售环节出现问题,比如销售者保管不善等原因。以前一环节食品无问题为由当然地、简单地否定食品不安全有待商榷,即使是检验合格也只能证明生产者履行了一定的公法义务,究竟是否符合私法上惩罚性赔偿的构成要件,还是需要具体判断是否符合《食品安全法》第 150 条"食品安全"之规定。

其次是如何理解"误导"一词?有的法院认为标注不规范本身可以证明消费者受到了误导,未对消费者造成误导由经营者举证。② 食品外包装存在着标注不规范的现象,按照经验法则,食品的真实状况可能不被消费者知悉。但是,这是否意味着可以当然地适用十倍赔偿?不少裁判认为这一事实足以误导消费者,直接判处十倍赔偿。③ 但也有相反判决,如某案例中法院认为,上诉人在购买涉案茶叶时,也负有审慎注意义务,商品外包装可提供给消费者最直观的感知和判断,上诉人在购买涉案茶叶时应当明知该商品包装上存在瑕疵,上诉人仍决定购买涉案茶叶,该茶叶的外包装并未对上诉人造成误导。④ 笔者认为此做法有一定合理性。不可否认虚假标识确实是违法行为,对消费者造成误导的因素很多,但只有影响消费者自主选择权的情况下才能认定"对消费者造成误导",产品的外包装标识的项目也极多,那么单凭一项标识瑕疵往往不足以对消费者造成误导。笔者认为,十倍赔偿是最为严厉的赔偿,远高于《消法》规定的三倍赔偿。如瑕疵的标识对购买抉择非属重要因素,不能主动地诱惑消费者选择的话,一般的消费者在如此庞杂的信息中

---

① 参见辽宁省沈阳市中级人民法院 (2017)辽 01 民终 7713 号民事判决书。
② 参见四川省成都市中级人民法院 (2016)川 01 民终 9849 号民事判决书。
③ 参见北京市第三中级人民法院(2016)京 03 民终 522 号民事判决书;辽宁省沈阳市和平区人民法院(2017)辽 0102 民初 4419 号民事判决书。
④ 参见广东省清远市中级人民法院(2016)粤 18 民终 2751 号民事判决书;辽宁省沈阳市中级人民法院(2017)辽 01 民终 7713 号民事判决书。

很难察觉标识瑕疵等微小的信息,多数消费者是在事后才发现的,购买当时往往都是匆匆忙忙地挑选商品的,难谓之误导。①

第四节 保险合同

一、最高人民法院(2017)民申1462号判决之检讨

金融消费欺诈频频见诸报端,但笔者检索案例库发现,截至2018年4月1日法院支持金融消费者的惩罚性赔偿金的案例只有2件,且均为金融消费者购买保险产品的情况,故本章只探讨保险合同欺诈的惩罚性赔偿问题。兹举一案例说明:某金融消费者基于会获得保底收益的错误认识购买保险公司推销的理财产品,于是请求法院判令已付价款(67万元)的三倍之惩罚性赔偿金。一审法院直接适用《消法》第55条支持原告诉求。② 二审法院综合考量本案事实及案件属性,认为将保险合同双方约定的关于犹豫期后退保的现金价值与已交保险费用的差额视为投保人购买涉案保险产品的对价较为适当。涉案保单上列有的《现金价值表》中第一年度末现金价值为569500元,故本案三倍赔偿的基准数额应当为670000-569500=100500元,进而计算可得出三倍赔偿额应为100500×3=301500元。③ 最高人民法院认为,由于涉案两类保险产品即分红型年金人寿保险、万能型年金人寿保险兼具财务投资和生活消费的性质,如以全部保险费做惩罚性赔偿金的计算标准,将会涵盖自然人财务投资的风险损失,不符合惩罚性赔偿金的制度目的,因而维持了二审判决。④ 该案涉及很多问题,本章限于篇幅只探讨两大问题:一是非专业投资者购买保险产品是否可以主张惩罚性赔偿;二是欺诈的认定问题。

二、请求权基础之探寻与赔偿金之酌减

"金融消费者接受金融服务(比如购买理财产品)的过程中受欺诈"是否可以要求惩罚性赔偿金?上述案例中三级法院在案由的选择上都择取"人寿保险合同纠纷"作为案由。⑤ 但人寿保险兼具投资与保险双重功能,此类合同有金融服务之性质,《消法》第28条明确将金融服务纳入《消法》的规制

---

① 本案中,被上诉人向上诉人要求十倍赔偿的理由是在购买上述奶粉后,发现该商品在外包装没有任何中文标识和标签,也没有发现任何进口凭证。本案涉案奶粉虽然在外包装上没有中文标识和标签,存在瑕疵,但该瑕疵并不影响食品安全且不会对消费者造成误导,一审法院对被上诉人要求上诉人支付消费金额十倍的赔偿款的诉讼请求予以支持不当,二审法院依法予以纠正。参见广东省清远市中级人民法院(2017)粤18民终2518号民事判决书。
② 参见吉林省长春市中级人民法院(2016)吉01民初379号民事判决书。
③ 参见吉林省高级人民法院(2016)吉民终515号民事判决书。
④ 参见最高人民法院(2017)最高法民申1462号民事判决书。
⑤ 参见最高人民法院(2017)最高法民申1462号民事判决书。

范围,应不妨碍适用《消法》第 55 条。

那么签订投资合同还能否认定消费者呢？这要区分理财产品约定的内容,上述案件对应的保险合同约定的是"石田慧敏向阳光保险公司支付保险费,阳光保险公司当被保险人死亡或者达到合同约定的年龄、期限等条件时承担给付保险金责任。若被保险人身故,本合同效力终止,我们按照本合同累计已交保险费给付身故保险金;若被保险人于本合同期限届满时仍生存,我们按照本合同累计已交保险费给付满期保险金,本合同效力终止"①。从这种条款的内容上看,购买者缴纳保险费,发生合同约定的情形时,保险公司返还已经缴纳的保费。但有别于一般的保险合同,因为一般的保险合同给付的保险金在计算标准上不是"已经缴纳的保费",往往在数额上明显高于预先缴纳的保费。但是该案的保险合同还明确约定"受益率 6.32%（保底）,今后受益率会更高",此类保险产品的保险金名义上是以已经缴纳的保费为计算标准,但实际上额外包含每年领取的分红。故保险合同兼具"投资"和"为家庭生活需要"的双重属性,二者不能分割。但计算标准不能直接以已缴纳的保费为基数,否则过重的赔偿责任会导致利益失衡,引发金融系统风险,应根据经济政策适当酌减。②

三、欺诈的认定

由于保险格式条款的复杂性及保险推销员不合理的薪酬分配机制,在保险领域内,金融机构宣传的内容与实际所签合同不一致的事件频发。法院对此类案件的处理思路出入较大,比如在尤全娟诉保险公司案③,一审法院认为:"作为完全民事行为能力人,在收到保险合同后即应当知道保险合同中关于保险收益的相关约定,如发现有与保险推销人员陈述不一致,认为存在欺诈的,亦应及时请求保护。2007 年 8 月、9 月左右收到投保书、保险合同、保险单,但直到 2014 年 8 月得知经理离职后才发现受到欺诈,已经超过了撤销权的行使期间和诉讼时效期间,对尤全娟的诉讼请求(撤销保险合同、返还尤全娟保险费 20.7 万、惩罚性赔偿金 62.1 万元),不予支持。"采纳该案一审法院判决意见的法院很多,比如有的法官指出:"陈锋作为完全民事行为能力人,在申请投保、签订保险合同以及接受电话回访时应尽到审慎注意义务,应对其签名及陈述承担相应后果。综上,人寿保险江苏分公司在签订 10 万元保险合同时不存在欺诈。"④

这种理解忽视了保险合同的特殊性,保险条款本身晦涩难懂。故该案的

---

① 参见吉林省高级人民法院(2016)吉民终 515 号民事判决书。
② 参见江苏省高级人民法院(2016)苏民申 5562 号民事判决书。
③ 参见江苏省无锡市崇安区人民法院(2015)崇商初字第 0379 号民事判决书。
④ 参见江苏省南通市中级人民法院(2016)苏 06 民终 3965 号民事判决书。

二审法院作出相反判决。① 笔者观察目前的案例,发现法院对保险公司的行为构成欺诈与否,主要关注以下四点:

(1) 保险产品是否备案。举例言之:"涉案保险产品已于 2010 年 9 月 1 日在中国保监会备案,表明该产品符合保监会认定的销售条件,至于备案时间的早晚以及人寿保险江苏分公司有无逃避监管、违规操作,均不属于本案审理范围。"② 本案争议之处在于:在诉讼中才去备案也视为"中国保监会认定",理由未免太过牵强。依《人身保险产品审批和备案管理办法》第 27 条、第 28 条的规定,保险公司提交备案材料之后,可以销售案涉保险产品。虽然保险产品是否备案、有无违法不属于民事诉讼的审理范围。但是明明没有备案就直接销售,属于违法行为。消费者信赖的是合法的理财产品而非违法的理财产品。

(2) 是否缴纳保费。如果投保人履行了其中的义务,并且时间较长,那么法院依照司法解释往往不否认合同的效力,不认定为欺诈。在一案例中,"根据《最高人民法院关于适用〈中华人民共和国保险法〉若干问题的解释(二)》第 3 条的规定,本案《人身保险投保单》上四处'梁小兵'笔迹经鉴定确非原告本人所签,但原告作为投保人已经交纳保险费 4 万元,应视为是对代签字行为的追认,并不影响该投保单的效力。因而,原告主张被告伪造其签名构成民事欺诈行为,与上述规定相悖。"③ 简言之,该案中四份合同都是保险公司工作人员代签的,但投保人一旦缴纳保费,哪怕仅仅是少量货币也可能被视为追认。

(3) 是否领取红利。"投保单虽不是陈锋本人签字,但陈锋已自愿交纳保费,应视为其对签字行为的效力进行了追认。三份保险合同在履行过程中,陈锋多次办理领取保险金、红利及利息、借款及保全业务等手续,而有关业务办理需要陈锋提供保险合同并本人签字,本案中陈锋却称不知晓合同中的保险期间、退保后果等基本内容,显然与事实相悖。"④ 虽然保险合同具有不易理解性,普通人很难知悉专业内容,但是一旦领取了红利,也视为认可保险公司后续行为的效力。

(4) 证明程度是否达到了"排除合理怀疑"的程度,如果仅仅是"盖然性",那么难以支持。这一点不仅有法释〔2022〕11 号第 109 条规定,也有很多判决佐证,比如有的裁判明确指出:"王新艺主张广发证券在与其之间的服务行为中构成欺诈,其应举证证明广发证券具有欺诈的故意和欺诈的行为,并且其所举证据应该达到排除合理怀疑的证明标准。《消法》固然强调

---

① 参见江苏省无锡市中级人民法院(2015)锡商终字第 01110 号民事判决书。
② 参见江苏省南通市中级人民法院(2016)苏 06 民终 3965 号民事判决书。
③ 参见广东省佛山市禅城区人民法院(2013)佛城法民一初字第 500 号民事判决书。
④ 参见江苏省南通市通州区人民法院(2016)苏 0612 民初 4703 号民事判决书。

要充分保护消费者的合法权益,但三倍的惩罚性赔偿与欺诈认定带来的商誉损失对于商品或服务的经营者来说亦是极为严厉的惩罚,故对于欺诈的认定应审慎地遵循法律的规定。"[1]该案虽然是证券领域的诉讼而非保险领域的诉讼,但同样是金融消费者请求惩罚性赔偿的案例,思路上也值得借鉴。

综上,分红人身险属于人身险领域中的新型理财产品,兼具保障效能和投资效能。保险人应将红利的不确定性风险和红利分配等信息依照《消法》及《人身保险新型产品信息披露管理办法》的规定,在合同签订时和履行期间都依最大诚信原则履行信息披露义务,否则可构成欺诈,投保人可依《消法》第55条主张惩罚性赔偿。

第五节 旅游合同

《旅游法》第70条规范的是旅游合同中的"甩团"行为。从文义上看,惩罚性赔偿的成立还要求该行为造成旅游者人身损害、滞留等后果。此处的"造成"包含违背附随义务的情形(与侵权法上的安保义务内容一致),违背此附随义务在解释上也应该认为符合《旅游法》第70条的文义。从此规定及法释[2010]13号(2020修正)第15条第2款的规定关于责任主体、赔偿条件的内容来看,二者不必然竞合,但《消法》第55条第1款规定的三倍赔偿和法释[2010]13号第17条存在着矛盾之处。司法解释针对旅游合同,但为旧法,《消法》第55条第1款针对一般情形,却是新法。此外,《消法》第55条第2款明确规定在侵权之诉中主张惩罚性赔偿,《消法》第55条第2款本身与《旅游法》第70条的规定存在竞合的可能。笔者认为有必要在解释上缓和《旅游法》第70条规定的严苛构成要件,旅游合同本身有别于一般的服务合同,违反合同附随义务造成人身损害本身产生的竞合问题就已经很复杂,对于惩罚性赔偿的适用也存在竞合的问题,故本章阐述的内容主要是法定要素的缓和以及竞合问题的处理。

一、法定要素之缓和

从主体上看,旅游合同被限定为旅游者和旅行社。依据《旅游法》第111条第1项规定,旅行社分为组团社(与旅游者订立包价旅游合同的旅行社)和地接社(接受组团社委托,在目的地接待旅游者的旅行社,与旅游者间无合同关系)。若地接社根本违约造成旅游者人身损害、滞留等严重后果,旅游者能否要求地接社承担责任?依《旅游法》第71条规定,由于地接社原因导致违约的,由组团社承担责任,组团社承担责任后对地接社有追偿权,因此

---

[1] 参见吉林省长春市中级人民法院(2017)吉01民终494号。

旅游者不能够在合同诉讼中直接向地接社主张惩罚性赔偿,但地接社行为构成侵权时情况则不同。

从合同的内容上看,《旅游法》第 70 条限定于包价旅游合同。由于《旅游法》第 111 条的规定,《旅游法》的惩罚性赔偿不适用于不预先安排行程而只是提供往返交通票证、住宿酒店预订服务的半包价合同。半包价合同中旅行社履行内容相对简单,适用惩罚性赔偿显失公平。① 此外,旅游服务中还存在旅行社为旅游者提供代客订位、代售客票、代办护照和签证等旅游代办合同②,此类合同也不适用惩罚性赔偿。

构成要件可分为客观和主观两类。在客观条件上要求旅行社具备履行条件,由此排除了因第三方因素及不可抗力、旅游者自身原因等情形导致的不履行,也排除了尽合理注意义务仍不能避免的事件。③ 主观上需经旅游者要求以后,仍然拒绝履行合同。作为惩罚性赔偿的要件,一般理解为旅行社故意严重违约,即被告在实施行为时,具有故意、恶意或完全不顾及原告的财产或人身安全。④ 但此处"经旅游者要求"的表述可否不遵循文义解释,即"若旅游者未提出明确的要求,但是旅行社故意违约造成严重后果也适用此条款"?

在旅游者作出要求依合同提供服务的意思表示后仍拒绝履行的旅行社,其主观上的可责性高于未经要求拒绝履行,因此该特别要求作为主观要件的一部分提高了惩罚性赔偿的"门槛"。然而,比照惩罚性赔偿体系,此种理解会导致《旅游法》第 70 条的适用条件过于严苛。理由在于:《消法》第 55 条第 1 款针对欺诈缔约的惩罚性赔偿,其赔偿金计算的基数是"商品的价款或者接受服务的费用",即《旅游法》第 70 条中的"旅游费用",规定的最高倍数同样为三倍。然而《消法》中的主观要件即欺诈之故意并未对消费者提出类似于"进行确认"等要求,再者就主观恶性而言,欺诈之故意与在合同履行中故意根本违约十分相近,若再要求旅游者有要求履行之意思表示,则赔偿数额相近的两个条文在主观要件上明显失衡。在侵权责任之惩罚性赔偿中,《消法》第 55 条第 2 款适用于"经营者明知商品或者服务存在缺陷仍然向消费者提供"的情形,并要求造成死亡或健康严重损害,在旅游合同中旅行社故意根本违约导致人身严重损害的情形符合该条文要件,但若将《旅游法》第 70 条理解为要求有额外的意思表示,则《旅游法》第 70 条的适用条件就高于《消法》第 55 条第 2 款,而实际上《消法》第 55 条第 2 款以"所受损失"为

---

① 杨振宏:《旅游法上惩罚性赔偿的正当性分析——兼论旅游精神损害赔偿的可替代性》,载《北方法学》2014 年第 1 期。
② 刘劲柳:《旅游合同》,法律出版社 2004 年版,第 234 页。
③ 杨振宏:《旅游法上惩罚性赔偿的正当性分析——兼论旅游精神损害赔偿的可替代性》,载《北方法学》2014 年第 1 期。
④ 李秀娜:《旅游服务合同的惩罚性赔偿制度探析》,载《旅游学刊》2013 年第 9 期。

赔偿计算基数，其赔偿数额通常比《旅游法》第 70 条更高。故《旅游法》第 70 条的惩罚性赔偿主观要件应认定为具有故意、恶意或完全不顾及原告的财产或人身安全，"经旅游者要求"可解释为旅游者与旅行社在旅游合同中的约定。否则，将导致旅行社故意甩团造成旅游者无法向旅行社作出意思表示的情形不能适用惩罚性赔偿的荒唐局面。①

从严重程度上看，要求旅游者人身损害、滞留等严重后果。造成人身损害的情形，因传统观点认为违约责任中不承认精神损害赔偿，多主张侵权责任，但滞留和其他严重后果可能并不构成固有利益之损害，只能在合同责任中寻求救济。当然，即使只造成滞留的后果，若滞留的情形严重也可能侵害旅游者的人身自由，从而构成侵权行为。

二、规范竞合的处理

《旅游法》第 70 条之规定并不局限于侵权责任。在旅游合同中，旅行社需承担确保旅游者安全的义务。②《旅游法》第 80 条至第 82 条也具体表述了旅行社所承担的义务，因此即使造成了人身损害，所造成的人身损害同样可以纳入履行利益损害的范畴中③，旅行社致旅游者人身损害能够通过主张违约责任获得救济，在司法实践中也有相当一部分旅行社致旅游者损害案件提起的是违约之诉。④ 惩罚性赔偿在符合惩罚性赔偿法律条文所规定之适用条件时，无论以违约或是侵权为诉由，都可适用。⑤ 此外，旅行社致旅游者损害还可能符合《消法》第 55 条第 2 款之规定。故旅行社致旅游者损害的情形，既有违约责任与侵权责任的请求权竞合，在惩罚性赔偿的适用上又可能产生《旅游法》第 70 条和《消法》第 55 条第 2 款的规范竞合，这两个竞合与惩罚性赔偿的关系亟待厘清。

（一）违约责任/侵权责任请求权竞合与惩罚性赔偿

旅行社致旅游者损害所造成的人身损害能够通过违约之诉获得救济，此种情形下主张侵权责任或违约责任的主要差异在于履行利益与精神损害赔偿。侵权责任中不能请求履行利益的返还是因为此种纯粹经济损失只有在合同无法保护时才可能由侵权法保护。⑥ 此种立法模式的后果是在旅游纠

---

① 参见重庆市江北区人民法院(2015)江法民初字第 09558 号民事判决书。
② 刘劲柳：《旅游合同》，法律出版社 2004 年版，第 130 页。
③ 谢鸿飞：《违约责任与侵权责任竞合理论的再构成》，载《环球法律评论》2014 年第 6 期。
④ 参见上海市嘉定区人民法院(2013)嘉民一(民)初字第 6464 号民事判决书；上海市黄浦区人民法院(2014)黄浦民一(民)初字第 4942 号民事判决书；天津市第二中级人民法院(2014)二中民一终字第 0563 号民事判决书。
⑤ 谢鸿飞：《违约责任与侵权责任竞合理论的再构成》，载《环球法律评论》2014 年第 6 期。
⑥ 同上。

纷中旅游者必须在履行利益和精神损害赔偿中作选择。但《民法典》第 996 条应是对人格权损害时违约精神损害赔偿的承认。① 旅游合同以精神愉悦为目的,合同目的和给付对相对人具有公开性、确定性,可类推该条。

(二) 惩罚性赔偿体系内的竞合

在旅游纠纷中可能适用的惩罚性赔偿有:《消法》第 55 条第 1 款规定的欺诈、《消法》第 55 条第 2 款规定的严重违约以及《旅游法》第 70 条。同一旅游纠纷可能同时符合这三个惩罚性赔偿的要件,如何适用? 惩罚性赔偿体系内竞合问题归根结底在于缺乏一般性条款以及惩罚性赔偿条文散见于不同法律中导致惩罚性赔偿体系难以自洽。但从惩罚性赔偿的功能来看,其功能之一是对故意的恶意不法行为实施惩罚,在旅游纠纷中旅行社无论是故意实施欺诈还是"经旅游者要求仍拒绝履行合同"或"明知……服务存在缺陷,仍然向消费者提供",其主观故意大体是同一的,都是旅行社故意利用其优势地位以侵害旅游者利益,因此不宜对其主观故意"多次"惩罚,否则易违反过罚相当原则。②

《立法法》规定的"上位法优于下位法""特别法优于一般法""新法优于旧法"的法律冲突适用原则并不能很好地解决惩罚性赔偿交叉领域的法律适用问题。有观点认为,惩罚性赔偿具有准刑事犯罪的性质③,基于惩罚性赔偿与刑罚的共通之处,惩罚性赔偿责任竞合时的适用关系可以借鉴刑罚中的想象竞合犯理论④,即一行为同时符合多个惩罚性赔偿的要件时,适用赔偿数额更高、事实情节更严重的"重罪"。但实际上适用"重罪"的方式在民事诉讼中可操作性不高,原因在于:首先,各惩罚性赔偿规定的要件有所不同,故对证据的需求不同,在民事诉讼中证据主要来源于当事人的举证,这实际隐含了其对于证据证明力和惩罚性赔偿要件的判断。如在旅游纠纷中当事人举证旅游合同、宣传广告等证据主张旅行社欺诈,就意味着旅游者期望法官适用《消法》第 55 条第 1 款;若举证证明旅行社具备履行条件并且经旅游者要求仍拒绝履行合同通常意味着旅游者期望法官适用《旅游法》第 70 条。若法官意图适用的"重罪"与当事人所期望适用的条文不同,则可能出现需要补充证据或证据不足的情况,证据证明会变得更加复杂。其次,在不同的情况下,何者为"重罪"也不相同。如《消法》第 55 条第 2 款的赔偿数额

---

① 也有学者指出该条存在歧义,参见柳经纬:《违约精神损害赔偿立法问题探讨——以〈民法典各分编(草案)〉第七百七十九条为对象》,载《暨南学报(哲学社会科学版)》2019 年第 7 期。笔者认为侵权责任编第二章从损害法角度规定人身损害之赔偿项目,有准用的空间。
② 参见张红:《我国惩罚性赔偿制度的体系》,载《北大法律评论》第 19 卷第 1 辑。
③ 林德瑞:《论惩罚性赔偿》,载《中正大学法学集刊》第 1 期。
④ 周江洪:《惩罚性赔偿责任的竞合及其适用——〈侵权责任法〉第 47 条与〈食品安全法〉第 96 条第 2 款之适用关系》,载《法学》2010 年第 4 期。

规定为"所受损失二倍以下",《旅游法》70 条则为"旅游费用一倍以上三倍以下",在同时符合两个规定要件时,何者为"重罪"？综上,惩罚性赔偿虽在性质上类似于刑事犯罪,但惩罚性赔偿金的确定却比刑罚体系更灵活。故借鉴想象竞合犯理论不能够清晰地解决法律适用问题,相反还会提高司法成本。尽管惩罚性赔偿有准刑事犯罪的性质,但考虑到民事诉讼的特性与惩罚性赔偿金的相对灵活性,当事人在惩罚性赔偿体系中选择其一即可①,即旅游者可以选择主张《旅游法》第 70 条、《消法》第 55 条第 1 款或第 2 款。

(三) 旅游合同中的服务欺诈之惩罚性赔偿

与旅行社签订旅游合同的旅游者作为消费者的一种,其权益也应受到《消法》保护。在理论研究②和司法实践③中,均认可《消法》在旅游纠纷领域的适用。《旅游法》颁布后,其 70 条规定的惩罚性赔偿并非针对缔约欺诈所作的规定,而是近似于《消法》第 55 条第 2 款,所规制的是根本违约情形。故《旅游法》相关条文并没有在旅游纠纷领域替代《消法》第 55 条第 1 款。从司法实践中来看,《旅游法》实施一年后,旅游纠纷中惩罚性赔偿适用的依据绝大多数都是《消法》第 55 条第 1 款,依《旅游法》第 70 条作出的判决相当罕见。

在旅游纠纷中适用《消法》第 55 条,主要问题在于:旅行社就旅游中部分服务作出欺诈行为,能否适用惩罚性赔偿。依据通说《消法》第 55 条第 1 款中之"欺诈"要求旅行社之欺诈行为与消费者之合同签订的意思表示之间有因果关系,即该欺诈行为"诱使对方当事人作出错误意思表示"。然而,旅游纠纷领域中的欺诈行为极少是就整个旅游项目"故意虚假告知或者故意隐瞒真相",多是就饮食标准、交通方式、住宿条件、游览景点、游览方式等因素中的一部分进行虚假告知或是隐瞒真相,具有一定的特殊性④,故在适用惩罚性赔偿时就需要判断个案中的欺诈行为是否达到足以"诱使旅游者作出错误意思表示"的程度。笔者认为此种判断应以具有理性消费经验的一般消费者为标准⑤,即只有在旅行社就旅游重要事项故意虚假告知或隐瞒真相时,才可能"诱使对方当事人作出错误意思表示",适用惩罚性赔偿。

在司法实践中,此种判断有时运用得较为僵化,对于就部分住宿、交通、

---

① 谢鸿飞:《违约责任与侵权责任竞合理论的再构成》,载《环球法律评论》2014 年第 6 期。
② 黄勤武:《旅游合同研究——理论与实务的双重视角》,载易继明主编:《私法》(第 7 辑第 1 卷),华中科技大学出版社 2007 年版,第 118 页。
③ 参见广东省深圳市中级人民法院(2014)深中法民终字第 312 号、江苏省扬州市广陵区人民法院(2013)扬广少民初字第 0013 号、上海市徐汇区人民法院(2014)徐民一(民)初字第 631 号、上海市徐汇区人民法院(2012)徐民一(民)初字第 5277 号等民事判决书。
④ 杨振宏:《旅游合同违约的损害赔偿项目研究——兼论时间浪费赔偿请求权的参考价值》,载《北京第二外国语学院学报》2009 年第 7 期。
⑤ 戴志杰:《中国大陆惩罚性赔偿金之规范与实践问题》,载《法令月刊》2003 年 4 期。

旅游景点内容虚假告知、隐瞒真相的行为一般不认定为欺诈,而将是否构成根本违约作为欺诈的判断标准。如李继祥、王子乐、李昊洋与深圳市鹏运国际旅行社有限公司旅游合同纠纷案所示,旅游住宿未达约定标准,部分景点未游览,且旅行社没有预定火车票、机票,导致行程延误,法院认为被告"履行了大部分合同义务",虽存在部分违约情形,应赔偿上诉人的相关损失,但"并未构成根本违约,未使上诉人购买旅游服务的愿望落空,不存在故意告知上诉人虚假情况或故意隐瞒真实情况,诱使上诉人作出错误意思表示的行为"。①与之相似,在陈琴与袁利、马小川等旅游合同纠纷案中,法院认定被告不构成欺诈所作的论述是:"项目的主要内容与合同约定的项目相同,被告并未以虚假的旅游项目向原告推销旅游,因此不能认定为被告对原告实施了欺诈,对原告要求被告按照缴纳的旅游费用双倍赔偿的诉讼请求不予支持。"②以上案件实际都将是否构成根本违约作为缔约欺诈的判断标准。《消法》第55条第1款中的欺诈虽可能导致根本违约,但两者并不等同。缔约欺诈与根本违约的一个重要差别在于缔约欺诈注重缔约时双方的主观状态,即一方故意作出欺诈行为使另一方因此陷入错误并作意思表示,根本违约则并不注重缔约前主观状态的考察,此种双方缔约时的主观状态却在司法实践中常常被忽视。③

笔者认为,判断旅游纠纷中欺诈缔约的构成,应考虑旅行社故意告知虚假情况、隐瞒真实情况的内容对于整个旅游过程的重要性,只有欺诈行为所针对的内容对于旅程的进行、体验有重要影响,才可能导致陷入错误的旅客据此作出意思表示。具体而言:首先,对于整个旅程中的饮食标准、交通方式、住宿条件、游览景点、游览方式等因素中任一因素进行故意告知虚假情况、隐瞒真实情况,都应推定为"诱使对方当事人作出错误意思表示";其次,若欺诈行为之内容对于旅程中任一时间的游览有重大影响,如就当天整个游览行程故意告知虚假情况或隐瞒真实情况,虽仅为旅程中一天的行程,也应推定为使消费者作出了意思表示。当然,若将后者认定为缔约欺诈,则应考虑惩罚性赔偿金计算标准究以全部团费或是欺诈行为所针对的部分服务之费用为基数的问题。若旅程时间较长,旅行社仅就其中一天的行程作出欺诈行为,此时以整体团费为基数,则惩罚性赔偿数额过大,违反过罚相当原则,因此,在此种情况下,应以欺诈行为所针对的服务内容之费用为基数计算惩罚性赔偿数额。④

---

① 参见广东省深圳市中级人民法院(2014)深中法民终字第312号民事判决书。
② 参见江苏省扬州市广陵区人民法院(2013)扬广少民初字第0013号民事判决书。
③ 参见广东省深圳市中级人民法院(2014)深中法民终字第312号、江苏省扬州市广陵区人民法院(2013)扬广少民初字第0013号、上海市徐汇区人民法院(2014)徐民一(民)初字第631号、上海市徐汇区人民法院(2012)徐民一(民)初字第5277号等民事判决书中均未明确被告旅行社是否具有欺诈之故意。
④ 参见上海市徐汇区人民法院(2012)徐民一(民)初字第5277号民事判决书。

第六节 本章总结

我国惩罚性赔偿现有规范体系"分久而未合",基于各类案件在消费者身份上的相通性与各自领域的特质性,具体规范的解释与竞合问题尤为突出。理论与实务界对于各类型下焦点问题的单线厘定与规制虽有增益,但仍无法在体系上融通自洽。对此,应建立合同责任与侵权责任分野的二元惩罚性赔偿法律体系,在合同之诉与侵权之诉中分别进行法律适用。①《民法典》未直接规定合同责任之惩罚性赔偿的一般性规则。但《民法典》第1185条、第1207条、第1232条规定的侵权责任之惩罚性赔偿的主客观要件,蕴含着我国法上对惩罚性赔偿适用的"可罚性原则"的理解;《民法典》上述条款与《消法》第55条第2款、《食品安全法》第148条第2款、《商标法》第63条、《反不正当竞争法》第17条等条文共同形塑了"一般规定+特别规定"的惩罚性赔偿规范体系以及惩罚性赔偿适用要件中的分工、协调关系。② 这些在理解合同责任之惩罚性赔偿时有重要参考价值。根据侵权责任之惩罚性赔偿规范理解适用经验,以我国现行法律规定为本,建议以《消法》第55条第1款为一般性条款,以协调食品购销合同、保险合同和旅游合同等合同中涉及合同责任之惩罚性赔偿的法律适用,进行体系化整理,以期形成整体性的、协调性的合同责任之惩罚性赔偿体系,既解决现行法适用的扦格之处,又能保持一定的开放性,以回应社会对惩罚性赔偿制度在保护消费者权益上的期待。基于此,兹再总结全章,形成如下要点,期能对判例学说有所助益。

惩罚性赔偿是法定赔偿,无论合同进展到何种阶段,无论合同如何终了,均可主张。违约责任、缔约过失责任以及因合同无效、被撤销、被解除产生的责任等,这些责任都可以附加惩罚性赔偿。《消法》第55条规定的欺诈行为要件与1988年《民通意见》规定的缔约欺诈要件有出入。以最高人民法院指导案例17号和23号为典型,对《消法》第55条进行欺诈认定时,应对故意要件予以缓和,其不与意思自治发生直接联系,并且可以结合经验法则。《消法》上的"欺诈行为"构成需"欺诈故意要件",即经营者具备告知消费者虚假情况或者隐瞒真实情况的故意;"欺诈行为客观要件"即存在经营者告知消费者虚假情况,或者隐瞒真实情况的行为。

《食品安全法》第148条规定的"十倍赔偿"之适用,应实质审查是否有"食品安全问题","但书"部分要求消费者对标识、说明书瑕疵"影响食品安全"或具有"误导性"进行举证。其与《消法》第55条第1款竞合时,虽然消

---

① 参见张红:《我国惩罚性赔偿制度的体系》,载《北大法律评论》第19卷第1辑。
② 参见张红:《侵权责任之惩罚性赔偿》,载《武汉大学学报(哲学社会科学版)》2020年第1期。

费者的举证不符合十倍赔偿的要件，如果经营者构成欺诈，法院应该在合理范围内依处分原则释明可主张《消法》三倍赔偿，不应直接驳回其十倍赔偿的惩罚性赔偿的请求。

保险产品消费者能否主张惩罚性赔偿应区分情形，当保险产品具有保障功能和投资功能双重属性时，符合《消法》第 55 条所规定的"生活消费"之文义。《消法》将金融消费者接受金融服务过程中遭受欺诈的情形纳入惩罚性赔偿制度中具有积极意义。但为避免打击泛滥、动摇经济与社会稳定，应对《消法》第 55 条作限缩解释，具体量定赔偿金时，不宜以全部保险费做计算基数，否则将会不当地涵摄财务投资的风险损失。同时，排除金融机构的惩罚性赔偿责任应从保险产品是否备案、是否履行缴纳保费等义务、消费者是否领取红利及举证程度是否达到法定的证明标准四个因素入手，而不应拘泥于金融产品是否具有保障功能、购买者是否为了"生活消费"的角度。

旅游纠纷中，旅游者可视情况选择《旅游法》第 70 条、《消法》第 55 条第 1 款或者第 2 款作为惩罚性赔偿的请求权基础。旅游纠纷中欺诈缔约的构成，应考虑旅行社故意告知虚假情况、隐瞒真实情况的内容对于整个旅游过程的重要性。仅当欺诈行为所针对的内容对于旅程的进行、体验有重要影响时，才可能导致陷入错误的旅客据此作出意思表示。若旅程时间较长，旅行社仅就其中一天行程作出欺诈行为，应以欺诈行为所针对的服务内容之费用为基数计算惩罚性赔偿数额。

第十一章 侵权责任之惩罚性赔偿

第一节 本章问题

基于侵权责任而引发的惩罚性赔偿之规定散见于不同法律中,设立之初是为了解决各自领域的不同问题,没有过多考虑到法条之间的协调,相互之间虽偶有借鉴,但仍是各自为政。这种以问题为导向的立法理念有助于尽快解决实际问题但忽视了各条文之间的关联性,造成体系性缺失,给法律适用带来了困难和不确定性。因此,应厘清现有条款(主要规定在消费者权益保护领域),即《消法》第 55 条第 2 款、法释[2017]20 号(2020 修正)第 23 条、《食品安全法》第 148 条和《旅游法》第 70 条之间的关系,以构筑一个逻辑严密的制度体系。

第二节 民法典侵权责任编惩罚性赔偿制度一般条款的设置

一、民事基本法中惩罚性赔偿制度一般条款的缺失

在 2009 年《侵权责任法》制定之时,学界有过激烈讨论,一种意见是在《侵权责任法》总则性规定中规定惩罚性赔偿,但严格限制;另一种意见是仅在"产品责任"中作出有关惩罚性赔偿的规定。[1] 立法者最终选择了后者。这种选择在当时看来是恰当的,因为惩罚性赔偿制度的适用会冲击损害填补原则,是否要扩大其适用范围还需要进一步的探索。时过境迁,《民法典》第 179 条已将惩罚性赔偿规定为一种独立的民事责任形式,虽仍未明确其可进行一般性适用,却足以引发对之前选择的反思。

侵权责任之惩罚性赔偿制度的适用范围已经呈现出了逐步扩张之趋势,已有多个不同领域的法律确定了惩罚性赔偿制度,如《民法典》第 1185 条和第 1232 条就分别规定了知识产权与环境资源保护的惩罚性赔偿责任。但这些规定之间体系性缺失,彼此交叉混同且责任成立要件不明晰。最为明显的就是对侵权人主观过错的规定:《消法》第 55 条采用"明知……仍然……"的

---

[1] 杨立新:《对我国侵权责任法规定惩罚性赔偿金制裁恶意产品侵权行为的探讨》,载《中州学刊》2009 年第 2 期。

方式来规定;《食品安全法》第 148 条同样采用这样的方式表述但只适用于食品销售者,对生产者采取无过错责任原则;《商标法》第 63 条用"恶意"一词进行表述;《民法典》第 1232 条则用"故意"来表述。鉴于此,亟需一个惩罚性赔偿的一般规定,整合这些条款的解释适用。

《侵权责任法》第 47 条,即产品责任之惩罚性赔偿,不仅在适用范围上不能涵盖现有的惩罚性赔偿制度,因其本身规定之漏洞更是难以指引其他条款的适用。在聚法案例库、北大法宝等数据库以"惩罚性赔偿""侵权责任法""第 47 条"三个关键词查询,发现自《侵权责任法》2010 年 7 月 1 日施行至今,在现行可查的判决书中,以《侵权责任法》第 47 条判处惩罚性赔偿的仅有 1 例。① 《消法》第 55 条第 2 款关于惩罚性赔偿的规定基本沿袭了《侵权责任法》第 47 条,其中"商品"与"产品"作相同理解,但将惩罚性赔偿的范围扩大到了"服务",并明确规定了惩罚性赔偿数额的确定方式,为法官判案提供了更为明确的标准,这在一定程度上就弱化甚至取代了《侵权责任法》第 47 条作为产品和服务侵权责任之惩罚性赔偿一般性规定的地位,造成了其难以单独成为裁判依据的困境。② 《民法典》第 1207 条仍基本沿袭《侵权责任法》第 47 条,又在第 1185 条、第 1232 条中规定了知识产权和生态环境损害责任之惩罚性赔偿,仍旧不足以解决该问题。

二、在民法典侵权责任编设置惩罚性赔偿的一般条款

侵权责任之惩罚性赔偿制度最主要的目的是惩罚恶意侵权人,产生威慑和预防作用,并进一步地弥补受害人的损失。补偿性赔偿金可能不足以弥补受害人的真正损失,受害者可能遭受法律经济分析中所认识到的"理性的冷漠",即当花费与预期的审判结果相比较,受害人可能会发现它太昂贵以至于不能对侵权行为人提起诉讼。③ 反对惩罚性赔偿的理由为:"惩罚性赔偿金违反了惩罚性法律的原则,在侵权法下授予惩罚性赔偿金违背了刑法与私法的分离。"④在没有刑事诉讼程序保障的情况下,很难保证被告人的财产权不会因他人请求惩罚性赔偿而遭受侵害,并且会把民事被告置于因一个民事行为而遭受双重惩罚的不利局面中。因此,在对侵权责任之惩罚性赔偿的一般规定进行设计时,要综合考量支持和反对的两种观点,既要原则上肯定惩罚性赔偿制度的作用,又要在构成要件上对其作出严格限制,以防止一般性规定造成惩罚性赔偿的滥用。

---

① 参见河北省东光县人民法院(2014)东民初字第 379 号民事判决书。
② 白江:《我国应扩大惩罚性赔偿在侵权责任法中的适用范围》,载《清华法学》2015 年第 3 期。
③ 〔奥〕赫尔穆特·考茨欧、瓦内萨·威尔科克斯:《惩罚性赔偿金:普通法与大陆法的视角》,窦海洋译,中国法制出版社 2012 年版,第 278 页。
④ 同上书,第 383 页。

本书认为该一般性规定应包含以下构成要素:第一,主观要件上,要求行为人故意,包括直接故意和间接故意;客观要件上,要求行为人实施了侵权行为。第二,法律效果上,要求造成被害人死亡或严重健康损害,损害结果是侵权责任之惩罚性赔偿的前提,也是惩罚性赔偿金的计算基础。第三,赔偿金的计算以受害人的损失为基数,同时设置恰当的比例范围,允许法官根据实际情况灵活适用,做到过罚相当。第四,设置指引性规定,当特别法另有规定的准许适用其规定,确保不同领域部门法对惩罚性赔偿制度的特殊需要。综合以上要素,建议在《民法典》侵权责任编第二章"损害赔偿"中增加一条:"行为人故意侵害他人民事权益,造成他人死亡或者健康严重损害的,被侵权人有权请求惩罚性赔偿,其他法律对惩罚性赔偿另有规定的,依照其规定。"

第三节　商品及服务侵权之惩罚性赔偿的一般规定:《消法》第 55 条第 2 款

在我国现行法律体系中,侵权责任之惩罚性赔偿主要发生在消费者权益保护领域,非消费者权益保护领域中的惩罚性赔偿主要是指《商标法》第 63 条规定的恶意侵犯商标权之惩罚性赔偿,本书在其他章节对此进行了讨论。消费者权益保护领域的惩罚性赔偿又分为商品和服务两类,包括《消法》第 55 条第 2 款、《食品安全法》第 148 条、《旅游法》第 70 条以及法释〔2017〕20 号(2020 修正)第 23 条。《消法》第 55 条第 2 款为消费者权益保护领域惩罚性赔偿的一般条款,应在遵循《民法典》侵权责任编中惩罚性赔偿之一般条款的前提下,配合、补充其他条款共同解决商品和服务侵权之惩罚性赔偿问题。对于《消法》第 55 条第 2 款的规定,朱广新教授认为,该条文使"我国惩罚性赔偿制度终于脱胎换骨,趋于规范化,完全可称作一种十分规范的惩罚性赔偿规定"[1]。将该条文确立为消费者权益保护领域之惩罚性赔偿的一般规定,对于整个体系的建立和完善有极大的作用,但对该条文的解释适用需要明确以下几点。

一、商品包括医疗产品

《消法》第 55 条第 2 款规制的是"商品"缺陷问题,而《侵权责任法》第 47 条(《民法典》第 1207 条)规制的是"产品"缺陷问题,其中"产品"一词和《产品质量法》中的"产品"是同义。[2] 那商品是否能与产品作同一理解?实务中

---

[1] 朱广新:《惩罚性赔偿制度的演进与适用》,载《中国社会科学》2014 年第 3 期。
[2] 参见最高人民法院侵权责任法研究小组:《〈中华人民共和国侵权责任法〉条文理解与适用》,人民法院出版社 2016 年版,第 300 页。

医疗产品可以视为产品,但一般不认为是商品,比如血液。因输血导致感染乙肝病毒可以依照《侵权责任法》第 47 条(《民法典》第 1207 条)主张惩罚性赔偿,但不可依照《消法》第 55 条第 2 款主张惩罚性赔偿。但《产品质量法》中将"产品"界定为"经过加工、制作,用于销售的产品","用于销售"这一限定明显可以感受到立法者将"商品"和"产品"作同等理解,并且若产品被制造却不流通于市场是不会对消费者造成伤害的。同时法释[2017]20 号(2020 修正)第 23 条已经肯定了医疗产品侵权可以适用惩罚性赔偿,且规定完全沿用了《消法》第 55 条第 2 款,这也间接证明了医疗产品也是商品。

二、"经营者"和"消费者"的范围

医疗责任纠纷中,患者和医院的关系很难受到《消法》的调整,毕竟对于患者是否为消费者、医方是否为经营者以及医疗合同是否为消费合同等问题一直存有分歧。主流观点认为,患者到医院进行医疗所给付的价金与生命的挽救之间不能简单地理解为对价关系。生命的挽救是神圣的,不可用金钱来直接评估。有判决指出,"在医患关系中的医院一方,尤其是如长沙市中心医院这类公立的、非营利性的医院,医方对患者进行治疗不能视为一种商业行为。医院的'非营利性'特点与一般经营者存在着明显不同,因此不能将医患关系中的医方和患者等同于交易关系中的交易双方,不能将医患关系视为一般的交易关系,将其纳入《消法》的调整范围。"①长期以来,只要患者以《消法》主张惩罚性赔偿总是面临各种障碍。若肯定受害人有权依照《消法》第 55 条第 2 款主张惩罚性赔偿,既明确了法官在赔偿金上的酌减权,也有利于保障医疗公益事业的顺利发展。

三、赔偿基数

该条虽然规定,在侵权之诉中,有权要求所受损失的两倍赔偿,但并没有规定"所受损失"一词的含义与范围,因为《消法》第 49 条规定的法定赔偿项目有"等"字。法律用语的不统一招致了裁判困惑。比如有的法院明确指出此处的两倍赔偿是指"全部损失",认为"被告巢礼发应赔偿原告丧葬费、死亡赔偿金、交通费、误工费共计 150257.1 元,应赔偿原告精神损害抚慰金 20000 元,并应赔偿原告所受损失一倍的惩罚性赔偿,即 150257.1 元+20000 元=170257.1 元"②。揆诸现有判决,对于精神损害赔偿金究竟如何公允、妥适地量化为具体的货币,历来因裁量标准过于抽象、过分依赖心证、衡量指标过多、巨大裁量权未受合理限制等实务问题饱受批评。故完全抹杀精神损害赔偿金、不将其作为此处"所受损失"的范围确实不太合理。此外,在个案

---

① 参见湖南省长沙市中级人民法院(2015)长中民再终字第 00529 号民事判决书。
② 参见江西省安福县人民法院(2016)赣 0829 民初 1272 号民事判决书。

中,当惩罚性赔偿要件过于严苛且填补性赔偿又不足以弥补实际损害时,应突出精神损害赔偿金的惩戒、吓阻功能,肯定其属于此处的"所受损失"的涵摄范围,并结合此处的倍数加以判定,方合公允。

残疾赔偿金和死亡赔偿金的算定也不无争议。虽然"被扶养人生活费"一项未在《侵权责任法》和《民法典》中明文规定,且有观点指出"《侵权责任法》已用残疾赔偿金和死亡赔偿金吸收了被扶养人的扶养丧失赔偿"①。但也有不同裁判意见指出:"虽然《侵权责任法》用残疾赔偿金和死亡赔偿金吸收被扶养人生活费项目,但被扶养人生活费项目依然有其存在的必要。"②本书认为,虽然《侵权责任法》和《民法典》无此赔偿项目,但在《侵权责任法》实施当天,最高人民法院发布了法发[2010]23号,其第4条中的"计入"一词清楚地表示不取消被扶养人生活费这一赔偿项目,将被扶养人生活费的数额另行计算。2021年1月1日公布实施的法释[2020]17号也对法释[2003]20号作出修订,新增的第16条照搬了法发[2010]23号第4条的规定。《侵权责任法》和《民法典》规定的是"狭义的死亡赔偿金",将被扶养人生活费的数额与"狭义的死亡赔偿金"相加可称为"广义的死亡赔偿金"。虽然关于死亡赔偿金问题历来就没有达成过共识,争论也从未停息,但本书如此解释《消法》力求做到利益平衡,以挽救《消法》的未周之憾。

四、"明知"的含义

"明知"与故意究竟如何区分以及举证责任如何分配有待深入探讨,因此有学者就认为"明知"不是主观过错的规范表述,建议将主观归责标准统一规定为"故意或重大过失"。③《食品安全法》第148条和法释[2017]20号(2020修正)第23条也使用了"明知"一词,且都存在相同的困境,在此明确"明知"一词的含义和用法有助于提升整个体系的一致性。实际上,"明知"一词适用范围广泛,《民法典》第731条(《合同法》第233条)、第1207条(《侵权责任法》第47条)以及《票据法》第12条等法律均有运用。《食品安全法》中,除第148条第2款中使用了"明知"外,第122条第2款、第123条第2款都使用了该表述。由此可知,"明知"在民事法律中已形成相对固定的用法,即针对某种风险的认识状态。此类风险性状态或是由他人的先前行为所致,如经营者明知生产者所生产的商品存在缺陷,这一状态并非由经营者的行为所致;或是行为人行为的整体性后果,例如生产者生产出存在缺陷的商品。在前一情形下,行为人对特定风险已不可控,故对已有风险的发生

---

① 参见最高人民法院侵权责任法研究小组:《〈中华人民共和国侵权责任法〉条文理解与适用》,人民法院出版社2016年版,第140页。
② 参见内蒙古自治区巴彦淖尔市(盟)中级人民法院(2017)内08民终1339号民事判决书。
③ 高圣平:《食品安全惩罚性赔偿制度的立法宗旨与规则设计》,载《法学家》2013年第6期。

并无"故意"而只是在认知层面认识到这一事实,其具备故意的行为是不考虑已有风险的存在而将标的物视为无瑕疵从而使风险继续存在乃至于扩大。对于后一情形,虽然主体自身的行为造成了风险后果,但实际上主体对作为整体性后果的风险并不一定是直接可控的。例如,一家卫生环境较差的食品作坊,其生产行为并未明显违反相关规范,但由于其所处地区水质、空气以及生产场地环境的原因,使得其产品不符合食品安全标准,那么不符合食品安全标准这一生产活动的"整体性后果"并不是生产者的直接故意所导致的,其对这一结果的控制也受到其他因素的阻碍。

从行为可责性角度能够更好地理解"明知"这一概念在使用上的特点,仅就生产者生产出存在缺陷的商品而言,实际并不具备可责性,具备可责性的实际是生产者将该类商品输入市场的行为;经营者购入缺陷商品的行为也不具备民法上的可责性,具备可责性的是其以具有缺陷的商品在市场中经营的行为。实际上《消法》第 55 条第 2 款对于经营者主观过错的完整表述应为"明知存在缺陷仍然生产和销售","明知"是意识因素,表明经营者对风险状态的认识;"仍然生产和销售"是意志因素,具有可责性。若在主观归责标准上,依有关学者的建议统一使用"故意或重大过失"①,不考虑实体上立法选择的问题,这样的表述首先不能够强调行为人对风险状态的认知,并且在相关法律规定了生产、经营活动诸项义务的前提下,履行法定义务后对风险状态的认知实际是是否承担民事责任的关键所在。综上,本书认为"明知"这一主观表述在我国民事法律中已经具备规范意义,并无被替代的必要。

至于"明知"责任的举证分配问题,有的法官大胆地将"明知"的举证责任倒置给经营者,谓"因适用惩罚性赔偿的另一构成要件为主观要件,消费者难以证明销售者的主观心理状态,应由销售者对其主观上并非明知是不符合食品安全标准进行举证,否则应承担举证不能的后果"②。但也有法官认为"明知"的举证责任仍归受害人,否则驳回惩罚性赔偿,谓"虽然原告提交的证据证明北京阳光一佰生物科技有限公司生产的部分山芪参胶囊存在添加违法成分的问题,但原告未能提交有效证据证明被告销售给原告的产品存在添加违法成分的情形及被告对此是明知的"③。其实正如上文所提到的,在相关法律规定了生产、经营活动诸项义务的前提下,履行法定义务后对风险状态的认知实际是是否承担民事责任的关键所在。既是法定义务,理应由经营者举证证明其是否充分履行了法定义务,以解决"明知"的证明问题,同时若是履行义务后应当对商品缺陷情况有所了解的,经营者也要因此而承担责任,"明知"应包含"应知"。当然不同行业不同类型的经营者,其法定义务

---

① 高圣平:《食品安全惩罚性赔偿制度的立法宗旨与规则设计》,载《法学家》2013 年第 6 期。
② 参见广西壮族自治区南宁市中级人民法院(2016)桂 01 民终 1066 号民事判决书。
③ 参见山东省胶州市人民法院(2013)胶民初字第 5214 号民事判决书。

也各不相同,对于履行法定义务之后是否能对商品缺陷明知或者应知需要法官根据实际情况具体裁量。如有经营者就指出该产品"……是有国家正规批号的且有其他地区的药品检验所检验合格的检验报告,被告在进货和销售过程中已尽到了形式上的审查义务,作为食品药品经销商,被告并没有对产品进行检测的能力和技术,因此,不能认定被告在销售北京阳光一佰牌山芪参胶囊时存在明知的主观故意"[1]。按此逻辑,几乎在所有的案件中,销售者一般都没有检测能力,销售者几乎永远也不具备"明知"要件。因此法官裁量过程中既不能过于加重经营者之义务,又不可使救济受害者的目的落空。

综上所述,要对《消法》第55条第2款中"商品""消费者""经营者"的认定作适当的扩大,使医疗产品侵权和医患关系也适用于《消法》,明确"损失"应包含精神损失和被扶养人生活费,坚持"明知"的固定用法,这里"明知"包含"应知"且迥异于"故意"。如此才更能确定该条款为商品和服务领域侵权责任之惩罚性赔偿一般性条款,以指引《食品安全法》《旅游法》和法释〔2017〕20号(2020修正)第23条的适用。

第四节　产品责任之惩罚性赔偿:《食品安全法》第148条

2015年施行的《食品安全法》第148条确立了两种并行的惩罚性赔偿。一种基于合同责任产生,不要求造成实际损失。另一种基于侵权责任产生,要额外证明实际损害。可实际上合同责任之惩罚性赔偿与侵权责任之惩罚性赔偿所要规范的行为是有差别的,一个所要规范的是经营者对消费者的"误导"行为,另一个所要规范的则是"食品安全"问题对消费者造成的健康损害,两者法理基础不一样,规范要件的构成也应不同。《食品安全法》第148条用"生产和销售不符合食品安全标准的食品"这一个规范要件同时规制了两种行为,这种做法必然会造成法律适用的混乱,需要将食品合同领域和食品侵权领域的惩罚性赔偿制度适度区分开来,如同《消法》第55条第1款和第2款,分别规定。本节主要探讨的是食品侵权责任之惩罚性赔偿的规定。

一、食品安全标准之反思

依照《食品安全法》第148条之文义,不论提起侵权之诉,还是合同之诉,都需要举证食品"不符合食品安全标准"。但我国食品安全标准数量极

---

[1] 参见山东省胶州市人民法院(2013)胶民初字第5214号民事判决书。

多，且这些标准散落在农业部、原卫生部、原质检总局等 10 个国家部委。①且全国人大法制工作委员会行政法室编著的《〈中华人民共和国食品安全法〉释义及实用指南》一书中也直言不讳地表述了"我国的食品安全标准存在部分标准之间不协调、重要领域尚未制定国家标准、与国际标准差距较大"的问题。② 如何妥适解决侵权责任之惩罚性赔偿的构成要件问题，扫清因现有食品安全标准的矛盾、阙漏等问题带来的障碍，有待深入研究。司法实践中，就有法官直接以食品虽违反食品安全标准但不会造成实质性损害为由驳回了惩罚性赔偿。③ 还有些法官审判时过分依赖行政机关作出的"专业性"报告。④ 食品安全标准的判断涉及复杂的价值判断。有学者更是质疑"将行政机关审核准予销售的产品纳入司法审查，是否存在越权"，并指出："是否符合食品安全标准涉及过多不熟悉的技术问题，超出了法官的能力，更超出了司法管辖的范围。"⑤

食品侵权责任之惩罚性赔偿制度真正的目的在于惩罚那些生产和销售会给消费者造成健康损害的食品的行为，因为侵权责任之惩罚性赔偿要求以造成实际损害为前提，而只有不符合实质标准即狭义的"食品安全"的食品才有对消费者造成健康损害的可能。现行的食品安全标准虽与食品安全有极大联系，但并不是所有违反食品安全标准的食品都会影响食品安全，这一点在食品标签问题上尤为突出。虽然《食品安全法》第 148 条第 2 款规定"不影响食品安全且不会对消费者造成误导的食品标签除外"，可实际上还是不能完全弥补食品安全标准本身所存在的诸多不足。如参照《消法》第 55 条第 2 款中"缺陷"一词的用法，将形式标准即"食品安全标准"替换为狭义的"食品安全"或是一个合适的出路。"缺陷"一词依据《产品质量法》第 40 条是指"产品存在危及人身、他人财产安全的不合理危险；产品有保障人体健康和人身、财产安全的国家标准、行业标准的，是指不符合该标准"。而《食品安全法》第 150 条是指"食品无毒、无害，符合应当有的营养要求，对人体健康不造成任何急性、亚急性或者慢性危害"。若参照上述理解，"食品安全"的完整表述应为"食品无毒、无害，符合应当有的营养要求，对人体健康不造成任何急性、亚急性或者慢性危害。食品有保障人体健康的国家标准、行业标准的，是指不符合该标准"。这样既更契合该法条之立法目的，维护食品消费者的合法权益，又将食品安全的实质标准和形式标准结合了起来，解决了现行"食品安全标准"单独作为构成要件所造成的诸多弊端。

---

① 廖斌、张亚军：《食品安全法律制度研究》，中国政法大学出版社 2013 年版，第 140 页。
② 全国人大常委会法制工作委员会行政法室：《〈中华人民共和国食品安全法〉释义及实用指南》，中国民主法制出版社 2015 年版，第 119—121 页。
③ 参见江苏省兴化市人民法院(2016)苏 1281 民初 6599 号民事判决书。
④ 参见上海铁路运输法院(2017)沪 7101 民初 366 号民事判决书。
⑤ 沈小军：《食品安全案件审理中法官的适度谦抑》，载《法学》2018 年第 2 期。

二、生产者主观归责要件之探讨

关于《食品安全法》惩罚性赔偿适用的主观要件,从第148条第2款的规定来看,在形式上,立法者对生产和经营两种行为采用了不同的主观归责标准。对于食品的生产者,只要生产了不符合食品安全标准的食品即可适用惩罚性赔偿;对于食品的销售者,要求"明知"其销售的食品不符合食品安全标准。这里的"明知"与《消法》第55条第2款作一致理解,而对于生产者并无此要求。这一主观要件上的设计是立法过程中的有意安排。立法过程中有观点认为,生产者生产不符合标准的食品的行为不存在是否明知的问题。该观点后来得到了法律委员会的认可。[①] 但有学者对此种安排提出批评,主要理由是:(1) 基于惩罚性赔偿主要针对恶意的、在道德上具有可责难性之行为的特性,对因一般过失或轻微过失而生产了不符合安全标准的食品的生产者实施惩罚性赔偿"过于严厉"。[②] (2) "明知"一词不是对主观状态的规范表述,不能明确其含义究竟为确实知道、应当知道还是推定知道,并且与《消法》欺诈缔约中的主观要件——"故意"不一致。[③] (3) 生产者的"明知"要件较易认定,规定生产者和销售者相同的主观要件不会引起适用上的差异。[④]

本书认为,首先,我国的惩罚性赔偿制度公法色彩相当强烈,对因一般过失、轻微过失而生产不符合安全标准的食品生产者适用惩罚性赔偿确实有利于提高生产者的注意程度,而提高食品安全状况的确是《食品安全法》的核心价值。然而依《食品安全法》第33条规定,食品的生产、经营符合食品安全标准是生产者、经营者的法定义务,但这并不意味着对义务的违反不存在主观状态上的不同。例如《食品安全法》第34条第7项禁止生产、经营病死、毒死或者死因不明的禽、畜、兽、水产动物肉类及其制品,若生产者进货过程中被供货方隐瞒以致购买到病死肉类且未能通过检验发现,所生产出的成品不符合食品安全标准显然难说是生产者故意所致。因此,前述"生产者生产不符合食品安全标准的食品,在主观上实际均体现为故意"的观点,在逻辑上是错误的,同样可以"明知"来规定生产者的主观过错,且能使体系更加一致。

---

① 全国人大常委会法制工作委员会行政法室:《〈中华人民共和国食品安全法〉解读》,中国法制出版社2009年版,第271页。
② 高圣平:《食品安全惩罚性赔偿制度的立法宗旨与规则设计》,载《法学家》2013年第6期;杜国明:《我国食品安全民事责任制度研究——兼评〈中华人民共和国食品安全法(修订草案)〉》,载《政治与法律》2014年第8期。
③ 李响:《我国食品安全法"十倍赔偿"规定之批判与完善》,载《法商研究》2009年第6期。
④ 高圣平:《食品安全惩罚性赔偿制度的立法宗旨与规则设计》,载《法学家》2013年第6期。

三、与《消法》第55条的关系

综合上述分析,《食品安全法》第148条中食品侵权部分的惩罚性赔偿规定应为:"生产者和销售者明知食品存在安全问题仍然生产和销售的,消费者除要求赔偿损失外,还可以向生产者或者经营者要求支付损失三倍的赔偿金;增加赔偿的金额不足一千元的,为一千元。"该条是《消法》第55条在食品安全领域的特别规定。目的在于惩罚生产者和销售者明知食品存在安全问题仍然生产和销售这一性质更为严重的违法行为,因此对具体的法律要件进行了不同于《消法》第55条的规定,加重了经营者的责任,更好地保护了食品消费者。这些不同规定体现在:一是采用了实质标准,即"食品安全"为构成要件,"食品安全"要比《消法》中的"产品缺陷"更加严格;二是对于"损失"没有限制为"死亡或者健康严重损害";三是赔偿标准为损失的三倍,高于《消法》。尽管有特别规定,但为了保证法律适用的明确与体系的协调性,应与《消法》第55条保持一定程度的一致性,即在"明知"含义的确定与必须包含"损失"要件上与《消法》保持一致。

第五节 医疗产品致损之惩罚性赔偿: 法释[2017]20号(2020修正)第23条

区别于医疗服务合同违约、欺诈等行为引发的惩罚性赔偿,因医疗产品存在缺陷引发的惩罚性赔偿诉讼并不常见。以"惩罚性赔偿""医疗产品""缺陷"三个关键词在聚法案例数据库中查询,显示共27篇文书。查看"本院认为"部分,发现因医疗产品存在缺陷提起的惩罚性赔偿均被驳回,其中因天津晶明新技术开发公司的医疗产品而引发的诉讼共18件,占比66.7%。该案自发生之日起,媒体持续跟踪报道,涉及面广,受害人群较多,案件较为典型。以鲍士山与天津晶明新技术开发有限公司、北京大学第三医院医疗损害责任纠纷案为例。① 法院委托的鉴定机构认可的案情为:患者因眼部不适,到北医三院治疗,因医院使用了不合格的气体导致左眼无光感(失明),产生了一系列费用;而北京市海淀区法院因气体成分无法确定,认为晶明公司不构成"明知",不支持原告的诉讼请求。本书认为,技术上的原因不应该归责于当事人,因医疗产品致害引发惩罚性赔偿的法律适用,需要从体系上加以调适。

一、缺陷要件与明知要件认定之缓和

1. 缺陷要件的认定。法释[2017]20号(2020修正)第23条将医疗产品

---

① 参见北京市海淀区人民法院(2016)京0108民初3311号民事判决书。

缺陷引发的惩罚性赔偿予以明确具有重要意义,结束了以往对《消法》第55条第2款能否作为请求权基础的争论。以往法院多以医患关系不适用《消法》为由驳回患者的惩罚性赔偿请求①,导致赔偿严重不足、"医闹"等多重问题的产生。但该条文并未对"缺陷"之意涵进行明确,解释上应沿用《产品质量法》第34条之规定,但从该条文看不出医疗产品缺陷的认定必须经过行政前置程序,司法鉴定也不是必经程序。法院在鲍士山案判决中指出"……无法明确该气体中毒成分,且在诉讼中也无法通过司法鉴定的程序对气体的中毒成分予以确认……"②。其实,产品是否有缺陷不仅仅看气体的成分,即使气体完全合格,具备了司法鉴定的条件,也不能直接肯定医疗产品不存在缺陷。换句话说,"气体的中毒成分确认"与否与产品存在缺陷之间,前者只是充分条件之一,不是全部。缺陷的认定标准在于《产品质量法》第34条规定的"不合理危险"。而产品是否存在缺陷,其实该案的鉴定结论已经有表述,"按照标准眼用气体中的全氟丙烷含量不得少于99.5%,但2盒送检药品中一盒的含量为0%,另一盒为95%"。再者,由于使用该产品失明的人起诉到法院的案件已经不少,通过案件的数量进行推断,产品存在缺陷的盖然性已经很大。

2. 明知要件的认定。对于明知要件,历来是受害人面对的一道难关。就本案而言,法官的处理思路是要查明究竟何种原因导致气体不合格才能认定生产者是否明知,因此首先要查找气体的成分,由于气体成分无从知悉,因此杂质气体的成因也无法得知,故难以认定生产者的明知状态,至多认定为"应当知道却因疏忽大意而未知"。反观其他案件,在聚法案例库中,以"明知""缺陷"作为"本院认为"部分的两个关键词,同时将案由锁定为"医疗损害责任纠纷",排除鲍士山案后,发现我国法院目前将明知等同于故意,且故意的认识内容为加害人身权。③ 也有的法院认为,明知需要提供鉴定,如果鉴定意见为认识不足,那么也不具备"明知要件"。④ 法释[2017]20号(2020修正)第23条中"明知"要与《消法》第55条第2款中的"明知"作一致的理解和适用。法院在判定医疗产品经营者是否为明知时要看其是否充分履行了法律规定的各种经营义务,经营者对此负举证责任。当然由于医疗产品范围广、种类多,需要法官具体情形具体分析。法释[2017]20号(2020修正)第25条也指出:"本解释所称的'医疗产品'包括药品、消毒药剂、医疗器械等。"本案是因气体有问题导致失明而要求惩罚性赔偿的,法院以"该公司已为所生产的眼用全氟丙烷气体办理了医疗器械注册证"为由驳回显然有待

---

① 参见福建省厦门市中级人民法院(2013)厦民终字第3165号民事判决书。
② 参见北京市海淀区人民法院(2016)京0108民初3311号民事判决书。
③ 参见四川省泸州市江阳区人民法院(2014)江阳民初字第3200号民事判决书;福建省厦门市中级人民法院(2013)厦民终字第3165号民事判决书。
④ 参见河南省濮阳市华龙区人民法院(2015)华法民初字第2762号民事判决书。

商榷。一方面,"眼用全氟丙烷 C3F8 气体"本身不同于医疗器械,"眼用全氟丙烷 C3F8 气体"实际上是法释[2017]20 号(2020 修正)第 25 条规定的药品中的一类;另一方面,具有医疗器械注册证不排除在取得资格证以后从事违法行为。而且,医院完全能以医疗产品流转次数多、不能确定具体侵权人,比如可能是仓储、运输等环节出了问题等理由抗辩。"明知"要件针对的是"医疗产品有缺陷",至于对损害生命、健康权是直接故意还是间接故意另当别论。本书认为可以从如下各方面认定。

一是未履行查验义务。医疗产品不论研发、生产还是销售都有严格规定,一个具有资格的主体应该认真履行法律规定的供货审查义务,程度上至少比一般产品高,如果对产品合格标识、生产日期篡改等问题都没注意到,很显然未履行法定的查验义务,可认定为"放任"心态。比如怠于清理超期的药品,医疗产品缺少产品批号,未审查进货合同前手的名称和许可资格(《药品生产许可证》《药品经营许可证》《制药许可证》《医疗单位制剂许可证》等)或者产品本身的合格文件少而未仔细查验等。但是,对于履行的查验义务少,比如应该要求生产商提供多项检测报告而仅仅要求提供某些检测报告的,或者提供的《合格证书》只是复印件而原件丢失或者手续不齐全等情形还不足以直接认定"明知",需结合其他证据。毕竟材料不全,不能等于医疗产品有质量缺陷。

二是虽经查验,但医疗产品问题过于明显。比如医疗产品的很多性能指标等都不符合相应质量标准的要求、标示上的执行标准业已失效,或者医疗机构本身为了延长产品的买卖期间更换批号、日期的等等。此外,认可医方举证质检报告、合格证、符合国家标准、行业标准、合同目的的特定标准更合适。如果意图免责,由医方举证患者自身原因使用不当导致医疗器材出现断裂等问题,有法院考虑了患者的举证难度问题采取了此做法,谓:"谭燕飞作为患者对于无法提供断裂螺钉的实物或相关质检报告并不负有过错。佛山市中医院抗辩主张其使用的医疗器械不存在缺陷,对此应承担举证责任。"①这种裁判妥善保护了信息严重不对称的患者,殊值肯定。

三是以往已经发生过医疗诉讼或者因他人投诉被质监局要求整改,又发生诉讼的。经历过审判的人至少对产品的问题知悉,毕竟以往有过诉讼历史的医疗机构应该更加清楚。医疗机构作为法人不能以内部职工的原因免责,是否明知还是依照通常情形判定。

二、法释[2017]20 号(2020 修正)第 23 条与《消法》第 55 条第 2 款关系

法释[2017]20 号(2020 修正)第 23 条借鉴了《消法》第 55 条第 2 款的

---

① 参见广东省佛山市中级人民法院(2017)粤 06 民终 6343 号民事判决书。

措辞。反观"鲍士山案"①的判决,判决书这样记载:"受害者 1990 年生,父母无经济收入、无劳动能力……晶明公司赔偿……一百零二万九千九百四十三元八角七分。"对于一名失明的青年受害人而言,仅仅赔偿约 102 万元侧面反映出医疗产品侵权之诉中精神损害赔偿金偏低、举证责任规则刻板、惩罚性赔偿要件过于严苛以及"第三人损害"赔偿制度缺失等问题,对受害人以及年迈的家庭成员保护不周也侧面反映出惩罚性赔偿的确没有发挥应有的效果。因此,本书认为可以从法释[2017]20 号(2020 修正)第 23 条与《消法》第 55 条第 1 款和第 2 款的关系入手,以妥善保障受害人。

法释[2017]20 号(2020 修正)第 23 条既然肯定了"侵权之诉可以附带地请求损失两倍以下的惩罚性赔偿",也同样可以目的性扩张解释为"合同之诉可以附带地请求价金的三倍赔偿",且请求权基础为《消法》第 55 条第 1 款。在法释[2017]20 号(2020 修正)第 23 条出台之前,有部分法院就已发现侵权类型的惩罚性赔偿对受害人保护不周的问题,尝试肯定合同类型的惩罚性赔偿对被害人予以救济。② 有条件地肯定《消法》第 55 条第 1 款适用于医患关系并无明显不当。本书主张侵权之诉可以附带地主张合同类型的惩罚性赔偿,不必拘泥于侵权类型的惩罚性赔偿。实际上,早就有部分法院肯定了这种做法,即:认可被害人通过侵权之诉获得精神损害赔偿,在惩罚性赔偿责任中不适用"损失"两倍这种类型的惩罚性赔偿责任,而适用价金三倍这一类型的惩罚性赔偿。③

如此,肯定惩罚性赔偿制度的独立性,不依赖于填补之诉。这种做法其实不仅对法院方便,对受害人保护也很充分。毕竟欺诈的情形极为广泛,几乎无处不在,比如发布虚假广告、隐瞒没有美容类资格证书仅仅有医疗职业证书④、不如实履行告知义务⑤、故意隐瞒收费项目⑥等。法释[2017]20 号(2020 修正)将医疗美容也纳入了医疗服务的范围,最高人民法院加大了打击力度,这实际上也变相肯定了可以追究美容类医疗服务的欺诈行为。比如有法官指出"未取得《医疗机构执业许可证》的情形下,擅自开展医疗美容活动,导致原告在接受美容服务的时候受伤致残,原告有权要求被告赔偿损失。考虑到原告在进行激光治疗之前脸上已存在斑痕,本院按其实际损失的一倍予以支持"⑦。

---

① 参见北京市海淀区人民法院(2016)京 0108 民初 3311 号民事判决书。
② 参见湖北省当阳市人民法院(2015)鄂当阳民初字第 2092 号民事判决书。该案法院支持了被害人"选择侵权之诉主张填补性赔偿责任,选择价金三倍类型的惩罚性赔偿责任"的做法。
③ 参见北京市第三中级人民法院(2016)京 03 民终 10935 号民事判决书。
④ 参见江苏省淮安市清河区人民法院(2016)苏 0802 民初 4897 号民事判决书。
⑤ 参见上海市第二中级人民法院(2015)沪二中民一(民)终字第 2195 号民事判决书。
⑥ 参见广东省广州市中级人民法院(2015)穗中法民一终字第 3216 号民事判决书。
⑦ 参见湖北省当阳市人民法院(2015)鄂当阳民初字第 2092 号民事判决书。

也许读者会质疑,认为医患关系不应适用《消法》调整,但是因为医院本身既承担服务的职能,收取医疗服务费,同时收取医疗产品价金,故区分情形:如果以药养医、加价销售导致药品本身价格昂贵,基于对价平衡的考虑,医院此时是销售者,甚至可以认定为商主体,并且本身天然地具备资讯优势和专业知识。虽然十九大报告已经明确了"全面取消以药养医……",不是犹抱琵琶半遮面的态度,但药品改革的落实可能困难重重,故医患关系不宜在现阶段当然地、一律排除《消法》的适用。不否认竞合时选择合同诉由进而主张欺诈型的惩罚性赔偿,淡化甚至架空了法释[2017]20号(2020修正)第23条严苛的构成要件。对于请求权竞合问题,不同的学说和裁判意见也一直存在争论,从未停息,比如请求权之间是否互相影响等。但若肯认受害人享有选择起诉角度的权利,有利于缓解紧张的医患关系。

综上所述,惩罚性赔偿制度是一类独立的法律责任,与受害人选择侵权之诉还是合同之诉无必然因果关系;受害人选择的填补性赔偿之诉的类型不应该影响惩罚性赔偿之诉。同时,应该肯定惩罚性赔偿制度的调和功能,如果填补性赔偿责任难以充分、周密地保障被害人,可以从宽把握"欺诈"要件,比如参酌上述法院的做法,认定合同履行阶段亦可发生《消法》第55条第1款意义上的欺诈行为("收费项目及收费数额上存在欺诈"),以便受害人更容易获得惩罚性赔偿金,让惩罚性赔偿发挥应有效果,妥善、周密地保障受害人利益。

表 11-1 请求权聚合规范之对比分析

请求权聚合类型	填补性赔偿责任请求权(竞合)		惩罚性赔偿责任请求权
	产品责任	合同责任	法定责任
债权人利益	固有利益	信赖利益、履行利益	额外利益
障碍形态	加害给付	缔约欺诈、违约行为	(一)明知缺陷仍生产、销售+死亡或者健康严重损害 (二)欺诈行为
损害形态	瑕疵结果损害:固有利益	瑕疵损害:产品自伤、替代用益之费用	不以实际支付医疗服务费为前提
法律后果	恢复原状或折价赔偿	无精神损害	两倍赔偿或三倍赔偿
责任主体与归责原则	生产者+销售者+药品上市许可持有人 无过错责任+过错责任	销售者的过错责任	区分情形

第六节　旅游服务侵权之惩罚性赔偿：《旅游法》第 70 条

《旅游法》第 70 条需与《消法》第 55 条结合使用，才能解决旅游服务领域的惩罚性赔偿问题。

一、《旅游法》第 70 条与《消法》第 55 条第 2 款之区别

一是主体不同。《旅游法》第 70 条的惩罚性赔偿适用于双方当事人为旅游者和旅行社的情形，《消法》则要求双方为经营者和消费者。我国判例学说均认为旅游者是消费者，提供服务的旅行社是经营者，因此在旅游纠纷领域一般而言两者所针对的主体是趋同的。但《消法》中的经营者在旅游领域并不只限于旅行社，景区、旅游辅助人等若符合 55 条第 2 款的要件也可适用惩罚性赔偿，这其实反映出《旅游法》被虚置和架空的现象，有可能导致景区、旅游辅助人被突袭诉讼的问题。

二是主观状态不同。在《消法修正案（草案）》中，第 55 条将提供存在缺陷的商品、服务作为一种"欺诈行为"，但此种"欺诈行为"与旧《消法》第 49 条的缔约欺诈在含义上并不一致。就商品而言，消费者与经营者买卖合同的订立与商品的交付通常在同一时间完成，若经营者明知商品存在缺陷仍隐瞒缺陷的存在并提供商品，那么此种情形符合缔约欺诈的要件，在隐瞒缺陷的缔约欺诈造成人身损害后给消费者提供了另一种惩罚性赔偿进行选择，且此种以损害为基数的惩罚性赔偿通常数额较高。但若经营者是在合同订立后交付前发现缺陷的存在，或者经营者是在提供服务的过程中提供了存在缺陷的服务（如旅行社在旅途中提供有缺陷的服务），那么这几类情况则不属于缔约欺诈。修正案最后改变了"欺诈行为"的使用可能正是考虑到其情形与缔约欺诈并不完全一致。根据《旅游法》第 70 条的表述，首先如前所述，旅行社拒绝履行合同并不一定造成服务存在"缺陷"（危及消费者人身、财产安全的不合理危险）。其次，即使旅行社拒绝履行合同给消费者人身、财产安全造成不合理危险也并不要求旅行社有造成此缺陷之故意，旅行社的故意仅仅针对"拒绝履行合同"。可以说，《旅游法》第 70 条的适用在主观恶意上的条件比《消法》第 55 条第 2 款更低。

三是客观行为要件不同。《旅游法》第 70 条的适用要求旅行社拒绝履行合同，《消法》第 55 条第 2 款则要求提供"存在缺陷"的服务，这二者并不相同。《消法》第 55 条的适用情形应理解为在向消费者提供商品或服务时，经营者明确意识到其商品或服务存在危及消费者人身、财产安全的不合理危

险,仍向消费者提供。① 根据《旅游法》第 70 条的规定,旅行社对于合同的拒绝并不意味着此种拒绝会造成"危及消费者人身、财产安全的不合理危险"。也就是说即使旅行社拒绝履行合同所引发的危险在通常情况下不足以危及人身、财产安全,但只要造成了相应的后果,就可适用《旅游法》第 70 条。从这个角度来说,《消法》第 55 条第 2 款的认定比《旅游法》第 70 条更为严格。

四是损害要件不同。《消法》第 55 条第 2 款只适用于造成死亡或健康严重损害的情形,即只限于人身损害。而《旅游法》第 70 条除人身损害外,还包括滞留等严重后果。因此,就所针对的损害要件而言,《旅游法》第 70 条的适用范围也更广。

《旅游法》第 70 条在主观恶性和损害结果要件上,虽均轻于《消法》第 55 条第 2 款,但其主要适用的情形仍是旅行社服务致害,采用和《消法》第 55 条第 1 款一致的以价款作为惩罚性赔偿计算基数,显然与体系不相协调。《消法》修正之后,有学者提出该法第 55 条第 2 款首次将消费者"所受损失"规定为惩罚性赔偿的确定基础。② 此种做法具有合理性,理由是:价金或费用与损害间并没有直接关系,以价金或者费用为基数,确定商品欺诈和服务欺诈行为的做法不能真正体现救济损害、惩治违法的目的。③ 但《旅游法》第 70 条却打破了这种做法,虽要求造成"人身损害、滞留等严重后果",但赔偿的基数是"旅游费用",因此即使给旅游者造成同样的人身损害,影响其所获惩罚性赔偿的因素往往变成旅游的地点和时长,"欧洲八国游"中造成人身损害所能够获得的惩罚性赔偿就远比"武汉一日游"高得多。此种不公平的后果同样是基于价金或费用与损害间并没有直接关系造成的。而在合同责任的适用上,《旅游法》第 70 条较高的条件却与《消法》欺诈缔约规定了同样的赔偿范围,又显得十分不协调。因此本书建议,将《旅游法》第 70 条之赔偿标准同样改为损失的两倍,与《消法》第 55 条规定保持一致,做到罚责相当,以使整个体系协调。

二、外部竞合之处理思路

《旅游法》第 70 条之适用并不局限于侵权责任。在旅游合同中,旅行社需承担确保旅游者安全的义务。④《旅游法》第 80 条至第 82 条也具体表述了旅行社所承担的义务,因此即使造成了人身损害,所造成的人身损害同样可以纳入履行利益损害的范畴中。⑤ 旅行社致旅游者人身损害能够通过主张违约责任获得救济。在司法实践中也有相当一部分旅行社致旅游者损害

---

① 朱广新:《惩罚性赔偿制度的演进与适用》,载《中国社会科学》2014 年第 3 期。
② 同上。
③ 杨立新:《我国消费者保护惩罚性赔偿的新发展》,载《法学家》2014 年第 2 期。
④ 刘劲柳:《旅游合同》,法律出版社 2004 年版,第 130 页。
⑤ 谢鸿飞:《违约责任与侵权责任竞合理论的再构成》,载《环球法律评论》2014 年第 6 期。

案件提起的是违约之诉。① 惩罚性赔偿在符合惩罚性赔偿法律条文所规定之适用条件时,无论以违约或是侵权为诉由,都可适用。② 因此《旅游法》第70条的惩罚性赔偿是否适用与当事人所选择的诉由并无关联。此外,旅行社致旅游者损害还可能符合《消法》第55条第2款的要件,故旅行社致旅游者损害的情形,既有违约责任与侵权责任的请求权竞合,在惩罚性赔偿的适用上又可能产生《旅游法》第70条和《消法》第55条第2款的规范竞合,这两个关系需要厘清。

旅行社致旅游者人身损害,可通过违约之诉救济。在此种情形下以侵权诉由或以合同诉由的实质差异原在于精神损害赔偿。以"邵月霞与上海悠哉国际旅行社有限公司、中南百草园集团有限公司生命权、健康权、身体权纠纷案"③和"吴锦香与上海东湖国际旅行社旅游合同纠纷案"④为例,两案都是因旅行社未尽安全保障义务导致旅客人身损害的案件,但分别主张侵权责任与违约责任。从两案件当事人最后所获赔偿来看,两案当事人关于医疗费、交通费、护理费、误工费、鉴定费的请求都得到法院认可,差别之处在于仅有主张违约责任的案件中法院判决退还部分旅游费,而仅在主张侵权责任的案件中认可了精神损害赔偿的请求。侵权责任中不能请求履行利益的返还是因为此种纯粹经济损失只有在合同无法保护时才可能由侵权法保护。⑤ 如本书第一章所述,《民法典》出台之前,我国在立法上不承认违约责任中的精神损害赔偿,此种立法模式的后果是在旅游纠纷中旅游者必须在履行利益和精神损害赔偿中作选择,遭到了许多学者的质疑。《民法典》第996条应当解释为"受害人选择违约责任不影响其请求对方承担违约责任之精神损害赔偿"。法释[2020]17号也修订了法释[2010]13号(2020修正)第21条,"在旅游纠纷中若旅游者提起的是违约之诉则不能适用精神损害赔偿"这一内容被删除。我国立法的这一变化明确了惩罚性赔偿的适用不应与当事人选择的诉因相关,否则会使得被侵权人选择请求权时所要考虑的因素更加复杂。

故而,旅游服务侵权责任之惩罚性赔偿实际上由《消法》第55条第2款和《旅游法》第70条共同规定,两个条文的构成要件在各方面均有所差别,后者规定了一种完全不同于前者的惩罚性赔偿,即因拒绝履行合同造成损害的

---

① 参见上海市嘉定区人民法院(2013)嘉民一(民)初字第6464号民事判决书;天津市第二中级人民法院(2014)二中民一终字第0563民事判决书;上海市黄浦区人民法院(2014)黄浦民一(民)初字第4942号民事判决书;天津市第二中级人民法院(2014)二中民一终字第0563号民事判决书。此类案件并不罕见。
② 谢鸿飞:《违约责任与侵权责任竞合理论的再构成》,载《环球法律评论》2014年第6期。
③ 参见上海市闵行区人民法院(2014)闵民一(民)初字第8717号民事判决书。
④ 参见上海市黄浦区人民法院(2014)黄浦民一(民)初字第3831号民事判决书。
⑤ 谢鸿飞:《违约责任与侵权责任竞合理论的再构成》,载《环球法律评论》2014年第6期。

惩罚性赔偿,因此适用时要仔细甄别。

第七节 本章总结

在《民法典》侵权责任编"损害赔偿"一章中规定侵权责任之惩罚性赔偿的一般条款,作为侵权责任之惩罚性赔偿的一般规则,构建一个"一般条款+其他法律"的法之适用公式。建议该条款表述为:"行为人故意侵害他人民事权益,造成他人死亡或者健康严重损害的,被侵权人有权请求惩罚性赔偿,其他法律对惩罚性赔偿另有规定的,依照其规定。"

适当扩大对于"商品""消费者"和"经营者"的解释,以《消法》第55条第2款作为商品及服务侵权之惩罚性赔偿的一般规定,在食品侵权责任之惩罚性赔偿上构建"《食品安全法》第148条+《消法》第55条第2款"的法律适用公式,在医疗产品侵权责任之惩罚性赔偿上构建"法释[2017]20号(2020修正)第23条+《消法》第55条第2款"的法律适用公式,在旅游服务侵权责任之惩罚性赔偿上构建"《旅游法》第70条+《消法》第55条第2款"的法律适用公式,使一般规定与特别规定相互补位,保持法律体系的协调一致,实现法之安定性与开放性的统一。

《消法》第55条第2款规定的"明知"要件不等同于"直接故意",在解释上应包含"应知",以缓和严苛的构成要件;"所受损失"一词是指包含精神损害赔偿金在内的"全部损失"。《食品安全法》第148条规定的惩罚性赔偿既有可能适用于违约之诉、也有可能适用于侵权之诉,如此会造成适用上的困难,应该参照《消法》第55条第1款和第2款分别规定,食品侵权之惩罚性赔偿的规定应为:"生产者和销售者明知食品存在安全问题仍然生产和销售的,消费者除要求赔偿损失外,还可以向生产者或者经营者要求支付损失三倍的赔偿金;增加赔偿的金额不足一千元的,为一千元。"将"食品安全标准"替换为"食品安全",同时同样以"明知"作为生产者的主观归责要素,赋予生产者以抗辩权以防赔偿漫无边际。

对于因医疗产品缺陷导致惩罚性赔偿时,应在《消法》第55条第2款法之适用的基础上来作具体案件事实认定和利益衡量。医疗产品缺陷的认定应沿用《产品质量法》第43条之规定,无行政前置程序的要求,不应过分依赖行政处罚认定书以及鉴定意见等文书,应围绕治疗时产品"存在危及人身、他人财产安全的不合理的危险"来认定,不应肯定生产者和医疗机构的"产品流转次数多、不能确定具体侵权人"的抗辩理由。解释法释[2017]20号(2020修正)第25条的"医疗产品"时,宜将血液包含在内,而不限于药品、消毒药剂、医疗器械。对"明知"要件的理解和适用要与《消法》第55条第2款保持一致,判定销售者是否"明知"时,应该从查验义务履行得是否细致、问题是否过于明显等思路处理。同时,医患关系不宜在现阶段当然地、一律排除《消法》适用;为周密保障被害人利益,应肯定选择侵权之诉时,有权选择欺诈类型的惩罚性赔偿制度。

《旅游法》第 70 条规定的惩罚性赔偿一方面要求造成"人身损害、滞留等严重后果的"才能主张,但赔偿的基数却是与实际损害无关联的"旅游费用",使得责任比例失衡,应将旅游费用改为"损失"与体系保持一致。应肯定旅游者可以根据其具体情况选择有利的请求权基础,结合《消法》第 55 条第 1 款或者《消法》第 55 条第 2 款,来主张其中一种惩罚性赔偿。法官不应以不符合《旅游法》第 70 条规定的要件直接驳回惩罚性赔偿请求。如果当事人依据侵权之诉主张基于旅游法律关系所产生的惩罚性赔偿,则《消法》第 55 条第 2 款应成为解释《旅游法》第 70 条的指引性规则,二者可以结合使用。

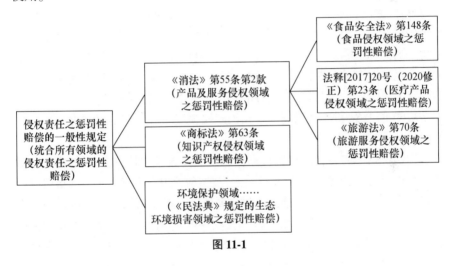

图 11-1

第十二章　恶意侵犯商标权之惩罚性赔偿

第一节　本章问题

知识产权保护领域的惩罚性赔偿责任是我国惩罚性赔偿责任制度中的重要组成部分,其中以商标法中的惩罚性赔偿为其著例。《商标法》第63条规定恶意侵犯商标专用权,情节严重的,可以课以惩罚性赔偿。这一规定在性质上是基于侵权责任而产生的惩罚性赔偿。与《消法》第55条第1款规定的以欺诈为要件的"价款三倍赔偿"以及《食品安全法》第148条规定的"价款十倍赔偿"在无损害情形下亦可适用惩罚性赔偿均不同,《商标法》第63条规定的惩罚性赔偿的适用需要以商标权侵权责任之成立为前提,另外还要同时满足"恶意"和"情节严重"要件。《商标法》第63条在惩罚性赔偿数额的确定上,从补偿性损害赔偿数额的一倍至三倍提高到一倍至五倍。随着有关立法的推进,惩罚性赔偿制度在知识产权领域的适用范围更有进一步扩大的趋势。

知识产权侵权责任之惩罚性赔偿制度的设立,是因为知识产权所有人对其权利难以进行充分的控制和有效的保护;较之其他财产权而言,知识产权更容易遭受侵犯,且权利人难以证明损失数额。近年来知识产权侵权纠纷案件数量直线上升,知识产权权利人利益受损严重,整个社会投资创新的积极性也遭受到挫伤。传统的补偿性损害赔偿责任对此应对乏力,既不能完全填补受害人损失,更起不到威慑不法行为人的作用,难以满足加强对知识产权保护之需要。[1] 因此有必要引入惩罚性赔偿制度,增加知识产权侵权人的违法成本,对受害人的损失进一步弥补。这实际上是借助私人执行法律之便利对侵犯知识产权的行为进行有效的司法规制。[2]

立法上虽有了相关规定,但要落实于实际仍需依赖司法机关之准确适用。自《商标法》增设惩罚性赔偿条款以来,司法实务中对该条款鲜有适用,对其理解存有较大争议。检索近三年商标侵权损害赔偿案件的判决,发现与惩罚性赔偿直接相关的判决少之又少,其中仅三起明确适用了《商标法》第

---

[1] 庄秀峰:《保护知识产权应增设惩罚性赔偿》,载《法学杂志》2002年第5期;温世扬、邱永清:《惩罚性赔偿与知识产权保护》,载《法律适用》2004年第12期;易健雄、邓宏光:《应在知识产权领域引入惩罚性赔偿》,载《法律适用》2009年第4期。

[2] 赵鹏:《惩罚性赔偿的行政法反思》,载《法学研究》2019年第1期。

63 条之惩罚性赔偿的规定。① 由此产生如下问题:

一是构成要件的认定问题。在"东莞市糖酒集团美宜佳便利店有限公司与李志斌侵害商标权纠纷案"②中,法院以"日用品店开在正规加盟店隔壁"和"接到原告律师函后仍未停止侵权行为"来认定被告具有"恶意"且"情节严重"。在"斑马株式会社与翁钦灶、上海高奇文具有限公司侵害商标权纠纷案"③中,法院径直以"再次销售"为由主动对被告适用了惩罚性赔偿,但未对被告主观状态是否构成恶意和具体侵权情节严重与否分别予以详细说明。在"宁波市江北瑞迪克斯工贸有限公司诉义乌市双尼电子商务商行等侵害商标权纠纷案"④中,法院则以原告未证明其商标具有较高知名度和被告持续侵权为由拒绝适用惩罚性赔偿,实则是直接明晰了惩罚性赔偿的判定标准,即"较高知名度+明知是侵权行为继续侵权"。这种观点要求受害人需在起诉前经过发律师函,或申请对行为人进行行政处罚等前置程序,才能具备惩罚性赔偿的适用条件,实际上已经远远超出了《商标法》第 63 条规制的范围,额外增加了惩罚性赔偿的构成要件。由此可见,法律笼统地规定了"恶意"和"情节严重"的责任构成要件,但对其具体表现情形未作详细规定,也没有相关司法解释予以补充说明,法官有很大的自由裁量空间。法官在根据实际侵权情形自由裁量时,缺乏严格统一的标准,宽严不一,造成了一定程度的司法混乱甚至是不公。

二是惩罚性赔偿金额的计算问题。在"大润发投资有限公司与康成投资(中国)有限公司不正当竞争纠纷上诉案"⑤和"康成投资(中国)有限公司与大润发购物广场有限公司侵害商标权纠纷案"⑥中,法官虽明确认定侵权行为人主观恶意且情节严重,但均以"计算惩罚性赔偿数额的基数不存在"为由而拒绝适用加倍赔偿的规定,仅在法定赔偿中考量惩罚性因素。法院如此理解,实际是混淆了构成要件和法律效果。惩罚性赔偿责任的构成要件并不包括受害人举证"原告的损失、被告的获利以及涉案商标的许可使用费",其仅为法律后果中(确定赔偿额)的要素之一。知识产权保护最大的难点在于损失数额难以证明。正因为如此,司法实践中法官往往倾向于采取法定赔偿的方式确认赔偿数额,导致知识产权权利人实际得到的赔偿经常弥补不了

---

① 徐聪颖:《知识产权惩罚性赔偿的功能认知与效用选择——从我国商标权领域的司法判赔实践说起》,载《湖北社会科学》2018 年第 7 期。
② 参见广东省东莞市第二人民法院(2014)东二法知民初字第 356 号民事判决书。
③ 参见上海市闵行区人民法院(2014)闵行三(知)初字第 413 号民事判决书。
④ 参见浙江省杭州市中级人民法院(2017)浙 01 民终 9104 号民事判决书。
⑤ 参见上海市高级人民法院(2016)沪民终 409 号民事判决书。
⑥ 参见上海知识产权法院(2016)沪 73 民初 443 号民事判决书。

遭受的损失。惩罚性赔偿制度的设置本就是为了充分保护知识产权,如法院在适用时仍偏向于缺乏量化标准体系的法定赔偿认定损失,则完全会导致该制度的目的不能实现,甚至是被架空而沦为具文。

第二节 商标侵权惩罚性赔偿之构成要件

一、恶意侵犯

"恶意"是对应当课以惩罚性赔偿的侵权责任人侵权行为主观状态的描述,但无论是《民法典》第1207条(《侵权责任法》第47条),还是《消法》第55条、《食品安全法》第148条、《旅游法》第70条中的惩罚性赔偿规范,均未使用"恶意"的表述。《民法典》第154条规定了"恶意串通"损害第三人利益的合同无效,但该法律并未明确恶意的含义,其使用也与侵权责任无关。在知识产权法领域,"恶意"一词的使用同样不常见,仅有《商标法》第63条和[2001]24号第5条。① 因此,要正确适用《商标法》第63条对侵权责任人课以惩罚性赔偿,首先必须厘清"恶意"的含义。

首先,有学者认为"恶意"与"善意"相对,可通过"善意"概念来界定"恶意"的含义。② 但民法中的"善意"指第三人在受让原权利人权利有瑕疵的物时,不了解"相关信息",即存在信息上的不对称,比如"善意第三人"和"善意取得",是道德上中性的表达,并没有鼓励和肯定的意味。③ 但《商标法》第63条惩罚性赔偿中的"恶意"明显应具备道德上的可责性,并且正是因为此种可责性,才有运用惩罚性赔偿之必要。因此,在界定"恶意"时,不必与"善意"概念相联系。

既然"恶意"是对行为人主观状态的表达,则应着重讨论其与故意、重大过失以及过失的关系。有学者认为重大过失在某些情况下也属于"恶意",特别是行为人由于未尽到一般人所具有的注意义务而导致不知自身行为构成侵权的情形。④ 但"恶意"一词包含道德上的可责性,其"恶"首先就表现在行为人对行为后果有较清晰的认识,因此认为重大过失也可能属于"恶意"的观点属于过于宽泛的扩大解释,并且也与惩罚性赔偿制度惩罚严重侵权行为的功能不一致,如此解释可能会造成惩罚性赔偿制度的滥用。"恶意"与"故意"的含义最为接近,学界争论的焦点也多在于此,弄清"恶意"与"故意"之关系才是理解其内涵的关键所在。单纯从词意来看,"恶意"指居

---

① 曹新明:《知识产权侵权惩罚性赔偿责任探析——论我国知识产权领域三部法律的修订》,载《知识产权》2013年第4期。
② 王家福:《经济法律大辞典》,中国财政经济出版社1992年版,第114页。
③ 舒媛:《商标侵权惩罚性赔偿适用情形研究》,载《法学评论》2015年第5期。
④ 同上。

心不良,而"故意"是指存心、有意识的。两者皆表明当事人主观上明知某事不能为而为之,但是,"恶意"一词多了动机不良的意味,在道德上更值得谴责。在商标侵权中,虽采用过错责任原则,但实际上大多数侵权人均有侵权的"故意"①,然而是否达到恶意的程度,则不一定。因此"恶意"在主观的严重程度上应高于故意,如此也与惩罚性赔偿制度之功能更为相符。

其实对主观状态进行判断的关键还在于客观事实。"恶意"这种比"故意"在主观严重程度上更高的状态在客观上究竟如何体现?有学者提出,只有在侵权人被告知侵权后仍继续实施不法行为,或者不仅明知侵权而为之,且采取措施掩盖其侵权行为时,才构成恶意。② 首先,这一观点强调侵权人对侵权事实或是无所顾忌,或是有意提高权利人维权的难度,但并不体现侵权后果的严重程度。若侵权人已被权利人告知侵权事实或是侵权同时采取掩盖行为,但其侵权行为对权利人危害较小,是否属于"恶意侵犯商标专用权",也即是说,对主观上严重程度的判断,是否应同时考量侵权行为可能造成的损害,值得深究。笔者认为对主观状态的评判需结合主观上对损害结果的认识进行,在侵权行为达到侵权目的的情况下,若损害结果很严重,则主观状态往往是"恶意"的。当然在损害不大的情形下,同样可能因持续或多次侵权而构成恶意,这些因素在法律适用中并非是彼此割裂的。

其次,被告知侵权后仍继续侵权实际类似于《旅游法》第70条规定的条件,即高于"故意"的主观恶意表现为对权利人主张的漠视;掩盖行为则提高了权利人发现权利被侵害事实的成本。这两者都使得权利人救济的成本被提高了,或是只能寻求司法救济,或是需付出额外成本才可在掩盖行为下发现侵权事实,因此属于"恶意"并无疑义。但若将"恶意"的含义仅确定这两点,则是在惩罚性赔偿构成要件中增加了实质条件——被侵权人的告知行为或是侵权人的隐匿行为。事实上,商标侵权纠纷中当事人双方的联系程度并不如旅游合同一般已经通过合同确定下来,而很可能分散在不同区域,难以相互联系。当商标权利人发现并向侵权人主张权利时,权利受侵害的状况已相当严重,而侵权人的主观状态可能是完全漠视他人商标专用权,此时也应属于"恶意侵犯商标专用权"。至于隐匿行为,基于商品经营场所或是地域上的不同,侵权人可能本来就具备某种"隐藏优势",从而不需要额外的隐匿行为,以此排除惩罚性赔偿的适用也显然是不合理的。因此,侵权人在权利人主张权利后继续侵权或是侵权人采取隐匿措施只是"恶意侵犯商标专用权利"的两种类型,并不能涵盖全部的表现类型。

综上,"恶意"是严重程度高于"故意"的主观状态,不仅是明知行为会侵犯他人商标权仍然为之,更是主观上对该侵权事实的漠视或积极追求,藐视

---

① 罗莉:《论惩罚性赔偿在知识产权法中的引进和实施》,载《法学》2014年第4期。
② 同上。

他人合法权益。现实中商标种类多样,侵权手段也层出不穷,在无法全部细致归类的情形下,法官对恶意主观状态的判断和认定要仔细考量单纯侵权行为之外的"附加行为"或"附加因素"。对于一些典型的"附加行为"或"附加因素",例如通过隐匿行为、已经接收到权利人主张、长期或密集实施侵权行为等应予以类型化分析以便于裁判。至于侵权行为所造成的损害大小,在"恶意"的判断上应居于次要地位,在以此作为裁判依据时应与其他证据结合起来认定。

二、情节严重

从惩罚性赔偿的制度目的来看,一般的知识产权侵权行为或将要实施侵权行为的,适用补偿性赔偿即可进行矫正,只有较为严重的知识产权侵权才有适用惩罚性赔偿之必要。① 但在民事责任构成要件中直接设置"情节严重"的比较少见。《民法通则》《合同法》《侵权责任法》中无此例,《民法典》仅在第1185条故意侵害知识产权惩罚性赔偿中有"情节严重"之表述。在《刑法》以及各关于行政责任规定的单行法中则比较常见。这也恰恰印证了惩罚性赔偿责任虽归属于民事责任体系,但有其特殊性,即其主要目的是惩罚不法行为,对一定社会问题进行公共规制。因此才引进了行政责任或刑事责任中常见的责任构成要件。惩罚性赔偿制度在民事责任中同样是一种加重责任②,和《刑法》中的商标犯罪有相似之处。更有学者指出,惩罚性赔偿在刑法谦抑性下是一种替代刑罚实现惩罚目的的措施。③ 基于此,法官在理解《商标法》第63条中的"情节严重"时应参考其在公法中的适用规则。在我国《刑法》中,"情节严重"的概念被大量使用,在《刑法修正案(九)》实施后,《刑法》约有170多处"情节严重",其对《商标法》的"情节严重"或有参考意义。④

有学者指出,《刑法》中的"情节严重"是对客观方面表明法益侵害程度的情节的"整体评价"⑤;还有人则认为"情节严重"中的情节并非指特定的某一方面的情节,而是指任何一个方面的情节⑥。具体到商标领域,《刑法》中与商标直接相关的罪名有假冒注册商标罪,销售假冒注册商标的商品罪以及非法制造、销售非法制造的注册商标标识罪,其中除销售假冒注册商标的

---

① 史玲、王英军:《惩罚性赔偿制度在我国知识产权法领域的适用》,载《天津法学》2012年第1期。
② 税兵:《惩罚性赔偿的规范构造——以最高人民法院第23号指导性案例为中心》,载《法学》2015年第4期。
③ 冯晓青、罗娇:《知识产权侵权惩罚性赔偿研究——人文精神制度理性与规范设计》,载《中国政法大学学报》2015年第6期。
④ 侯凤坤:《新〈商标法〉惩罚性赔偿制度问题探析》,载《知识产权》2015年第10期。
⑤ 余双彪:《论犯罪构成要件要素的"情节严重"》,载《中国刑事法杂志》2013年第8期。
⑥ 张明楷:《论刑法分则中作为构成要件的"情节严重"》,载《法商研究》1995年第1期。

商品罪未将"情节严重"作为构成要件而是以"销售金额数额较大"为要件外,其余两罪都将"情节严重"作为构成要件。实践中可以参照《最高人民检察院、公安部关于公安机关管辖的刑事案件立案追诉标准的规定(二)》[以下简称《公安机关管辖的刑事案件立案追诉标准的规定(二)》]对是否"情节严重"进行判断。从以上规定来看,不法行为所得,也可以说侵害商标权给权益人造成的损害后果的大小,是判断是否构成"情节严重"的重要依据。同时参考《民法典》第 1207 条、第 1232 条,《消法》第 55 条以及《旅游法》第 70 条的规定,均在主观过错之外将造成严重损害后果作为构成要件以限制惩罚性赔偿的适用范围。《商标法》第 63 条中的"情节严重"与之作用相同,理应也包含客观损害后果的严重。损害后果是侵权行为严重性的综合判断因素,相较于错综复杂的各种侵权行为来说更为明显和直观,法官在认定"情节严重"时应重点考量。

必须注意的是,除了客观损害后果外,其他的侵权情节同样也应作为"情节严重"的判定因素。在商标权损害纠纷实务中,不乏有法官以侵权次数多、时间长、范围广等因素为由认定"情节严重"而适用惩罚性赔偿。知识产权损害后果不像其他财产或人身损害一样明确,其具体数额本身往往难以确定,因此仅以此作为情节严重的情形会给实务认定造成一定的困难。严重的损害后果往往是由侵权行为人的主观过错以及特定的侵权行为或手段等一系列侵权情节综合造成的,其间的因果联系使得当损害后果难以确定时,通过其他侵权情节同样能够判断出侵权性质的严重程度。因此,在侵权损害后果之外,将各种严重的侵权情节纳入到"情节严重"的情形之中,能很好地解决知识产权这一特殊领域所固有的困境。

可见,《商标法》第 63 条中的"情节严重"应和《刑法》中的一样并非指某种特定的因素,而是只要某一种因素的严重程度较高即构成"情节严重"。侵权行为造成的损害后果在"情节严重"的认定中应占据主要地位,法官在认定损害后果时应结合受害人被证明的损失、侵权人的违法所得、销售的侵权商品数量等证据综合判断。当然只要侵权人主观上有过错,侵权次数、时间、范围、影响等其他情节达到严重的程度时,同样应认定为"情节严重"而不应只拘泥于客观损害后果。

三、"恶意"与"情节严重"关系之厘清

"恶意侵权"与"情节严重"的关系问题,也有必要专门厘清。该问题无论是在实务还是理论中都存在一定程度的模糊不清,实务中经常有法官在说理时仅以"侵权行为恶意明显"直接适用惩罚性赔偿,而对"情节严重"与否

不作说明。① 实际上,问题核心在于《商标法》第 63 条规定的惩罚性赔偿已将主观状态严重程度较高的"恶意"规定为一种必备要件,对"情节严重"的判断是否还应包含主观状态? 很多学者认为"情节严重"仅为侵权手段或侵害结果的严重就是基于这样的疑虑,认为若"情节严重"同样将行为人主观状态包含进来则法条有重复规定之嫌,此种观点实际上是对这两种构成要件的误解。

《商标法》第 63 条明确要求惩罚性赔偿的适用要同时满足"恶意"和"情节严重",这是对于惩罚性赔偿制度适用范围的合理限制,以避免其被滥用而侵蚀私法基本原则。"恶意"和"情节严重"实是两个不同的角度,侧重点不一样,不可混为一谈。"恶意"侧重点在于行为人的内在主观状态而"情节严重"则偏重于侵权情节的严重程度,虽都要通过一般商标侵权行为之外的"附加行为"或"附加因素"加以认定,但并不是构成主观恶意就一定满足情节严重,也不是所有的严重情节都能当然地认定行为人主观恶意。法官在裁判说理时应将两者区别开来,分别予以说明。即在认定行为人主观状态为"恶意"的前提下,若侵权持续时间、影响范围、侵权性质、涉案商标涉及的领域以及给商标权人商誉带来的影响等因素程度严重,才构成"情节严重"②,应适用惩罚性赔偿。兹举一案例详细说明裁判时应遵循的逻辑。在"北京盖伦教育发展有限公司与石家庄市新华区凯迪培训学校侵害商标权纠纷案"③中,原审法院给予原告法定赔偿 20 万元,原告在上诉中主张"原审赔偿数额畸低",且"被告侵权主观恶意极深,性质恶劣,侵权数额应带有惩罚性质"。二审法院提出该案可以依据"商标许可使用费的倍数"合理确定,最终计算出补偿性赔偿 28.56 万元,并认为被告"在《特许经营合同》逾期后,未经许可继续使用'盖伦'商标,且在北京盖伦公司致函催告后,仍不停止使用,并进一步扩大经营规模,情节严重",适用惩罚性赔偿,给予原告 60 万元的赔偿。该案中,被告在原告向其主张权利后继续使用原告商标,显然体现出其对侵权事实的漠然态度,构成恶意侵权;同时,在其继续侵权的过程中还扩大了经营规模,前后历时 4 年,故应认定为"情节严重",确应适用惩罚性赔偿。

既然"情节严重"包含主观状态上的情节严重,与"恶意"确有重叠之处,那么此情形下应如何判定同时满足两个构成要件,即当行为人的主观状态已达到恶意的程度时,如何在主观状态上进一步认定"情节严重",应仔细斟酌。笔者认为,"恶意"与"情节严重"虽都包含了主观状态,但在程度上还应

---

① 参见山东省青岛市中级人民法院(2015)青知民初字第 9 号民事判决书。
② 史玲、王英军:《惩罚性赔偿制度在我国知识产权法领域的适用》,载《天津法学》2012 年第 1 期。
③ 参见河北省高级人民法院(2015)冀民三终字第 62 号民事判决书。

有所区别。"情节严重"要件所包含的主观状态标准应更高,即当主观状态存在通常构成"恶意"的情形时,若有证据进一步证明行为人主观上特别恶意(或称"尤其恶意"),也同时符合"恶意侵犯"和"情节严重"的条件,应适用惩罚性赔偿。在"东莞市洒糖集团美宜佳便利店有限公司诉李志斌侵害商标权纠纷案"中,法官认为:"红雨日用品店开设在原告的正规加盟店隔壁,侵权恶意明显,且在接到原告律师函后仍未停止侵权行为,情节严重。"即是采取的这种观点,"商店开在正规加盟店隔壁"表明被告明知侵权仍然为之,漠视他人权利态度明显,构成恶意。"在接到律师函后仍未停止侵权行为"构成主观特别恶意(或称"尤其恶意")的"情节严重",应适用惩罚性赔偿。如不作程度上的区分,则只要侵权行为人主观达到恶意就会当然地满足"情节严重"构成要件,此相当于少了一个要件,会极大地弱化对惩罚性赔偿的限制作用。

第三节　商标侵权惩罚性赔偿金之赔偿基数

惩罚性赔偿金的计算要以受害人所遭受之实际损失为基础,无论是《消法》第55条、《食品安全法》第148条还是现行其他部门法中的惩罚性赔偿规定皆遵循此原则。这样的计算模式可以使得惩罚性赔偿金与违法者所造成的损害后果相联系,使得判决结果更加公平合理。[1] 商标侵权之惩罚性赔偿同样应该遵循损害基数原则,但其适用率之所以低很大程度上也正缘于此,即受害人实际损失难以确定。要解决此问题,充分发挥惩罚性赔偿应有之作用,采取适当的方式确定受害人的实际损失是关键,这无论在实务中还是理论界都是一个难点。

笔者认为造成此问题的原因有两点:一是知识产权的特殊性。知识产权的价值是其损害认定的基础,而知识产权商业价值的实现依赖于市场的认可[2],经国家主管机关授权的知识产权还需应用化、商品化和资产化才有给权利人带来经济利益的可能性。[3] 且知识产权的客体是创造物,不同的知识产权客体之间很难进行有效的比较。[4] 市场的复杂性和不确定性给知识产权的价值评估带来了天然的障碍。二是知识产权侵权纠纷中被害人在采集证据方面做得非常不足,诉讼技能缺失,且绝大多数案件中原告存在举证不能、证据瑕疵甚至是不愿举证的情形,这也给法院判定造成了极大的困扰,使

---

[1] 朱广新:《惩罚性赔偿制度的演进与适用》,载《中国社会科学》2014年第3期。
[2] 吴汉东:《知识产权损害赔偿的市场价值分析:理论、规则与方法》,载《法学评论》2018年第1期。
[3] 蔡吉祥:《无形资产学》,海天出版社1999年版,第71页。
[4] 吴汉东:《知识产权损害赔偿的市场价值基础与司法裁判规则》,载《中外法学》2016年第6期。

得法院往往也只能采取法定赔偿的方式来确定损害赔偿数额。① 这不单单是因为实际损害难以证明造成的,与原告的证据意识以及法院的采信制度也有着极大的关系。实际上我国的知识产权立法较其他国家并不落后,法律规定的损害赔偿确定方式也较为健全,有很大的适用空间,并非完全不能用以计算赔偿数额。② 适时转变司法理念,严格执行现行法律;细化和具体说明损失确定中会酌定考量的因素,引导原告积极举证,是解决补偿性损害赔偿数额确定困难的合理路径。③ 下面,笔者将从实际损失、侵权人获利和商标许可使用费这三种赔偿数额确定方式的具体完善分别给出建议。

一、实 际 损 失

商标权人所遭受之实际损失的计算要以商标权能为其带来的收益即市场价值为基础,此种收益更多地表现为未来可以预期获得的利益,当然也正是未来可预期获得利益的不确定性才造成了损失认定的困难。因此侵害商标权所造成的损害范围也不仅限于侵权行为完成之时,还包括商标权人未来可得利益的减损,且主要表现为一种财产损害。具体而言就是商标权所承载之商誉的降低和市场份额的减少等。④ 商标所承载的商誉一旦受损,面对错综复杂的市场竞争,就有可能产生包含但不限于下列损失:一是购买者的外部信任危机导致的潜在、后续销量的减少;二是因业绩下滑导致公司内部濒临破产边缘等情势之发生;三是权利人因商誉受损难以获得银行贷款等损失。因侵权行为的复杂,会给受害人带来不同程度的损失。当然这些损失能否发生存在概率,都不一定是必然能发生的损失,在证明和裁判时要达到可预期的程度方能认定。总之,这些机会利益,不论数额大小,都有着不同的概率。⑤ 有学者认为:"惩罚性赔偿数额应是损失额的倍数,赔偿倍数应等于承担驰名商标侵权责任的概率的倒数。"⑥笔者认为如何准确量定"承担驰名商标侵权责任的概率"不无疑问,这无疑会给法官带来障碍,同时评估机构也难以评估。对于商标侵权损害还应明晰的一点是,在考量能影响商标价值的侵权因素时,要认识到商标是一种依附性的无形资产,需与其依附的商品共同在市场中发挥作用,才能创造一定的商誉价值。前者是商标的市场辨识度

---

① 曹新明:《我国知识产权侵权损害赔偿计算标准新设计》,载《现代法学》2019 年第 1 期。
② 张广良:《惩罚性赔偿并非破解中国知识产权保护难题的良策》,载《中国专利与商标》2012 年第 1 期。
③ 同上。
④ 吴汉东:《知识产权损害赔偿的市场价值分析:理论、规则与方法》,载《法学评论》2018 年第 1 期。
⑤ 徐聪颖:《论商标侵权损害赔偿中的损失认定》,载《河南财经政法大学学报》2017 年第 3 期。
⑥ 祝建辉:《驰名商标侵权赔偿的经济学分析》,载《西北工业大学学报(社会科学版)》2010 年第 4 期。

和信誉度,表现为产品的附加价值。而后者则是产品的自身价值,与产品的质量、价格、类型以及行业状况等都有密切关联,对商标价值的增加和减损有着直接的作用。① 因此在考量商标侵权损害因素时要综合评价各种情形。对于被害人的实际损失,法官应从如下路径逐一判断,以免疏漏:

一是市场占有份额的减少。2002年10月12日,最高人民法院发布的《关于审理商标民事纠纷案件适用法律若干问题的解释》第15条就"权利人因被侵权所受到的损失"的计算方法作了具体规定,即:可以根据权利人因侵权所造成的商品销售减少量或者侵权商品销售量与该注册商标商品的单位利润乘积计算。② 该规定是以"差额说"为指导原则,以市场占有份额的减少作为实际损失量定的基础。当市场被商标权人独占时,其市场占有份额减少的部分与侵权人占有的部分重叠。当市场上还存在与商标所依附产品有替代效应的其他产品时,商标权人减少的市场占有份额为侵权人占有份额的一定比例。法官应根据不同的商品类型,以及该消费群体的实际辨别能力,具体问题具体分析,以量定被害人市场占有份额减损的情形。不同消费者的知识与经验差别很大,因而对两种商标的辨识印象会因不同的购买者而存在很大差别。尤其是食品、药品或者价额较高的商品,消费者在购买时往往不会轻易、武断地作出购买承诺。即使侵权人使用相似商标企图混淆消费者,消费者往往未必会误认,退一步讲,即使侵权品被卖出,在一些辨识能力较强的消费人群中可能是因侵权品的价格较低、服务较好等其他因素所致,损害也未必会存在。

二是"差额说"虽有其优点,但在知识产权价值损害的认定中存在着明显的不足,不论如何减轻权利人对实际损害数额的证明责任,往往都难以在侵权行为发生之时及时证明该笔损害数额,更何况未来可获得利益之减少,即商誉损失更加难以证明。需要借助其他的途径来认定受害人的商誉损失。当然商誉损害不必然发生,法院不应推定商誉通常也会因商标权受损而必然受到侵害。"信誉"本身的减损是以社会上一般人的评价为基础,是在观念当中存在的一种利益。如果侵权品的质量比权利人的商品质量要高、提供的售后服务比商标权人提供的服务要好,其实商誉反而会因侵权行为而增加。此时应考虑损益相抵原则的适用,不能一味地惩罚。最高人民法院也意识到了这一问题,以王老吉诉加多宝案件为例③,王老吉不仅利用加多宝投入巨

---

① 王莲峰:《商标权评估若干问题研究》,载《中国工商管理研究》2004年第2期;谢丽娜:《商标价值评估值之影响因素》,载《中华商标》2011年第2期。
② 曹新明:《知识产权侵权惩罚性赔偿责任探析——兼论我国知识产权领域三部法律的修订》,载《知识产权》2013年第4期。
③ 参见最高人民法院(2015)民三终字第3号民事判决书。

资的侵权行为而获利,反过来又指责加多宝侵权进而要求赔偿,无疑没有考虑侵权人(加多宝)对于商誉形成的贡献。

侵权行为的严重程度应该细分,以免数额酌定不公允。有部分法院认为不同的侵权行为对于商标的侵害程度有别,应当予以细分。有的行为人仅仅是销售时使用了他人的商标或者近似商标,但其商品并不存在质量问题。但也不乏有些行为人制造伪劣产品,在使用他人商标的同时还坑害购买者,此类行为明显比单纯的销售行为更恶劣,对商标权人造成的实际损失也往往会更大。不乏有法院对这两类不同的侵权行为加以区分,进而决定惩罚性赔偿金的数额。例如,有法院判决认为:大地公司在其生产的复合肥料产品上假冒涉案"美盛"注册商标,并在产品包装上虚假标注"美国阿波罗"字样。对于此类"傍名牌","以国产复合肥料冒充进口复合肥料等坑农害农的行为应予以重点打击,加大赔偿力度,从而保障农业发展和农产品的安全,维护农民的合法权益,净化农资市场环境……一审判决认定大地公司仅生产一批涉案侵权产品,并据此确定赔偿 8 万元缺乏充分的事实依据……本院确定赔偿额(包括合理开支)为 70 万元"。①

二、侵权人获利

侵权人获利是当实际损失难以量定时用以确定损害赔偿数额的一种补充方法,以"规范损害论"作为损害判断的理论基础。与"差额说"不同,该理论在损害认定时主张通过特殊评价来确定赔偿数额。具体到知识产权损害中,即表现为丧失的交易机会。② 其是对"差额说"的补充和修正,为知识产权损害赔偿的认定提供了新的路径。至于侵权人获利的具体认定,笔者认为应分四个层次讨论:

其一,证明侵权人实际销售的含有侵权商标产品的数量。其实侵权人究竟销售了多少含有侵权商标的产品往往不得而知,具有极强的隐秘性。我国台湾地区立法时意识到这一点,规定可以就已经查获的商品的单价乘以 1500 倍加以量定。③ 我国台湾地区也不乏适用该条款之相关裁判。④ 反观《商标法》并无此条款,因此即使受害人确定了一定数量的侵权产品,往往也难以保护受害人利益,只是由法院酌定一部分赔偿金。《商标法》无类似条款的主要原因并非缺乏比较法的研究,也不是理论界对此关注不多,而是该

---

① 参见江苏省高级人民法院(2017)苏民终 220 号民事判决书。
② 叶金强:《论侵权损害赔偿范围的确定》,载《中外法学》2012 年第 1 期。
③ 参见我国台湾地区"商标法"第 71 条。
④ 参见我国台湾地区智慧财产法院 2008 年重附民字第 1 号刑事判决书。

方法实际上会造成权利的滥用。侵权人的销售数量是否完全不能证明,笔者认为不能绝对化。虽然有些侵权产品的销售地域较广、销售渠道也较多,无法确定其真实情况,但是如果侵权人自行制作的商业广告上有以往的商业宣传数据(成交量),则该数据其实也是证据。用商业广告记载的成交量和行业平均利润率加以计算也可以得出侵权人获利,进而可以其三倍或者一倍作为惩罚性赔偿的计算依据,不一定非要其提供账簿等资料。[①] 实际上侵权人之获利应为贩卖相关侵权产品对应的利润。在商标侵权案件中,侵权商品的单价和侵权行为期间内的实际成交数量都应该考虑,两者的乘积为销售收入,销售收入在扣除成本(商品的投入成本、工人工资)以后得出的利润才是侵权获利。但是,权利人往往不能就侵权人的直接成本或付出的费用进行举证。因此侵权人获得的实际利润往往不能计算。从比较法上看,有学者研读日本裁判,发现日本"对于销售收入并非扣除加害人所有的成本性的费用,对于一般管理费、租税公课、制造装置的贷款等不扣除"[②]。

其二,法院不应过分依赖加害人提供公司账簿。以往有裁判观点认为利润必须以侵权人实际获利为准,强行要求行为人提供账簿。既然账簿由被告侵权人掌握,在此情况下,法院有权在被告拒不提供的情况下直接推定原告的主张成立,如中山九阳公司拒不提供相关财务账簿等资料,致使实际损失及侵权获利无法查清。原审法院根据九阳股份公司提供的涉案商标知名度、销售范围等证据,对其主张的经济损失及合理支出予以全额支持,二审对此予以认可。[③] 笔者认为此种裁判观点不足采信,理由有二:一是该观点本质上是以程序正义代替了实质正义,完全可能造成利益失衡,退一步讲,法院完全可以依职权向税务机关调取侵权人的纳税记录,而不宜简单地支持权利人的主张。二是此做法容易成为一些商标权人获知竞争对手商业秘密的工具。众所周知,从事侵权行为的公司内部的小股东的知情权范围都不及于公司的账簿等资料。一个外人、一个商业上的敌人,焉能有资格利用诉讼获知他人商业秘密?即使将账簿的观看人限制为律师也不可信。律师为了诉讼获取高昂代理费可能会无休止地利用他人的错误怂恿、教唆诉讼,进而让双方当事人倾家荡产、严重浪费司法资源。

[①] "一、侵权获利=(人民币1380万+人民币303万)×26%(润滑油的行业利润)=人民币438万。二、按照兰西佳联迪尔公司自认的销售数额进行推算。兰西佳联迪尔公司在无效程序中提交的销售证据显示,其在2013年6月至2014年2月的销售额共计约人民币83万元,以此推算兰西佳联迪尔公司全年的销售额为人民币124.5万元,按其自称的每年68%的增长速度,其2014年的销售额约为人民币209万元,2015年的销售额约为人民币351万元。"参见北京市高级人民法院(2017)京民终413号民事判决书。

[②] 陈丽珣:《商标侵权之金钱损害赔偿实证研究:以金额酌定问题为中心》,元照出版有限公司2016年版,第92页。

[③] 参见北京知识产权法院(2017)京73民终1079号民事判决书。

其三，要确定侵权行为人所得利益与侵权行为之间因果关系的紧密程度，因为加害人销售含有他人商标权的产品所得利益并非全部源于侵权行为。有学者通过研究日本裁判和学说发现，"侵权人可证明即使其使用近似商标权人之注册商标仍无法吸引顾客或侵权人在营业销售之努力程度较高、存在其他商品之替代可能性、被侵害商标之知名度较低时，则将会认为未造成损害"①。美国法院在裁判专利侵权纠纷案件时主张"技术分摊规则"，即在计算专利侵权产品的非法所得时应"考虑专利因素对产品整体市场价值的贡献率"。同商标对其所依附产品的整体价值的贡献率相似，此同样是法院应该考虑的。② 这些观点均有其合理之处，如果不对侵权人的所得利益进行合理扣减会导致权利人通过诉讼获取其本不应该获得的利益。毕竟当今消费品的种类繁多，商品往往本身具有市场替代性，而且侵权人往往不会只有一个，商标越知名，往往侵权人人数也越多，不应仅仅从降低商标权人证明责任的角度理解法律，否则商标权人会通过一个接着一个的诉讼对侵权人主张权利，获取巨额利益。尤其是商标权人在遭受侵害后，市场份额、利润和营业额并未大幅减少，甚至知名度因此增加的情形下，就更应减少对商标权人的赔偿金。

其四，当商标权利人本身经营规模较小，无法生产过多的产品，而仿冒商标产品数量极多时，不应适用"侵权人之获利"作为裁判数额。因为商标权人本身难以生产如此多的产品，如果将侵权人获利直接通过裁判交付给权利人，则商标权人有不劳而获的巨大嫌疑。从比较法上看，《日本商标法》第 38 条第 1 项不但强调了这一点，还对无法出售的部分商品也进行扣除，谓"对于因故意或过失侵害商标权或专属授权者，商标权人或专属被授权人请求损害赔偿时，在不超过商标权人或专属被授权人之使用能力的限度内，得以若无该侵害行为商标权人或专属被授权人即得售出之商品每一单位数量利益额乘以侵权商品之让与数量后所得数额，作为商标权人或专属被授权人之所受损害。但若有相当于让与数量全部或一部系商标权人或专属被授权人无法售出者，则扣除相当于该情形之数量"③。笔者认为对于侵权人的该笔利益，

---

① 陈丽珣：《商标侵权之金钱损害赔偿实证研究：以金额酌定问题为中心》，元照出版有限公司 2016 年版，第 97—99 页。
② 张玲、张楠：《专利侵权损害赔偿额计算中的技术分摊规则》，载《天津法学》2013 年第 1 期。
③ 条文来源于陈丽珣：《商标侵权之金钱损害赔偿实证研究：以金额酌定问题为中心》，元照出版有限公司 2016 年版，第 92 页。该作者举例进行详细说明："若侵权人贩售 1000 个侵权商品，纵然商标权人每一商品即得 1000 元之利益，但由于竞争商品或替代商品之存在等，导致商标权人只能卖出 800 个商品，此时商标权人因有相当于 20 万元利益的商品销售不出去，故损害赔偿额为 80 万元"，理由是商标权人须证明所谓的"相互补完关系"，即当消费者未购买仿品时，将会购买商标权人之真正商品，若非如此，则应扣除相当于该情形之数量。然而笔者认为消费者购买侵权品的行为已经发生，事后向购买者询问当时的购买意愿基本不可能，此种观点理论价值更多。

由法院收缴更为适当,否则会有助长不劳而获之风气的嫌疑。总之,采取侵权人获利作为裁判标准时,商标权人应就其经营规模举证,证明具有生产侵权产品对应数量的能力,否则不宜支持该请求。

三、许可使用费

商标许可使用费同样是当商标权人实际损失难以量定时的一种补充认定方法,与作为确定损害赔偿数额之补充方法的侵权人获利法一样以"规范损害论"为价值基础,侧重于救济商标权人"可得而未得"的市场交易机会。①其并非对受害人给予全部的"差额"补偿,而是在实际损失无法举证的情形下提出的合理赔偿。司法实务中对这一方法使用甚少。以"江西开心人大药房连锁有限公司与宁波市鄞州下应童王开心人大药房侵害商标权纠纷案"②为例。法院就认为,原告商标在宁波地区内尚无较高知名度,所以商标在其他地区的品牌效应、市场信誉与其在宁波区域范围内并不相同,不宜将商标许可费作为赔偿的数额。实际上该案中许可使用费就算不能对照其他地区确定,也并非完全没有适用的余地,当事人可以委托资产评估机构加以评估,法院也可依职权委托,惩罚性赔偿制度完全有其适用空间。如一味使用法定赔偿,不仅起不到填补受害人损失的作用,甚至会倒逼受害人在诉讼前,与案外人签订虚假的许可合同,以骗取惩罚性赔偿金。

我国台湾地区存在这样一种量定损害的方式,即"由主管机关或其他适当机构估算其损害数额"③。笔者认为鉴定机构在祖国大陆的裁判中也应发挥作用,毕竟商标权受到的实际损害属于法律问题与专业问题交织较深的领域。当然有学者认为:"自德国类推授权金之运作实务可见,若侵害人仅须赔偿本应支付而未支付之授权金,对于侵害人而言,不仅不会产生不利益,促使其于事前合法取得授权,反而容易产生不法利用之诱因。"④这种观点其实也反映出补偿原则在商标权侵权案件中难以作为合理的指导理念,但许可使用费是对被害人损失最低限度的补偿,也是在实际损失证明困难的情形下,减轻受害人证明责任的一种有效方法。

商标许可使用费是侵权人非法利用了权利人的交易机会所应支付的合理对价,具体计算方法可参考美国司法实践中"专利许可使用费"的计算方法,一是"分析计算法",即侵权人预期利益与一般市场所得利益的差额;二

---

① 参见和育东:《美国专利权救济》,法律出版社 2009 年版,第 109 页。
② 参见浙江省宁波市鄞州区人民法院(2015)甬鄞知初字第 3 号民事判决书。
③ 我国台湾地区"办理民事诉讼事件应行注意事项"第 87 条:"(第 2 项)于侵害智慧财产权之损害赔偿事件,得依原告之声请嘱托主管机关或其他适当机构估算其损害数额或参考智慧财产权人于实施授权时可得收取之合理权利金数额,核定损害赔偿之数额。"王泽鉴:《人格权的性质及构造:精神利益与财产利益的保护》,载《人大法律评论》2009 年第 1 期。
④ 王怡苹:《商标侵害之损害赔偿计算》,载《辅仁法学》2014 年第 2 期。

是"比例计算法",即侵权产品的毛利润或销售额的一定比例;三是"虚拟价格法",假定受害人与侵权人之间存在授权合意,以此确定合理使用费。① 也可以参考我国《专利法》司法解释中关于许可使用费的相关规定,即当受害人实际损失或侵权人非法所得难以确定的情况下,法官可以依据专利的类别、侵权人侵权的性质和情节、专利许可费的数额、该专利许可的性质、范围、时间等因素,参照该专利许可使用费的倍数合理确定赔偿数额。②

第四节 惩罚性赔偿与法定赔偿之关系

依据《商标法》第63条第1款的表述,该惩罚性赔偿金额计算的基数为"按照上述方法确定数额",这里所指的是第63条第1款所确定的赔偿额确定方法,在前一种方式难以确定时,则适用后一方式。而第63条第3款则规定了在以上方式都难以确定的情况下,所适用的是法定赔偿。依照目前司法实务界对该条款的理解,普遍认为在适用法定赔偿的情形下,会在酌定赔偿数额时将侵权行为中的惩罚性因素一并考量,因此没有惩罚性赔偿的适用空间。如此理解实际上存在很大的问题。虽然《商标法》修订后提高了法定赔偿额的上限,已经解决了实际损失难以填补的问题,然而从现实情况来看,受害人的诉讼请求和法院最后判决的赔偿金额明显还存在较大差距。惩罚性赔偿的设置本就是为了充分保护商标权人的合法权益,如按照现实中法官的普遍做法,即过于依赖法定赔偿,同时在理解法定赔偿与惩罚性赔偿的关系时又认为两者存在重合,而对惩罚性赔偿不予适用,无异于是将原传统补偿性民事责任中存在的问题又重新带回到了惩罚性赔偿责任中,原地踏步,无益于法治进步。要正确认识惩罚性赔偿与法定赔偿的关系,协调两者的适用方式以充分发挥惩罚性赔偿制度的作用,从现有理论界和实务中的争议来看,一个必须厘清的问题是:法定赔偿是否具备惩罚性?笔者认为,法定赔偿不具备惩罚性,因此在适用法定赔偿时,也应有惩罚性赔偿的适用空间。理由如下:

首先是理论基础上,法定赔偿规则以"定额损害论"为理论基础,该理论最初由日本学者提出,意在对某些特定损害实行分类定额赔偿以应对损害难以确定的情形,比如医疗事故、交通事故、精神损害赔偿和知识产权损害赔偿等,须在法律明文规定时方能适用。③ 也就是说法定赔偿是对实际损失、非法所得以及许可使用费这些"数量计算规则"的补充,能有效减轻证明责任,提高诉讼效率,为当上述三者方法均确定不能计算损害赔偿数额的情形下提

---

① 李磊:《美国专利侵权损害赔偿额的计算及借鉴意义》,载《宁夏社会科学》2016年第3期。
② 2001年最高人民法院《关于审理专利纠纷案件适用法律问题的若干规定》第21条。
③ 刘士国:《现代侵权损害赔偿研究》,法律出版社1998年版,第64页。

供一种"替代性"的救济渠道。① 其赔偿数额的确定难以考量具体损害额,并不以足额弥补损失为主旨,仅具有兜底的作用。知识产权侵权损害赔偿数额的认定应遵循"实际损失为主,法定赔偿为辅"的路径②,现实中法定赔偿适用过于普遍的倾向实是一种本末倒置。

其次是从法条表述来看,实际损失"难以确定"并不意味着没有实际损失,商标侵权的前提仍然是侵权人的行为符合侵权行为的构成要件。而法定赔偿只是在实际损失等因素无法确定前提下的一种替代措施,因此其发挥的作用应当与《商标法》第 63 条第 1 款类似,即给予被侵权人补偿性赔偿,"根据侵权行为的情节"所得出的是对实际损失的估测。尽管法定赔偿的考量因素中有很多"恶意"和"情节严重"的情形,但大多数法院在适用法定赔偿时只是简单罗列法定赔偿的参考因素,对相关考量因素与法定赔偿数额之间的因果关联关系缺乏清晰的说明,无法单纯通过这种笼统的考量认定法定赔偿就带有惩罚性色彩。③

最后从实践中的适用情况来看,在大多数案件适用法定赔偿的背景下,权利人获得的赔偿数额较低,而这也正是惩罚性赔偿制度设立的一个目的。在设立惩罚性赔偿制度之后,更应当明确法定赔偿制度补偿性赔偿的性质。在无法依据实际损失、侵权所得和商标许可使用费计算补偿性赔偿的情形下,并非所有的商标侵权都符合恶意侵权且情节严重的惩罚性赔偿要件,不符合惩罚性赔偿要件的商标侵权其赔偿就不应体现出惩罚性。否则,不符合惩罚性赔偿要件的商标侵权,其损害可计算时所适用的仅为补偿性赔偿,而损害无法计算,却可适用带有惩罚性质的赔偿;然而损害是否能够通过《商标法》第 63 条第 1 款的方式计算并不一定与侵权人有关,因此这会产生适用上的不均衡问题。

综上,法定赔偿实质上还是补偿性损害赔偿,与实际损失、违法所得以及商标许可使用费的性质一样,并且是对上述三种方式的有效补充,在惩罚性赔偿金的计算中同样可以作为基数而适用。有学者质疑法定赔偿是没有充分证据证明损失时的变通方式,本就带有很强的自由裁量性质,若在此基础上进一步计算惩罚性赔偿金有双重裁量之嫌,不合逻辑。④ 但要说明的是,无论是从法理还是经济学的角度分析,知识产权损害赔偿的高度不确定性都是全局性的,认为法定赔偿才具有自由裁量性质,且仅寄希望于这一种方式远不能解决损害赔偿的问题。法官在以实际损失、违法所得以及商标许可使

---

① 王迁等:《知识产权侵权损害赔偿:问题与反思》,载《知识产权》2016 年第 5 期。
② 吴汉东:《知识产权损害赔偿的市场价值分析:理论、规则与方法》,载《法学评论》2018 年第 1 期。
③ 徐聪颖:《制度的迷失与重构:对我国商标权惩罚性赔偿机制的反思》,载《知识产权》2015 年第 12 期。
④ 袁秀挺:《知识产权惩罚性赔偿制度的司法适用》,载《知识产权》2015 年第 7 期。

用费认定损害赔偿数额时,同样也应有一定的自由裁量空间。① 总的来说,法定赔偿与上述三种方式性质趋同。笔者认为《商标法》宜再次通过修订将惩罚性赔偿适用的范围扩展到适用法定赔偿的情形,以适应现状。

当然,提高商标侵权的救济力度,仅依靠惩罚性赔偿是远远不够的,最关键的还是要细化与完善实际损失、非法所得及商标许可使用费的具体计算方式。对确实难以精确的部分,赋予法官一定的自由裁量空间,以确定损害赔偿数额,并在此基础上进一步适用惩罚性赔偿。法定赔偿的适用应限定在特别条件下,并逐步减少其适用。《商标法》第63条第2款规定法院在赔偿数额确定的过程中,"在权利人已经尽力举证,而与侵权行为相关的账簿、资料主要由侵权人掌握的情况下",法院还有权"责令侵权人提供与侵权行为相关的账簿、资料",在侵权人不提供的情况下其要承担不利的举证责任后果。但无论是从学者的研究还是从实践来看,法官对该条的运用持保守态度,极少使用这一权力。随着人民法院年度受理知识产权侵权案件数量的激增,法官审理案件压力加大,当事人向人民法院申请保全措施或者调查取证的难度也是越来越大。在人民法院对财产保全不予支持且不责令被告限期提交相关证据的情形下,权利人几乎很难通过其他的方式获得侵权人非法获利的相关证据。② 因此,这一依职权的举证责任倒置制度并未改善法定赔偿方式在赔偿数额确定中占绝大多数的现状。③ 从司法实践来看,《商标法》第63条第2款适用的效果也不理想,故宜将此种依职权的举证责任倒置转化为固定的举证责任倒置,即在"权利人已经尽力举证,而与侵权行为相关的账簿、资料主要由侵权人掌握的情况下",举证责任自然归属于侵权人,不须法院特别"责令"。这样能够在一定程度上改变法院对《商标法》第63条第2款的保守态度,减少法定赔偿的适用。

第五节 本章总结

在强化知识产权保护的大背景下,知识产权侵权惩罚性赔偿制度的完善迫在眉睫。恶意侵犯商标权之惩罚性赔偿在整个知识产权侵权惩罚性赔偿制度体系中具有标杆意义,对构建体系性的知识产权侵权惩罚性赔偿制度具有示范效应。但该项制度自设置以来鲜有适用,其应有的充分保护商标权人权利、提高法律威慑力的作用未得到切实发挥,甚至影响了整个知识产权侵权惩罚性赔偿制度的功能发挥。造成此困境的主要原因有二:一是法定构成

---

① 蒋舸:《知识产权法定赔偿向传统损害赔偿方式的回归》,载《法商研究》2019年第2期。
② 张广良:《惩罚性赔偿并非破解中国知识产权保护难题的良策》,载《中国专利与商标》2012年第1期。
③ 袁秀挺:《知识产权惩罚性赔偿制度的司法适用》,载《知识产权》2015年第7期。

要件认定标准模糊，理解适用存在偏差；二是惩罚性赔偿金的计算基础认定困难，法定赔偿适用泛滥，导致即使满足构成要件也很难有惩罚性赔偿的适用空间。笔者对此两大问题进行全面检讨，期得出以下结论，助益于判例学说发展。

解释《商标法》第63条之惩罚性赔偿中的"恶意"时，不应包含重大过失，"恶意"在主观的严重程度上应高于"故意"。法官在认定时应通过单纯侵权行为之外的"附加行为"或"附加因素"来判断侵权人主观上是否达到对权利漠视的程度。对一些典型的"附加行为"或"附加因素"，如已接到权利人主张后仍采取隐匿措施或长期或密集实施侵权行为等，应予以类型化分析，以便于不同的类型适用不同的裁判标准。

《商标法》第63条中的"情节严重"应和《刑法》诸条文中规定的"情节严重"作同等解释，并非指某种特定的因素，而是只要某一种因素的严重程度较高即构成"情节严重"。实际经济损失是"情节严重"的重要判断依据，但侵权持续时间、影响范围、侵权性质以及涉案商标是否涉及重大安全卫生医疗领域、给商标权人的商誉带来难以弥补的恶劣负面影响等要素都应考虑。"恶意"和"情节严重"实是两个不同角度的构成要件，侧重点不一样，不可混为一谈。解释《商标法》第63条惩罚性赔偿中的"情节严重"时，应当包含主观状态的情节严重，但标准应该更高。

在惩罚性赔偿金额的计算上，首先要适时转变司法理念，严格执行现行法律。细化和具体说明损失确定中会酌定考量的因素，引导原告积极举证，同时完善实际损失、侵权人非法所得以及商标许可使用费的计算方法和规则，并在此基础上赋予法官一定的裁量空间，这才是解决补偿性损害赔偿数额确定困难的合理路径。在理解法定赔偿与惩罚性赔偿的关系时，法院不应将两者限制在此消彼长的逻辑顺序中。一方面应确认法定赔偿是一种辅助性的损害赔偿确定手段，要将其适用空间限制在合理范围之内。解释《商标法》第63条第2款规定的"举证妨碍制度"时，举证责任应自然归属于侵权人，不须法院特别"责令"，以减少法定赔偿之适用比率。另一方面，要认清其填补损失之性质，即使在确认法定赔偿数额时会考虑惩罚性侵权因素，但其不当然地具备惩罚性，应允许以其为基数适用惩罚性赔偿。

主要参考文献

一、论文

1. 艾尔肯:《论医疗损害》,《北方法学》2008年第2期。
2. 白江:《我国应扩大惩罚性赔偿在侵权责任法中的适用范围》,《清华法学》2015年第3期。
3. 蔡定剑:《中国宪法实施的私法化之路》,《中国社会科学》2004年第2期。
4. 曹新明:《我国知识产权侵权损害赔偿计算标准新设计》,《现代法学》2019年第1期。
5. 曹新明:《知识产权侵权惩罚性赔偿责任探析》,《知识产权》2013年第4期。
6. 常廷彬、江伟:《民事判决既判力主观范围研究》,《法学家》2010年第2期。
7. 陈承堂:《论"损失"在惩罚性赔偿责任构成中的地位》,《法学》2014年第9期。
8. 陈聪富:《人身侵害之损害概念》,《台大法学论丛》2006年第1期。
9. 陈桂明、李仕春:《诉讼欺诈及其法律控制》,《法学研究》1998年第6期。
10. 陈伟:《环境标准侵权法效力辨析》,《法律科学》2016年第1期。
11. 陈现杰:《因产前检查疏失导致缺陷儿出生的,医疗机构应否承担侵权责任》,《人民司法》2009年第3期。
12. 陈忠五:《法国侵权责任法上损害之概念》,《台大法学论丛》2001年第4期。
13. 陈忠五:《论消费者保护法商品责任的保护法益范围》,《台湾法学杂志》2009年第16期。
14. 陈忠五:《校园学生事故中应负损害赔偿责任之人》,《台湾本土法学杂志》1999年第1期。
15. 陈自强:《民法侵权行为法体系之再构成(下)——民法第一九一条之三之体系地位》,《台湾本土法学杂志》2000年第17期。
16. 迟颖:《商品房销售虚假宣传之惩罚性赔偿责任》,《法学》2015年第10期。
17. 崔建远:《论违约的精神损害赔偿》,《河南省政法管理干部学院学报》2008年第1期。
18. 戴志杰:《中国大陆惩罚性赔偿金制度之规范与实践问题》,《法令月刊》2003年第4期。
19. 丁梦迪:《论纯粹经济损失与附随经济损失——以台湾地区法院相关裁判为例》,《昆明学院学报》2017年第4期。
20. 董春华:《产品自身损害赔偿研究——兼评〈侵权责任法〉第41条》,《河北法学》2014年第11期。
21. 董玉庭:《论诉讼诈骗及其刑法评价》,《中国法学》2004年第2期。
22. 杜国明:《我国食品安全民事责任制度研究——兼评〈中华人民共和国食品安全

法(修订草案)〉》,《政治与法律》2014 年第 8 期。

23. 段文波:《民事程序视角下的同案不同判》,《当代法学》2012 年第 5 期。
24. 方新军:《民法典编纂视野下〈合同法〉第 402 条、第 403 条的存废》,《法学研究》2019 年第 1 期。
25. 方新军:《权益区分保护的合理性证明——〈侵权责任法〉第 6 条第一款的解释论前提》,《清华法学》2013 年第 1 期。
26. 冯钰:《论侵权法中的抗辩事由》,《法律科学》2011 年第 4 期。
27. 高圣平:《论产品责任损害赔偿范围——以〈侵权责任法〉〈产品质量法〉相关规定为分析对象》,《华东政法大学学报》2010 年第 3 期。
28. 高圣平:《食品安全惩罚性赔偿制度的立法宗旨与规则设计》,《法学家》2013 年第 6 期。
29. 葛云松:《〈侵权责任法〉保护的民事权益》,《中国法学》2010 年第 3 期。
30. 葛云松:《纯粹经济损失的赔偿与一般侵权行为条款》,《中外法学》2009 年第 5 期。
31. 郭明瑞:《"知假买假"受消费者权益保护法保护吗？——兼论消费者权益保护法的适用范围》,《当代法学》2015 年第 6 期。
32. 郭卫华:《滥用诉权之侵权责任》,《法学研究》1998 年第 6 期。
33. 韩大元:《论基本权利效力》,《判解研究》2003 年第 1 期。
34. 韩世远:《消费者合同三题:知假买假、惩罚性赔偿与合同终了》,《法律适用》2015 年第 10 期。
35. 侯凤坤:《新〈商标法〉惩罚性赔偿制度问题探析》,《知识产权》2015 年第 10 期。
36. 胡军辉、廖永安:《论案外第三人撤销之诉》,《政治与法律》2007 年第 5 期。
37. 胡学军:《表见证明理论批判》,《法律科学》2014 年第 4 期。
38. 胡学军:《法官分配证明责任:一个法学迷思概念的分析》,《清华法学》2010 年第 4 期。
39. 胡学军:《论消费欺诈诉讼案件证明难题的化解路径——以一个〈最高人民法院公报〉案例为样本的分析》,《证据科学》2010 年第 4 期。
40. 黄忠:《作为抗辩事由的原告违法:概念、体系及中国化》,《法学评论》2018 年第 3 期。
41. 江必新:《论行政许可的性质》,《行政法学研究》2004 年第 2 期。
42. 姜战军:《论纯粹经济损失的概念》,《法律科学》2012 年第 5 期。
43. 蒋舸:《知识产权法定赔偿向传统损害赔偿方式的回归》,《法商研究》2019 年第 2 期。
44. 焦艳玲:《论管制规范对侵权责任的影响》,《河北法学》2017 年第 4 期。
45. 解亘:《论管制规范在侵权行为法上的意义》,《中国法学》2009 年第 2 期。
46. 金福海:《论惩罚性赔偿责任的性质》,《法学论坛》2004 年第 3 期。
47. 金印:《论作为绝对权侵害的产品自损——兼论"物质同一说"的能与不能》,《政治与法律》2015 年第 9 期。
48. 黎华献:《"产品自伤"之侵权法救济路径的检视与选择》,《河南财经政法大学学报》2017 年第 2 期。

49. 李超:《物之毁损的恢复原状与金钱赔偿——多种侵权责任方式下的解释论》,《法律适用》2012 年第 2 期。

50. 李承亮:《损害赔偿与民事责任》,《法学研究》2009 年第 3 期。

51. 李昊:《损害概念的变迁及类型建构——以民法典侵权责任编的编纂为视角》,《法学》2019 年第 2 期。

52. 李浩:《民事判决中的举证责任分配——以〈公报〉案例为样本的分析》,《清华法学》2008 年第 6 期。

53. 李浩:《虚假诉讼与对调解书的检察监督》,《法学家》2014 年第 6 期。

54. 李磊:《美国专利侵权损害赔偿额的计算及借鉴意义》,《宁夏社会科学》2016 年第 3 期。

55. 李龙:《论民事判决的既判力》,《法律科学》1999 年第 4 期。

56. 李胜利:《购房者利益保护与惩罚性赔偿责任——最高人民法院一则司法解释相关条款之评析》,《法商研究》2006 年第 5 期。

57. 李响:《我国食品安全法"十倍赔偿"规定之批判与完善》,《法商研究》2009 年第 6 期。

58. 李秀娜:《旅游服务合同的惩罚性赔偿制度探析》,《旅游学刊》2013 年第 9 期。

59. 李永军:《合同法上赔偿损失的请求权基础规范分析》,《法学杂志》2018 年第 4 期。

60. 李政辉:《论机动车之价值贬损》,《政法学刊》2007 年第 4 期。

61. 梁慧星:《〈消费者权益保护法〉第 49 条的解释与适用》,《人民法院报》2001 年 3 月 29 日第 3 版。

62. 廖焕国:《论我国侵权责任构成中违法性要件之取舍》,《求索》2006 年第 5 期。

63. 刘保玉、魏振华:《"知假买假"的理论阐释与法律适用》,《法学论坛》2017 年第 3 期。

64. 刘家安:《论动产所有权移转中的交付——若干重要概念及观念的澄清与重构》,《法学》2019 年第 1 期。

65. 刘锐、孟利民:《过失侵权责任的构成要件:为注意义务寻找合法席位》,《甘肃政法学院学报》2004 年第 1 期。

66. 刘水林:《论民法的"惩罚性赔偿"与经济法的"激励性报偿"》,《上海财经大学学报》2009 年第 4 期。

67. 刘洋:《对待给付风险负担的基本原则及其突破》,《法学研究》2018 年第 5 期。

68. 刘昭辰:《侵权行为法体系上的"保护他人之法律"》,《月旦法学杂志》2007 年第 7 期。

69. 刘志刚:《侵权法视域下纯粹经济损失与基本权利的联结》,《哈尔滨工业大学学报》2018 年第 3 期。

70. 陆青:《论消费者保护法上的告知义务——兼评最高人民法院第 17 号指导性案例》,《清华法学》2014 年第 4 期。

71. 罗莉:《论惩罚性赔偿在知识产权法中的引进及实施》,《法学》2014 年第 4 期。

72. 马强:《消费者权益保护法惩罚性赔偿条款适用中引发问题之探讨——修订后的我国〈消费者权益保护法〉实施一年来之判决为中心》,《政治与法律》2016 第 3 期。

73. 马贤兴:《虚假诉讼与恶意诉讼的识别与防治》,《民主与法制》2014 年第 13 期。

74. 马一德:《论消费领域产品自损的民事责任》,《法商研究》2014 年第 6 期。

75. 强世功:《宪法司法化的悖论》,《中国社会科学》2003 年第 2 期。

76. 邱国威:《论产品自身损害——兼论产品责任中的纯粹经济损失》,《时代法学》2016 年第 5 期。

77. 邱琦:《凶宅与纯粹经济上损失》,《裁判时报》2011 年第 1 期。

78. 任重:《论虚假诉讼:兼评我国第三人撤销诉讼实践》,《中国法学》2014 年第 6 期。

79. 任重:《形成判决的效力——兼论我国〈物权法〉第 28 条》,《政法论坛》2014 年第 1 期。

80. 邵明:《滥用民事诉权及其规制》,《政法论坛》2011 年第 6 期。

81. 沈小军:《食品安全案件审理中法官的适度谦抑》,《法学》2018 第 2 期。

82. 宋春雨:《齐玉苓案宪法适用的法理思考》,《人民法院报》2001 年 8 月 13 日第 1 版。

83. 宋华琳:《论行政规则对司法的规范效应——技术标准为中心的初步观察》,《中国法学》2006 年第 6 期。

84. 宋华琳:《论政府规制与侵权法的交错——以药品规制为例证》,《比较法研究》2008 年第 2 期。

85. 宋亚辉:《环境管制标准在侵权法上的效力解释》,《法学研究》2013 年第 3 期。

86. 宋亚辉:《食品安全标准的私法效力及其矫正》,《清华法学》2017 年第 2 期。

87. 苏永钦:《缔约过失责任的经济分析——从现代交易的阶段化谈起》,《台大法学论丛》2004 年第 1 期。

88. 苏永钦:《再论一般侵权行为的类型——从体系功能的角度看修正后的违法侵权规定》,《政大法学评论》2002 年第 1 期。

89. 孙良国:《违反保护他人的法律的侵权责任及其限度:以"儿童模仿〈喜羊羊与灰太狼〉烧伤同伴案"为例》,《法学》2014 年第 5 期。

90. 孙义刚、段文波:《民事诉讼中证明责任论争及启示》,《政治与法律》2007 年第 6 期。

91. 汤维建、沈磊:《论诉权滥用及其法律规制》,《山东警察学院学报》2007 年第 2 期。

92. 田韶华、王晓丽:《道路交通事故财产损害赔偿的若干实务问题探析:兼谈对〈最高人民法院关于审理道路交通事故损害赔偿案件适用法律若干问题的解释〉第 15 条的理解与适用》,《河北科技大学学报》2013 年第 1 期。

93. 田韶华:《侵权责任法上的物之损害赔偿问题》,《法学》2013 年第 2 期。

94. 童之伟:《宪法司法研究适用中的几个问题》,《法学杂志》2001 年第 11 期。

95. 汪世虎:《合同责任与侵权责任竞合问题研究》,《现代法学杂志》2002 年第 4 期。

96. 汪泽:《民法上的善意、恶意及其运用》,《河北法学》1996 年第 1 期。

97. 汪志刚:《论民法上的损害概念的形成视角》,《法学杂志》2008 年第 5 期。

98. 王彬:《事实推定中的后果考量》,《法律科学》2021 年第 6 期。

99. 王福华:《第三人撤销之诉的制度逻辑》,《环球法律评论》2014 年第 4 期。

100. 王福华:《第三人撤销之诉适用研究》,《清华法学》2013 年第 4 期。

101. 王洪亮:《妨害排除与损害赔偿》,《法学研究》2009 年第 2 期。

102. 王磊:《宪法实施的新探索——齐玉苓案的几个宪法问题》,《中国社会科学》2003 年第 2 期。

103. 王利明:《惩罚性赔偿研究》,《中国社会科学》2000 年第 4 期。

104. 王利明:《论产品责任中的损害概念》,《法学》2011 年第 2 期。

105. 王利明:《论民法典时代的法律解释》,《荆楚法学》2021 年第 1 期。

106. 王利明:《侵权行为概念之研究》,《法学家》2003 年第 3 期。

107. 王利明:《侵权责任法与合同法的界分:以侵权责任法的扩张为视野》,《中国法学》2011 年第 3 期。

108. 王利明:《侵权责任法制定中的若干问题》,《当代法学》2008 年第 5 期。

109. 王利明:《我国〈侵权责任法〉采纳了违法性要件吗?》,《中外法学》2012 年第 1 期。

110. 王利明:《消费者的概念及消费者权益保护法的调整范围》,《政治与法律》2002 年第 2 期。

111. 王莲峰:《商标权评估若干问题研究》,《中国工商管理研究》2004 年第 2 期。

112. 王明华:《论〈物权法〉第 28 条中"法律文书"的涵义与类型》,《法学论坛》2012 年第 5 期。

113. 王千维:《民事损害赔偿法上"违法性"问题初探(下)》,《政大法学评论》2001 年第 3 期。

114. 王千维:《侵权行为:第三讲——相对化的违法性》,《月旦法学教室》2005 年第 1 期。

115. 王迁等:《知识产权侵权损害赔偿:问题与反思》,《知识产权》2016 年第 5 期。

116. 王涛:《虚假诉讼及其规制——以恶意调解的实证分析为视角》,《上海政法学院学报》2012 年第 5 期。

117. 王卫国:《中国消费者保护法上的欺诈行为与惩罚性赔偿》,《法学》1998 年第 3 期。

118. 王怡苹:《商标侵害之损害赔偿计算》,《辅仁法学》2014 年第 2 期。

119. 王泽鉴:《人格权的性质及构造:精神利益与财产利益的保护》,《人大法律评论》2009 年第 1 期。

120. 王泽鉴:《损害概念与损害分类》,《月旦法学杂志》2005 年第 9 期。

121. 王竹:《论实质意义上侵权法的确定与立法展望》,《四川大学学报》2011 年第 3 期。

122. 温世扬、邱永清:《惩罚性赔偿与知识产权保护》,《法律适用》2004 年第 12 期。

123. 翁晓斌:《论既判力及执行力向第三人的扩张》,《浙江社会科学》2003 年第 3 期。

124. 吴从周:《凶宅、物之瑕疵与侵权行为——以两种法院判决案型之探讨为中心》,《裁判时报》2011 年第 6 期。

125. 吴汉东:《知识产权损害赔偿的市场价值分析:理论、规则与方法》,《法学评论》

2018 年第 1 期。

126. 吴汉东:《知识产权损害赔偿的市场价值基础与司法裁判规则》,《中外法学》2016 年第 6 期。

127. 吴瑾瑜:《由所有权角度看受雇人于租赁屋内自杀衍生之雇用人侵权暨承租人契约责任争议》,《裁判时报》2015 年第 4 期。

128. 吴明童:《既判力的界限研究》,《中国法学》2001 年第 6 期。

129. 吴泽勇:《第三人撤销之诉的原告适格》,《法学研究》2014 年第 3 期。

130. 习近平:《充分认识颁布实施民法典重大意义 依法更好保障人民合法权益》,《求是》2020 年第 12 期。

131. 肖建华:《论恶意诉讼及其法律规制》,《中国人民大学学报》2012 年第 4 期。

132. 肖建华:《论判决效力主观范围的扩张》,《比较法研究》2002 年第 1 期。

133. 谢鸿飞:《精神损害赔偿的三个关键词》,《法商研究》2010 年第 6 期。

134. 谢鸿飞:《民法典合同编总则的立法技术与制度安排》,《河南社会科学》2017 年第 6 期。

135. 谢鸿飞:《违约责任与侵权责任竞合理论的再构成》,《环球法律评论》2014 年第 6 期。

136. 谢晓尧:《欺诈:一种竞争法的理论诠释——兼论〈消费者权益保护法〉第 49 条的适用与完善》,《现代法学杂志》2003 年第 2 期。

137. 谢哲胜:《惩罚性赔偿》,《台大法学论丛》2001 年第 1 期。

138. 徐爱国:《英美法中"滥用法律诉讼"的侵权责任》,《法学家》2000 年第 2 期。

139. 徐聪颖:《知识产权惩罚性赔偿的功能认知与效用选择——从我国商标权领域的司法判赔实践说起》,《湖北社会科学》2018 年第 7 期。

140. 徐聪颖:《制度的迷失与重构:对我国商标权惩罚性赔偿机制的反思》,《知识产权》2015 年第 12 期。

141. 徐涤宇:《所有权的类型及其立法结构——〈物权法草案〉所有权立法之批评》,《中外法学》2006 年第 1 期。

142. 徐海燕:《我国导入惩罚性赔偿制度的法学思考》,《杭州师范学院学报(社会科学版)》2004 年第 2 期。

143. 徐俊、俞硒:《民事恶意诉讼的损害赔偿》,《人民法院报》2014 年 11 月 20 日第 7 版。

144. 徐银波:《论侵权损害完全赔偿原则之缓和》,《法商研究》2013 年第 3 期。

145. 薛军:《损害的概念与中国侵权责任制度的体系化建构》,《广东社会科学》2011 年第 1 期。

146. 杨栋:《外国法院惩罚性赔偿判决的承认与执行》,《政治与法律》1998 年第 5 期。

147. 杨佳元:《道路交通安全规则与侵权行为法》,《台北大学法学论丛》2004 年第 2 期。

148. 杨佳元:《论违反保护他人法律之侵权责任》,《月旦法学杂志》2000 年第 3 期。

149. 杨立新:《〈民法典〉惩罚性赔偿规则的具体适用》,《荆楚法学》2022 年第 1 期。

150. 杨立新:《〈消费者权益保护法〉规定惩罚性赔偿责任的成功与不足及完善措

施》,《清华法学》2010 年第 3 期。

151. 杨立新:《对我国侵权责任法规定惩罚性赔偿金制裁恶意产品侵权行为的探讨》,《中州学刊》2009 年第 2 期。

152. 杨雪飞:《略论我国侵权责任法下纯粹经济损失的救济与控制》,《云南大学学报(法学版)》2012 年第 5 期。

153. 杨振宏:《旅游法上惩罚性赔偿的正当性分析》,《北方法学》2014 年第 1 期。

154. 杨振宏:《旅游合同违约的损害赔偿项目研究:兼论时间浪费赔偿请求权的参考价值》,《北京第二外国语学院学报》2009 年第 7 期。

155. 姚辉、周云涛:《关于民事权利的宪法学思维》,《浙江社会科学》2007 年第 1 期。

156. 叶金强:《〈民法总则〉"民事权利章"的得与失》,《中外法学》2017 年第 3 期。

157. 叶金强:《论侵权损害赔偿范围的确定》,《中外法学》2012 年第 1 期。

158. 叶名怡:《论违法与过错认定:以德美两国法的比较为基础》,《环球法律评论》2009 年第 5 期。

159. 叶名怡:《重大过失理论的构建》,《法学研究》2009 年第 6 期。

160. 尹志强:《我国民事法律中是否需要导入惩罚性赔偿制度》,《法学杂志》2006 年第 3 期。

161. 于飞:《基本权利与民事权利的区分及宪法对民法的影响》,《法学研究》2008 年第 5 期。

162. 于飞:《违背善良风俗故意致人损害与纯粹经济损失保护》,《法学研究》2012 年第 4 期。

163. 于海生:《诉讼欺诈的侵权责任》,《中国法学》2008 年第 5 期。

164. 余双彪:《论犯罪构成要件要素的"情节严重"》,《中国刑事法杂志》2013 年第 8 期。

165. 余艺:《过失致人纯粹经济损失不予赔付规则及其突破》,《政治与法律》2007 年第 1 期。

166. 袁秀挺:《知识产权惩罚性赔偿制度的司法适用》,《知识产权》2015 年第 7 期。

167. 袁野:《物权支配性之教义重述》,《法制与社会发展》2021 年第 4 期。

168. 张广良:《惩罚性赔偿并非破解中国知识产权保护难题的良策》,《中国专利与商标》2012 年第 1 期。

169. 张红:《〈民法典各分编(草案)〉人格权编评析》,《法学评论》2019 年第 1 期。

170. 张红:《论国家政策作为民法法源》,《中国社会科学》2015 年第 12 期。

171. 张红:《论侵权责任中的成文法义务》,《中国高校社会科学》2019 年第 4 期。

172. 张红:《中国七编制〈民法典〉中统一损害概念之证成》,《上海政法学院学报》2021 年第 1 期。

173. 张家勇、昝强龙:《交通管制规范在交通事故侵权责任认定中的作用——基于司法案例的实证分析》,《法学》2016 年第 6 期。

174. 张家勇:《基于得利的侵权损害赔偿之规范再造》,《法学》2019 年第 2 期。

175. 张家勇:《中国法民事责任竞合的解释论》,《交大法学》2018 年第 1 期。

176. 张玲、张楠:《专利侵权损害赔偿额计算中的技术分摊规则》,《天津法学》2013

年第 1 期。

177. 张敏纯：《论行政管制标准在环境侵权民事责任中的类型化效力》，《政治与法律》2014 年第 10 期。
178. 张明楷：《论刑法分则中作为构成要件的"情节严重"》，《法商研究》1995 年第 1 期。
179. 张鹏：《知识产权惩罚性赔偿制度的正当性及基本建构》，《知识产权》2016 年第 4 期。
180. 张千帆：《论宪法效力的界定及其对私法的影响》，《比较法研究》2004 年第 2 期。
181. 张卫平：《第三人撤销判决制度的分析与评估》，《比较法研究》2012 年第 5 期。
182. 张卫平：《中国第三人撤销之诉的制度构成与适用》，《中外法学》2013 年第 1 期。
183. 张卫平：《既判力相对性原则：根据、例外与制度化》，《法学研究》2015 年第 1 期。
184. 张晓茹：《论民事既判力主观范围的扩张范围及扩张基础》，《河北法学》2012 年第 5 期。
185. 张晓薇：《滥用诉权行为的法律规制》，《求索》2004 年第 8 期。
186. 张新宝、李倩：《惩罚性赔偿的立法选择》，《清华法学》2009 年第 4 期。
187. 张新宝、任鸿雁：《我国产品责任制度：守成与创新》，《北方法学》2012 年第 3 期。
188. 张新宝、张小义：《论纯粹经济损失的几个基本问题》，《法学杂志》2007 年第 4 期。
189. 张新宝：《侵权责任一般条款的理解与适用》，《法律适用》2012 年第 10 期。
190. 张哲源：《情谊、侵权与景文玻璃娃娃案》，《财产法与经济法》2006 年总第 6 期。
191. 赵鹏：《惩罚性赔偿的行政法反思》，《法学研究》2019 年第 1 期。
192. 赵庆飞：《惩罚性赔偿规则的经济学分析：对消费者权益保护法相关条文的几点思考》，《人民法院报》2009 年 7 月 7 日第 6 版。
193. 郑晓剑：《侵权损害完全赔偿原则之检讨》，《法学》2017 年第 12 期。
194. 周翠：《从事实推定走向表见证明》，《现代法学》2014 年第 6 期。
195. 周江洪：《惩罚性赔偿责任的竞合及其适用：〈侵权责任法〉第 47 条与〈食品安全法〉第 96 条第 2 款之适用关系》，《法学》2010 年第 4 期。
196. 周万延、李文骐：《不当诉讼行为的责任与防范》，《法律适用》1999 年第 8 期。
197. 周翔：《虚假诉讼定义辨析》，《河北法学》2011 年第 6 期。
198. 周友军：《德国民法上的违法性理论研究》，《现代法学》2007 年第 1 期。
199. 朱柏松：《现代侵权行为救济制度之研究——以多氯联苯事件为中心之商品制作人责任之探讨（上）》，《台大法学论丛》1981 年第 1 期。
200. 朱广新：《惩罚性赔偿制度的演进与适用》，《中国社会科学》2014 年第 3 期。
201. 朱广新：《论纯粹经济上损失的规范模式》，《当代法学》2006 年第 5 期。
202. 朱虎：《规制性规范违反与过错判定》，《中外法学》2011 年第 6 期。

203. 朱虎:《规制性规范与侵权法保护客体的界定》,《清华法学》2013 年第 1 期。
204. 朱景文:《中国特色社会主义法律体系:结构、特色和趋势》,《中国社会科学》2011 年第 3 期。
205. 朱利:《中国侵权法财产损失的完全赔偿原则之检讨——以比较法的视角为核心》,《西部法学评论》2017 年第 5 期。
206. 朱芒:《论行政规定的性质——从行政规范体系角度的定位》,《中国法学》2003 年第 1 期。
207. 朱晓喆、冯洁语:《产品自损、纯粹经济损失与侵权责任——以最高人民法院(2013)民申字第 908 号民事裁定书为切入点》,《交大法学》2016 年第 1 期。
208. 朱晓喆:《瑕疵担保、加害给付与请求权竞合——债法总则给付障碍中的固有利益损害赔偿》,《中外法学》2015 年第 5 期。
209. 朱岩:《违反保护他人法律的过错责任》,《法学研究》2011 年第 2 期。
210. 祝建辉:《驰名商标侵权赔偿的经济学分析》,《西北工业大学学报(社会科学版)》2010 年第 4 期。
211. 庄秀峰:《保护知识产权应增设惩罚性赔偿》,《法学杂志》2002 年第 5 期。

二、中文书籍

1. 蔡章麟:《民事诉讼法上诚实信用原则》,载《民事诉讼法论文选辑》(上),台北五南图书出版公司 1984 年版。
2. 曾世雄:《损害赔偿法原理》,中国政法大学出版社 2001 年版。
3. 陈聪富:《侵权归责原则与损害赔偿》,北京大学出版社 2005 年版。
4. 陈聪富:《侵权违法性与损害赔偿》,元照出版公司 2008 年版。
5. 陈聪富:《因果关系与损害赔偿》,北京大学出版社 2006 年版。
6. 陈丽珣:《商标侵权之金钱损害赔偿实证研究:以金额酌定问题为中心》,元照出版有限公司 2016 年版。
7. 陈荣宗、林庆苗:《民事诉讼法》,三民书局 1996 年版。
8. 陈新民:《德国公法学基础理论》(上册),山东人民出版社 2001 年版。
9. 陈忠五:《契约责任与侵权责任的保护客体》,北京大学出版社 2013 年版。
10. 程啸:《侵权责任法》(第 3 版),法律出版社 2021 年版。
11. 崔建远:《合同法》(第 6 版),法律出版社 2016 年版。
12. 龚赛红:《医疗损害赔偿立法研究》,法律出版社 2001 年版。
13. 郭丽珍:《产品瑕疵与制造人行为之研究——客观典型之产品瑕疵概念与产品安全注意义务》,神州图书出版有限公司 2001 年版。
14. 国家法官学院、中国人民大学法学院:《中国审判案例要览(2002 年民事审判案例卷)》,中国人民大学出版社 2003 年版。
15. 韩世远:《合同法总论》(第 4 版),法律出版社 2018 年版。
16. 和育东:《美国专利权救济》,法律出版社 2009 年版。
17. 侯国跃:《中国侵权法立法建议稿及理由》,法律出版社 2009 年版。
18. 黄立:《民法债编总论》,中国政法大学出版社 2002 年版。
19. 黄茂荣:《法学方法与现代民法》,中国政法大学出版社 2001 年版。

20. 黄清溪:《公司法争议问题研析:董事篇》,五南图书出版公司2015年版。
21. 黄薇:《中华人民共和国民法典释义》,法律出版社2020年版。
22. 江平:《民法学》,中国政法大学出版社2000年版。
23. 姜世明:《举证责任与证明度》,厦门大学出版社2017年版。
24. 金福海:《惩罚性赔偿制度研究》,法律出版社2008年版。
25. 李昊:《纯经济上损失赔偿制度研究》,北京大学出版社2004年版。
26. 李昊:《交易安全义务论——德国侵权行为法结构变迁的一种解读》,北京大学出版社2008年版。
27. 梁慧星:《民法学说判例与立法研究》,法律出版社2003年版。
28. 梁慧星:《民商法论丛(第46卷)》,法律出版社2010年版。
29. 梁慧星:《中国民法典草案建议稿》,法律出版社2003年版。
30. 梁慧星:《中国民法典草案建议稿附理由:侵权行为编》,法律出版社2013年版。
31. 廖斌、张亚军:《食品安全法律制度研究》,中国政法大学出版社2013年版。
32. 林剑锋:《民事判决既判力客观范围研究》,厦门大学出版社2006年版。
33. 刘劲柳:《旅游合同》,法律出版社2004年。
34. 刘士国:《现代侵权损害赔偿研究》,法律出版社1998年版。
35. 马俊驹、余延满:《民法原论》,法律出版社2010年版。
36. 梅仲协:《民法要义》,中国政法大学出版社1998年版。
37. 邱聪智:《新订民法债编通则》(上),中国人民大学出版社2004年版。
38. 国务院法制局农林城建司等编著:《〈中华人民共和国建筑法〉释义》,中国建筑工业出版社1997年版。
39. 全国人大常委会法制工作委员会民法室:《〈中华人民共和国侵权责任法〉条文说明、立法理由及相关规定》,北京大学出版社2010年版。
40. 全国人大常委会法制工作委员会行政法室:《〈中华人民共和国食品安全法〉释义及实用指南》,中国民主法制出版社2015年版。
41. 史尚宽:《民法总论》,中国政法大学出版社2000年版。
42. 苏永钦:《走入新世纪的私法自治》,中国政法大学出版社2002年版。
43. 汪渊智:《侵权责任法学》,法律出版社2008年版。
44. 王利明、周友军、高圣平:《中国侵权责任法教程》,人民法院出版社2010年版。
45. 王利明:《民法总则研究》,中国人民大学出版社2012年版。
46. 王利明:《侵权责任法研究》,中国人民大学出版社2010年版。
47. 王利明:《中国民法典建议稿及说明》,中国法制出版社2004年版。
48. 王胜明:《中华人民共和国侵权责任法释义》,法律出版社2010年版。
49. 王泽鉴:《民法思维:请求权基础理论体系》,北京大学出版社2009年版。
50. 王泽鉴:《民法学说与判例研究》(第8册),北京大学出版社2009年版。
51. 王泽鉴:《民法学说与判例研究》(第2册),中国政法大学出版社1997年版。
52. 王泽鉴:《侵权行为》,北京大学出版社2016年版。
53. 王泽鉴:《侵权行为法》,中国政法大学出版社2001年版。
54. 王泽鉴:《损害赔偿》,北京大学出版社2017年版。
55. 谢鸿飞:《合同法学的新发展》,中国社会科学出版社2014年版。

56. 徐国栋:《绿色民法典草案》,社会科学文献出版社 2004 年版。
57. 徐静:《管制规范对侵权责任构成的影响》,江苏人民出版社 2019 年版。
58. 许中缘:《民法强行性规范研究》,法律出版社 2010 年版。
59. 杨解君:《秩序、权利与法律控制——行政处罚法研究》,四川大学出版社 1995 年版。
60. 杨立新:《类型侵权行为法研究》,人民法院出版社 2006 年版。
61. 杨立新:《侵权责任法》,法律出版社 2011 年版。
62. 杨立新:《中华人民共和国侵权责任法草案建议稿及说明》,法律出版社 2007 年版。
63. 杨仁寿:《法学方法论》,中国政法大学出版社 1999 年版。
64. 姚辉:《中国侵权行为法理论与实务》,人民法院出版社 2009 年版。
65. 于飞:《权利与利益区分保护的侵权法体系之研究》,法律出版社 2012 年版。
66. 于敏:《日本侵权行为法》(第 2 版),法律出版社 2006 年版。
67. 张红:《基本权利与私法》,法律出版社 2010 年版。
68. 张红:《人格权各论》,高等教育出版社 2016 年版。
69. 张红:《人格权总论》,北京大学出版社 2012 年版。
70. 张民安:《过错侵权责任制度研究》,中国政法大学出版社 2002 年版。
71. 张民安:《现代法国侵权责任制度研究》(第 2 版),法律出版社 2007 年版。
72. 张卫平:《民事诉讼法》(第 3 版),法律出版社 2013 年版。
73. 张新宝:《侵权责任法》(第 3 版),中国人民大学出版社 2013 年版。
74. 张新宝:《侵权责任法原理》,中国人民大学出版社 2005 年版。
75. 钟瑞栋:《民法中的强制性规范——公法与私法"接轨"的规范配置问题》,法律出版社 2009 年版。
76. 周友军:《侵权法学》,中国人民大学出版社 2011 年版。
77. 周友军:《侵权责任认定:争点与案例》,法律出版社 2010 年版。
78. 朱虎:《规制法与侵权法》,中国人民大学出版社 2018 年版。
79. 朱庆育:《民法总论》,北京大学出版社 2016 年版。
80. 朱庆育:《意思表示解释理论——精神科学视域中的私法推论理论》,中国政法大学出版社 2004 年版。
81. 最高人民法院民事审判第一庭:《最高人民法院新民事诉讼证据规定理解与适用》,人民法院出版社 2020 年版。

三、博士论文

1. 韩光明:《不动产相邻关系规则分析》,中国政法大学 2006 年博士学位论文。
2. 李炎:《侵权法上可赔偿损害的区分规制论——以权利射程和利益筛选为切入点》,南京大学 2018 年博士学位论文。
3. 娄正前:《损益相抵规则研究》,南京大学 2018 年博士学位论文。
4. 邱琦:《纯粹经济上损失之研究》,台湾大学 2001 年博士学位论文。
5. 徐银波:《侵权损害赔偿论》,西南政法大学 2013 年博士学位论文。
6. 杨雪飞:《纯粹经济损失之赔偿与控制》,中国政法大学 2008 年博士学位论文。

四、外文译著

1. 〔奥〕H. 考茨欧:《侵权法的统一:违法性》,张家勇译,法律出版社 2009 年版。
2. 〔奥〕海尔姆特·库奇奥:《侵权责任法的基本问题(第一卷):德语国家的视角》,朱岩译,北京大学出版社 2017 年版。
3. 〔奥〕赫尔穆特·考茨欧、瓦内萨·威尔科克斯:《惩罚性赔偿金:普通法与大陆法的视角》,窦海洋译,中国法制出版社 2012 年版。
4. 〔德〕埃尔温·多伊奇、汉斯-于尔根·阿伦斯:《德国侵权法——侵权行为、损害赔偿及痛苦抚慰金》(第 5 版),叶名怡、温大军译,中国人民大学出版社 2016 年版。
5. 〔德〕奥特马·尧厄尼希:《民事诉讼法》(第 27 版),周翠译,法律出版社 2003 年版。
6. 〔德〕迪尔克·罗歇尔德斯:《德国债法总论》(第 7 版),沈小军、张金海译,沈小军校,中国人民大学出版社 2014 年版。
7. 〔德〕迪特尔·梅迪库斯:《德国民法总论》,邵建东译,法律出版社 2000 年版。
8. 〔德〕迪特尔·梅迪库斯:《德国债法总论》,杜景林、卢谌译,法律出版社 2004 年版。
9. 〔德〕迪特尔·施瓦布:《民法导论》,郑冲译,法律出版社 2006 年版。
10. 〔德〕格哈德·瓦格纳:《损害赔偿法的未来——商业化、惩罚性赔偿、集体性损害》,王程芳译,熊丙万、李翀校,中国法制出版社 2012 年版。
11. 〔德〕汉斯-贝恩德·舍费尔、克劳斯·奥特:《民法的经济分析》(第 4 版),江清云、杜涛译,法律出版社 2009 年版。
12. 〔德〕黑格尔:《法哲学原理》,范扬、张企泰译,商务印书馆 1961 年版。
13. 〔德〕卡尔·拉伦茨:《德国民法通论》(上册),王晓晔等译,法律出版社 2013 年版。
14. 〔德〕卡尔·拉伦茨:《法学方法论》,陈爱娥译,商务印书馆 2003 年版。
15. 〔德〕克里斯蒂安·冯·巴尔:《欧洲比较侵权行为法》,张新宝译,法律出版社 2001 年版。
16. 〔德〕克里斯蒂安·冯·巴尔、〔英〕埃里克·克莱夫:《欧洲私法的原则、定义与示范规则:欧洲示范民法典草案》(第 5、6、7 卷),王文胜等译,法律出版社 2014 年版。
17. 〔德〕拉德布鲁赫:《法学导论》,米健、朱林译,中国大百科全书出版社 1997 年版。
18. 〔德〕莱奥·罗森贝克:《证明责任论》,庄敬华译,中国法制出版社 2018 年版。
19. 〔德〕罗伯特·霍恩:《德国民商法导论》,楚建译,中国大百科全书出版社 1996 年版。
20. 〔德〕马克西米利安·福克斯:《侵权行为法》,齐晓琨译,法律出版社 2006 年版。
21. 〔德〕普维庭:《现代证明责任问题》,吴越译,法律出版社 2006 年版。
22. 〔德〕U. 马格努斯:《侵权法的统一——损害与损害赔偿》,谢鸿飞译,法律出版社 2009 年版。
23. 〔法〕让·文森、塞尔日·金沙尔:《法国民事诉讼法要义》(上),中国法制出版社 2001 年版。

24. 〔荷〕J·施皮尔:《侵权法的统一:因果关系》,易继明等译,法律出版社2009年版。

25. 〔荷〕威廉·范博姆、〔奥〕迈因霍尔德·卢卡斯、〔瑞士〕克里斯塔·基斯林:《侵权法与管制法》,徐静译,中国法制出版社2012年版。

26. 〔美〕爱伦·M.芭波里克:《侵权法重述纲要》,许传玺等译,法律出版社2016年版。

27. 〔美〕丹·B.多布斯:《侵权法》(上册),马静等译,中国政法大学出版社2014年版。

28. 〔美〕N.格里高利·曼昆:《经济学原理:微观经济学分册》(第5版),梁小民、梁砾译,北京大学出版社2009年版。

29. 〔美〕尼古拉斯·麦考罗、斯蒂文·G.曼德姆:《经济学与法律——从波斯纳到后现代主义》,吴晓露、潘晓松、朱慧译,史普川校,法律出版社2005年版。

30. 〔美〕文森特·R.约翰逊:《美国侵权法》,赵秀文等译,中国人民大学出版社2017年版。

31. 〔日〕高桥宏志:《民事诉讼法——制度与理论的深层分析》,林剑锋译,法律出版社2003年版。

32. 〔日〕谷口安平:《程序的正义与诉讼》(增补本),王亚新、刘荣军译,中国政法大学出版社2002年版。

33. 〔日〕兼子一、竹下守夫:《民事诉讼法》,白绿铉译,法律出版社1995年版。

34. 〔日〕美浓部达吉:《公法与私法》,黄冯明译,中国政法大学出版社2003年版。

35. 〔日〕森岛昭夫:《侵权行为法讲义》,有斐阁1984年版。

36. 〔日〕山本敬三:《民法讲义I·总则》(第3版),解亘译,北京大学出版社2012年版。

37. 〔意〕毛罗·布萨尼、〔美〕弗农·瓦伦丁·帕尔默:《欧洲法中的纯粹经济损失》,张小义、钟洪明译,林嘉审校,法律出版社2005年版。

38. 〔英〕P.S.阿蒂亚:《"中彩"的损害赔偿》,李利敏、李昊译,北京大学出版社2012年版。

39. 〔英〕哈特:《法律的概念》(第2版),许家馨、李冠宜译,法律出版社2011年版。

40. 《奥地利普通民法典》,戴永盛译,中国政法大学出版社2016年版。

41. 《德国民法典》(第4版),陈卫佐译注,法律出版社2015年版。

42. 《法国民法典》,罗结珍译,北京大学出版社2010年版。

43. 《瑞士债务法》,戴永盛译,中国政法大学出版社2016年版。

44. 《最新日本民法》,渠涛编译,法律出版社2006年版。

五、德文文献

1. Fischer, Hans Albrecht, Der Schaden nach dem BGB für das deutsche Recht, Jena: Fischer, 1903.

2. Selb, Walter, Schadensbegriff und Regressmethoden, Heidelberg: Winter, 1963.

3. Knobbe-Keuk, Brigitte, Vermögensschaden und Interesse, Bonn: Röhrscheid, 1972.

4. Schiemann, Gottfried, Argumente und Prinzipien bei der Fortbildung des

Schadensrechts, München: C. H. Beck, 1981.

5. Münchener Kommentar zur BGB/Tonner, 5. Aufl., München: C. H. Beck, 2009, § 651f, Rn. 45.

6. Wiegand, Zur Rückabwicklung gescheiterter Verträge, in: Tercier u. a. (Hrsg.), Gauchs Welt, Zürich u. a: Schulthess, 2004.

7. Zimmermann, Restitutio in integrum, in: Honsell u. a. (Hrsg.), Privatrecht und Methode, Basel u. a: Helbing & Lichtenhahn, 2004.

8. Christian Wollschlger, Die Geschäftsführung ohne Auftrag, Berlin: Duncker & Humblot, 1976.

9. Josef Esser, Eike Schmidt, Schuldrecht Bd I, 7. Aufl., Heidelberg: C. F. Müller, 1993.

10. Brox/Walker, Allgemeines Schuldrecht, 41. Aufl., München: C. H. Beck, 2017.

11. W. Bishop argumentiert, daβ dies insbesondere die reinen Vermogensschaden der Fall sei. Bishop, W, Economic Loss in Tort, Oxford Journal of Legal Studies, Bd. 2,1982.

12. Von R. Jhering, Culpa in contrahendo : oder Schadensersatz bei nichtigen oder nicht zur Perfection gelangten Verträgen, Jherings Jahrbücher,1860.

13. Maximilian Fuchs, Deliktsrecht, Berlin: Springer, 2004.

六、英文文献

1. Bruce J. Mckee, "The Implications of BMW v. Gore for Future Punitive Damages Llitigation: Observation from a Participant", 48 *Alabama Law Review* 175 (1996).

2. Bruce Feldthusen, "The Recovery for Pure Economic Loss in Canada: Proximity, Justice, Rationality and Chaos" in E. K. Banakas (ed.), *Civil Liability for Pure Economic Loss*, Kluwer Law International Ltd, 1996.

3. C. T. Walton, *Charlesworth & Percy on Negligence*(影印版),商务印书馆2012年版。

4. C. Grunfeld, "Breach of Statutory Duty, Proof of Causation", 19 *The Modern Law Review* 530 (1956).

5. Edwin Peel, James Goudkamp, *Winfield and Jolowicz on Tort*, Sweet & Maxwell, 2014.

6. Efstathios K. Banakas, "Tender Is the Night: Economic Loss-the Issue", in E. K. Banakas (ed.), *Civil Liability for Pure Economic Loss*, Kluwer Law International Ltd, 1996.

7. Helmut Koziol, "Recovery for Economic Loss in the European Union", 48 *Arizona Law Review* 871 (2006).

8. Israel Gilead, "Tort Law and Internalization: The Gap between Private Loss and Social Cost", 17 *International Review of Law and Economics* 589 (1997).

9. Jenny Steele, *Tort Law: Text, Cases, and Materials*, Oxford University Press, 2014.

10. John Cook, *Law of Tort*, Pearson, 2015.

11. John C. P. Goldberg, Benjamin C. Zipursky, *The Oxford Introductions to U. S. Law: Torts*, Oxford University Press, 2010.

12. Malcolm Wheeler, "A Proposal for Further Common Law Development of the Use of

Punitive Damages in Modern Product Liability Litigation", 40 *Alabama Law Review* 919 (1989).

13. Mitchell Polinsky, Steven Shavell, "Punitive Damages: An Economic Analysis", 111 *Harvard Law Review* 869 (1998).

14. Richard A. Epstein, Catherine M. Sharkey, *Cases and Materials on Torts*, Wolters Kluwer, 2020.

15. Susan Rose-Ackerman, "Regulation and the Law of Torts", 81 *The American Economic Review* 54 (1991).

16. W. Bishop, "Economic Loss in Tort", 2 *Oxford Journal of Legal Studies* 1(1982).

17. William Prosser, "International Infliction of Mental Suffering: A New Tort", 37 *Michigan Law Review* 874(1937).